inhalt

a wie anfangen

für anfangen,
immer wieder neu und neue anfänge
und alle die, die schwer sind
alle b's die nach den a's kommen und die ich sage und schreibe, höre und lese,
von allen a's bis o's und allen a' bis z's mit denen ich mein sein wortend ver_suche
für alle anwesenheiten, von mir und anderen, wie kurz auch immer,
intensiv da präsent
für alles atmen, alle atemversuche

wegen aller
›aaa lanns‹ von anouchK
›aber lanns‹ von alyosxa
›ach lanns‹ von henni und nino
›also lanns‹ von ja'n
wegen und trotz und für euch

wegen und für alle doktrix bei mir: für euer suchen und zweifeln, euer hinhören, euer schweigen formulieren und neu worten und spüren und bewegen. für eure anliegen an welt und veränderung, an anwesenheit und teilen, miteinander, mit anderen und mit mir. danke!
wegen und für das struggeln von anna und anna, x suchen und zweifeln und sich ver_(w)orten

danke meine testlesx und kommentarx einzelner teile des buches: anne, awatif, evelyn, henni, katy, laYla, lisa, marie, rahel, regi, steff, steffi, tiffany
danke steffi und anne für alle großen und zuverlässigen hilfen und unterstützungen und selbstständigkeiten in allen fragen zur formatierung des buches – und auch weit darüber hinaus
danke allen studierx der letzten beiden jahre aus meinen kursen zu interdependenzen und interventionen in berlin und innsbruck für eure fragen und anwesenheiten, für euer teilen von lernen, zweifeln und lachen, für eure interventionsideen und ihre umsetzungen

danke, evelyn, für gespräche und lachen und – nicht zuletzt – alle zkn
danke anouchK, für begleiten und herausfordern für musik und essen und da sein und an mich glauben
danke antje, unwortbar und fließend und immer wieder mir halt und anwesenheit zeigend in mir und in welt

danke henni, immer wieder, immer wieder neu offen unschätzbar unfassbar.
danke!
trotz aller
abbrüche, von kommunikationen kontakten ideen w_ortungen
trotz aller anti's, antagonismen, agonien,
trotz aller ängste, abwehren, atemlosigkeiten, auch's und aber's

trotz allem
und sowieso auch
für mich

a wie anfangen
und wie weita

einleitung

warum dieses buch?

weil ich fragen habe, immer neu, immer wieder immer noch;

weil ich fasziniert bin von sprachhandlungen, ihren wirkweisen, ihrer mächtigkeit;

weil ich nicht verstehe, wie diskriminierung so langlebig funktioniert, aufrechterhalten, kontinuierlich re_produziert sein kann;

weil sprachliche handlungen allgegenwärtig sind in meinem leben und handeln

und weil sprachliche handlungen ein gutes mittel_instrument_möglichkeit_handlungsimpuls für politisches kämpfen gegen diskriminierungen sind – weil sprachliche handlungen allgegenwärtig sind.

sprache sind namen und nicht-namen: entbenennungen, weghören, schweigen;

sprache sind ver_suche, kontakt herzustellen, zu berühren, wahrzunehmen, anwesend zu sein, mich zu verstecken; sprache sind fiktionen, überlebenstechniken, mittel und handlungen, mich und anderes einzuordnen, zuzuordnen, wegzuschließen, rauszuholen;

sprachlich überlebe ich leben; sprachhandelnd schaffe ich mir ein lebensmögliches leben.

sprache meint mich
        mit sprache meine ich
sprache richtet mich
        richtet mich zu   in worten, die mich nicht meinen
                in worten, in denen ich mich nicht finde
                in zu_schreibungen
                ent_hörungen
        richtet mich auf   in gedichten und romanen
                in liebesbriefen
                im sprechen in gegenseitiger anwesenheit
                im ringen um w_ortungen
                im nie-ankommen in w_orten, im suchen, ver_suchen

> »names define reality. [...] these are difficult realities. i struggle with the sense of isolation my choices contain while living a full (crowded) life in a field of extraordinary and loving dykes. i admire, learn from, talk to, engage with many other lesbian

writers at the same time that i feel typed as the ›lunatic fringe‹ for wanting lesbians to cast their lot (material as well as emotional) with other lesbians. the tension between my present realities – the misunderstood, cranky, exiled writer vs. the active, happy cultural worker enfolded in her community – gnaws at me.« (elana dykewomon)[1]

was wähle ich als erste worte in der einleitung zu diesem buch? was setze ich damit, was prioritiere ich, welche linien lege ich, welche verwische ich und welche schneide ich durch? wie kontextualisiere ich meine eigene wissensproduktion in und zu sprache als durch rassismus und ableismus privilegierte und durch sexismus/genderismus gleichzeitig und interdependent damit diskriminierte person?

ich beginne die einleitung mit meinem suchen in und von und mit sprache, in meinem fragmentarischen festhalten an w_ortungen anderer und von mir selbst, momentlang, fragil, brüchig, konventionen re_produzierend, die zugleich auch diskriminierend entnennen, normalisieren. ich schreibe dieses buch und weiß, der prozess des suchens und ringens und zweifelns an sprachlichen handlungen wird nicht zu einem stillstand kommen, findet sich in dem buch und geht doch auch die ganze zeit weiter, bewegt und verändert sich.

was das buch nicht macht und hat:

- es gibt nicht die ›richtige‹, nicht-diskriminierende sprachform und -weise, die hier nachlesbar und auswendiglernbar wäre – es fordert dazu auf, selbst nachzudenken und reflektiert zu sprachhandeln.
- es gibt nicht ultimative regeln für ›gutes sprechen und schreiben‹ – es ermöglicht einen kreativen zugang zum eigenen sprachhandeln.
- es gibt keine eindeutigkeiten – es zeigt paradoxien und ambivalenzen, brüche und differenzierungen im sprachhandeln auf.

was das buch macht und ist:

- es gibt anregungen zum nachdenken über eigene sprachhandlungen – über eigenes sprechen und schreiben, zuhören, weghören, schweigen, lesen, wahrnehmen und nicht-wahrnehmen.
- es gibt möglichkeiten, neu und anders über sprache nachzudenken, sich selbst in den eigenen sprachhandlungen zu reflektieren.
- es zeigt auf, wie sexismus neu verstanden werden kann und wie viele dimensionen von sexismus sprachlich handelnd realisiert und re_produziert werden.
- es macht deutlich, dass sexismus immer auch zusammen, also interde-

1 dykewomon, elana (1991): the ex-patriot and her name. in: warland, betsy (hrsg.): InVersions. writing by dykes, queers & lesbians. vancouver: press gang publishers. s. 155f.

pendent, mit rassismus und ableismus[2] sprachlich realisiert wird.

- es bietet möglichkeiten, sich sprache als eigene handlungsweise anzueignen, die eigene akt_eurinnenschaft im schreiben_sprechen_hören_lesen wahrzunehmen und daraus kreative, lustvolle handlungen abzuleiten.
- es bietet aha-momente, stille momente von nachdenklichkeit und betroffenheit, es bietet vielleicht neue zugangsweisen zu schreiben und sprechen, zuhören und lesen.
- es fordert auf, selbst zu denken und zu handeln – im schreiben_lesen_sprechen_hören.
- es soll spaß machen, soll eigene anwesenheiten ermöglichen und aufzeigen.

ich beginne die einleitung auch mit meinen fragen zu sprache und diskriminierung – den fragen, die mich in meinem wissenschaftlichen lebensabschnitt begleitet haben, die sich verändert haben und die ich mir immer wieder neu gestellt habe und die auch leitend für dieses buch sind. ich beginne die einleitung fragend – und dies ist zugleich ein vorgehen in diesem buch als auch genereller in meinem wissenschaftlichen arbeiten: nicht die suche nach eindeutigen, perfekten, schließenden antworten, sondern die neugier und faszination, fragen stellen zu wollen und zu können, mit und durch fragen mich und andere und welt neu und anders wahrzunehmen, neu und anders anwesend zu sein in und mit mir, anderen und in welt.

mein wissenschaftliches arbeiten ist von dem wunsch geprägt, zu verstehen wie gesellschaft funktioniert, wie diskriminierungen realisiert, immer wieder neu geschaffen und re_produziert und wie sie verhandelt werden, wie soziale veränderungen vonstattengehen, wie interventionen in diskriminierungen versucht werden, glücken, vereinnahmt werden, versanden, wie utopisches handeln versucht wird, glückt, vereinnahmt wird, versandet – und immer wieder neu versucht wird. wie konzeptualisiere ich mich und alles jenseits von mir, wo werden wie grenzen gesetzt, die differenzierungen ermöglichen, wie werden differenzierungen hergestellt, naturalisiert, machtvoll verwendet, wie verändern sie sich? was ist verstehen und was ist kontakt zwischen menschen für mich und woran mache ich das fest? wann berühren mich wortungen, werden zu

---

2 ableismus ist das gesellschaftliche machtverhältnis, das ableisierungen und disableisierungen herstellt. ableisierung ist die normalvorstellung zu jeglichen formen von behinderung. ich verwende den englischsprachigen begriff hier, da dieser parallel zu sexismus (später im buch: genderismus) und rassismus gebildet wird und die strukturelle diskriminierung, die über eine normalsetzung von nicht-behindert in einer konkreten situation hergestellt wird, benennbar macht.

ver_ortungen[3]*, anwesenheiten, geworteten orten, w_orten, wie es im titel dieses buches benannt ist*[4]*. wann stoßen sie mich ab, wo verliere ich mich in sprache und wo finde ich mich (wieder), finde ich mich neu, erfinde ich mich und welt? oder andersherum: geht es überhaupt, sich nicht kontinuierlich zu erfinden, zu suchen und zu finden in wortungen?*

denke ich ›jenseits‹ von sprache, träume, fühle, vorstelle ich mit oder ohne sprache und was ist sprache in all diesen fällen? welche relevanz hat schriftliches für mich und in welchen kolonialistischen traditionen stehe ich, wenn ich schriftlichkeit so zentral finde? wie verlässlich ist mir mündliche kommunikation, wann habe ich das gefühl, mich ausdrücken zu können (habe ich es überhaupt?)? wie selbstverständlich ist mir schreiben, sprachen lernen (welche? und welche nicht? und was überhaupt ist hier dann ›sprache‹?), übersetzungen – von wo nach wo setzen übersetzungen vorstellungen über?

bin ich da und hier und anwesend vor meiner diskursivierung, vor meiner benennung, mit eigennamen, mit kategorisierenden gruppierenden benennungen der unterschiedlichsten und kontinuierlich wechselnden form und wann und wie wechseln diese zu_schreibungen, wann ›stimmen‹ sie und wie kann ich mich dazu verhalten? gibt es mehr als die möglichkeit des sprechens mit der sprache, die mir so vorgängig erscheint, und was heißt es, mir mein sprechen_schreiben anzueignen, was ist mir wann und wo sprache finden?

---

schreibübung

um einen eigenen zugang zum phänomen sprache zu bekommen, bevor du weiterliest, eine übung:
nimm dir ein leeres blatt papier und schreibe spontan alles auf, was dir in den kopf kommt, wenn du an sprache denkst. versuche, den stift nicht abzusetzen und immer weiter zu schreiben – kommt immer dasselbe wort, schreibe dies. kommt dir in den sinn ›wie langweilig‹, ›mir fällt nichts ein‹, schreibe dies und schreibe genauso immer weiter – zwischen ein bis drei seiten.
wichtig ist bei dieser wie bei allen nachfolgenden schreibübungen, tatsächlich zu schreiben: schreiben macht einen großen unterschied zum denken, es entstehen andere zugänge, wortungen. wenn du denkst ›ich kann und will nicht schreiben‹, dann schreibe genau das.

---

3 (kritische) ver_ortungen als zentraler begriff in meinem nicht nur wissenschaftlichen selbstverständnis ist stark geprägt von alyosxa tudor. dazu: tudor, alyosxa (2011): feminismus w_orten lernen. praktiken kritischer ver_ortung in feministischen wissensproduktionen. in: ak feministische sprachpraxis (hrsg.): feminismus schreiben lernen. frankfurt a. m.: brandes & apsel. s. 57-99.

4 danke, evelyn, für das diskutieren unterschiedlicher titelvarianten und inspirierende ideen, die letztendlich zu dem jetztigen titel geführt haben.

jede der hier angebotenen schreibübungen kannst du allein oder zusammen mit anderen machen – und euch dann danach darüber austauschen.
eine weitere variation dieser übung ist es, die stimmen zu verschriftlichen, die mir einfallen, die mir in meinem leben was zu schreiben gesagt haben – und aus diesen eine collage oder einen dialog zu gestalten. das können wohlmeinende stimmen oder auch abfällige sein. antworte – auch schriftlich – auf die abfälligen stimmen.
diese übung macht dir bewusster, wie stark schreiben von sozialisiation in unterschiedlichen phasen des lebens geprägt ist und welche bedeutung schreiben dadurch und damit bekommen hat – was möglich ist und war, was erlaubt ist und war und was nicht. die übung, gerade in dem teil der positiven entgegnung auf negative stimmen, kann dazu verhelfen, sich selbst (wieder) anwesender zu machen im schreiben, schreiben als eine selbstkommunikationsform wahrzunehmen.

»nun ist ja schreiben ein sich-heranarbeiten an jene grenzlinie, die das innerste geheimnis um sich zieht und die zu verletzen selbstzerstörung bedeuten würde, aber es ist auch der versuch, die grenzlinie nur für das wirklich innerste geheimnis zu respektieren und die diesen kern umgebenden, schwer einzugestehenden tabus nach und nach von dem verdikt des unaussprechlichen zu befreien, nicht selbstzerstörung, sondern selbsterlösung, den unvermeidlichen schmerz nicht fürchten. [...] war es ein gutes zeichen, dass schreiben mir nicht möglich war? ein zeichen für aufrichtigkeit?« (christa wolf)[5]

schreiben kann je nach kontext und situation sehr viel verschiedenes bedeuten und ist gleichzeitig immer auch mit den gesellschaftlichen konventionen dazu aufgeladen, was bestimmte genres gesellschaftlich bedeuten.

in vielen seminarsituationen in der universität beispielsweise begegne ich auffassungen, dass schreiben in der universität vor allem dazu diene, nicht wahrnehmbar und präsent zu sein, dass es darum gehe, zu lernen so zu schreiben, dass das eigene ich nicht anwesend sei, nicht wichtig sei für das, was geschrieben wird. wissenschaftliches schreiben wird häufig als ent_personalisierung verstanden, als ent_fremdung vom eigenen, als abstraktionsfähigkeit und generalisierung. diese impulse laufen in meiner auffassung feministischen vorstellungen zu wissen, wahrheit, subjekt und politischer handlung zuwider und untergraben sie. wie in allen situationen, so ist auch ein feministisches beschäftigen mit sprache von mehreren paradoxen gekennzeichnet, die es gleichzeitig auch immer wieder ausmachen und aufrufen:

- die institution akademischer wissensproduktion mit ihren expliziten wie impliziten normen und regeln bedingt vorstellungen dazu und stellt sie auch

[5] wolf, christa (2010): stadt der engel. oder: the overcoat of dr. freud. frankfurt a. m.: suhrkamp. s. 271f.

immer wieder her, was wissen sei, was sprachhandlungen sind. eine feministische, anti- oder contra[6]_rassistische und -ableistische wissenschaftskritik fordert vorstellungen von objektivität, allgemeingültigkeit ganz grundlegend heraus. in dem verbleiben in aber genau dieser institution werden diese normen zugleich auch immer wieder aufgerufen, ihre veränderung und herausforderung ist also immer auch nur ein stückweit möglich und gleichzeitig wird der status und die vorstellung davon, was wissenschaft sei, auch immer wieder re_produziert.

– die sprachlichen instrumentarien und konventionen, die menschen meinen, dass sie ihnen zur verfügung ständen und die häufig als sprache jenseits des sprechens wahrgenommen werden, sind geprägt von interdependenten diskriminierungsstrukturen, die sie normalisieren und die durch sie gleichzeitig auch immer wieder affirmativ hervorgebracht werden. wie kann also eine soziale veränderung mit und in diesen als vorgängig und als begrenzungen und ressourcen erlebten sprachformen stattfinden? inwiefern sind alle versuche von sprachveränderungen nicht also gleichzeitig immer auch schon und wieder in eine diskriminierende gesellschaftliche struktur einverleibt?

diese fragen werden im laufe des buches immer wieder gestellt, immer wieder neu und ausdifferenziert – und es werden ihnen weitere fragen und überlegungen an die seite gestellt.

in diesem buch gibt es keine einfachen und klaren ant_w_orten, keine eindeutigen und unverbrüchlichen regeln, die ›einfach‹ gelernt, angewendet und umgesetzt werden können.

stattdessen will ich mit diesem buch an_stöße zu eigenen reflektionen geben, an_regungen zu irritierenden und herausfordernden wahr_nehmungsmöglichkeiten auf sprache und diskriminierung. ich will zu eigenen überlegungen an_regen, zur öffnung für fragen und zur über_nahme von ver_ant_w_ortung für das eigene kontinuierliche sprachhandeln.

diesem vor_gehen und ansatz unterliegt ein verändertes wissenschaftsverständnis, als viele les_erinnen dieses buches es vielleicht bisher in vielen publikationen und öffentlichen diskursen kennengelernt haben: es geht mir nicht um ant_w_orten, die in der regel geschlossene und ›fertige‹ aus_sagen sind, sondern um selbstreflexionen in bezug auf das eigene sprachhandeln. und zu diesen selbstreflexionen gehören ganz zentral auseinandersetzungen mit strukturellen dimensionen – machtverhältnissen und diskriminierungsformen und der eigenen sozialen positionierung in und durch diese sowie ihre konkreten effekte.

---

[6] zu den schreibweisen von anti und contra_ vgl. das glossar in diesem buch. sie gehen ebenfalls auf den zuvor zitierten artikel von tudor 2011 zurück.

wann ist mein wunsch nach kommunikation mit diesem buch geglückt?
wenn du nach dem lesen des buches mehr fragen als vorher hast, so ist das aus meiner sicht wünschenswert. ebenso, wenn du nach und mit dem lesen des buches anfängst, eigene fragen zu stellen, an dich selbst, an das, was du bisher vielleicht ent_wahrgenommen hast, in der ent_wahrnehmung normalisiert hast; wenn du neugierig auf deine eigene akt_eurinnenschaft in bezug auf sprachhandlungen und diskriminierungen geworden bist; wenn du lust bekommen hast, dir sprachhandlungen mehr anzueignen, sprachhandlungen als kontinuierliche kreative form der inter_aktion mit anderen zu begreifen, wenn du dich nicht länger sprachregeln und -normen ausgesetzt fühlen, sondern dich selbst als sprachhandelnd begreifen willst.

in diesem buch gehe ich davon aus, dass sprachhandlungen zentrale handlungen zur herstellung von wirklichkeitsvorstellungen oder wirklichkeiten sind. sprache, die ich immer gleichbedeutend verstehe mit sprachhandlung, kann dabei sehr viele verschiedene formen annehmen, auf verschiedene weisen realisiert werden. gemeinsames moment aller aspekte von sprache ist es, dass ich sie als handlung auffasse. das heißt, es gibt in meiner wahr_nehmung keine sprache hinter dem sprechen, kein sprachsystem, auf dem das konkrete sprechen aufbaut, keine vorgängige, einfach vorhandene sprache, die wie ein werkzeugkasten auf unterschiedliche weisen benutzt werden kann, als werkzeugkasten aber einfach da sei. dies sind für meine konzeptualisierung von sprache und diskriminierung sowie für mein verständnis von sprachkritiken, sprachveränderungen und feministischer linguistik wichtige ausgangspunkte. ich stelle sie in kapitel ii ausführlicher dar.[7]

> *oder auch so könnte eine einleitung für mich zu dem sein, warum ich dieses buch schreibe:*
>
> *mit dem schreiben der einleitung von ›feminismus schreiben lernen‹ zusammen mit alyosxa, in dem gemeinsamen erarbeiten und wortung der positionierung dyke_trans mit alyosxa und jay, habe ich mich w_ortend neu und anders als bisher ver_orten können, habe mir eine selbstwahrnehmung von komplexer sexistischer diskriminierung zugestanden, die zugleich auch dazu geführt hat, mich nicht unter schalen und nicht ganz passenden kategorisierungen wie ›frau‹ und ›lesbe‹ zu subsumieren, sondern habe angefangen, eine anwesenheit zu spüren und dies sprachhandelnd im benennen mit anderen zu teilen. im anschluss an ›feminismus schreiben lernen‹ habe ich zu verstehen begonnen, wie*

---

7 eine ausführliche herleitung dieser position findet sich in hornscheidt 2006 und 2008a. hornscheidt, antje (2006): die sprachliche benennung von personen aus konstruktivistischer sicht. genderspezifizierung und ihre diskursive verhandlung im heutigen schwedisch. berlin, new york: de gruyter; hornscheidt, antje (2008a): gender resignifiziert. schwedische aushandlungen in und um sprache. berlin: berliner beiträge zur skandinavistik.

mit dem buch und der expliziten benennung der kritischen ver_ortung dyke_trans eine ausdifferenzierung antisexistischer politiken und dadurch das bewusste und reflektierte eingehen auch von antisexistischen bündnissen möglich wurde. und bin von da aus weitergegegangen und habe noch einmal neu und anders über die interdependenzen dieses umfassenderen sexismus mit rassismus und ableismus nachgedacht, habe stärker begonnen meine privilegierung als weiße ableisierte dyke_trans wahrzunehmen und in bezug auf die privilegien, die ich dadurch habe, zu hinterfragen:

warum setze ich beispielsweise dyke_trans als bestimmendes substantiv und weiß und ableisiert als eigenschaften in form von adjektiven davor? ist es also zum beispiel ein privileg, mich auf eine antisexistische politik zu fokussieren und sie nicht von vornherein weiter ausdifferenzieren zu wollen – als effekt meiner eigenen normalisierung über privilegierungen? anouchK ibaka valiente sagt in dem film von laYla zami und mir[8], dass sie zuallererst Schwarz sei in berlin und dann – auch – dyke_trans. geht es also überhaupt, eine empowernde selbstbenennung für eine umfassende sexistische diskriminierung aus einer weiß privilegierten positionierung zu schaffen, ohne dabei nicht auch rassistisch und ableistisch zu sein, indem ich meine, diese sexistische diskriminierung so unausdifferenziert zentral setzen und benennen zu können? müsste es nicht direkt eine weitergehende ausdifferenzierung geben?

diese fragen habe ich mit und durch ›feminismus schreiben lernen‹ begonnen und führe sie jetzt in diesem buch fort: wie geht es, mich sprachlich zu w_orten? gibt es feministische w_orte? oder sind feministische w_orte zu wenig ausdifferenziert, pauschalisierend, universalisierend und müssen weiter ausdifferenziert werden hin zu contra_rassistischen contra_ableistischen antigenderistischen[9] (antisexistischen) w_orten, die auch nur neben antirassistischen antiableistischen antigenderistischen w_orten bestand und relevanz haben können? wären feministische w_orte also nicht gerade solche, die die differenzierung wollen und stehenlassen und dadurch immer auch wieder neue und andere w_orte für unterschiedlich positionierte und kritisch ver_ortete personen wären?

wie also kann ich die eigene komplexe diskriminierung über die unterschiedlichen realisierungsformen von genderismus wahrnehmen, empowernd umsetzen und gleichzeitig meine damit interdependente privilegierung in rassistischen und ableistischen strukturen wahrnehmen? mit welchen bilde ich communities, bin ich verbunden und an welchen punkten, in welchen situationen?

---

8 zami, laYla; hornscheidt, lann (2012): *spuren legen_verwehen. a feminist video_poem. kurzfilm, 12 minuten, berlin. http://vimeo.com/43636237 (25.9.2012).

9 genderismus wird in diesem buch als begriff verwendet und in kapitel iii erläutert. davon ist dann unter anderem die form antigenderistisch abgeleitet.

als transX[10] bin ich die bedrohung und die gefahr von eindeutigkeiten, die alle weißen ableisierten frauisierten, meist cis- und heteragegenderten, sich so lange schon vorgenommen und eintrainiert haben, nicht als solche wahrzunehmen, nichts wahrzunehmen gelernt, nicht-wahrnehmung naturalisiert, den heteranormativen zweigendernormativen außenblick nach innen genommen, von innen, auf sich, von außen kontinuierlich reglementierend, kontrollierend schauen, zurichtend maßregeln, normierend. und selbst lesben wenden schnell den blick ab, kein zumindest teilerkennen, teilkontakten, verinnerlichte angst einer nicht-zugehörigkeit, angst, getroffen zu werden von den androgegenderten verinnerlichten urteilen, nicht richtig – entnannt weiß ableisiert – ›frau‹(isiert) zu sein, entsolidarisierungen, das eigene unwohlsein, schales nicht-dazugehören nach außen wenden, schnell wegsehen, ent_wahrnehmen. und trotzdem: als weiße ableisierte person kann ich in räume gehen und durch räume gehen, laufen, rennen, kann ich passend räume ein stückweit einnehmen, kann mich an weiße ableisierte erwartungsnomen an_passen, habe gleichzeitig immense privilegien in einer auf genderismus_rassismus_ableismus aufbauenden gesellschaft.

selbstansprachen
mich nicht mehr als bruch in normen wahrnehmen und in diesem bruch eine ver_ortung suchen, die doch immer auch von der norm vorgegeben bedingt ist
mich wahrnehmen
und doch auch gleichzeitig ohne diese massiven sozialen prozesse, die mich zurichten und die mich auch privilegieren, zu ignorieren

die ablehnung von politisch ver_orteten kategorisierungen bei anderen erlebe ich als abwehr, die konstituierung durch machtverhältnisse, gewaltverhältnisse, diskriminierungsstrukturen wahrzunehmen

und trotzdem und gleichzeitig ist die eigene wahrnehmung genau in diesem dilemma, konstituiert zu sein durch machtverhältnisse und in und durch und trotzdessen über sie hinauszugehen.

wie lebe ich jetzt? und lebe ich jetzt oder überlebe ich und wenn ich überlebe, warum und was überlebe ich? und was wäre leben? über rechtsnormen und -instanzen werde ich leben nicht erreichen, nicht erreichen können, werde ich nicht leben, recht ist immer zurichtung; über die anrufung von recht würde ich lediglich eine gesellschaftlich legitimierte norminstanz selbst auch wieder bestätigen, die zu anderen weiteren ausschlüssen führen würde. wendy brown schreibt dazu:

---

[10] diese personale appellationsform als empowernde selbstbenennung erkläre ich in kapitel vi.

»rights discourse in liberal capitalist culture casts as private potentially political contests about distribution of resources and about relevant parties to decision making. it converts social problems into matters of individualized, dehistoricized injury and entitlement, into matters in which there is no harm if there is no agent and no tangibly violated subject.«[11]

was also geht? oder läuft – wie und wann laufe ich?

dieses buch hier. ein laufen, ein gehen und ein stehen, ein laufendes ankommen in mir, der ver_such von w_ortender anwesenheit, die offenheit, mich mitzu_teilen, mich anwesend in w_ortungen zu machen, meine überlegungen, zweifel, unsicherheiten, erfahrungen, kämpfe, visionen zu teilen, mit anderx[12] in interaktionen zu treten, andere neue verbündete zu finden, differenzierungen zu wollen, zu respektieren und produktiv zu erleben, zu sensibilisieren, zu interessieren, zu motivieren.

sprachliche handlungen als anwesenseinsformen, als ständige ver_suche nach differenzierungen, nach w_ortungen, nach kontinuierlich sich bewegendem ankommen in dem paradox der konstituierung in und durch strukturelle diskriminierungsverhältnisse, die mich gleichzeitig privilegieren und diskriminieren in ihrer interdependenz. w_ortungen als einzige chance einer diskursiven ver_ortung, die zugleich um den preis der strukturellen diskriminierung und ihrer wahrnehmung ermöglicht ist und für den gewinn meine privilegierungen wahrzunehmen und als handlungsressourcen zu nutzen, nicht länger ignorierend zu normalisieren. w_ortungen als trotzdems und dennochs, als lust und begegnungen, als verliebtsein und in kontakt-laufen-gehen-sein, als temporäres kurzes ich im wir, als herausforderndes aufgehobensein in kollektiven kritischen ver_ortungen, also beginn von neuem, als lust auf fragen und neue räume. auch das – meine motivation zu diesem buch.

für wen – oder in der später in diesem buch vorgestellten schreibweise: für wex – ist dieses buch?

zunächst einmal ist es für mich. es ist mein ver_such, mich in und zu fragen, die mich lange und auf verschiedene formen beschäftigen, auszudrücken. mich mitzuteilen. mich sprachlich anwesend zu machen.

es ist für die personen geschrieben, die von sexismus – oder wie ich es später in diesem buch nenne: genderismus – in unterschiedlichen formen oder zu einem unterschiedlichen grad diskriminiert sind und gleichzeitig die interdependenz dieser (teil)diskriminierungen mit anderen diskriminierungsformen – ableismus und rassismus – reflektieren wollen; die etwas davon verstehen wollen, neue fragen stellen wollen und neue interventionsstrategien kennenlernen und anwenden wollen. für

[11] brown, wendy (1995): states of injury: power and freedom in late modernity. princeton: princeton university press. s. 124.

[12] diese form erkläre ich ausführlicher im kapitel vi zu antigenderistischen interventionen.

personen, die sich sprachlich antidiskriminierend ver_orten wollen, die sich w_orten wollen, wie ich es im titel dieses buches genannt habe.

dann ist es für die personen geschrieben, die sich mit ihren eigenen interdependenten genderistischen_rassistischen_ableistischen privilegierungen in bezug auf sprachhandlungen auseinandersetzen wollen und contra_genderistische interdependente strategien kennenlernen, ausprobieren, anwenden wollen.

das buch ist für all die, die an sprache als vorgegeben, unverbrüchlich, neutral, unveränderbar zweifeln, die mit sprachlichen handlungen hadern und sprachlich handelnd suchen und versuchen. die nicht w_ortlos werden wollen, die suchen, die sich sprache lustvoll aneignen wollen, die neue kreative möglichkeiten eigener sprachhandlungsmächtigkeit kennenlernen wollen. denen sprache nicht ›egal‹ ist, die sprache nicht als bloße widerspiegelung wahrnehmen, die für ihr sprachhandeln verantwortung übernehmen wollen.

die ebenen, auf denen sprachliche handlungen als wichtige soziale handlungsformen zu sexismus führen können oder sexistisch sind, sind vielfältig. sie können in direkten sprachlichen diskriminierungen liegen, wie sie konventionell über die begriffe, schimpfwörter, invektive usw. benannt werden.[13]

sie können aber auch weniger direkt deutlich, weniger direkt benennbar sein und doch auch sprachlich zum ausdruck kommen. ausgehend von dem weiter oben vorgestellten sprachkonzept zähle ich auch sprachliche handlungen, die gerade in dem nicht-benennen liegen, zu den potentiellen sprachlichen diskriminierungen. adibeli nduka-agwu und ich[14] haben zwischen entnennungen und ent_erwähnungen unterschieden. ent_erwähnungen ist ein konzept, welches von alanna lockward[15] entwickelt worden ist; beide konzepte betonen die aktive handlung etwas nicht zu benennen, nicht zu w_orten, was durch die vorsilbe ent- ausgedrückt wird. ich erkläre diese begrifflichkeiten ausführlicher im nachfolgenden kapitel. sie bilden einen wichtigen baustein des hier vertretenen sprach- bzw. sprachhandlungskonzepts.

---

13 vgl. hornscheidt, lann (2011a): pejorisierung – ein konstruktivistisches konzept zur analyse von beschimpfungspraktiken. in: hornscheidt, antje lann; jana, ines; acke, hanna (hrsg.): schimpfwörter – beschimpfungen – pejorisierungen. wie in sprache macht und identitäten verhandelt werden. frankfurt a .m.: brandes & apsel. s. 15-45.

14 hornscheidt, antje lann; nduka-agwu, adibeli (2010): der zusammenhang zwischen rassismus und sprache. in: nduka-agwu, adibeli; hornscheidt, antje lann (hrsg.): rassismus auf gut deutsch: ein kritisches nachschlagewerk zu rassistischen sprachhandlungen. frankfurt a. m.: brandes & apsel. s. 11-49.

15 lockward, alanna (2010): diaspora. in: nduka-agwu, adibeli; hornscheidt, antje lann (hrsg.): rassismus auf gut deutsch: ein kritisches nachschlagewerk zu rassistischen sprachhandlungen. frankfurt a .m.: brandes & apsel. s. 56-71.

worum geht es in dem buch und worum geht es nicht in dem buch?

- das buch liefert inspirationen zu einem zentralen aspekt sprachlicher handlungen, zu benennungspraktiken.
- diese werden unter der frage betrachtet, inwiefern durch benennungspraktiken diskriminierungen hergestellt, aufgerufen und re_produziert werden – und wie benennungspraktiken mit diesen reflexionen neu gefasst und verändert werden können, wie personen sich ihre sprachhandlungen (wieder) aneignen können.
- das buch regt zu sprachlicher kreativität und reflexion in bezug auf benennungspraktiken an, will für vielfache ebenen und formen von diskriminierenden und anti-diskriminierenden benennungsweisen sensibilisieren.[16]

dieses buch ist kein sprachleitfaden im traditionellen sinne: es geht hier nicht um neue regeln, die zu beachten oder zu befolgen wären und damit um die aufstellung neuer normen, sondern es geht um ein empowerndes selbstaneignen von sprachhandlungen, um eine übernahme von verantwortung für und zu sprachlichen diskriminierungen, um ein reflektieren eigener privilegierungen und wie sich diese auch in und durch sprachhandlungen manifestieren, um ein inspiriertwerden in und durch w_orte anderer, um das schaffen von orten und ver_ortungen auf diese weise.

wie ist das buch aufgebaut?

die nachfolgenden drei kapitel (ii, iii und iv) erklären die grundlagen meines ansatzes zu sprache und diskriminierung. im nächsten kapitel erläutere ich meine sprachkonzeption, die konstruktivistisch ist und von der idee ausgeht, dass jede form von sprache, sprachlicher äußerung und sprachlicher manifestation eine handlung ist. dieses konzept ist eine wichtige grundlage für die frage, wie, wo, wodurch und von wem diskriminierungen sprachlich handelnd vollzogen werden.

in kapitel iii stelle ich meine konzeption von genderismus vor, die in anleh-

16 das buch liefert nur vereinzelt hinweise auf weitere ebenen von sprachhandlungen, wie vor allem mündliche gesprächssituationen und die sexistischen (genderistischen) zu_schreibungen, die in diesen und durch diese stattfinden. auch ebenen nonverbaler kommunikation, wie zum beispiel kleidung, berührungen, aber auch raumaufteilungen, augenkontakt, spielen hier nur eine untergeordnete rolle und bleiben einem weiteren zukünftigen band zum thema vorbehalten. ich habe mich zu dieser inhaltlichen begrenzung entschieden, da das thema so umfangreich und vielschichtig ist, dass es nicht differenziert genug hätte behandelt werden können.

nung an die idee von sexismus und in weiterführung der ausdifferenzierung von sexismus von alyosxa tudor und mir in ›feminismus schreiben lernen‹ (2011) aufzeigt, wie differenziert und grundlegend sich genderismus/sexismus, immer interdependent mit rassismus und ableismus manifestiert und wirkt und wie sexismus/genderismus jeweils interdependent mit rassismus und ableismus betrachtet werden muss. ausgehend von konkreten fragen erläutere ich die unterschiedlichen realisierungsformen von interdependentem genderismus, gebe beispiele für ihre sprachliche realisierung und differenziere unterschiedliche argumentationsformen von genderismus.

in kapitel iv bringe ich die überlegungen der letzten beiden kapitel zusammen und stelle ein modell vor, wie sprachliche handlungen und diskriminierungen zusammenhängen, welche rolle sprachliche handlungen für diskriminierungen spielen. dies erläutere ich auch vor dem hintergrund alltäglicher konventionalisierter vorstellungen dazu, wie diskriminierung abläuft, was diskriminierung ist und wer dafür zuständig sei.

kapitel v fragt, wie interdependenter genderismus in bezug auf sprachhandlungen analysiert werden kann. dazu differenziere ich zwischen einer dispositiven und einer diskursiven analyseebene und gebe beispiele für beides.

kapitel vi fragt darauf aufbauend, wie in interdependente genderistische sprach_handlungen interveniert werden kann. das kapitel bietet einen überblick und inspirationen für mögliche antigenderistische interdependente sprachhandlungsweisen. in diesem kapitel gibt es viele konkrete beispiele, die lust und mut machen sollen, sich sprache anzueignen und selbst antidiskriminierend selbstbewusst sprachlich aktiv zu werden.

im ausblick in kapitel vii formuliere ich, was diese empowernden sprachhandlungsperspektiven in einem größeren kontext für relevanz haben könnten und nehme noch einmal fragen auf, die ich häufig zu sprachlichen handlungen und diskriminierung gestellt bekomme.

das glossar (kapitel iix) gibt kurze umschreibungen zentraler begrifflichkeiten des vorliegenden bandes und kann parallel zu den verschiedenen kapiteln gelesen werden. es gibt viele neue begrifflichkeiten in diesem band – auch als ein teil einer kreativen sprachveränderung und aus der notwendigkeit, immer wieder neue umgangsstrategien mit genderismus zu finden.

wie lese ich das buch?

das buch muss nicht von vorne bis hinten gelesen werden, sondern kann auch als nachschlagewerk benutzt werden – wenn ich mir über verschiedene realisierungsformen von interdependentem genderismus klarer werden will, wenn ich argumentationen, was sprache ist und was sprache mit diskriminierung zu tun hat, verstehen will, wenn ich konkrete beispiele für antigenderistische sprachhandlungen lesen und analysieren können will oder ich ideen für kreative antigenderistische sprachveränderungen bekommen möchte. auch das lesen der teilweise wunderschönen und berührenden zitate aus den verschiedensten quellen kann allein schon eine sehr empowernde leseweise sein.

regst du dich an irgendeiner (oder an mehreren) stellen auf, wirst wütend – dann kann dies vielleicht mit eigenen normsetzungen zu tun haben, die an dieser stelle zu sehr herausgefordert werden. es kann auch sein, dass ich, da ich das buch aus einer *weiß* und ableistischen privilegierten positionierung geschrieben ist, viele strukturelle diskriminierungen hier noch mal wiederhole und re_produziere, über die ich mir nicht genügend bewusst bin.

ich wünsche mir eine offenheit, die wut für sich selbst zunächst wahrzunehmen und nicht dem buch entgegenzuschleudern. das buch will anregungen geben, will nicht belehren, und wenn die anregungen gerade nicht die sind, die du brauchst und suchst, dann ist die begegnung mit diesem buch gerade nicht stimmig.

manche teile des buches sind anders gesetzt: kursiv sind häufig meine fragen geschrieben, die ich als ausgangspunkt nehme, um bestimmte ideen darzustellen; meine eher persönlicheren kommentare und texte sind ebenso kursiv. dann gibt es kästen, die zentrale fragen und thesen des buches auf diese weise absetzen. die anregungen zu schreibübungen, die sich durch das gesamte buch ziehen, sind durch horizontale striche davor und danach markiert. schließlich sind mir wichtige aussagen zudem durch einen einfachen vertikalen balken am seitenrand betont. wenn in verschiedenen teilen des buches konkret auf sprachhandlungsbeispiele eingegangen wird, sind re_produzierende beispiele durch einfache anführungszeichen gekennzeichnet und interventionistische beispiele in vertikale balken gesetzt.

warum schreibe ich in diesem buch alles klein?[17]

kleinschreibung ist für mich eine möglichkeit, meine schriftliche sprachproduktion mehr in einen fluss zu bringen, fließender zu machen, setzungen stärker zu hinterfragen. dadurch, dass ich angefangen habe, alles kleinzuschreiben, habe ich auch angefangen, die substanz von substantiven stärker zu hinterfragen, habe die essentialisierung von substantiven aufgelöst, angefangen aufzulösen, habe substantivische setzungen stärker in bewegung versetzt, stärker herausgefordert, neu gefasst, neu losgelassen. so wie es für mich in meiner gesamten sprachproduktion wichtig ist, sprachliche setzungen in fluss und bewegung zu versetzen, so ist auch die kleinschreibung teil dieses versuchs, stärker im sprachlichen prozess zu sein. eine frage, die mich im schreiben dieses buchs begleitet hat, ist die nach den wirkungen unterschiedlicher wortarten: was macht es, dass substantive substantive sind, verben verben usw.? was drückt es an konzepten aus, die mir beim

[17] aus urheberrechtlichen gründen wurden einige zitierte gedichte in der groß- und kleinschreibung des originals belassen.

sprechen_schreiben gar nicht mehr bewusst sind, vielleicht nie bewusst waren? welche subtilen, aber wichtigen konzeptualisierungen werden damit gesetzt und re_produziert, bestätigt, naturalisiert? die großschreibung von substantiven und so genannten eigennamen ist für mich ein teil dieser naturalisierungen von einer trennung zwischen handlungen, die durch verben ausgedrückt werden, und essenzen, ob menschen, institutionen, werte, ›sachen‹ oder ›objekte‹, von der herstellung von flexiblen und nur beigeordneten eigenschaften und vorstellungen über adjektive, die selbst keine substanz ausmachen, sondern essenzen nur umgeben, beschreiben, eingrenzen, und es doch selbst nicht sind. kleinschreibungen fordern mich in diesen konzeptualisierungen heraus.

darüber hinaus: kleinschreibungen vereinfachen für mich die möglichkeit, einer vielfach ausschließenden normsprache. großschreibungen sind schwierig und nicht immer logisch, großschreibungen verkomplizieren schriftlichen sprachgebrauch in unnötiger weise. kleinschreibung macht einen einfachereren zugang zu schriftsprache des deutschen für alle, die zu unterschiedlichen zeitpunkten ihres lebens deutsch als schriftsprache lernen können oder wollen, möglich.

die nächste stufe wird es sein, genuseinteilungen sein zu lassen, nicht mehr zwischen ›die‹, ›das‹ und ›der‹ zu unterscheiden, tisch, stuhl, fenster, kommode nicht mehr nach genus zu differenzieren, eine einzige form für alle herkömmlichen bisherigen genusdifferenzierungen zu finden oder nehmen. das würde vieles mit dem deutschen einfacher machen, glaube ich. ist der nächste schritt. schritt für schritt. ist dit nächst schritt – so könnte eit solch satz dann zum beispiel aussehen: nur noch |dit| als bestimmt artikel, |eit| als unbestimmt artikel, keine flexionen mehr an adjektive. dies würde vieles vereinfachen, würde eine normsprache öffnen und zugänglicher machen, entschlacken, würde ganz anders und ganz andere kommunikationen ermöglichen. und: was heißt und bedeutet es, dass dies bisher nicht so ist?

in diesem buch: kleinschreibung. ich bin nicht die erste die das macht, gemacht hat, immer wieder ist es in verschiedenen kritischen sprachveränderungsstrategien versucht_vorgeschlagen_durchgeführt_initiiert worden, immer wieder gescheitert an der autorität von machtvollen machtsetzenden und ausschließenden norminstanzen. ich gehe nicht davon aus, dass es effekte jenseits der les_erinnen hat, es geht mir nicht um die veränderung einer norm, sondern um die aneignung von sprachlicher handlungsfähigkeit. wen zentriere ich mit dem, was ich mache? für wen schreibe ich? wen sehe ich vor mir, wen will ich ansprechen? jede norm re_produziert ausschlüsse. dieses buch will zu sprachaneigungen anregen, zu einer auseinandersetzung mit sprachlichen handlungen und diskriminierungen, mit einer sensibilisierung für sprachhandlungen für eigene sprachhandlungen, für eine wiederaneignung von sprachfähigkeit, sprech- und schreibfähigkeit. groß geschrieben sind ausschließlich die begriffe, die empowernd aus diskriminierter perspektive so groß geschrieben werden: Schwarz, Black, People of Colour, PoC, Native, Red.

was für formen verwende ich, um personen in diesem buch zu benennen?

die formen, die ich verwende, verändern sich im laufe des buches. am anfang verwende ich dynamische unterstrichformen, weiter hinten wechsele ich immer mehr zu x-formen, wenn ich diese in kapitel vii vorgestellt habe. auf diese weise biete ich zugleich auch eine variation unterschiedlicher schriftsprachlicher benennungsformen an und zeige in ihrem gebrauch in diesem buch, wie es gehen könnte, sich anders sprachlich auf personen zu beziehen.

> *inwiefern identifiziere ich mich mit meinen sprachhandlungen, inwiefern ist mir mein eigenes sprechen_schreiben fern, fremd, bin ich mir im schreiben_sprechen disidentifiziert und gestehe es mir nur kaum ein, da ich dann das gefühl habe, gar nicht mehr schreiben_sprechen_lesen_zuhören zu können? bin ich in sprache? bin ich sprache? bin ich in und durch und mit sprache? wo und wie bin ich? wann bin ich präsent, anwesend, ich, wann spreche ich, wann bin ich gesprochen? kann ich mich lesen? und in welchen worten? kann ich selbst die worte formulieren, in denen ich anwesend bin? sind wortungen ortungen, wann ver_orten mich w_ortungen, die von mir und die von anderen?*

warum so viele neue begrifflichkeiten in diesem buch?

ich ver_suche, mich in und durch und mit sprachlichen handlungen wiederzufinden. das, so habe ich manchmal das gefühl, ist ein ewiger und schwieriger und schmerzhafter prozess des spürens und merkens von sprachlicher gewalt, sprachlichen diskriminierungen.

die neuen begrifflichkeiten in diesem buch sollen also nicht unnötig verkomplizieren, sondern sollen ver_suchen, genau und präzise in den benennungen und in den vorstellungen zu sein, die in und mit diesen benennungen hergestellt, aufgerufen, re_produziert werden. vieles war für mich unklar, viele diskriminierungen waren für mich nicht benennbar und viele benennungen sind teil davon, bestimmte diskriminierungen nicht präzise und differenziert fassen zu können. dieses buch und der ver_such zu ausdifferenzierten benennungsformen will mich selbst anwesend machen, will präzise in dem sein, was ich analysiere und wie interveniere.

alle neuen, hier verwendeten begrifflichkeiten sind kein spiel, sind kein stilmittel, um etwas komplizierter und unzugänglicher zu machen – ganz im gegenteil. die aus_drucksformen, die ich hier wähle, sind mein versuch, sprachlich anwesend zu sein, genau zu sein, meine kritik an sprachlichen diskriminierungen auch in meinen eigenen sprachhandlungen umzusetzen. dies ist ein unabgeschlossener und ein unabschließbarer prozess. dass sich vieles anstrengend und umständlich anfühlt, habe ich für mich selbst als abwehrstrategie verstanden, mich nicht mit der grundsätzlichkeit sprachlicher diskriminierung zu beschäftigen, die kontinuierlich da ist, kontinuierlich stattfindet. alle wortneuschöpfungen sind versuche, präzise in meinen analysen und benennungen zu sein. sie sind auch die konsequenz daraus, dass ich im laufe des arbeitens an diesem buch realisiert habe, wie umfassend interdependente genderistische sprachliche diskriminierungen sind, dass ich sie schon nicht einmal benennen kann – und auch mich selbst nicht benennen kann, ohne nicht auch immer wieder diskriminierungen und privilegierungen zu wiederholen, zu verfestigen, zu entmerken.

viele unterstriche in verschiedenen worten, so auch im letzten abschnitt, helfen mir, genauer hinzulesen und hinzuhören, genauer nachzuspüren, was ich da eigentlich sage und schreibe und genauer zu überlegen, was ich genau meine. im versuchen ist immer auch ein suchen, daher schreibe ich es jetzt ver_suchen. reproduzieren ist auch produzieren, aber gleichzeitig bleibt dazwischen und dabei immer auch eine lücke, gibt es keine reproduktion, die identisch wäre mit einer produktion. daher schreibe ich re_produktion: um auf die beinahe gleichheit und die manchmal unnennbare abweichung sprachlich aufmerksam zu machen.

> *sprachliche handlungen sind für mich sehr wichtig, wichtig für meine anwesenheit in welt, als selbstver_ortung, als kontaktversuche mit anderen. deshalb ist es mir sehr wichtig, zu versuchen, in der form genau zu sein, wie ich spreche und schreibe. ich versuche sprachliche anwesenheit und ich weiß, dass dies für den preis geschieht, nicht von vielen gehört zu werden, noch weniger verstanden zu werden. ich ringe mit sprachlichem selbstausdruck in einem kontinuierlichen spannungsverhältnis dazu, gerade im nicht-verstanden-werden auch nicht anwesend zu sein. wenn der preis für verstehen aber meine sprachliche nicht-anwesenheit ist, dann fühle ich mich in einem dilemma gefangen.*
>
> *ich versuche, in diesem buch den zwischenschritt, brücken, neue w_ortungen und linien zu früheren w_ortungen zu ziehen. ich schreibe dieses buch, um anwesend zu sein, um das, was ich jetzt seit vielen jahren analysiere – sprachliche diskriminierungen und interventionen in diese – anderen vermittelbar zu machen, anderen für eigene auseinandersetzungen anregungen zu geben, anwesenheiten, kreativität, kommunikationen, kämpfe.*

ich versuche mit diesem buch, die personen zu adressieren, die mit sprachlichen handlungen und ihrer gewaltförmigkeit hadern, die ein unbehagen in der pseudoanwesenheit in bestimmten benennungsformen spüren, die neue sprachformen verstehen und ausprobieren wollen, die sich zu neuen sprachhandlungen inspirieren lassen wollen, die sich irritieren lassen wollen, die ihre eigenen normen und normalisierungen herausfordern und durchschütteln wollen, die sich neue fragen stellen wollen, die sich sprachhandlungen aneignen und eigen_mächtig gestalten wollen, die die komplexität sprachlicher diskriminierungen und mögliche interventionen verstehen, neu verstehen, anders verstehen wollen, die lust auf herausforderungen, irritationen, interaktionen zu sprache und strukturellen diskriminierungen haben. die nicht fertig sind, die in bewegung sind und sein wollen.

ich versuche, mit diesem buch in meinen kämpfen gegen diskriminierung anwesend zu sein.

eine wichtige inspiration für mein kämpfen gegen interdependente diskriminierungen von genderismus und rassismus ist audre lorde. ich bin privilegiert in und durch rassismus, was rassismus zu einer kontinuierlich in meinem leben und handeln anwesenden form der privilegierten zu_richtung von mir auf kosten der diskriminierung anderer macht. ich bin gleichzeitig damit und untrennbar von dieser privilegierung diskriminiert durch genderismus. audre lorde ist durch genderismus und rassismus umfassend interdependent diskriminiert, und ihre schriften über_setze ich mir, anders positioniert also, zu der vision einer empowernden nicht-diskriminierenden gesellschaft, die ich für mein leben will:

> »every day of your lives is practice in becoming the person you want to be. no instantaneous miracle is suddenly going to occur and make you brave and courageous and true. and every day that you sit back silent, refusing to use your power, terrible things are being done in our name. […] ›i feel, therefore i can be free.‹ learn to use what you feel to move you toward action. change, personal and political, does not come about in a day, nor a year. but is is our day-to-day decisions, the way in which we testify with our lives to those things in which we say we believe, that empower us. your power is relative, but it is real. and if you do not learn to use it, it will be used against you, and me, and our children. change did not begin with you, and it will not end with you, but what you do with your life is an absolutely vital piece of that chain.«[18]

---

[18] lorde, audre (2009b): commencement address: oberlin college, may 29, 1989. in: byrd, rodolph p.; cole, johnnetta betsch; guy-sheftall, beverly (hrsg.): i am your sister. collected and unpublished writings of audre lorde. new york: oxford university press. s. 216ff.

kapitel ii

was ist sprache?

in diesem kapitel erläutere ich meine sprachsicht. diese benenne ich als konstruktivistisch. ausführliche herleitungen und erklärungen dieser konstruktivistischen sprachauffassung und ihre implikationen für das verhältnis von sprache zu diskriminierung mit einem wissenschaftlichen, vor allem sprachwissenschaftlichen und gender studies fokus habe ich seit 2005 in mehreren publikationen[19] geschrieben. diese können in ergänzung und weiterführung der hier gemachten ausführungen gelesen werden. mein sprachverständnis ist vor allem inspiriert von judith butler[20] 1990 (›gender trouble‹), 1993 (›bodies that matter‹), 1997 (›excitable speech‹), 2004 (›undoing gender‹) sowie weiteren veröffentlichungen von butler. im engeren sinne sprachwissenschaftlich schließe ich mich am ehesten an eine definition einer so genannten perspektivischen pragmatik von jef verschueren[21] an und habe insbesondere überschneidende sprachsichten mit deborah cameron[22] und christine chris-

---

[19] dazu: hornscheidt, antje (2005): (nicht)benennungen: critical whiteness studies und linguistik. in: eggers, maureen maisha; kilomba, grada; piesche, peggy; arndt, susan (hrsg.): mythen, masken und subjekte: kritische weißseinsforschung in deutschland. münster: unrast. s. 464-478; hornscheidt (2006); hornscheidt (2008a); hornscheidt, antje lann (2008b): an agenda for critical lexicographic research within critical discourse studies – an investigation on racism/colonialism in monolingual danish, german and swedish dictionaries. in: critical discourse studies critical discourse studies, 5/2. s. 107-132; hornscheidt (2011a); hornscheidt, lann (2012a [2007]): sprachliche kategorisierung als grundlage und problem des redens über interdependenzen. aspekte sprachlicher normalisierung und privilegierung. in: walgenbach, katharina; dietze, gabriele; hornscheidt, lann; palm, kerstin (hrsg.): gender als interdependente kategorie. neue perspektiven auf intersektionalität, diversität und heterogenität.2. auflage. leverkusen: budrich. s. 65-106.

[20] dazu u. a.: butler, judith (1990): gender trouble: feminism and the subversion of identity. new york, london: routledge; butler, judith (1993): bodies that matter: on the discursive limits of sex. london: routledge; butler, judith (1997): excitable speech. a politics of the performative. new york, london: routledge; butler, judith (2004): undoing gender. new york: routledge.

[21] dazu: verschueren, jef (1999): the pragmatic perspective. in: verschueren, jef; östman, jan ola; blommaert, jan (hrsg.): handbook of pragmatics. amsterdam, philadelphia: benjamins. s. 1-19. bis auf diese eine stelle, an der verschueren perspektivische pragmatik definiert, finden sich jedoch leider keine weiteren ausführungen dazu von ihm – es bleibt bei dieser einen programmatischen bemerkung.

[22] dazu: cameron, deborah (1992 [1985]): feminism and linguistic theory. 2. auflage. london: macmillan; cameron, deborah (1995): verbal hygiene. london, new york: routledge; came-

tie[23]. eine weitere wichtige inspirationsquelle sind anti- und contra_rassistische antigenderistische diskursanalytische ansätze[24]. darüber hinaus ist mein sprachverständnis vor allem von feministischer belletristischer literatur[25] und gedichten von rose ausländer[26], ingeborg bachmann[27], chrystos[28], may ayim[29], hilde domin[30] und pat parker[31] sowie essays von audre lorde[32] geprägt, beeinflusst, herausgefordert, irritiert. hier nähere ich mich der frage was sprache ist über fragen und thesen an, die ich speziell auf das thema dieses buches fokussiere.

was ist sprache für mich? eine erste annäherung

sprache ist die idee eines bodens, die fiktion eines grundes (manchmal, gespürt oder auch nicht, nahe am ab_grund), auf dem ich mich interagierend sozial mit mir und mit anderen zu anderen hin bewege. sprechen und schreiben, hören und lesen sind meine aktiven handlungen des sozialen anwesendseins, des sozialen in-kontakt-gehens. damit es ein kontakt mit anderen ist, damit das in-kontakt-gehen möglich ist, die fiktion eines kontakts, einer begegnung, gehe ich unbewusst und wie selbstverständlich davon aus, dass es formen gibt, die von personen in interaktion gegenseitig verständlich, wiedererkennbar sind. diese formen und der glaube an das vorhandensein dieser formen gebe ich mir selber im und durch interaktiv angelegtes sprachliches handeln. ein wichtiges hilfsmittel dazu sind soziale konventio-

---

ron, deborah (1998): lost in translation. non-sexist language. in: cameron, deborah (hrsg.): the feminist critique of language. a reader. new york, london: routledge. s. 155-163.

23 dazu: christie, christine (2000): gender and language. towards a feminist pragmatics. edinburgh: edinburgh university press.

24 dazu: mills, sara (1997): discourse. the new critical idiom. london, new york: routledge. winther jørgensen, marianne; phillips, louise (2002): discourse analysis as theory and method. london: sage; loomba, ania (1998): colonialism/postcolonialism. london, new york: routledge.

25 jede aufzählung hier wäre so unvollständig, dass ich mich entschlossen habe, darauf hier zu verzichten.

26 u. a. ausländer, rose (1988): einst war ich scheherezade. gesammelte gedichte. frankfurt a. m.: fischer.

27 u. a. bachmann, ingeborg (2005): sämtliche gedichte. 3. auflage. münchen: piper.

28 u. a. chrystos (1997): wilder reis. berlin: orlanda.

29 u. a. ayim, may (1995) blues in Schwarz weiss. berlin: orlanda.

30 u. a. domin, hilde (1987): gesammelte gedichte. frankfurt a.m.: s. fischer.

31 pat parker (1985): jonestown & other madness. poetry by pat parker. ithaca, new york: firebrand books.

32 eine wichtige zusammenstellung zentraler essays findet sich publiziert als ›sister outsider‹. dazu: lorde, audre (1984): sister outsider. essays and speeches by audre lorde. berkeley: the cross press.

nen, die sich in sozialen gruppen und größeren gemeinschaften wie gesellschaften herausgebildet haben, um miteinander zu kommunizieren – so genannte standardsprachen, kulturelle codes, wie ei_ne sich begrüßt, bedankt, sich aufeinander bezieht, wie telefongespräche und sms-kommunikationen gestaltet sind, wann ein gespräch öffentlich, wann privat ist und welche fragen und antworten in welchen kontexten möglich sind; wie eine ›richtig‹ schreibt, ›richtig‹ spricht, welche grammatischen normen gelten, worüber gesprochen werden kann und worüber nicht; wann ein_e schweigt und wann s_ie wie zuhört. all das sind soziale übereinkünfte dazu, was sprachliche formen sind und was sie be_deuten, wie ich mit ihnen welt und mich selbst deute, interpretiere, zu gehör bringe. »what happens in linguistic practices reflects or mirrors what happens in social orders conceived as external to discourse itself« (butler 1997: 157).

diese sprachlichen konventionen, die sich häufig als ›lexikon‹ einer sprache, als grammatik, als standard- oder nationalsprache, als fachsprache oder als umgangssprache darstellen, sind so selbstverständlich im kommunizieren, dass sie ›einfach da‹, vorgängig, vor mir und meinem sprechen und schreiben, hören und lesen immer schon vorhanden wirken – als wäre ich lediglich ei_ne benut_zerin vorgeformter vorhandener formen, als könnte ich mit diesen formen zu einem bestimmten grad spielen und jonglieren, ihre über die sozialen übereinkünfte gesetzten grenzen vorsichtig austesten, aber als dürfte ich doch gleichzeitig den boden, den nicht ich gestaltet habe, dabei nicht verlassen, will ich nicht aus dem feld, das sich so als soziale kommunikation gestaltet, herausfallen (manchmal, nahe am ab_grund).

> »sich selbst auf den grund gehen und der sprache auf den grund gehen, läuft auf dasselbe hinaus. ab einer gewissen tiefe sind geist und sprache derart miteinander verflochten, dass es unmöglich ist, die fäden des geistes zu entwirren, ohne die irrgänge der sprache zu erkunden. früher oder später treibt die sprache eine[.] in die enge und [ein_e] steht an der wand und sieht keinen anderen ausgang als den die worte eine[_r] bieten, keinen anderen boden als das pflaster, das sie eine[_r] unter die füße schieben. viele glauben, die sprache sei ein verständigungsmittel, ein instrument, mit dessen hilfe wir sagen können, was wir glauben, zu sagen zu haben. das ist falsch. die geige ist ein instrument, der stift zur not auch. die musik und die sprache sind ozeane. [ei_ne] kommuniziert nicht mithilfe eines ozeans.«[33]

die idee, dass sprache ein instrument sei, begrenzt sprache auf vorgefertigte, regulierte, regelgeleitete formen, die ich anwenden kann. die idee von sprache als ozean hingegen macht für mich deutlich, dass ich mich in etwas unfassbarem bewegen kann, schwimmend, mit booten, tauchend, mich und mein sein in diesem ozean gestalten kann, der doch gleichzeitig nicht von mir kontrollierbar ist, nicht überschaubar ist, nie anhält, nie fertig ist. der mich überdauert und doch gleichzeitig mich schwebend macht, mich ertrinken lassen kann, mich atemlos macht, ängstlich und sehnsüchtig.

---

33 weber, anne (2002): erste person. frankfurt a. m.: suhrkamp. s. 17.

das konzept der vorgängigkeit von sprache – von sprachformen und einem sprachsystem, von sprachlichen bedeutungen, die in den wörter bereits liegen und durch mich nur noch aufgerufen werden, gibt mir im sozialen gefüge eine vorgebliche, täuschende sicherheit, einen ort, eine verlässlichkeit, ermöglicht meine soziale partizipation und ist doch gleichzeitig eine naturalisierung von etwas, was kontinuierlich erst durch interaktive handlungen hervorgebracht, re_produziert wird, sich darüber bestätigt, sich so tradiert, verfestigt, unverbrüchlich er_scheint – und aber doch auch nur genau darüber veränderlich ist. die sicherheit also ist eine trügerische, vorgebliche, die zugleich dazu führt, dass personen sich ihrer handlungs_ mächtigkeit in und durch sprachliches handeln nicht (mehr) im klaren sind, sie nicht als solche wahrnehmen. die normen dazu, was sprache sei, auf die ei_ne sich sprechend und schreibend zu beziehen habe, sind zudem auch geprägt und herausgebildet über und durch machtverhältnisse, die strukturelle diskriminierungen und privilegierungen schaffen, perpetuieren, fortsetzen, re_produzieren. androgendernde sprachformen[34] wie ›die studenten‹ als neutrale vorgaben einer standardsprache wahrzunehmen und aufrechtzuerhalten bedarf beispielsweise einer normalisierung von sexismus, die dann als sexismus gar nicht mehr wahrnehmbar ist.[35]

diese beobachtung und kritik bezieht sich aber nicht nur auf einzelne formen sprachlicher benennung, sondern auch auf größere sprachliche zusammenhänge, wie beispielsweise genrekonventionen: was beispielsweise als ›autobiografie‹ konventionalisiert eingelesen und verstanden wird, re_produziert ableistische vorstellungen zu subjekt und sprache, wie margarete price[36] deutlich macht.[37] was als wissenschaftliche quelle ›zitierfähig‹ ist, schließt bestimmte wissensproduktionen aus und verfestigt damit gesellschaftliche bilder. die gesellschaftlich weit verbreitete annahme, dass sprache ›einfach da‹ und dem sprechen vorgängig sei, dass es also eine sprache hinter dem sprechen gäbe[38], führt zu verschiedenen selbst- und sprachwahrnehmungen und entsprechenden argumentationen:

---

34 traditionell hießen diese formen bisher ›generische maskulina‹. die gründe für die re_ signifizierung dieser benennung von generisch zu androgendernd, wie ich sie in diesem band vornehme, finden sich in den nachfolgenden kapiteln iii und v.

35 dazu mehr in den folgenden kapiteln, beispielsweise in kapitel iii: was ist genderismus unter ›androgenderung‹ und in kapitel v zu beispielen androgendernder sprachformen.

36 price, margaret (2009): ›her pronouns wax and wane‹. psychosocial disability, autobiography, and counter-diagnoses. in: bolt, david (hrsg.): journal of literary & cultural disability studies. volume 3/1. liverpool: liverpool university press. s. 11-33.

37 ausführlicher dazu in kapitel vi unter ›genre‹.

38 vgl. hierzu auch sybille krämer für eine sprachphilosophische aufarbeitung der frage, ob es eine sprache hinter dem sprechen gibt. dazu: krämer, sybille (1999): gibt es eine sprache hinter dem sprechen? in: wiegand, herbert ernst (hrsg.): sprache und sprachen in den wissenschaften. geschichte und gegenwart. festschrift für walter de gruyter & co annlässlich einer 250jährigen verlagstradition. berlin, new york: de gruyter. s. 372-403; krämer, sybille; könig, ekkehard (2002): gibt es eine sprache hinter dem sprechen? frankfurt a. m.: suhrkamp.

- sprache spielt nicht eine so wichtige rolle: ›das ist nun mal das was da ist‹; ›ich kann ja nichts dafür‹; ›es gibt ja nun mal keine andere möglichkeit, als diese formen zu benutzen‹; ›ich sage das jetzt mal so, wie das traditionell gesagt ist, auch wenn ich es natürlich nicht so meine‹; ›ich weiß ja, was ich meine‹; ›ist doch nicht so wichtig, wie ich es ausdrücke‹. mcconell-ginet schreibt dazu: »language matters so much precisely because so little matter is attached to it; meanings are not given but must be produced and reproduced, negotiated in situated contexts of communication.«[39]
- bedeutungen sind eindeutig, klar, ›liegen‹ quasi in den wörtern; es gibt ›richtige‹ verwendungsweisen von wörtern und ›richtige‹ bedeutungen: ›das sagen doch alle so‹; ›das sagt man doch so‹; ›das steht so im duden/im wörterbuch/im lexikon/im internet – da kannst du das ja nachlesen und dann weißt du, dass das richtig ist‹. aus sicht der kognitiven pragmatischen linguistik bedeutet dies jedoch:

  »[...] the individual is socially constructed in terms of the embodiment[40] of social meaning. more specifically, not only the social domain of experience, but also cognition and morality are understood within culturally defined norms. [...] apparently, what guarantees the internalisation and reproduction of what is social and collective is the embodiment of social meaning.«[41]

- intentionen sind jenseits dieser wörter und ihrer bedeutungen: ›ich meine das doch nicht so‹; ›du weißt doch, wie ich das meine!‹; ›ich diskriminiere doch niemanden!‹; ›jetzt sei doch nicht so haarspalterisch – ich habe das doch nur so gesagt!‹ wer aber bestimmt in diesen äußerungen darüber, was diskriminierung ist? ist es tatsächlich eine frage, die die privilegierten, diskriminiert handelnden beurteilen können? was sind die normen, nach denen adäquates verhalten zu sprachlichen diskriminierungen bestimmt wird? chrystos schreibt dazu in einem gedicht:

  »if you aren't as angry as i am we probably shouldn't try
  to talk to each other
  because I'm furious with your fear of anger
  i'm angry that others are always telling me

39 mcconnell-ginet, sally (1998 [1989]): the sexual (re)production of meaning: a discourse-based theory. in: cameron, deborah (hrsg.): the feminist critique of language. a reader. new york, london: routledge. s. 209.

40 ›embodiment‹ lässt sich verstehen als konventionalisierung, sedimentierung und vergewohnheitungen von wissen. danke, evelyn, für diese anmerkung. vergewohnheitung als begriff ist von evelyn hayn geprägt. vgl. hayn (im erscheinen).

41 marmaridou, sophia (2000): pragmatic meaning and cognition. amsterdam, philadelphia: benjamins. s. 58f.

that they feel the same way i do but they're afraid to say so
or they don't know how
or they'd lose their job or their lover
if you can speak
you can be angry.«[42]

die frage von wut für antigenderistische interventionen diskutiere ich ausführlicher in kapitel v.

sich sprachliche handlungen (wieder) anzueignen, sich als sprachhandelnd grundsätzlich und in jedem moment zu erleben, bedeutet demgegenüber genau hinzuhören, genau hinzuspüren, sich handelnd im sprechen und schreiben, im hören und lesen und denken wahrzunehmen. all das sind in meinem hier vertretenen konstruktivistischen modell sprachliche handlungen:

- wenn ich spreche und schreibe: wie ich etwas ausdrücke, das heißt unter anderem, ob ich über mich rede oder über andere, welche zeitdimensionen ich im sprechen aufmache, welche kontexte ich aufrufe, welche verbindungslinien ich ziehe, welche bewertungen ich sprachlich vollziehe; wie ich das, was ich sprachlich handelnd herstelle, zum ausdruck bringe: als handlung, als zustands›beschreibung‹[43], als bewertung; wie ich mich selbst herstelle und wie ich andere darüber herstelle, dass ich sprachliche formen für sie benutze:
  - stelle ich sie konkret und explizit als personen dar oder rufe ich sie implizit über adjektive und verben[44] auf, über metonymien und metaphern?
  - stelle ich sie als handelnd dar? stelle ich sie als passiv dar? als teilnehmend, als abwesend?
  - wie kategorisiere ich sie?
  - stelle ich sie als relevant, irrelevant, als ziel von handlungen, schicksalen oder anderem her?
  - kommen sie überhaupt in dem vor, was ich sprachlich herstelle?

  dies sind einige mögliche fragen, die ein_e sich sprechend und schreibend stellen kann, um sich die eigene handlungs_mächtigkeit im schreiben und sprechen klar zu machen.
- wenn ich spreche: wen ich dabei ansehe; wie ich mich hinstelle; wem ich mich zuwende und von wem ich mich abwende; welche nonverbalen kommunikationsformen ich wähle; wie stark ich gestikuliere und was ich damit

[42] chrystos (1995a): they're always telling me i'm too angry. in: fugitive colors. cleveland: cleveland state university poetry center. s. 49.

[43] in einer konstruktivistischen lesart gibt es keine beschreibungen. die idee einer beschreibung ist eine machtvolle herstellung einer neutralität sprachlicher handlungen.

[44] danke, evelyn, für diese ergänzung.

ausdrücke; ob ich jemanden sprechend berühre, wie ich das mache, was ich damit an kontakt oder an macht herstelle; wie laut oder leise ich spreche, wie schnell oder langsam, wie betont und dialektal und was ich betone und wer versteht meinen dialekt und wie wird er eingelesen; welchen stil verwende ich: mit vielen fachausdrücken, umgangssprachlich, intimsprachlich, jugendsprachlich (und was ist der standard-normal-stil?) und wem gegenüber wende ich was an und wie stelle ich mich so dar und her? verwende ich mein sprechen, um verbindungen herzustellen oder um mich abzugrenzen, um offenheit zu signalisieren, fragen zu stellen und in kommunikation treten zu wollen oder um mich darzustellen, vorzustellen, um mich zu zeigen, um meine gefühle zu zeigen, mein wissen, meine meinung, meine zugehörigkeit oder von allem etwas.

- wenn ich höre: was genau höre ich? wem höre ich zu, wem höre ich nicht zu? welche fähigkeiten habe ich mir geschaffen, bestimmten personen zuhören zu können, anderen aber nicht? wann höre ich nicht länger zu und warum nicht: weil es zu langweilig ist, zu selbsterklärend, zu bekannt, weil es zu peinlich ist, weil es mich oder andere verletzt, mich oder andere diskriminiert, weil es mich irritiert, weil es mir angst macht, weil es mich nicht interessiert (und was interessiert mich? und was langweilt mich? und was mache ich mit meiner angst?)? oder höre ich nicht zu, damit ich nicht involviert bin, damit ich etwas nicht weiß, nicht verantwortlich bin – und bin ich es dann nicht?
  wenn ich zuhöre: wie ordne ich menschen ein – aufgrund der weise wie sie sprechen, welche ge_schichten dichte ich ihnen an zu herkunft und hintergrund, zu wissen und emotionen und was hat das alles mit mir zu tun, meinen normalvorstellungen, die ich so bestätige, meinen vorstellungen von welt, meinen sprachlichen zu- und einordnungen? wo lasse ich mich zuhörend inspirieren, irritieren, herausfordern, beschwichtigen, einlullen, besänftigen?
- wenn ich lese: was genau lese ich? was lese ich wozu?[45] woher habe ich die ideen und die wünsche, das zu lesen, was ich lese? was lese ich dadurch und damit gleichzeitig nicht? was kann ich überhaupt lesen, in welchen sprachen, in welchen zugänglichkeiten, kann ich überhaupt lesen? lese ich auch bilder und wie lese ich sie? welche medien benutze ich, welche schriftformen, welche benutze ich nicht, kenne ich nicht? warum lese ich: um mich selbst zu bestätigen, um neue ideen zu bekommen, um mich herauszufordern, weil ich

[45] diese fragen werden auch ausführlich aufgenommen in: hornscheidt, lann (2011b): dyke_trans schreiben lernen. schreiben als feministische praxis. in: ak feministische sprachpraxis (hrsg.): feminismus schreiben lernen. frankfurt a. m.: brandes & apsel. s. 100-138; hayn, evelyn (2011b): wissen feministisch re_produzieren lernen. in: ak feministische sprachpraxis (hrsg.): feminismus schreiben lernen. frankfurt a. m.: brandes & apsel. s. 139-161.

neugierig bin, weil ich irritiert werden will, weil ich mich in worten anderer (wieder)finden will? weil ich hoffe, so einen geworteten ort, ein w_orten zu erleben? weil ich suche, weil ich auf diese weise kommuniziere, weil mir das lesen sicherheit und ort gibt – wie instabil, fragil und trügerisch auch immer?

das konzept sprache kann im alltags- und wissenschaftlichen verständnis viele verschiedene vorstellungen aufrufen und beinhalten, es kommt auf den kontext und die situation der verwendung an. eine häufig anzutreffende, konventionelle verwendung des begriffs sprache ist im sinne eines sprachsystems, einer abgrenzbaren, häufig verschriftlichten, an regeln orientierten norm einer kommunikation zwischen menschen, die beispielsweise – im falle von so genannten nationalsprachen – einer auch über diese sprachnormierungen hergestellten, machtvoll konstruierten nation angehören. das bestehen und pflegen einer national- und standardsprache ist ein wichtiges kriterium für westliche nation(enbildung) – sowohl für ihre konstituierung als auch als grenzziehung zu personen, die auf dem territorium einer nation oder eines staates leben wollen_können_müssen. was aber ist nation, welche ausschlüsse finden sich in konzepten von nation, auf welchen modellen von macht und regeln, von organisation von leben beruhen nationen? diese fragen nehme ich später in den teilen zu dispositiv wieder auf.

macht über sprache – das beherrschen einer solchen normierten sprache, die möglichkeit mit diesem wissen zu agieren – zu schreiben, zu unterrichten, zu lesen – ist ein wichtiges herrschaftsinstrument. das beherrschen von sprachhandlungen anderer ist beispielsweise im und seit dem kolonialismus ein wichtiges mittel gewesen, um sich als kolonisa_torinnen macht über die kolonisierten zu verschaffen, ihre sprache gemäß europäischer schriftsprachenormen zu verschriftlichen (die auf diese weise auch als die einzig ›legitimen‹ und wahrnehmbaren schriftspracheformen hergestellt wurden), ihnen regeln aufzuerlegen, von seiten der koloni_siererinnen zu meinen, ihre kommunikationen kontrollieren zu können[46] – ein wunschdenken machtvoller kontrolle, was sich nie so lückenlos und kontrollabsolut hergestellt hat, wie die ko_lonisatorinnen es imaginiert und versuchten durchzusetzen[47]. die auswirkungen kolonialistischer sprachpolitiken bestimmen bis heute die verbreitung und das vorkommen von bestimmten sprachen als normsprachen, das beherrschen internationaler verständigungen. bis heute ist diese geprägt von sprachnormen, die europa, die alten kolonialmächte, zum unhinterfragten standard

46 vgl. pennycook, alistair (1998): english and the discourses of colonialism. new york, london: routledge; phillipson, robert (1992): linguistic imperialism. oxford: oxford university press; anchimbe, eric a.; mforteh, steven (hrsg.) (2011): postcolonial linguistic voices. identity choices and representations. berlin: de gruyter; warnke, ingo h. (hrsg.) (2009): deutsche sprache und kolonialismus. aspekte der nationalen kommunikation 1884-1919. berlin, new york: de gruyter.

47 in monique truong ›the book of salt‹ wird dies literarisch dargestellt: truong, monique (2003): the book of salt. a novel. boston, new york: houghton mifflin harcourt.

erheben.[48] dies sind nur wenige, ausgewählte aspekte der relevanz von kolonialismus für einige ebenen von sprachhandlungen, ihre konzeptualisierung, die herstellung von normen, die vormachtstellung von schriftsprachlichkeit, die verbreitung von sprachen und ihre unterdrückung, die prioritierung bestimmter formen von kommunikation über andere, die re_produktion von rassismen über verschiedenste sprachhandlungen sowie für das einlesen von sprachnormen vor rassistischen vorstellungen, die sich darüber bestätigt haben[49] und vieles mehr.[50]

häufig wird sprache mit kommunikation gleichgesetzt und auf die expliziten äußerungen einer person in einer kommunikationssituation bezogen. sprache ist in dieser alltagsweltlichen vorstellung das, was gesagt wird, das, was gehört oder gelesen werden kann. in diesem verständnis besteht sprache als systemhaftes konstrukt aus sprachlichen zeichen, wörtern, phrasen, sätzen, die unterschiedlich zusammengesetzt eine sprachliche äußerung ergeben, die jenseits der sprechenden feststellbar und damit auch analysierbar ist. häufig wird sprache in dieser lesart als system verstanden und von sprachlichen handlungen unterschieden, die auf diesem sprachsystem basieren würden. sprache als system wird in dieser unterteilung als das grammatische regelsystem verstanden, was dem konkreten sprechen zugrunde liegt. dieses lässt sich an sprachgefühl ablesen, an einem wissen darum, ob etwas ›richtig‹ oder ›falsch‹ gesagt oder geschrieben ist. in dieser vorstellung also gibt es ein richtiges oder korrektes sprechen und schreiben und dies bildet die grundlage für ein gelingen von kommunikation. die grundlage der beurteilung, was in diesem sprachverständnis ›richtig‹ oder ›falsch‹ ist, obliegt dabei sich als kompetent herstellenden sprachwissenschaftlern[51], die weder in ihrer kompetenz noch in ihrer sozialen positionierung, von der aus sie diese verallgemeinernden aussagen treffen, angezweifelt werden.

---

[48] noch nicht lange sind beispielsweise in englischsprachigen einsprachigen wörterbüchern neben dem britischen und dem us-amerikanischen englisch auch weitere englischsprachige sprachnormen verzeichnet. weiterhin aber sind verschiedene afrikanische und asiatische formen des englischen nicht als norm wahrgenommen. nicht nur hat sich englisch mit und durch kolonialismus als von der westlichen welt ausgehende internationale verständigungssprache stark etablieren können, auch sind die wünsche und normen einer englisch-kompetenz in deutschland beispielsweise stark an britischen und us-amerikanischen normen orientiert und stellen dadurch auch wieder die unhinterfragbarkeit ebendieser staaten und ihrer sprachnormierungen her.

[49] für letzteres vgl. römer, ruth (1985): sprachwissenschaft und rassenideologie. münchen: fink. das buch, die einzige unfangreiche aufarbeitung der geschichte der deutschen sprachwissenschaft als teil des kolonialismus, ist in seiner ausdrucksweise selbst sehr stark rassistisch. für neuere teilaspekte vgl. warnke 2009.

[50] vgl. hierzu auch: nduka-agwu, adibeli; hornscheidt, antje lann (hrsg.) (2010): rassismus auf gut deutsch: ein kritisches nachschlagewerk zu rassistischen sprachhandlungen. frankfurt a. m.: brandes & apsel; ashcroft, bill; griffiths, gareth; tiffin, helen (hrsg.) (2002): the empire writes back. london: routledge.

[51] die genderspezifizierend männliche form ist hier bewusst gewählt.

»i argue the necessity of taking on board the implications that arise from the recognition that the meanings generated by all uses of language (whether these are structured interviews, intimate conversations or spoken or written media texts) are neither self evident nor derivable from linguistic ›content‹. in particular, what an acceptance of this premise should foreground is how far the meanings attributed to data are generated by analysts themselves. [...] where the process of meaning generation is left unproblematised, the claims about content and utterance meaning that are made by an analyst tend to depend on unarticulated appeals to native-speaker intuition. and if what is intuited is not articulated the claims that are made cannot be substantiated.« (christie 2000: 71)

ich würde hier noch sehr viel weiter gehen: diese normierenden ideen dazu, was sprachliche bedeutung sei und wie sie beispielsweise in einsprachigen wörterbüchern re_produziert wird,[52] basiert auf einer interdependent privilegierten norm (*weiß*, androgegendert, christlich pseudo-säkularisiert, ableisiert), die sich auf diese weise als norm weiter verfestigt.

es gibt keine sprache vor dem sprechen

in der in diesem buch vertretenen vorstellung gibt es keine sprache vor dem sprechen, sondern jegliche sprachliche manifestationen, ob es einzelne mündliche äußerungen oder wörterbucheinträge, gesetzestexte oder grammatiken sind, sind jeweils konkrete sprachhandlungen, die eine unterschiedliche soziale autorität und autorisierung besitzen und gleichzeitig re_produzieren.[53] in dem hier vorgeschlagenen sprachmodell gibt es keine ebene einer sprache hinter der sprachhandlung, sondern nur die ebene der sprachhandlung. diese perspektive auf sprache – sprache ist grundsätzlich handlung – ermöglicht es, unterschiedliche formen der naturalisierung und konventionalisierung von sprachgebrauch, der normierung von einem bestimmten sprachgebrauch als sprachsystem beispielsweise, zu betrachten und zu kritisieren. dies ist ein wichtiger ausgangspunkt für eine antigenderistische interdependente sprachkritik, die somit nicht auf der vorgeblichen neutralität einer ›unschuldigen‹ sprache aufbaut, sondern alles versprachlichte als sprachhandlungen einliest und dadurch die möglichkeit eröffnet, dies alles auch kritisieren zu können.

52 vgl. hierzu meine artikel zu kritischer lexikografie: hornscheidt, lann (2011d): postcolonial continuities in danish monolingual dictionaries: towards a critical postcolonial linguistics. in: anchimbe, eric a.; mforteh, steven a. (hrsg.): postcolonial linguistic voices. identity choices and representations. berlin: de gruyter mouton. s. 265-298; hornscheidt, antje lann (2010c): zum rassismus in einsprachigen wörterbüchern – ein analyseleitfaden zur kritischen reflexion rassistischer sprachhandlungen. in: nduka-agwu, adibeli; hornscheidt, antje lann (hrsg.): rassismus auf gut deutsch: ein kritisches nachschlagewerk zu rassistischen sprachhandlungen. frankfurt a. m.: brandes & apsel. s. 456-477.

53 vgl. hierzu ausführlicher: hornscheidt 2006; hornscheidt 2008; nduka-agwu/hornscheidt 2010; hornscheidt 2011a.

im folgenden verdeutliche ich dieses konstruktivistische sprach- und sprachhandlungsmodell anhand von zentralen thesen noch einmal anders. diese thesen sind nicht trennscharf voneinander zu unterscheiden, sollen aber helfen, zentrale momente des ansatzes zu verstehen.

es gibt keine sprache hinter dem sprechen

es gibt keine sprache hinter dem sprechen, sondern nur besonders stark konventionalisierte formen von sprachhandlungen, die sozial normiert sind und auf gesellschaftlich machtvollen übereinkünften beruhen – und diese gesellschaftlichen normierungen auch immer wieder re_produzieren und damit auch für ausschlüsse und machthierarchien sorgen.

> *warum beispielsweise gibt es noch genusformen im deutschen? warum gibt es so viele verkomplizierende rechtschreibereformen aber keine nachhaltigen bestrebungen, deutsche normierte schreib- und sprechsprache so zu verändern, dass personen, die deutsch nicht als erstsprache verwenden, leichter zugang dazu haben? warum geht eine normierte sprachnorm des deutschen davon aus, dass unterschiedliche migratisierte varianten nicht der norm entsprechen – sowohl im sprechen als auch im schreiben – warum wird die normfeststellung nicht verändert stattdessen und gesellschaftlichen verhältnissen und den spre_cherinnen angepasst, sondern müssen sich die sprech_erinnen einer fiktiven und machtvollen sprachnorm anpassen – dadurch würde eine ganze andere grundlage einer sprachlichen identifizierung für verschiedene personen und personengruppen ermöglicht, denen sprache dann gehören würde als handlungsform und die nicht gemessen würden an einer privilegierten abgehobenen sprachnorm. geht es in der aufrechterhaltung von normsprachen also vielleicht um mehr und um anderes als ausschließlich um die ermöglichung von kommunikationen? geht es auch um grenzziehungen, um ausschlüsse, um kontrolle, um bestandssicherung, um ausbeutung und diskriminierung?*

in bezug auf die aufschlüsse in und durch nationen haben die normierungen von sprachen als standard- oder nationalsprachen schon immer eine wichtige rolle gespielt, um grenzen zu ziehen, zwischen personen und personengruppen, damit machthierarchien zu re_produzieren, ausschlüsse zu bewerkstelligen und menschen auszuschließen. die möglichkeit und die fähigkeit, sich sprachlich in einer form auszudrücken, die von einer sozialen gruppe verstanden, getragen und positiv gewertschätzt wird, ist eine wichtige voraussetzung für anwesenheit in welt, für teilhabe an gesellschaft. dies betrifft alle bereiche sozialen lebens: radio hören, einkaufen gehen, literatur lesen, zeitungen konsumieren, verbotsschilder verstehen, lebensläufe schreiben, in bewerbungsgesprächen sitzen, anträge schreiben usw. umso größer die an hegemonialen vorstellungen und wertmaßstäben normierte sprachliche kompetenz ist, umso besser ist die möglichkeit, aktiv an gesellschaftlichen handlungen teilzunehmen. die sprachlichen normierungen und standardisierungen von bestimmten sprachhandlungen tragen so also aktiv zum ausschluss vieler personen von gesellschaftlicher teilhabe bei. so – und nicht umgekehrt: nicht personen können nicht sozial teilhaben, sich nicht ›integrieren‹ wegen oder durch mangelnde sprachkompetenz – die statisierte sprachnorm lässt sich nicht verändern_erschüttern_herausfordern und durch ihre aufrechterhaltung, ihre rigiden regeln und grenzziehungen schottet sich eine statisiert konstruierte gesellschaft mit ihren gesellschaftlichen normalvorstellungen massiv ab und schreibt personen, die nicht diesen normen ent_sprechen, diskriminierende rollen und möglichkeiten zu.

umso weitreichender die sprachliche kompetenz im verhältnis zu der vorgegeben machtvollen sprachnorm ist – umso mehr personen sie verstehen, akzeptieren und positiv wertschätzen –, umso weiter ist meine reichweite in der gleichzeitig auch so bestimmten und kontrollierten welt. diese fragen sind alle sehr stark geprägt und bestimmt von vorstellungen von nation und migration, regionaler zugehörigkeit, status, sexismus/genderismus, ethnisierenden und religiosisierenden konzepten, rassismus, ableismus – und re_produzieren diese formen von machtverhältnissen und diskriminierungsstrukturen gleichzeitig. sie bilden zusammen ein komplexes gefüge der herstellung einer vorstellung von sprache als vorgängig, mit der frühkindlichen sozialisation gegeben, als erbe, herkunft und möglichkeit, als motivation zu zugehörigkeit und teilhabe.[54]

es gibt keine sprachlichen nicht-handlungen

auch schweigen und weghören, auch nicht-lesen, entlesen und nicht schreiben – entsagen und entschreiben – sind in dem hier vorgeschlagenen modell sprachliche handlungen. gerade das, was nicht gesagt wird, ist häufig sehr viel machtvoller als das was explizit gemacht wird. so werden normalitäten häufig nicht benannt, sondern bilden den rahmen, kontext und hintergrund der benennung des außerordentlichen. normales ist aber nicht einfach nur normal, sondern wird dadurch und damit, dass es nicht benannt wird – oder in der hier verwendeten terminologie entnannt ist, normalisiert. wie häufig wird ableisierung explizit gemacht? eigentlich nie im momentanen deutschen öffentlichen kontext. nur die abweichung von der ableisierung, be_hinderung, wird vielfach benannt. auf diese weise werden die so benannten stigmatisiert, herausgestellt, extra wahrgenommen, wird be_hinderung zu einer eigenschaft der so benannten gemacht und nicht zu einem gesellschaftlichen phänomen: personen

[54] die hier nur angerissenen fragen sind immer weiter fortführbar. so wäre ein fragenstrang, der sich hier anschließt, derjenige, warum zwischen unterschiedlichen sprachformen innerhalb einer nationalsprache bewertend unterschieden wird, warum es migratisierte varianten des deutschen gibt, die weniger als deutsch eingelesen werden, die statusniedriger sind als eine klebrige in blut und boden verhaftete vorstellung einer deutschkompetenz, die eng und begrenzt ist und dies auch re_produziert.

werden durch soziale praktiken und regulierungen be_hindert – und sind erst dann und dadurch behindert. dies ist überhaupt nur verständlich vor dem hintergrund einer folie einer sich selbst erklärenden ableisierung, die genau auf diese weise aufgerufen und durch die entnennung besonders machtvoll und unhinterfragbar hergestellt wird.

suniti namjoshi überlegt auf die anfrage hin, einen text über lesbische literatur zu schreiben, ob sie nicht einfach einen früher von ihr geschriebenen text zu sexismus und rassismus einreichen könne, da, so ihr erster gedanke, sie dort ja bereits alles für sie relevante gesagt habe. beim wiederlesen dieses textes auf die neue fragestellung hin, realisiert sie jedoch, dass sie sexismus ausschließlich als heterosexismus gefasst und auf diese weise sich selbst und lesben – in ihrer terminologie – genereller ent_erwähnt hatte.

> »the relationship of a heterosexual woman to a heterosexual society is different from that of a lesbian to a heterosexual society. [...] the technical problem that the lesbian faces in dealing with heterosexist language is a far more radical one. [...] in other words, i had written an article about myself as a writer in which i had more or less assumed for the purposes of the article that the heterosexual woman was central and the lesbian peripheral. there's a frightening, though subtle, alienation from my own experience there. [...] feminists have got used to knowing that the equation of ›man‹ with ›human‹ excludes women. i don't think that we lesbians have fully realized that the equation of ›heterosexual woman‹ with ›woman‹ excludes lesbians. [...] and though i think that it is still true to say that heterosexual ›women‹ have (often) internalized the definitions and values (the language) of the definers, as have the colonials, i now feel that it's more important to say that in some fundamental way no lesbian ever has. the heterosexual tradition has no use for us. for lesbians to continue to exist is to defy its essence. [...] but it seems to me that the situation is even worse for a lesbian. she is saying ›i matter, what i have to say matters‹ in a language which says, ›you are hateworthy in that you matter, and irrelevant in that you don't.‹«[55]

am ende dieses zitats wird deutlich, wie sehr die diskriminierung sich in die sprachlichen konventionen einer gesellschaft als selbstverständlich und unmerkbar eingeschrieben hat, sodass es mühsam, schwierig und auch noch einmal selbstverletzend ist, sich diese subtile und umso machtvollere form der sprachlichen diskriminierung bewusst zu machen.

die entnennung einer privilegierten norm also schafft diese und reproduziert sie machtvoll, re_produziert sie also in der in diesem buch verwendeten begrifflichkeit. die entnennung kann dies sehr viel machtvoller tun, als eine benennung es könnte. benennungen sind benennbar, diskutiert- und verhandelbar, angreif- und veränderbar. entnennungen tragen massiv zu entkonzeptualisierungen bei, zu grundsätzlichen entwahrnehmungen.[56]

---

[55] namjoshi, suniti (1991): rose green alone. in: warland, betsy (hrsg.): InVersions. writing by dykes, queers & lesbians. vancouver: press gang publishers. s. 45-55.

[56] die konzepte entkonzeptualisierung und entwahrnehmung werden von natasha a. kelly

aber auch nicht-zuhören oder aktiver ausgedrückt: weghören sowie nicht lesen oder entlesen sind in dem hier vorgeschlagenen modell sprachliche handlungen. dadurch, dass ich bestimmte äußerungen wahrnehme und andere nicht, trage ich auch zur anwesenheit und abwesenheit von stimmen, meinungen, ideen, neuen w_ortungen, konzepten bei. nicht nur das, was ich lese, ist also von relevanz als sprachliche handlung, sondern ebenso das, was ich nicht lese. nicht jede entscheidung zu einem entlesen wird aktiv und bewusst getroffen, auch hier zeigt sich wieder das zusammenspiel von strukturellen vorgaben und möglichkeiten (was ist überhaupt lesbar, indem es verschriftlicht ist? und was ist dann wo zugänglich, publiziert, öffentlich wahrnehmbar gemacht? und welche privilegien hängen daran, etwas verschriftlichen zu können (die zeit dafür zu haben), es öffentlich zugänglich machen zu können (kontakte, netzwerke, geld, status). wie re_produzieren sich diese verschiedenen ebenen in ihrer machtvollen normalisierung und entgrenzung gegenseitig? statisierte feministische theoriebildung in deutschland ist in den letzten 30 jahren stark kritisiert worden von Schwarzen femi_nistinnen, disableisierten feminis_tinnen, working class fem_inistinnen, migratisierten femi_nistinnen – und im besten fall durch diese verändert und geprägt worden. wichtige kritikpunkte waren und sind die entwahrnehmung von stimmen die jenseits einer *weißen* ableisierten heteragegenderten mittelschichtsnorm agiert haben, die universalisierung einer *weißen* ableisierten mittelschichtsvorstellung von frau-sein und die damit einhergehende entwahrnehmung anderer sozialer positionierungen, kritischer ver_ortungen und entsprechender kämpfe.[57]

warum höre ich manche stimmen, manche äußerungen, manche personen und warum andere nicht? liegt das an ihrem sprechvermögen und_oder an meiner kompetenz und meinem willen und meiner bereitschaft zuzuhören, an meiner sozialen positionierung und die weise, wie ich diese reflektiert und in kritische handlungen, in eine kritische ver_ortung über_setze? und ist meine ›bereitschaft‹ eine individualisierbare entscheidung oder wie stark und sehr und wie genau ist sie geprägt von gesellschaftlichen prozessen und normen? was schaffe ich dadurch, dass ich bestimmten personen zu_höre, aussagen aufnehme und auf sie re_agiere, andere

begrifflich und inhaltlich geprägt und weiter ausgeführt. kelly, natasha a. (im erscheinen): afrokultur als wissenskultur. die ent_wahrnehmung von Schwarzen wissensre_produktionen in deutschland. (arbeitstitel)

57 für eine zusammenfassung dieser situation für deutschland vgl. walgenbach, katharina (2007): gender als interdependente kategorie. in: walgenbach, katharina; dietze, gabriele; hornscheidt, lann; palm, kerstin (hrsg.): gender als interdependente kategorie. neue perspektiven auf intersektionalität, diversität und heterogenität. leverkusen: budrich. s. 23-65. für eine us-amerikanische aufarbeitung dieser frage mohanty, chandra talpade (2003): feminism without borders: decolonizing theory, practicing solidarity. durham: duke university press books.

jedoch nicht? wie gehe ich beispielsweise mit verschiedenen äußerungen in seminarsituationen um? wie beziehe ich mich auf andere personen in sitzungen in der universität?

höre ich zu und hin, wenn sprachliche äußerungen andere personen diskriminieren und wie re_agiere ich? höre ich hin, wenn sich personen verzweifelt ent_artikulieren, mundtot gemacht sind, sprachlos sind, in meiner lesart unzusammenhängend sich äußern, weinend sich formulieren und wie gehe ich damit um? wie laut muss ein_e schreien, bis ich es höre – und wie lese ich das schreien dann ein? zur sprache zu kommen, eine stimme zu haben, ist bereits eine privilegierte positionierung innerhalb eines umfassenden modells gesellschaftlicher teilhabe. grada kilomba macht diese frage für die wahrnehmung Schwarzer wissensproduktionen in statisierten kontexten in deutschland deutlich:

> »it is not that we have not been speaking, but rather our voices – through a system of racism – have been either systematically disqualified as invalid knowledge; or else represented by whites who, ironically, become the ›experts‹ on ourselves. either way, we are caught in a violent colonial order. in this sense, academia is neither a neutral space nor simply a space of knowledge and wisdom, of science and scholarship, but also a space of v – i – o – l – e – n – c – e.«[58]

gayatri spivak[59] hat rhetorisch danach gefragt, ob und wann die subalterne sprechen kann – und ob sprechen können nicht bereits ein verlassen einer subalternen position ist. gehört es vielleicht zur subalterne, von der sozialen interaktion ausgeschlossen zu sein? spivak macht deutlich, dass es ihr nicht um die sprechkompetenz an sich geht, sondern um die frage, ob eine person von einer bestimmten sozialen position aus sprechen kann, ob die spezifische soziale positionierung anwesend ist und sein kann in welt oder ob eine anwesenheit nur für den ›preis‹ einer anpassung an hegemoniale sprachnormen möglich ist, die die spezifik der eigenen positionierung, ihrer diskriminierung, damit vielleicht zugleich unaussprechbar macht, entintelligibilisiert. dies führe ich am beispiel der form dyke_trans im kapitel zu antigenderistischen interventionen und ihrer veränderung weiter aus.

muss ein_e sprechen können, damit ich was höre? und was höre ich in der zu_richtung, die die gesellschaftliche normalisierung und normierung von sprachformen und sprachweisen auch ist? höre und lese ich nicht gelautete und nicht geschriebene, entsagte zwischentöne? kann ich zwischen zeilen lesen und in sprechpausen hineinhören? höre und lese ich schweigen? sprachlosigkeit?

und wie antworte ich? wie spreche ich schweigend, verweigernd, verzweifelt

---

58 kilomba, grada (2008a): plantation memories. episodes of everyday racism. münster: unrast. s. 28.

59 spivak, gayatri chakravorty (1988): can the subaltern speak? in: nelson, cary, grossberg lawrence (hrsg.): marxism and the interpretation of culture. chicago: illinois university press. s. 271-313.

in dem gefangensein in sprachformen und -normen, die die grundlegende diskriminierung bereits aufrufen und wiederholen? »wie soll ich mich nennen/ohne in anderer sprache zu sein?« schreibt ingeborg bachmann in einem gedicht.

was von dem, was ich zu hören meine, ist für mich verständlich und übersetze ich in meine eigenen erfahrungs- und konzeptualisierungsvorstellungen? wo ist die grenze von verständlichkeit und wie ist sie bestimmt? oder, wie butler es formuliert: »the conditions of intelligibility are themselves formulated in and by power, and this normative exercise of power is rarely acknowledged as an operation of power at all« (butler 1997: 134). so, wie es kein schreiben und sprechen jenseits von machtverhältnissen gibt, keine von sozialen normierungen unabhängige oder ›freie‹ ausdrucksform, so gibt es auch keine verständlichkeit jenseits dessen, wie im obigen zitat von butler formuliert ist. diese normierung jedoch wird in sprach- und kommunikationskonzeptualisierungen in der regel nicht mit betrachtet, sondern bildet den unhintergehbaren, unhinterfragbaren rahmen einer kritischen auseinandersetzung, der in seiner kritik auf diese weise eingeschränkt ist und die grundlegenderen fragen nach seiner konstituierung und ihren effekten ausschließt.

sprachliche handlungen in allen ihren formen sind soziale handlungsformen

das bedeutet zugleich, dass eine bestimmte vorstellung einer den handlungen vorgängigen sprache sich in der interaktiven begegnung von personen kontinuierlich herausbildet und verändert. sprache als soziale handlungsform schafft gleichzeitig auch soziale bezüge, konzepte, kategorisierungen, re_produziert normative vorstellungen von subjekt, welt, wirklichkeit, wie ich an mehreren stellen dieses kapitels bereits herausgearbeitet habe. interaktive bedeutungsaushandlung findet immer auch in einem bestimmten historischen und sozialen setting statt, ist immer auch historisch und machtvoll durch privilegierte positionierungen sedimentiert und geschieht in der sich ständig wiederholenden und zitierenden praxis, wodurch das zeitlich vorgängige in der alltagswahrnehmung zu einer vorstellung einer ›ursprünglichen‹ bedeutung sedimentiert. häufig findet sich in argumentationen der hinweis, dass ein bestimmtes wort eine bestimmte bedeutung habe, wie schon die geschichte des wortes zeigen würde: das wort käme – in der regel – aus dem lateinischen oder griechischen (und es ist nicht zufällig, sondern teil der selbsterzählung einer westlichen gesellschaft, genau hier sprachliche ursprünge zu suchen und zu finden) und würde dies und das bedeuten, was ja zeigen würde, dass das wort gar nicht diskriminierend sei. eine solche argumentation macht so, als würden sich sprachliche bedeutungsaushandlungen nicht ändern oder wenn sie sich ändern, so weichen sie von der ›eigentlichen‹, ›richtigen‹ und ›wirklichen‹ bedeutung ab und sind damit verirrungen sozialer wirklichkeiten, nicht aber wirklich aussagen über die bedeutung eines bestimmten begriffs. argumentationen über etymologien verlagern den schwerpunkt der aufmerksamkeit weg von der konkreten momentanen sprachhandlung hin zu der fiktion einer zeitlich übergreifenden wirklichkeit, die wichtiger und relevanter sei als die konkrete sprachhandlung. implizit wird eine vorstellung eines historisch in der vergangenheit liegenden, ›wahren‹ ursprungs evoziert »but by acknowledging that conventions of representation have been historically and socially constructed, we are also suggesting they can be de- and re-constructed«[60], merkt cameron dazu an. die frage sprachlicher und gesellschaftlicher veränderung, zu der ich ausführlicher in kapitel vi komme, ist also immer auch eine frage der herausbildung, bestätigung und irritierung von sozialen und sprachlichen normen. sprachliche kategorisierungen schaffen soziale vorstellungen und durch die explizitmachung von positionierungen sind widerständige handlungen, benennungen von diskriminierungen und ein entgegentreten möglich. da sprache sowohl alltagsweltlich als auch in den meisten sprachwissenschaftlichen ansätzen häufig als widerspiegelung oder abbildung einer außersprachlichen wirklichkeit eingelesen wird, werden soziale positionierungen häufig als essentielle identitäten, als der sprachlichen benennung vorgängige ›zustände‹, charakteristika und merkmale von personen und personengruppen verstanden. in dieser form einer essentialisierenden identitätspolitik re_produziert sich also zugleich ein strukturalistisches sprachverständnis – wie sich in und durch dieses wahrnehmungen bestimmende sprachverständnis auch eine essentialisierende vorstellung von identität re_produziert und naturalisiert – die dann in einem weiteren schritt häufig zu einer ent_legitimierung von politischen widerständen über soziale positionierungen oder kritische ver_ortungen[61] führt.

was sind die ebenen von sprachhandlungsanalysen? zur differenzierung von diskurs und dispositiv

zu einem diskurs in dem hier verstandenen sinne gehören sprachliche handlungen ebenso wie die frage, was überhaupt zu einer sprachlichen handlung wird und werden kann, was aus dem bereich des sag- und entsagbaren an welchen punkten ausgeschlossen ist, in welchen situationen und wie auf diese weise diskursivierungen vonstatten gehen. diskursivierungen sind dabei sowohl die ideen, konzepte, dinge und personen, die benannt werden als auch diejenigen, die entnannt oder ent_erwähnt sind. das aber, was gar nicht benennbar ist, was nicht intelligibel ist, liegt damit jenseits des diskurses, bildet den diskursiven rahmen, vor dem sprach-

[60] cameron, deborah (1998b): introduction: why is language a feminist issue? in: cameron, deborah (hrsg.): the feminist critique of language. a reader. new york, london: routledge. s. 13.

[61] für eine ausdifferenzierung von sozialen positionierungen und kritischen ver_ortungen, zwei grundlegend wichtige begrifflichkeiten im kontext dieses buches, siehe vor allem tudor 2011. eine kurzcharakterisierung findet sich auch im glossar dieses buches.

liche handlungen realisiert und eingelesen werden. diesen bezeichne ich hier im anschluss an die ausführungen in ›feminismus schreiben lernen‹ (2011) als dispositiv. was dispositiv mit sprachlichen diskriminierungen zu tun hat, erläutere ich in kapitel v. in kapitel vi stelle ich ideen dar, wie in dispositive der diskriminierung interveniert werden kann.

eine antigenderistische konstruktivistische sichtweise, wie ich sie hier vertrete, geht nicht davon aus, dass sprachliche handlungen wirklichkeiten repräsentieren können – mehr oder weniger richtig, besser oder schlechter, sondern fragt eher danach, was überhaupt als repräsentierbar wahrgenommen wird, welche fragen gestellt, welche kategorisierungen als normal genommen werden – und geht sogar soweit zu fragen, was das konzept der repräsentation überhaupt ist, welche vorstellungen von trennbarkeit zwischen benennung und objekt oder subjekt damit einhergehen. die ebene der diskursiven praxis ist also die summe der praktiken, die diskurse schaffen. diskurse ihrerseits sind sehr stark in westlichen kontexten durch sprachliche handlungen realisiert, wobei der begriff der sprachlichen handlung hier weit gefasst ist, wie ich weiter oben ausgeführt habe. dazu butler:

> »die geschlechtsidentität umfasst auch jene diskursiven kulturellen mittel, durch die eine ›geschlechtliche natur‹ oder ein ›natürliches geschlecht‹ als ›vordiskursiv‹, d. h. als der kultur vorgelagert oder als politisch neutrale oberfläche, auf der sich die kultur einschreibt, hergestellt und etabliert wird. [...] schon jetzt ist klar, dass ein weg, die innere stabilität und den binären rahmen für den begriff des ›geschlechts‹ zu sichern, darin bestehen muss, die dualität der geschlechter (sexes) in ein vordiskursives feld abzuschieben. diese produktion des geschlechts als vordiskursive gegebenheit muss umgekehrt als effekt eines kulturellen konstruktionsapparats verstanden werden, den der begriff ›geschlechtsidentität‹ (gender) bezeichnet.«[62]

diese ausführungen von butler, nun über 20 jahre alt, haben die feministische forschung verändert und haben das, was in bezug auf zweigenderung unhinterfragbar – vordiskursiv in butlers worten – erschien diskursiviert, das heißt zugänglich und verhandelbar gemacht. diese verhandlungen sind bei weitem noch nicht abgeschlossen, sondern im gang, aber eben möglich geworden. die frage also ist durch butlers thesen intelligibilisiert worden.[63] die heutigen grenzziehungen zwischen diskurs und vordiskursivem liegen jetzt im deutschen hegemonial bestimmten kontext woanders, wie in der ausdifferenzierung zu sexismus/genderismus im nachfolgenden kapitel deutlich wird.

---

[62] butler, judith (1991): das unbehagen der geschlechter. berlin: suhrkamp: 24.

[63] dies bedeutet nicht, dass sie von butler im luftleeren raum formuliert worden sind. auch diesen thesen liegen unterschiedliche formen von miteinander verknüpften wissensproduktionen, in diesem falle vor allem in feministischen communities, zu grunde. die autorisierung von thesen über einzelne personen und ihre stimmen ist auch ein konstrukt der herstellung von wissen als individuell und nicht sozial bezogen.

»[…] die schranken der diskursanalyse der geschlechtsidentität implizieren und legen von vornherein die möglichkeiten der vorstellbaren und realisierbaren konfigurationen der geschlechtsidentität in der kultur fest. das bedeutet nicht, dass in sachen geschlechtidentität prinzipiell alle und jede möglichkeiten offenstehen, sondern dass die schranken der analyse auf die grenzen einer diskursiv bedingten erfahrung verweisen. diese grenzen wurden stets nach maßgabe eines hegemonialen kulturellen diskurses festgelegt, der auf binäre strukturen gegründet ist, die als sprache der universellen, allgemeingültigen vernunft erscheinen. somit ist die zwanghafte einschränkung gleichsam in das eingebaut, was von der sprache als vorstellungshorizont möglicher geschlechtsidentität festgelegt wird.«[64]

wo sind heute im deutschen kontext die möglichkeiten des vorstellbaren und die grenzen dessen in bezug auf genderismus? wie ›äußert‹ sich dies in unterschiedlichen formen und diskursen und sprachhandlungen? auch davon handeln die nachfolgenden kapitel.

die weise, wie diskriminierungen sich auch in und durch sprachliche handlungen realisieren, manifestieren, re_produzieren und auch durch diese herausgefordert werden können, ist weder einfach noch eindeutig, monokausal oder monodirektional. und genausowenig sind strategien zu sprachlicher veränderung einfach oder monodirektional, sondern komplexe situative handlungsformen, die eine vielzahl unterschiedlicher faktoren, bedingungen und überlegungen berücksichtigen müssen. auch davon handelt dieses buch und seine nachfolgenden teile. im folgenden kapitel stelle ich eine ausdifferenzierte sichtweise auf sexismus/genderismus vor, die eine grundlage bietet für die nachfolgenden analysen diskriminierender sprachhandlungen und vor allem für interventionen in diese.

ich schließe dieses kapitel ab mit einem weiterführenden und auch irritierenden zitat von nicole brossard green.

»ninth end
i am breathing in rhetoric †

i am writing this text on several levels because reality is not sufficient, because beauty is demanding, because sensations are multiple, because putting a great deal of oneself into language does not eliminate the patriarchal horror, does not explain the composition of my subjectivity and all these images that move like a woman in orgasm. energized by the raw material of desire, i write. word matter, when it is too cold or too soft or so crazy that it is hard to contain in our thoughts, this matter that is eternally contemporary with our joys and energized bodies, murmurs and breathes, opens us to the bone and sews in wells and depths of astonishment. i exist in written language because it is there that i decide the thoughts that settle the questions and answers i give to reality. it is there that i signal assent in approving ecstasies and their configurations in the universe. i do not want to repeat that i already know of

[64] butler 1991: 27.

language. it is a fertile ground of vestiges and vertigo. depository of illusions, of obsessions, of passions, of anger and quoi encore that obliges us to transpose reality. i am even more unwilling to retrace my steps since, in this very beautiful fragrant labyrinth of the solstice night, i owe it to myself to not erase the memory of my path, to not erase the strategies and rituals of writing that i had to invent in order to survive the customs and phallic events of life.«[65]

---

[65] brossard green, nicole (1991): night of labyrinth park. in: warland, betsy (hrsg.): InVersions. writing by dykes, queers & lesbians. vancouver: press gang publishers. s. 200.

kapitel iii

was ist genderismus?

sexismus ist ein teil von genderismus. genderismus umfasst alle strukturellen diskriminierungsformen, die über die konstruktion von genderungen laufen. traditionell werden die perspektiven auf diese umfassende form struktureller diskriminierung in der wahrnehmung auf sexismus beschränkt und als sexismus bezeichnet. im anschluss an die ausführungen in ›feminismus schreiben lernen‹ (2011) verstehe ich hier sexismus primär als androgenderung. in weiterführung und weiterentwicklung verstehe ich androgenderung hier interdependent als die herstellung einer ›männlichen‹ *weißen* ableisierten norm als allgemeinmenschlich. jegliche formen von ›weiblichkeit‹ sind eine abweichung von dieser norm, das heißt ›frauen‹ bzw. frauisierte als gender bzw. gegendert in vielen fällen, wohingegen *weiße* ableisierte ›männer‹ bzw. typisierte als ungegendert wahrgenommen und hergestellt werden. die abweichung der androgegenderten norm wiederum wird auch wieder protoypisierend als *weiß* und ableisiert eingelesen, als *weiß* ableisiert frauisiert; auch hier finden also wieder rassistische und ableistische normsetzungen statt, die zu weitergehenden ausschlüssen führen. eine kritik an androgenderung verstehe ich als anti- oder contra_sexistische kritik. feminismus als eine politische einstellung, ideologie und handlung, die sich gegen sexismus richtet, lese ich hier damit gleichzeitig als gegen vor allem die hier verstandene interdependente form von androgenderung gerichtet. die norm einer kritik gegen androgenderung ist dabei zusätzlich häufig heteronormativ, sodass sexismus sowohl *weiße* ableisierte zweigenderung als auch heterogenderung naturalisiert und voraussetzt, wie auch die eurozentrischen, *weiß* universalisierenden ableisierenden feministischen kämpfe gegen sexismus dies tun. in analysen von sexismus sowie antisexistischen handlungen wird die frage, ob es zwei gender gäbe (zweigenderung) und diese über zeit hinweg konstant und stabil seien (cisgenderung), so gut wie nie gestellt, sondern, im gegenteil sogar, zwei- und cisgenderung vorausgesetzt. entsprechend lese ich die meisten eurozentrischen, *weiß* ableisierenden feministischen und antisexistischen handlungen, theorien und kämpfe als fokussiert auf andro- sowie in geringerem maß auch gegen hetera- und reprogenderung, interdependent mit einer *weißen* ableisierten normalisierung ein.

genderismus, im gegensatz zu und als konzeptuelle weiterentwicklung von sexismus, umfasst mehr als nur dieses formenspektrum von sexismus, welches sich also vor allem auf traditionell eine entdependierte[66] variante von androgenderungen und ihre implikationen bezieht. in dem, was genderismus für mich als strukturelle diskriminierungsform alles umfasst, schließe ich mich an die einleitung in

[66] vgl. glossar.

›feminismus schreiben lernen‹ an, in der verschiedene realisierungsformen von sexismus differenziert worden sind. diese realisierungsformen bzw. strategien von sexismus verstehe ich hier hingegen als realisierungsformen von genderismus, die ich zusätzlich sehr viel stärker als in ag einleitung (2011) interdependent mit rassismus und ableismus expliziere und damit weitergehend ausformuliere. diese ausdifferenzierung ist aus einer *weißen* ableisierten positionierung vorgenommen und ich gehe nicht davon aus, dass sie mit einer antirassistischen und antiableistischen ver_ortung zu denselben differenzierungen von realisierungsformen kommen müsste. auch hier wäre also eine ausdifferenzierung durch mehrere verbundene kritische ver_ortungen in der analyse sinnvoll.[67]

die benennung genderismus haben alyosxa tudor, jay keim und ich in der arbeit an der einleitung von ›feminismus schreiben lernen‹ bereits angedacht, alyosxa und ich dann aufgeschrieben. sie ist dort im ausformulieren der einleitung in klammern gesetzt, da es mit unseren analysen dort folgerichtig erschien, eigentlich diesen begriff zu benutzen. zugleich aber gab es in ›feminismus schreiben lernen‹ für uns noch den starken impuls, uns begrifflich eng an feministische politische konzepte und ver_ortungen anzulehnen, was ich in diesem band nun – und nach weiteren diskussionen mit evelyn hayn und lisa oppenländer, nach erfahrungen mit den einlesungen von ›feminismus schreiben lernen‹, nach diskussionen in seminaren, auf workshops und tagungen – aus mehreren, unten noch einmal ausdifferenzierten gründen sein lasse. begrifflich bedeutet dies, dass entsprechend kritische analysen die interdependent genderistischen normalvorstellungen und diskriminierungen herausarbeiten. sie sind damit anti-genderistisch bzw. contra_genderistisch mit einem grundlegend interdependenten verständnis in abhängigkeit von der kritischen ver_ortung der handelnden. dies erläutere ich in kapitel vi und im glossar genauer.

die frage nach genderistischer diskriminierung zu stellen, setzt schon ganz grundlegend die idee des menschseins voraus. um diskriminiert zu sein, diskriminierung merken, benennen und gegen diskriminierung kämpfen zu können, ist es notwendig, bereits den status des menschlichen zu besitzen, so auch judith butler:

> »to be oppressed means that you already exist as a subject of some kind, you are there as the visible and oppressed other for the master subject, as a possible or potential subject, but to be unreal is something else again. to be oppressed you must first become intelligible. to find that you are fundamentally unintelligible (indeed, that the laws of culture and of language find you to be an impossibility) is to find that you have not yet achieved access to the human, to find yourself speaking only and always as if you were human, but with the sense that you are not, to find that your language is hollow, that no recognition is forthcoming because the norms by which recognition takes place are not in your favor.«[68]

---

67 danke, evelyn, für diskussionen hierzu.

68 butler, judith (2004): beside oneself: on the limits of sexual autonomy. in: butler, judith (hrsg.): undoing gender. new york: routledge. s. 30.

einer diskriminierung durch genderismus geht also eine wahrnehmbarkeit als menschlich voraus. dieser punkt ist ganz grundlegend für die letzte realisierungsstrategie von genderismus, für kategorialgenderung, wie sie am ende dieses kapitels vorgestellt und diskutiert wird. diese frage ist aber darüber hinaus auch in bezug auf die interdependenz von genderismus mit rassismus und ableismus wichtig: welche positionen werden überhaupt als positionen wahrgenommen – und wie hängt wahr_nehmung mit wahrheit zusammen?[69] wie ist wahrnehmung ein glauben an wahrheiten und über welche sinneseindrücke finden wahrnehmungen statt – und werden auf diese weise auch wiederum naturalisiert? was macht die primärsetzung von visualität in bezug auf rassismus und ableismus in deutschen momentanen kontexten? welche möglichkeiten zu politischen kämpfen ergeben sich daraus? wo und wann werden ausdifferenziertere selbstkonzepte wie dyke_trans unter anderen kategorisierungen (wie ›frauen‹) subsumiert, dadurch diskriminierungen auch entnannt und welche konsequenzen hat dies für politische kämpfe und für die bestimmung dessen, was das feld des menschlichen ausmacht? die ausdifferenzierung von genderismus, wie sie hier vorgenommen wird, soll zugleich auch zu einer ausweitung eines konzepts des menschlichen beitragen, da auf diese weise unterdrückung bzw. diskriminierung differenziert benennbar und damit (wahr_)nehmbar wird.[70] genderismus ist immer auch interdependent mit rassismus und ableismus, zwei dimensionen, die nur analytisch und theoretisch von genderismus trennbar sind. ich habe versucht, in den einleitenden fragen zu den erklärungen der einzelnen realisierungsformen von genderismus die interdependenzen explizit zu machen. dies zeigt zugleich, dass es keinen genderismus und keinen sexismus jenseits von ableismus und rassismus gibt. ableismus und rassismus sind keine additiven diskriminierungsformen, die zusätzlich auch dazugedacht werden können, wenn ich über genderismus spreche, sondern sie sind immer gleichzeitig mit anwesend, werden mit aufgerufen, bilden häufig die in einem entnannten *weiß* statisiert normalisierten kontext unbenannte rassistische und ableistisch diskriminierende norm der vorstellung dazu, was gender sei. grada kilomba (2008) macht deutlich, wie gerade *weiße* personen, die sich als ›feministinnen‹ bezeichnen, Schwarze frauisierte positionen als entdependiert rassistisch diskriminiert benennen, wenn sie beispielsweise rassismus als parallel mit sexismus/genderismus setzen. auf diese weise ent_erwähnen *weiße* personen die interdependenz in der diskriminierung Schwarzer frauisierter und re_produzieren so ein *weiß* entnanntes universalisiertes konzept von sexismus/genderismus – entdependieren so also sexismus/genderismus in einer rassistischen weise.

[69] danke, laYla, für diesen hinweis!

[70] vielleicht also muss es auch um die hinterfragung von wahr_nehmung und wahr_nehmbarkeit gehen: was ist das wahre im nehmen und we_lche nimmt und welche machtaspekte hängen daran?

»because many contemporary debates have posed the relation between ›race‹ and gender as parallel, there is a tendency to equate sexism and racism. white feminists have irresistibly tried to make analogies between their experiences with sexism and Black people's experiences with racism, reducing both to a similar form of oppression. these attempts often emerge in sentences like: ›as a woman, i can understand what racism is‹ or ›as a woman, i am discriminated against just as Blacks are‹. in such sentences whiteness is not named, and it is exactly this no-naming of whiteness that allows white women to compare themselves to Black people in general and, at the same time, ignore the fact that Black women are also gendered – rendering Black women invisible.« (kilomba 2008a: 57⁾

ich übertrage mir kilombas erörterung der ent_wahrnehmung von interdependenzen zwischen genderismus und rassismus in meiner *weißen* privilegierten positionierung durch den anspruch und den versuch, genderismus interdependent zu konzeptualisieren und dabei die interdependenzen von rassismus und ableismus mit genderismus explizit zu machen, zu reflektieren und herauszufordern. der hier vertretene interdependenzansatz im anschluss an die ausführungen des combahee river collective zu ›interlocking forms of oppression‹[71] sowie einer wiederaufnahme und verarbeitung in katharina walgenbach et. al (2012) unterscheidet sich damit von intersektionalitätsansätzen, die von einer möglichen addition unterschiedlicher diskriminierungsverhältnisse ausgehen und dadurch den status einer optionalen beachtung oder nicht-beachtung in analysen und kämpfen bekommen.[72] gleichzeitig damit differenziere ich auch genderismus in weiterführung der ag einleitung (2011) weiter aus und gehe nicht von einem klaren, selbsterklärenden subjekt ›frau‹ aus, sondern differenziere genderistische diskriminierungen für die differenzierungen von andro-, zwei-, hetera-, repro-, cis- und kategorialgenderung.

die nachfolgende schematische übersicht versucht eine erste annäherung an die zusammenhänge zwischen genderismus_rassismus_ableismus in einer vereinfachten form. durch diese grafik versuche ich, die ebenen der entnannten normalpositionierung im momentanen deutschen selbstverständnis mit den ebenen des expliziten otherings zusammenzubringen. dieses othering findet in der regel als ein nebeneinander entdependierender ent_normalisierungen statt.[73]

---

71 combahee river collective (1995 [1977]): a Black feminist statement. in: guy-sheftall, beverly (hrsg.): words of fire. an anthology of African-american feminist thought. new york: the new press. s. 231-240.

72 walgenbach, katharina; dietze, gabriele; hornscheidt, lann; palm, kerstin (hrsg.) (2012 [2007]): gender als interdependente kategorie. neue perspektiven auf intersektionalität, diversität und heterogenität. 2. auflage. leverkusen: budrich. vgl. auch kilomba 2008a, wo dieses verständnis auch argumentiert wird, auch wenn es hier als intersektionalität oder »interlocking« benannt ist.

73 danke, steffi, für die geduldige und genaue umsetzung meiner ideen und vorstellungen in eine grafik.

grafik: schematische darstellung des interdependenten diskriminierungsdispositivs/-diskurses

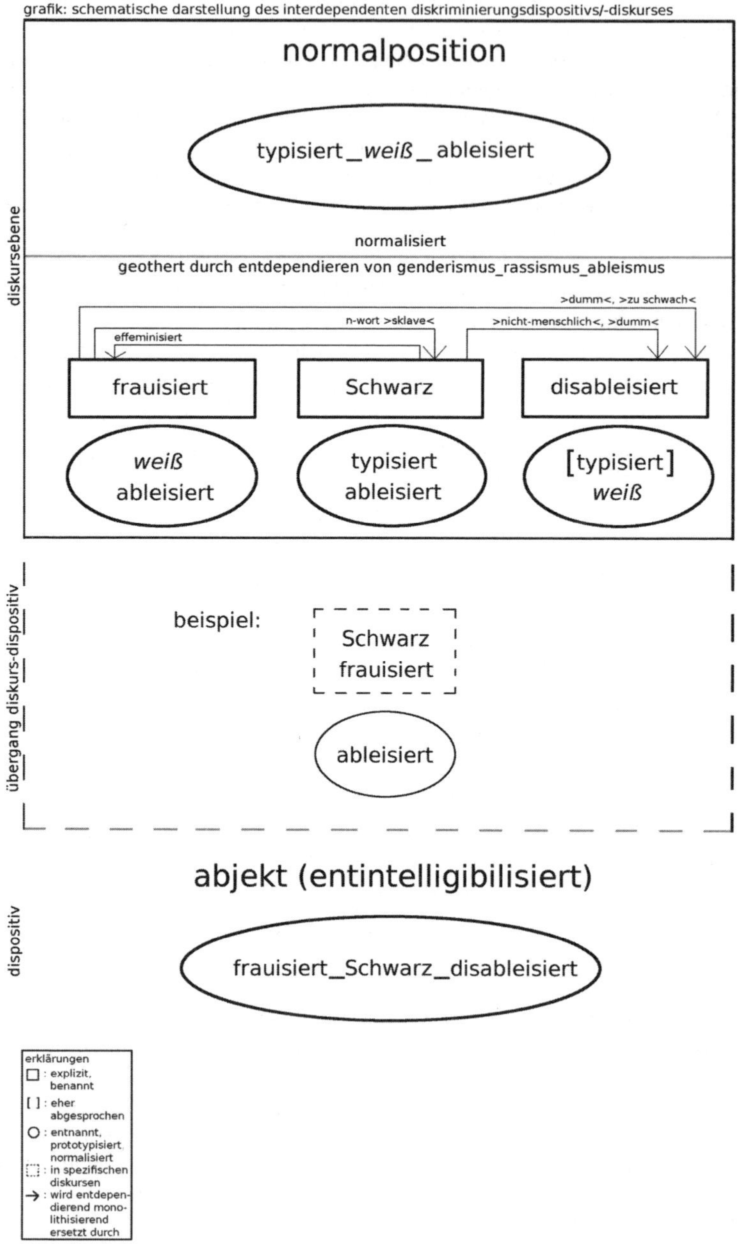

was hier – unter anderem – fehlt, ist die ausdifferenzierung der unterschiedlichen realisierungsformen von genderismus, wie ich sie in diesem kapitel vornehme. das heißt die positionierung frauisiert müsste weiter ausdifferenziert werden, da sie selbst wiederum auch protoypisierend hetera-, repro- und cisgegendert normalisiert ist und auch darin genderistische diskriminierungen und ausschlüsse liegen. in der annahme, dass es eine positionierung ›frau‹ oder frauisiert als über genderismus diskriminierte positionierung gibt, liegt selbst wiederum die normalisierung einer androgegenderten, heteragegenderten, cisgegenderten und reprogegenderten normalvorstellung, die andere mögliche positionierungen, die durch einen umfassenden genderismus diskriminiert sind, ent_erwähnt. die nachfolgenden ausführungen sind zugleich also auch eine weitere ausdifferenzierung dieser schematischen darstellung. durch die nachfolgenden ausdifferenzierungen werden die hier vorgestellten strategien der normalisierung, des otherings, der entnennungen, ent_erwähnungen und ent_integibilisierungen, noch weitaus komplexer. die grafik müsste also hier drei-dimensional werden. vergleichbar wie die hier im anschluss an die ag einleitung (2011) wiederaufgenommene ausdifferenzierung von genderismus in realisierungsformen erklärt wird, könnte dies auch für rassismus und ableismus geschehen und würde in ihrem komplexen zusammenspiel zu einer ausdifferenzierten analyse sozialer interdependenter positionierungen führen, die gleichzeitig auch deutlich machen könnte, wo jeweils allianzen und kämpfe zusammen stattfinden können, in welchen diskursfeldern welche normalisierungen und normaliserten otherings vollzogen werden, was jeweils dispositiv ist. auch die hier genannte position des dispositivs als die interdependenz von frauisiert_disableisiert_Schwarz könnte und müsste dann weitaus differenzierter wahrgenommen werden.

was verstehe ich unter rassismus?

unter rassismus verstehe ich hier primär kolonialrassismus und schließe mich an die definitionen in michelle wright[74], fatima el-tayeb[75], lorde (1984), patricia hill collins[76], maureen maisha eggers et al.[77], grada kilomba (2008a) und hornscheidt/nduka-agwu (2010) an. neben kolonialrassismus verstehe ich auch damit überschneidend antisemitismus, antiziganismus und antimuslimischen rassismus als wichtige formen von rassismus, die ebenfalls interdependent mit genderismus

---

[74] wright, michelle m. (2004): becoming Black. creating identity in the african diaspora. durham: duke university press books.

[75] el-tayeb, fatima (2011): european others. queering ethnicity in postnational europe. minneapolis: university of minnesota press.

[76] collins, patricia hill (2000): Black feminist thought. knowledge, consciousness, and the politics of empowerment. new york, london: routledge.

[77] eggers, maureen maisha; kilomba, grada; piesche, peggy; arndt, susan (hrsg.) (2005): mythen, masken und subjekte: kritische *weiß*seinsforschung in deutschland. münster: unrast.

funktionieren und im öffentlichen diskurs unterschiedliche positionen einnehmen, unterschiedlich argumentiert, gegeneinander ausgespielt und unterschiedlich normalisiert werden.[78] wie auch für genderismus halte ich sowohl eine interdependente betrachtung für rassismus als auch eine ausdifferenzierung in unterschiedliche realisierungsformen für eine wichtige politische strategie, differenzen und gemeinsamkeiten benennen und daraus spezifische interventionen ableiten zu können. so wäre es beispielsweise auch möglich, zwischen religiosisierenden formen von strukturellen diskriminierungen zu differenzieren (anti-judaismus und anti-islamismus) sowie antisemitismus als oberbegriff einer strukturellen differenzierung über eine rassifizierende zu_schreibung als semitisch aufzufassen, wozu dann im momentanen deutschen verständnis sowohl antisemitismus als auch antimuslimischer rassismus zählen würden.[79] was also macht es, dass antisemitismus momentan im deutschen kontext so verstanden wird, wie er verstanden wird, und dadurch fokussierungen, prototypisierungen und reduzierungen von rassismus stattfinden? dies sind nur beispiele für fragen für eine entsprechende notwendige politische ausdifferenzierung.

wichtig sind auch hier, ebenso wie bei genderismus und wie ich es unten ausdifferenziere, die argumentationsformen, über die und mit denen rassismus hergestellt wird. dazu zählt im momentan deutschen kontext vor allem auch migratisierung – eine diskursive strategie, die so stark und wirkmächtig sein kann, dass sie sogar manchmal als neue form von rassismus verabsolutiert wird.[80] neben migratisierung als argumentationsform von rassismus gibt es auch eine sich damit überschneidende strukturelle diskriminierungsdimension migratismus[81]. auch diese verbindungen und abgrenzungen könnten über eine ausdifferenzierung von rassismus in realisierungs- und argumentationsformen erklärt werden.

---

[78] vgl. hierzu auch: ag einleitung (2011): feminismus. in: ak feministische sprachpraxis (hrsg.): feminismus schreiben lernen. frankfurt a. m.: brandes & apels. s. 12-56.

[79] danke, laYla, für kommentierungen zu diesem punkt. danke auch an awatif und marianne, die in einem dokt_orandinnenkolloquium diesen punkt stark gemacht haben. danke, anouchK, für diskussionen zur (historischen) verwendung des begriffs antisemitismus in frankreich, der sich erst in den letzten 20 jahren auf die strukturelle diskriminierung von jüdischen personen verengt hat. zu fragen wäre hier also, inwiefern die spezifisch deutsche verwendung des begriffs antisemitismus eine übernahme einer nationalsozialistisch naturalisierten kategorisierung ist.

[80] für eine differenzierung von rassismus und migratismus, vgl. tudor, alyosxa (2010): rassismus und migratismus: die relevanz einer kritischen differenzierung. in: nduka-agwu, adibeli; hornscheidt, antje lann (hrsg.): rassismus auf gut deutsch: ein kritisches nachschlagewerk zu rassistischen sprachhandlungen. frankfurt a. m.: brandes & apsel. s. 396-420; tudor, alyosxa (2013a) (im erscheinen): konstruktionsprozesse intelligibler europäisierung: interdependenzen von rassismus, migratismus und sexismus. in: diehm, isabell; messerschmidt, astrid (hrsg.): das geschlecht der migration. jahrbuch band 9 (frauen-und geschlechterforschung in der erziehungswissenschaft 2013). leverkusen: barbara budrich.

[81] vgl. tudor 2010.

kolonialrassistisch diskriminierte bezeichnen sich im deutschen kontext empowernd als Schwarz/e, afro-deutsche und_oder People of Colour oder PoCs. diese begriffe verwende ich in diesem buch in großschreibung entsprechend der empowernden selbstbenennungen der durch rassismus diskriminierten. die selbstbenennung PoC umfasst im deutschen kontext häufig eine größere gruppe von personen als die benennung Schwarze (deutsche) und ist zudem auch umstritten in bezug auf die frage, welche formen von diskriminierung genau empowernd in dieser selbstbenennung aufgenommen und transformiert werden.[82] aus diesem grund verwende ich in diesem buch vor allem die benennung Schwarze (deutsche). die benennung *weiß* ist eine analytische benennung einer durch rassismus privilegierten positionierung. ich schreibe sie in anlehnung an die schreibpraxis in ›mythen masken subjekte‹ (2005) sowie susan arndt und hornscheidt 2009[83] klein und kursiv, um damit den konstruktionscharakter zu betonen. *weiß* ist keine affirmative kritische ver_ortung, sondern eine analytische kategorisierung einer sozialen positionierung.

was verstehe ich unter ableismus?

ableismus verstehe ich als diskriminierungsform, die ableisierungen und disableisierungen hervorbringt. ableisierung ist die normsetzung einer ent-hinderung. behinderung ist die gesellschaftliche herstellung von einschränkungen für personen und personengruppen, die diese disableisieren. behinderung wird häufig auch in einem übertragenen sinne gebraucht, um einschränkungen von personen oder

---

82 vgl. die diskussionen in unterschiedlichen artikeln in ha/al-samarai/mysorekar 2007. ha, kien nghi; al-samarai, nicola lauré; mysorekar, sheila (hrsg.) (2007): re/visionen. postkoloniale perspektiven von People of Color auf rassismus, kulturpolitik und widerstand in deutschland. münster: unrast. vgl. auch ha, kien nghi (hrsg.) (2012): asiatische deutsche. vietnamesische diaspora and beyond. berlin: assoziation a. wichtige fragen in diesem kontext sind meines erachtens: wer bestimmt, wo die grenze zwischen unterschiedlichen formen von rassistischer diskriminierung geht? welche wahrnehmung haben asiatisierte personen, die ebenso wie Schwarze personen durch kolonialrassismus im deutschen kontext konstituiert sind und welche empowernden selbstbenennungen? welche rolle spielt die herleitung von PoC als begriff aus Women of Color im deutschen kontext, das heißt, inwiefern wird eine interdependenz von genderismus und rassismus in den benennungsweisen und in ihren herleitungen mit reflektiert? warum ist es aus meiner sicht wichtig, zwischen migratistischer diskriminierung von beispielsweise *weißen* po_linnen in deutschland und rassistischer diskriminierung von Schwarzen und asiatisierten – vielleicht auch polnischen – personen in deutschland zu differenzieren? diese fragen, die hier nur angerissen sein können, könnten meines erachtens über eine ausdifferenzierung von rassismus in unterschiedliche realisierungs- und argumentationsformen besser differenziert werden – und sich auch die antidiskriminierenden kämpfe auf diese weise besser ausdifferenzieren. für eine differenzierung zwischen rassismus und migratismus, vgl. tudor 2010.

83 arndt, susan; hornscheidt, antje (hrsg.) (2009 [2004]): afrika und die deutsche sprache. ein kritisches nachschlagewerk. 2. auflage. münster: unrast.

personengruppen in bezug auf unterschiedliche diskriminierungsformen, aber auch in bezug auf individuelle ›unglücke‹ und empfindungen auszudrücken. diese begriffsverwendungen von behinderung versuche ich hier nicht zu re_produzieren, sondern meine eine strukturelle dimension der strukturellen normalisierung bestimmter befähigungen, zu_schreibung von befähigung zu personen und personengruppen, normalisierung und naturalisierung von befähigungen auf vielen gesellschaftlichen ebenen, einer bestimmten hegemonialen typisierten und *weißen* vorstellung von gesundheit und der ent_normalisierung anderer befähigungen sowie eine normsetzung bestimmter kompetenzen und leistungen. die direkten und indirekten beispiele zu ableismus, die ich in diesem kapitel nehme und schreibe, sind alle aus einer ableistisch privilegierten positionierung wahrgenommen und hergestellt. eine ausdifferenzierung ist aus einer antiableistischen kritischen ver_ortung denkbar und notwendig. zusätzlich sind die prototypisierungen, auf die ich mich in diesem kapitel beziehe, also die impliziten, ent_erwähnten normalsetzungen von disableisierung, alle durch sehen zumindest ein stückweit wahrnehmbar. dies wiederum setzt ›sehen‹ als eine unhinterfragte, grundlegende menschliche soziale eigenschaft und handlungsform voraus, was selbst wieder zu ableistischen ausschlüssen führt. viele formen von gesellschaftlicher disableisierung führen zudem zu einem ent_anwesend-sein disableisierter personen im öffentlichen raum – ob es sich um die zugangsbedingungen über direkte und indirekte hürden handelt, die bewegungen und raumeinnahmen in form von treppen, eingängen und fortbewegungsmitteln für viele disableisierte verhindern oder um gesellschaftliche umgänge mit ent_normalisierten verhaltensweisen im öffentlichen raum, die zu unterschiedlichen formen des ausschlusses disableisierter aus bestimmten räumen und zum ausschluss von bestimmten sozialen partizipierungen führt. auch gibt es disableiserende krankheiten, die es notwendig machen, auf bestimmte weisen konstituierte öffentliche räume, beispielsweise über rauchende menschen, chemikalische substanzen in putzmitteln, klebern, usw. zu meiden, um zu überleben.[84] alle diese auf unterschiedliche weisen disableisierten menschen fallen aus einer öffentlichen visuellen wahrnehmung heraus, sind ableistisch strukturell ent_visibilisiert im öffentlichen raum.[85] ableismus ist interdependent mit rassismus und genderismus[86] und führt zu komplexen formen auch alltäglicher diskriminierung von

[84] vgl. chen, mel (2007): racialized toxins and sovereign fantasies. in: mizuta lippit, akira (hrsg.): discourse: journal for theoretical studies in media and culture. spezial issue: race, environment, and representation. ausgabe 29/2. berkeley: wayne state university press. s. 367-383. vgl. auch chen, mel (2011): toxic animacies, inanimate affections. in: freeman, elizabeth; shah, nayan (hrsg.): glq: a journal of lesbian and gay studies. ausgabe 17/2. durham: duke university press. s. 265-286.

[85] für das konzept der invisibilisierung, vgl. kelly (im erscheinen).

[86] vgl. hierzu: mitchell, ned (2011): sexual ethnic, disabled and national identities in the ›borderlands‹ of latino/a america and african america. in: bell, christopher m. (hrsg.): Blackness and disability. critical examinations and cultural interventions. berlin: lit ver-

Schwarzen disableisierten dyke_trans beispielsweise: die diskriminierungen können nicht nach einzelnen diskriminierungsformen aufgeschlüsselt werden, sondern sind interdependent. wenn beispielsweise eine Schwarze dyke, die einen rollstuhl als fortbewegungsmittel benutzt, in berliner u-bahnen darauf angewiesen ist, teilweise treppen von *weißen* typisierten ableisierten heruntergetragen zu werden und dadurch eine körperliche ausgesetztheit erlebt und sprachlichen diskriminierungen ausgesetzt ist, so ist dies nicht auf eine einzige trennbare diskriminierungsform rückführbar, sondern ist eine manifestierung der umfassenden interdependenten normalisierten diskriminierung im deutschen kontext.[87]

warum kommt klassismus/class hier nicht zentral vor?

unterschiedliche herstellungen einer hierarchisierung gesellschaftlicher möglichkeiten und zugänge sind auch über klassistische vorstellungen und privilegien strukturiert. class kann dabei sehr verschieden gefüllt und verstanden werden: ökonomische ressourcen, bildungszugänge, habitus, sozialer status und auch eine kombination all dieser und weiterer faktoren,[88] wobei dann immer auch zu fragen ist, ob sie regional eingeschränkt oder globalisiert betrachtet werden. alle diese realisierungsformen von class, wie ich sie im anschluss an die einteilung zu genderismus hier nennen würde, sind gleichzeitig immer auch über die interdependenz von genderismus_rassismus_ableismus strukturiert. class kann also auch als effekt dieser interdependenten strukturellen diskriminierung verstanden werden und die unterschiedlichen oben genannten realisierungsformen von class können selbst auch wiederum als realisierungsformen von rassismus_ableismus_genderismus verstanden werden. Schwarze und disableisierte personen im raum deutschland werden in der regel nicht als mittel- oder oberklasse wahrgenommen und vorge-

---

lag. s. 113-125; erevelles, nirmala (2011): the color of violence. reflecting on gender, race, and disability in wartime. in: hall, kim q. (hrsg.): feminist disability studies. bloomington: indiana university press. s. 117-135; kafer, alison (2011): debating feminist futures. slippery slopes, cultural anxiety, and the case of the deaf lesbians. in: hall, kim q. (hrsg.): feminist disability studies. bloomington: indiana university press. s. 218-242. thanks, mel, for continuing discussions on the interdependencies on queer disability studies and critical race studies.

87 danke, laYla, für das teilen dieses beispiels.

88 sowohl bell hooks als auch chrystos machen deutlich, dass ein immer noch beziehen von class-kriterien, -definitionen und -klassifizierungen auf karl marx eine ent_wahrnehmung einer eurozentristischen weißen typisierten ableistischen auffassung sei, die an dieser stelle universalisiert würde. hooks, bell (1995 [1984]): Black women: shaping feminist theory. in: guy-sheftall, beverly (hrsg.): words of fire. an anthology of African-american feminist thought. new york: the new press. s. 270-282; chrystos (1991): askenet. meaning ›raw‹ in my language. in: warland, betsy (hrsg.): InVersions. writing by dykes, queers & lesbians. vancouver: press gang publishers. s. 237-247.

stellt. diese machtvolle hegemoniale wahrnehmung verweist sie zugleich auch auf class-mäßig strukturierte, sozial benachteiligte positionen, räume und möglichkeiten. class ist in dieser form also eine realisierungsweise interdependenten genderismus_rassismus_ableismus. eine isolierung von class aus dieser interdependenz ist nicht fokus dieses buches. auch wenn die realisierungsformen von rassismus in den usa von denen in deutschland unterschiedlich sind, sehe ich bell hooks' analyse zu der untrennbarkeit einer class-analyse von rassismus auch auf den deutschen kontext als übertragbar an:

> »yet class structure in american society has been shaped by the racial politics of *white* supremacy; it is only by analyzing racism and its function in capitalist society that a thorough understanding of class relationships can emerge. class struggle is inextricably bound to the struggle to end racism.«[89]

vergleichbar gestaltet sich in meiner wahrnehmung auch das verhältnis von class zu ability. dies heißt nicht, dass es nicht auch eine ableisierte, typisierte, statisierte class-differenzierung gibt, die vor allem momentan in deutschland über armut und bildungszugänge realisiert wird – und nicht über eine differenzierung in so genannte ›arbei_terinnenklasse‹ und mittelklasse. beide letztgenannten klasseneinteilungen sind meines erachtens in bezug auf die herausbildung einer prekarisierten gruppe durch armut in einem statisierten kontext, der also gleichzeitig auch *weiß* und ableisiert privilegiert ist, immer noch relativ privilegiert. all dies muss meines erachtens aber vor dem hintergrund der strukturellen diskriminierungsinterdependenzen von genderismus_ableismus_rassismus in seiner position als gesellschaftliche benachteiligung kontextualisiert werden und gleichzeitig auch noch globalisiert theoretisiert werden. hier wäre meines erachtens eine ausdifferenzierung von class-analysen in bezug auf unterschiedliche realisierungsformen, argumentationsformen mit einem interdependenten ansatz für weitergehende analysen wünschenswert.

gleichzeitig bin ich hier wie an allen stellen dieses buches in bewegung und im prozess – es geht mir nicht darum, klare grenzen zu setzen und ausschlüsse zu produzieren. das, was ich hier schreibe, ist der punkt, an dem ich mich gerade denkend bewege.

warum genderismus als neue bezeichnung?

dafür gibt es für mich momentan mehrere miteinander verbundene motivationen:

– mit und durch die analysen in ›feminismus schreiben lernen‹, die vorträge und seminare, die ich in den letzten beiden jahren im anschluss daran gehalten habe und die interaktionen, die daraus entstanden sind, habe ich immer stär-

[89] hooks 1995: 272.

ker realisiert, dass sich sexismus als begrifflichkeit zunehmend ausschließlich auf formen von androgenderung und begrenzt auch auf heterogenderung bezieht, die gleichzeitig *weiß* und ableisiert entnannt sind und eine *weiße* und ableisierte normsetzung damit machtvoll re_produzieren. cisgenderung, zweigenderung und kategorialgenderung werden selbst in diesen ansätzen fast nie als realisierungsformen von sexismus in unterschiedlichen kontexten und diskursen bezeichnet und konzeptualisiert. dadurch habe ich mich kontinuierlich in einer situation partieller disidentifikation mit den entsprechenden kritischen ansätzen und analysen befunden, da diese häufig ein aus meiner sicht in mehrfacher weise reduziertes verständnis von sexismus hatten: sowohl was eine fehlende ausdifferenzierung von realisierungsformen von sexismus betrifft als auch ein ver_such einer durchgängigen wahrnehmung interdependenter machtverhältnisse. mit einem wechsel der begrifflichkeit von sexismus zu genderismus kann ich sexismus als eine auf vor allem andro- und teilweise heterogenderung bezogene teilanalyse von genderismus verstehen und muss nicht kontinuierlich die komplexen ent_erwähnungen von sexismus fokussieren. die verschiedenen realisierungsformen von – in der alten begrifflichkeit – sexismus, wie sie in ›feminismus schreiben lernen‹ ausformuliert wurden, behalte ich hier für die ausdifferenzierung von genderismus bei und bezeichne sie in ihrem zusammenspiel also gleichzeitig neu. damit kann ich die beschränkung von sexismus auf vornehmlich einen aspekt eines konventionalisiert entdependierten genderismus – androgenderung – zugleich expliziter zum thema machen. die ausformulierten realisierungsformen von genderismus, die weiter unten ausführlicher erläutert werden, gehen damit zugleich über eine traditionelle lesart von sexismus hinaus.

– der begriff genderismus ist in seiner begrifflichkeit parallel zu rassismus, klassismus und ableismus formuliert – die strukturellen diskriminierungsformen nehmen in ihrer begrifflichkeit die konstruktionen, über die diese diskriminierungen gesellschaftlich realisiert werden, explizit auf: gender/geschlecht, race/rasse, ability/behinderung, class/klasse.[90] sexismus als begriff hat dies nicht gemacht, sondern in und mit der begrifflichkeit zugleich eine gleichsetzung oder ersetzbarkeit von sexualität und gender nahegelegt und re_produziert. dabei ist sowohl unklar, was genau unter ›sexualität‹ zu verstehen ist, als auch das verhältnis zwischen einer über sexualität vollzogenen diskriminierung und einer über herstellung und reproduktion von genderungen vollzogenen diskriminierung. die sprachhandelnde verwendung dieses begriffs wirkte und wirkt dadurch in beide richtungen – genderismus wird vor allem im öffentlichen diskurs bezogen auf *weiße* und ableisierte über se-

[90] ich schreibe an dieser stelle diese beiden alternativen begrifflichkeiten, die sich in unterschiedlichen diskursen finden, mit schrägstrichen nebeneinander, um hier meine bezugnahme auf unterschiedliche theorielinien deutlich zu machen.

xualitätsvorstellungen – insbesondere sexualisierte gewalt – eingelesen und dadurch andere formen von gewalt und struktureller diskriminierung sowie eine ausdifferenzierung dieser gewalt für rassistisch und ableistisch geformte positionierungen ent_erwähnt oder ent_wahrgenommen. sexualität wurde vor allem in bezug auf entdependierte genderungen gelesen und verstanden, was sich auch in konzepten wie hetero/a- und homosexualität niederschlägt, die unter anderem durch den begriff heteragenderung als eine realisierungsform von genderismus neu gefasst werden und zu einer abgrenzung von einer wahrnehmung von heteragenderung (bzw. hetera/osexualität) vor allem über ein bestimmtes sexualitätsverständnis führen. mit einem wechsel der benennung der strukturellen diskriminierungsform wird hier somit eine breitere konzeptualisierung unterschiedlicher formen von struktureller diskriminierung, die über unterschiedliche arten von genderungen in interdependenter weise mit ableismus und rassismus vollzogen werden, ver_sucht. inhaltlich schließen sich diese an die ausdifferenzierungen von realisierungsstrategien und -formen von genderismus an, wie sie in der einleitung in ›feminismus schreiben lernen‹ erläutert worden sind. sie werden hier aber sehr viel deutlicher interdependent gefasst und zudem auch weiter nach unterschiedlichen argumentationsformen ausdifferenziert, mit denen die realisierungsformen diskursiv umgesetzt werden.

- noch über die obige argumentation hinausgehend kann ich mit einem wechsel der begrifflichkeit von sexismus zu genderismus auch deutlicher kritisieren, dass sexismus in öffentlichen und allgemeinen diskursen häufig mit sexualisierter gewalt, in einer entnannten *weißen* ableisierten norm gleichgesetzt und verhandelt wird. auf diese weise findet sowohl eine engführung eines gewaltbegriffs statt als auch eine reduzierung von sexismus in der bisherigen terminologie auf prototypisiert gegen *weiße* ableisierte frauisierte gerichtete sexualisierte gewalt. beides stelle ich mit dem wechsel der begrifflichkeit von sexismus zu genderismus infrage und kontextualisiere auf diese weise öffentliche diskurse, die sexismus ausschließlich oder vornehmlich als diese reduzierte und gleichzeitig universalisierte und dadurch rassistisch_ableistisch_genderistische form sexualisierter gewalt herstellen, neu.
- durch die konkretisierung, dass die meisten analysen und wahrnehmungen von sexismus darunter vor allem unterschiedliche realisierungen von einer entdependierten form von androgenderung verstehen, kann androgenderung auch noch einmal genauer kontextualisiert und situiert werden – als teil eines umfassenderen interdependenten genderismus als struktureller interdependenter diskriminierungsform, die immer auch gleichzeitig rassismus und ableismus mit re_produziert. auf diese weise wird die herkömmliche fixierung von feminismen, verstanden als antisexistische kämpfe, auch noch einmal neu analysierbar. sexismus wird als ein teilaspekt von genderismus lesbar,

der selbst aber wiederum genderistische interdependente konsequenzen hat: wenn in feministischen forderungen gegen androgenderungen beispielsweise kontinuierlich zweigenderung und cisgenderung normalisiert und nicht hinterfragt werden, wenn *weiße* und ableisierte normen entnannt die protoypisierenden vorstellungen zu sexismus ausmachen, wie ich an den nachfolgenden fragen zu beginn jeder realisierungsform verdeutliche.

- gleichzeitig verändere ich so den fokus meines antigenderistischen kämpfens, welches nicht auf einer argumentation beruht, überzeugen zu wollen, dass sexismus mehr als eine rassistische und ableistische form von androgenderung sei. mit sexismus rufe ich einen begriff und ein konzept auf, welches immer wieder implizit nur eine *weiße* und ableisierte form von androgenderung und in teilen und damit verbunden zwei- und heteragenderung aufruft. statt also dieses konzept ausweiten zu wollen, schlage ich hier also im anschluss an die bereits in der ag einleitung (2011) angedachte verwendung eines für mich an diesem punkt neuen konzepts und begriffs für eine umfassendere form von struktureller diskriminierung vor, die auf der konstruktion von gender in einer vielfachen und interdependenten form in bezug auf rassismus und ableismus beruht und insbesondere der prinzipiellen annahme, dass es nichts jenseits von genderung gibt, ent_genderungen also undenkbar oder unintelligibel – oder konstruktivistisch ausgedrückt: ent_intelligibilisiert seien, was in diesem buch als kategorialgenderung verstanden wird.
- auf diese weise wird zugleich auch besser versteh- und analysierbar, inwiefern bestimmte antigenderistische kämpfe selbst auch wieder diskriminierend sind. wenn beispielsweise gleicher lohn für ›frauen‹ (nach einem ›männlichen‹ normmodell, welches entnannt *weiß* und ableisiert ist) eingefordert wird, dann wird damit auch zweigenderung re_produziert und personen, die sich nicht mit einem modell von zweigenderung identifizieren, sich nicht als (prototypisch normalisierte *weiße* und ableisierte) ›frauen‹ oder ›männer‹ verstehen, nicht ›aufgehen‹ in dieser vorstellung werden ent_erwähnt, ausgeschlossen, ent_intelligibilisiert. oder die forderung ›gleicher lohn für frauen‹ gilt erst gar nicht für sie, da sie ableistisch entgendert werden, wie es häufig mit disableisierten personen und personengruppen geschieht, die ausschließlich über disableisierung eingelesen werden und andere strukturelle diskriminierungsformen keine rolle spielen. oder die forderung ›gleicher lohn für frauen‹ ignoriert die komplexe interdependente diskriminierung Schwarzer ›frauen‹ und migratisierter[91] ›frauen‹, die in und durch diese pauschalisierende äußerung in einen lohnvergleich mit entnannt *weiß* und

---

91 für das konzept migratismus und daraus abgeleitet migratisiert, vgl. tudor 2010; tudor 2013a sowie das glossar in diesem buch.

statisiert[92] ableisierten ›männern‹ gebracht würden (die ›männliche‹ norm, die hier aufgerufen wird, ist in der phrase zudem komplett entnannt – so selbstverständlich ist diese normsetzung), welches spezifischen diskriminierungen von Schwarzen und migratisierten ›frauen‹ über rassismus und_oder migratismus wegnennt – oder sie sind in der phrase eben sowieso nicht gemeint, sondern das monolithisch ausgedrückte konzept ›frauen‹ meint auch nur *weiße* ableisierte und statisierte ›frauen‹?
mit dem konzept von genderismus wird hingegen die analytische wahrnehmung benenn- und hinterfragbar, dass jegliche form von genderungen diskriminierungen oder privilegierungen sind, dass genderungen aus dieser perspektive grundsätzlich problematisch sind, da sie ausschließend und sozial normierend sind und machtvolle hierarchisierungen schaffen. auch wenn genderismus aus vielen, weiter unten erörterten dimensionen besteht, so ist die grundsätzlichkeit von genderismus die für gültig oder wahr genommene grundannahme von gender als sozialer, menschlicher, symbolischer, auf jeden fall unhinterfragbar vorhandener dimension, egal in welcher flexiblen oder dynamischen form auch immer. mit genderismus als analytischer dimension wird jedoch diese grundannahme, welche form sie auch immer hat, als teil des problems einer genderistischen, ausschließenden und zurichtenden form von norm identifizier- und analysierbar gemacht. in bezug auf rassismus ist es in anti- und contra_rassistischen analysen wichtig, immer auch die konstruktion von ›rassen‹ infrage zu stellen – auch und gerade wenn es konkrete kontexte geben kann, in denen mit ›rasse‹-begriffen gearbeitet wird, wie beispielsweise dem allgemeinen gleichstellungsgesetz und auch in kritischen herausforderungen zu diesem. das arbeiten mit dem ›rasse‹begriff ist dabei eine konzession und anerkennung der wirkmächtigkeit einer konstruierten kategorisierung, die in bestimmten gesellschaftlichen verhältnissen so wirkmächtig ist, dass mit ihr gearbeitet wird oder werden muss. trotzdem aber gibt es einen weitgehenden konsens anti- und contra_rassistischer politiken dazu, dass rasse eine konstruktion sei, was in allen politischen anwendungen einer ›rasse‹kategorisierung gleichzeitig doch immer auch mit berücksichtigt werden muss. dieser politische und analytische konsens besteht

[92] vgl. glossar; vgl. auch hornscheidt, antje lann (2010b): statisierungskritik: überlegungen zu einem dekonstruierenden analysekonzept deutscher statisierter normalisierungen im kontext von rassismus und migratismus. in: nduka-agwu, adibeli; hornscheidt, antje lann (hrsg.): rassismus auf gut deutsch: ein kritisches nachschlagewerk zu rassistischen sprachhandlungen. frankfurt a. m.: brandes & apsel. s. 421-447; hornscheidt, lann (2011c): anmerkungen zu aktuellen konzeptualisierungen von deutscher statisierung über religiosisierungen, genderungen und feministischen vereinnahmungen. in: auga, ulrike; bruns, claudia; dornhof, dorothea; jähnert, gabriele (hrsg.): dämonen, vamps und hysterikerinnen. geschlechter- und rassenfigurationen in wissen, medien und alltag um 1900. festschrift für christina von braun. bielefeld: transcript. s. 145-160.

meines erachtens bisher im deutschsprachigen raum in bezug auf gender als in jeder form konstruierte, machtvolle und wirkmächtige kategorisierung nicht: viele kritische, feministische politiken stellen bestimmte ungleichgewichte und hierarchisierungen, die auf gender basieren, infrage, ohne aber gender an sich als zu dekonstruierendes, problematisches konzept zu verstehen. stattdessen rufen sie gender als vorgängig immer wieder auf, unbeachtet der ableistischen und rassistischen normsetzungen, die dabei implizit und machtvoll immer wieder geschaffen werden. mit dem konzept genderismus werden diese ebenen stärker betont und zu einem wichtigen, unverzichtbaren teil antigenderistischer politiken gemacht.

genderismus ist die analytische benennung für eine strukturelle, nur analytisch entdependierbare diskriminierung, die aus unterschiedlichen realisierungsformen besteht, die ich im folgenden im einzelnen darstelle. genderismus als ausgangspunkt der analytischen und kritischen diskussion zu setzen und nicht beispielsweise rassismus oder ableismus, ist eine analytische und politische entscheidung, keine inhaltliche. ich gehe nicht davon aus, dass es genderismus ohne rassismus und ableismus gibt – so wie es rassismus nicht ohne genderismus und ableismus gibt und ableismus nicht ohne rassismus und genderismus. aus meiner kritischen ver_ortung contra_rassistisch und contra_ableistisch antigenderistisch zu analysieren, leite ich meine kompetenz ab, genderismus interdependent als ausgangspunkt zu setzen – was gleichzeitig nicht unproblematisch ist, da dadurch auch der eindruck entsteht, dass genderismus zentral sei, zentraler als rassismus und ableismus. in und durch die vorgenommenen analysen im nachfolgenden teil dieses kapitels hoffe ich, deutlich zu machen, dass alle drei ebenen nicht trennbar sind, sondern sich gegenseitig bedingen und die frage des analytischen zugangs auch von der eigenen kritischen ver_ortung abhängt. die ausdifferenzierungen der realisierungs- und argumentationsformen wären in der interdependenten darstellung auch für rassismus und ableismus wichtig, um zu differenzierten und genauen analysen zu kommen, um spezifische politische interventionen zu denken und durchzuführen. der beginn einer ausdifferenzierung von rassismus wird unter anderem durch das konzept von migratismus im verhältnis zu kolonialrassismus durch alyosxa tudor (2010) als antimigratistische contra_rassistische antigenderistische politische handlung geleistet, weitere ausdifferenzierungen wären hier analytisch und aktivistisch hilfreich – ebenso zu ableismus, jeweils aus einer anti-ver_orteten[93] kritischen perspektive.

für diese darstellung beziehe ich mich auf die einleitung in ›feminismus schreiben lernen‹, gehe aber gleichzeitig auch darüber hinaus, indem ich die dort gemachte einteilung in realisierungsformen weiter konkretisiere und in bezug auf eine durchgängigere explizitmachung der interdependenzen mit rassismus und

[93] für die differenzierung in anti- und contra_perspektiven, vgl. kapitel vi und das glossar in diesem buch. ausführlicher dazu: tudor 2010.

ableismus sowie eine ausdifferenzierung von argumentationsformen von genderismus auch weiter ausdifferenziere. die hier vorgeschlagenen unterschiedlichen realisierungsformen ermöglichen es, genauer zu bestimmen, was an bestimmten sprachhandlungen interdependent genderistisch ist und wogegen sich bestimmte sprachveränderungsstrategien richten – und was sie also gleichzeitig normalisieren, normieren, entnennen und ent_erwähnen.[94] die hier vollzogene ausdifferenzierung in unterschiedliche realisierungsformen ist eine analytische trennung einer komplexen interdependenten strukturellen diskriminierung, die zusammen die komplexität genderistischer diskriminierung ausmachen. diese ausdifferenzierung verhilft dabei, genauer benennen zu können, welche konkreten genderistischen diskriminierungen über bestimmte sprachhandlungen realisiert werden. gleichzeitig kann ich so aufzeigen, inwiefern bestimmte sprachhandlungen sowohl anti- oder contra_genderistisch als auch gleichzeitig in bestimmten dimensionen genderistisch sein können, wenn sie bestimmte realisierungsformen von genderismus aufgreifen, thematisieren und sprachhandelnd verändern, andere aber gleichzeitig nicht, sondern diese teilweise als ›natürlich‹ voraussetzen. die hier vorgenommene ausdifferenzierung ist eine analytische und dadurch weder umfassend, ultimativ noch allgemeingültig und abgeschlossen. sie ist eine offene analytische und damit politische hilfestellung zu einer differenzierten und politisch wirkmächtigen beschäftigung mit der komplexität genderistischer interdependenter diskriminierung. in dem folgenden teil dieses buches wird diese ausdifferenzierung der realisierungsformen von genderismus als grundlage genommen, um unterschiedliche sprachhandlungen in bezug auf den durch sie realisierten genderismus analysieren zu können.

das hier vertretene konstruktivistische verständnis von genderismus inkludiert die idee, dass gender konstruiert ist. dies bedeutet nicht gleichzeitig, dass es nicht materialisierte, interaktionelle soziale realisierungen von gender, genderungen und genderismus gibt, die so manifest sind, dass sie von individuen als ›real‹ wahrgenommen werden – gleiches gilt für rassismus und ableismus und die interdependenzen dieser strukturellen diskriminierungen. dies ist auch hegemonial gewollt. das heißt, so lange es genderismus als strukturelle diskriminierung in seinen unterschiedlichen formen gibt, so lange ist es in konkreten situationen und kämpfen auch notwendig, sich auf – häufig in bezug auf rassismus und ableismus entdependierte und dadurch rassistische und ableistische – genderkategorien zu beziehen, um zu zeigen, wie sich genderismus materialisiert und in konkreten situationen, kontexten und konstellationen realisiert. antigenderistische analysen befinden sich damit kontinuierlich in dem schwierigen, nicht lösbaren spannungsverhältnis, kategorisierungen auch in empowernder form aufrufen zu müssen, die gleichzeitig

[94] die konzepte entnennen und ent_erwähnen erkläre ich im nachfolgenden kapitel als teil sprachlicher diskriminierungshandlungen. sie werden auch im glossar kurz zusammenfassend erläutert. vgl. auch hornscheidt/nduka-agwu 2010; lockward 2010.

auch teil einer mehrfachen problematik sind – sowohl in bezug auf sprachliche konstruktionen als auch in bezug auf die ent_erwähnungen interdependenter diskriminierungen. dazu schreibe ich später noch mehr in dem teil zu antigenderistischen interventionen (kapitel vi).

mit dem beginnen, genderismus als begriff zu benutzen, ist mir immer deutlicher geworden, wie stark bestimmte formen von genderismus sind, dass sie bisher nur sehr unzureichend erwähnt worden sind. auf diese weise habe ich meine kritische ver_ortung unter einem sexismusbegriff subsumiert, der mich eigentlich gar nicht meint, habe antiandrogendernde und antiheteragendernde kämpfe zu meinen gemacht und gleichzeitig in diesem kämpfen entmerkt, dass ich damit cis- und zwei- und umfassender kategorialgenderungen re_produziere, die mich selbst damit entwahrnehmbar machen, habe aktiv im kämpfen gegen meine strukturelle diskriminierung an genau dieser mitgewirkt. und habe gleichzeitig auch weiterhin meine über ableismus und rassismus privilegierten selbstherstellungen entmerkt und in meinen analysen und politiken zu genderismus nur punktuell und nicht verbunden, sondern additiv berücksichtigt. auf diese weise sind meine gedachten antigenderistischen interventionen auch gleichzeitig genderistisch gewesen, da sie eine weiße ableisierte norm re_produziert haben, dadurch weißsein und ableisiert sein universalisiert haben, dadurch Schwarze und disablisierte positionierungen entmerkt haben, genderismus entdependiert haben.

erst durch den wechsel der begrifflichkeit von sexismus zu interdependentem genderismus kann ich stärker wahrnehmen, wie diskriminierend cis- und zweigendernde normen sind und wie privilegierend in bezug auf rassismus und ableismus meine auseinandersetzung damit gewesen ist – so stark und umfassend, dass ich es selbst lange zeit entmerkt habe – und ohne darüber jetzt klarheit zu haben, was dieses merken nun bedeutet, für meinen alltag, für mein sein in welt.

warum habe ich genderismus und nicht gender als ausgangspunkt meines denkens und schreibens gewählt?[95]

in vielen rückmeldungen vor und während des schreibens an diesem buch haben mir unterschiedliche personen gesagt, dass es doch besser wäre, ich würde gender als ausgangspunkt setzen, beispielsweise ein buch über gender und sprachliche diskriminierung schreiben, nicht aber von sexismus oder – in der hier neu gewählten terminologie – von genderismus ausgehen. sexismus/genderismus würde bei personen so schnell aversionen auslösen und zu ablehnung und abwehr führen, gender oder geschlecht seien viel neutralere und leichter zugängliche begriffe.

---

[95] danke, steffi, für eine klarere formulierung dieser frage!

gehe ich von gender als ausgangspunkt aus, so ent_wahrnehme ich damit aber eine wichtige ebene von genderismus – in der ich jegliche genderungen, wie beispielsweise ›frau‹ und ›mann‹, überhaupt erst als effekte von genderismus betrachte und nicht als neutrale und unterschiedliche kategorien, die jeglicher diskriminierung vorgängig sind und deren ungleichgewicht (in löhnen und bewertungen, in lebensversicherungen und gewaltverhältnissen zum beispiel) erst die diskriminierung hervorbringt – die kategorien an sich – ›frau‹ und ›mann‹ – aber sind in dieser perspektive unproblematisch, nur bestimmte verhaltensweisen, öffentliche codes und rechte sind problematisch. mit einem ausgangspunkt in genderismus und nicht in gender vertrete ich somit zugleich ein anderes konzept von struktureller diskriminierung, welches in der kontinuierlichen re_produktion von gegenderten kategorisierungen, ihren bewertungen, hierarchisierungen, naturalisierungen, normierungen und normalisierungen genderismus analysiert. das heißt, immer wenn gender vorkommt, benannt, gedacht, normalisiert ist, handelt es sich um eine umfassendere form von genderismus. teilaspekte von genderismus, wie sie in den unten weiter ausgeführten realisierungsstrategien von genderismus ausdifferenziert werden, basieren mit der ausnahme von kategorialgenderung auf der annahme, dass es gender in irgendeiner form (in der regel in form von zweigenderung) allen handlungen und diskursen und konzeptualisierungen vorgängig ›einfach so‹ bereits ›gibt‹. wenn ich politisch gegen eine dieser realisierungsformen als genderistisch arbeite, dann wende ich mich gegen bestimmte genderistische diskriminierungsformen, re_produziere dabei aber gleichzeitig andere, wie vor allem die grundannahme, dass es gender gäbe. durch die ausdifferenzierung von realisierungsformen von genderismus ist es so auch möglich, differenzierter zu betrachten, welche dimension von genderismus genau zur debatte steht, welche in politischen kämpfen herausgefordert wird und was dabei gleichzeitig normalisiert, entnannt und naturalisiert wird. mit der ausdifferenzierung unterschiedlicher realisierungsformen von genderismus wird es möglich, die eigene positionierung in politischen auseinandersetzungen klarer und differenzierter in ihrer verwobenheit mit strukturellen diskriminierungen zu verstehen. eine selbstreflexion kritischer handlungen zu genderismus ist so differenziert möglich.

mit einem beispiel aus einem meiner seminare an der humboldt-universität zu berlin in gender studies aus dem sommersemester 2012 verdeutliche ich, welchen unterschied es macht, in politischen kämpfen und analysen von diskriminierungsformen und nicht von kategorien auszugehen. eine studentische arbeitsgruppe hat sich die porträts und statuen von wichtigen persönlichkeiten der humboldt-universität im hauptgebäude angesehen und zu diesen eigene recherchen angestellt, um festzustellen, wie diese sozial positioniert sind. ausgangsfragen des projekts sind gewesen, welche sozialen positionierungen vorkommen und wie diese benannt oder entnannt/ent_erwähnt werden, welche ge_schichten so hergestellt werden, welche ausschlüsse und wahrnehmungen re_produziert werden.[96] in dieser recher-

[96] mehr informationen zum projekt ›who is missing? and why?‹ von studierxs unter: http://

che haben sie unter anderem festgestellt, dass eine nationalsozialistische kategorisierung von personen als ›jüdisch‹ weitgehend in heutigen darstellungen ohne distanzierung übernommen worden ist und wird. personen werden damit auf eine weise kategorisiert, die nationalsozialistisch-ideologisch hergestellt ist – unabhängig oder sogar in ignoranz und ent_erwähnung und ent_wahrnehmung ihrer eigenen positionierung.[97] auch nach der zeit nationalsozialistischer herrschaft ist diese kategorisierung von menschen beibehalten worden und findet in biografien häufig noch eine weitere perfide naturalisierung dieser kategorisierungen. diese sind jedoch selbst effekt der strukturellen diskriminierungsform antisemitismus, wenn in biografischen notizen und angaben immer wieder sprachlich hergestellt wird, dass eine person jüdisch oder jü_din und deshalb aus deutschland weggegangen oder in ein konzentrationslager deportiert worden sei. diese personen, die sich selbst vielleicht gar nicht als jüdisch wahrgenommen haben (erste stufe der strukturellen diskriminierung), sind aus meiner analytischen perspektive jedoch nicht wegen ihres vorgeblichen jüdischseins ›weggegangen‹ (ein euphemismus in diesem kontext) oder deportiert worden, sondern weil deutschland eine antisemitische politik betrieben hat. es macht für mich einen entscheidenden unterschied, ob gesagt wird ›xy war jüdisch und musste deshalb deutschland verlassen‹ – oder ob gesagt wird ›deutschland war (und ist) antisemitisch, hat personen antisemitisch mit, durch und als jüdisch klassifiziert und aufgrund dieser antisemitischen herstellung von personen ist xy gezwungen worden, deutschland zu verlassen.‹[98]

dieses beispiel zeigt, wie wichtig es ist, von einer analyse struktureller diskriminierungsformen auszugehen und nicht von deren teilweise stark naturalisierten und normalisierten effekten, wie es unterschiedliche kategorisierungen von personen

---

whoismissingandwhy.blogspot.de (12.9.2012). dazu auch die broschüre zum projekt: projektgruppe ›who is missing? and why?‹ (2011): who is missing? and why? normierungen, ausschlüsse und weglassungen in der selbstdarstellung der humboldt-universität. https://docs.google.com/open?id=0B5wW3CpVL3MgbVg3S196Z0FBZVU (12.9.2012).

97 dies soll dabei nicht gleichzeitig implizieren, dass eigene positionierungen oder verortungen ›jenseits‹ hegemonialer herstellungen liegen oder liegen können, sondern immer auch in einer kritischen aushandlung und partiellen übernahme dieser. dasselbe gilt für positionierungen als antigenderistisch beispielsweise: ohne genderismus wäre eine kritische ver_ortung als antigenderistisch nicht denk- und konzeptualisierbar, das heißt, in einer kritischen ver_ortung als antigenderistisch wird genderismus somit zugleich auch immer wieder re_produziert. die paradoxe situation, die eine konstituierung über strukturelle diskriminierungen herstellt und gleichzeitig ambivalenter ausgangspunkt kritischer politiken und ver_ortungen ist, spielt an verschiedenen stellen in diesem buch eine rolle und durchzieht kritische kämpfe und ver_ortungen. ohne grundsätzliche problematik wäre eine kritische ver_ortung unnötig; in der kritischen ver_ortung wird die grundsätzliche problematik immer auch wieder aufgerufen und auf diese weise ebenso re_produziert.

98 dieses beispiel führe ich in kapitel v ausführlicher mit einer reihe weiterer konsequenzen aus.

sind.[99] aus diesem grund halte ich es auch für dieses buch, die analysen und die vorschläge für sprachveränderungen, die ich hier präsentiere, für notwendig, von genderismus auszugehen und nicht von gender. würde ich von gender ausgehen, würde ich eine wichtige dimension von strukturellen diskriminierungen über genderismus ent_erwähnen und normalisieren. um ein möglichst differenziertes bild von genderistischen sprachhandlungen zu gewinnen, ist es also notwendig, von der strukturellen diskriminierung auszugehen.

in der gesamten darstellung zu interdependentem genderismus wie in dem gesamten buch beziehe ich mich auf den momentanen deutschen kontext. das heißt, die hier gemachten überlegungen stellen keine neue universalistische theoretische oder analytische norm auf, sondern beziehen sich auf eine konkrete zeit und einen konkreten kontext. damit will ich nicht die globalisierte und supranationalen (›europäische‹) oder transnationale bedeutung von struktureller interdependenter diskriminierung infrage stellen, ganz im gegenteil. wichtig ist mir die situativ und kontextuell genaue analyse und bezugnahme, aus der es möglich ist, verbindungen zu ziehen und intervenierende solidaritäten und allianzen herzustellen.

ist das nicht sehr anstrengend und unnötig, die ganze zeit von interdependenzen zu sprechen?

genderismus ist doch bereits so wichtig und umfassend, dass nicht auch noch rassismus und ableismus dazu kommen müssen, kontinuierlich mit erwähnt werden müssen. welche sollen das denn bitte noch lesen können?

die auseinandersetzung mit interdependenzen ist hegemonial entwahrnehmbar gemacht, was sich auch in der trennung der begrifflichkeiten genderismus – ableismus – rassismus niederschlägt. ein wichtige handlung, um sich die entdependierung der umfassenden strukturellen diskriminierung bewusst zu machen, läuft über ihre kontinuierliche benennung – die benennungen der komplex interdependenten privilegierten und diskriminierten positionierungen, perspektiven, elemente und dimensionen. nur dadurch, dass ich versuche, meine wahrnehmungen und konzeptualisierungen kontinuierlich stärker bewusst und explizit zu dependieren, kann ich die bereits immer schon vorher vorhandene und gegebene interdependenz von struktureller diskriminierung anfangen, wahrzunehmen. nur indem ich mich in diesem buch immer wieder danach gefragt habe, wie ableismus und rassismus

---

[99] ein anderes beispiel entstammt einer intervention einer studentischen arbeitsgruppe in den gender studies im wintersemester 2011/2012, die ein märchen geschrieben haben. in diesem märchen wird eine räumliche situation als behindernd dargestellt, nicht aber behinderung einer der protago_nistinnen des märchens quasi als charakteristikum oder merkmal zugeschrieben. der hier vollzogene sprachliche umgang mit behinderung als sozialer diskriminierungsdimension macht behinderung zu einem strukturellen phänomen und nimmt es weg von einer konzeptualisierung als persönliche einschränkung.

interdependent mit genderismus sind, habe ich angefangen, meine eigenen privilegierungen durch ableismus und rassismus als teil von mir wahrzunehmen. sie sind nicht zusätzlich zu den diskriminierungen, die ich durch genderismus erlebe, erleide, wahrnehme, sondern sie sind ein teil davon, die mich in der genderistischen diskriminierung doch gleichzeitig auch immer privilegiert machen gegenüber Schwarzen ableisierten genderistisch diskriminierten personen und disableisierten *weißen* und Schwarzen genderistisch diskriminierten personen. damit ist die diskriminierung durch eine *weiß* und ableisiert privilegierte form von genderismus trotzdem eine diskriminierung, aber eben auch eine privilegierung gegenüber interdependent diskriminierten personen, personengruppen und positionierungen. und aus dieser wahrnehmung und reflexion leite ich unter anderem die anforderung zu genauen benennungen für mein politisches handeln, wie in diesem buch, ab:

– was meine ich genau, wenn ich über diskriminierungsformen spreche? welche dimension von genderismus beispielsweise benenne ich, welche interdependenzen sind mir klar und benenne ich? was ent_erwähne ich? was re_produziere ich an universalisierungen *weißer* und ableistischer positionen auf diese weise?
– auf welche konstituierungen sozialer positionierungen beziehe ich mich, in dem was ich schreibe_denke_spreche_lese_höre? was ich re_produziere ich, was ver_suche ich, durch explizite benennungen zugunsten einer ausdifferenzierteren wahrnehmung und konzeptualisierung zu ent_normalisieren?

dass diese expliziten und ausdifferenzierten benennungen umständlich, langwierig und verwirrend wirken, ist teil einer hegemonial re_produzierten und gewollten vorstellung, dass die einzelbenennungen von diskriminierungsformen ebenso ausreichend sind. dies gilt gleichermaßen auch für personale appellationen wie ›frau‹ oder ›mann‹, die auch in mehrfacher hinsicht entdependieren. das wahrnehmen von eigenen normalisierungen, die ich im schreiben_sprechen re_produziere, fühlt sich zuerst auch unangenehm an, da ich dadurch mit meiner konstituierung durch privilegierungen stärker konfrontiert bin, als ich es gewohnt bin – und gewöhnung sowie eine trügerische sicherheit liegen in der eigenen normalisierung. eine ausdifferenzierte benennungspraxis von interdependenzen von diskriminierungs- und privilegierungspositionierungen macht es mir möglich, genauer politisch zu handeln, genauer hinzusehen, hinzuhören, hinzulesen, strukturell re_produzierte differenzen wahrzunehmen, stehenzulassen und dadurch spezifisch zu handeln.

zu dieser ausdifferenzierung gehört auch eine weitere ausdifferenzierung der konzepte genderismus, rassismus und ableismus: nicht jede form von genderismus besteht aus allen hier differenzierten realisierungsformen. auch innerhalb von genderismus gibt es machthierarchien, prototypisierungen, universalisierungen bestimmter positionen, entnennungen und ent_erwähnungen – und dies jeweils in einer komplexen verbindung mit rassismus und ableismus. diese komplexe innergenderistische interdependenz von diskriminierungsformen – unterschiedliche, miteinander komplex verbundene realisierungsformen von genderismus – bilden den schwerpunkt der nachfolgenden ausführungen.

die unterschiedlichen realisierungsformen von genderismus

im folgenden diskutiere ich die unterschiedlichen realisierungsformen von genderismus, wie die ag einleitung sie in ›feminismus schreiben lernen‹ ausdifferenziert hat, und interdependiere dies hier in der darstellung mit rassismus und ableismus. zusätzlich dazu führe ich als weitere ebene eine ausdifferenzierung unterschiedlicher argumentationsformen von genderismus ein, um auf diese weise eine spezifischere analyse und antigenderistische politik zu ermöglichen. die tabelle 1 gibt eine erste schematische übersicht über das zusammenspiel von realisierungs- und argumentationsformen zu genderismus. diese werden unten im text jeweils weiter ausdifferenziert.

diese vorstellung ist eine grundlage meiner späteren analysen und präsentationen von sowohl kritiken an bestimmten sprachhandlungen (kapitel v) als auch vorschlägen für antigenderistische sprachhandlungsveränderungen (kapitel vi). andro-, hetera-, repro- und cisgenderung setzen zweigenderung jeweils voraus, basieren auf der annahme von zweigenderung. aus diesem grund fange ich diese darstellung mit zweigenderung an und schließe sie mit kategorialgenderung ab, die ihrerseits zweigenderung als eine mögliche realisierungsform umfasst, selbst aber darüber hinausgeht. neben der hier gewählten darstellungsform des nebeneinanders der unterschiedlichen realisierungsformen wäre auch eine darstellung denkbar, in der andro-, hetera-, repro- und cisgenderung als spezifische ausformungen von zweigenderung dargestellt würden, als effekte und soziale realisierungsformen von zweigenderung. da sie meines erachtens jeweils eigene spezifische realisierungsweisen und logiken besitzen, habe ich mich für die nebengeordnete darstellungsform entschieden. es handelt sich um eine analytische einteilung und entscheidung, die ihren sinn und zweck darin findet, genderismus besser zu verstehen, analysieren und bekämpfen zu können. als solche ist diese darstellung prozesshaft und kann, je nach analytischer schwerpunktsetzung, verändert oder erweitert werden.[100]

als weitere differenzierung gebe ich unter den verschiedenen realisierungsfor-

[100] paarnormierung bzw. paarnormativität stelle ich hier als eine dimension von heteragenderung vor. es wäre auch denkbar, sie als eigene realisierungsform von gender auszudrücken (paargenderung) oder als eine argumentationsform, die auch heteragenderung, aber auch zwei- und reprogenderung realisiert. dieses beispiel soll zugleich deutlich machen, dass es sich hier nicht um eine geschlossene, absolute und unveränderbare liste und darstellung handelt, sondern um ein analytisch-aktivistisches modell, welches jeweils für konkrete analysen und interventionen an die eigenen kritischen ver_ortungen und schwerpunktsetzungen angepasst werden kann.

men von genderismus beispiele für unterschiedliche argumentationsformen der jeweiligen form von genderismus, die ich unterteilt habe in körpergenderungen, westlich-medizinische/pathogenderungen, juristische genderungen, gefühlsgenderungen, ausdrucksgenderungen und symbolische oder übertragene genderungen. auch dies ist keine erschöpfende liste. sie soll dabei helfen, die komplexität unterschiedlicher, immer auch miteinander verbundener und sich gegenseitig bedingender formen von genderungen über vor allem diskursive argumentationen deutlich zu machen. auf diese weise wird die komplexität von genderungen, die zu einer umfassenden form von genderismus führen, greifbarer und damit auch angreifbarer, konkreter benennbar. dies ist eine wichtige voraussetzung für kritische interventionen.

a. zweigenderung

in welchen konzepten, verhältnissen, handlungen zeigt sich zweigenderung?
für welche fragen könnte zweigenderung eine kritisch-reflektierende analyse sein?

- warum ist es so unhinterfragt, klar und eindeutig im deutschsprachigen raum, dass personen als ›frau‹ oder ›herr‹ angeredet werden können, vornamen haben, die eindeutig als ›weiblich‹ oder ›männlich‹ zuordenbar sind? oder warum versuchen alle personen kontinuierlich, namen und personen als teil einer zweigegenderten realität einzulesen?
- warum gibt es keine öffentlichen anreden auf briefen von banken und versicherungen, mit denen nicht kontinuierlich wieder zweigenderung hergestellt wird (zum beispiel ›sehr geehrte damen‹ oder ›lieber herr b.‹)?
- warum gibt es im deutschsprachigen raum momentan nur sehr vereinzelt ideen und vorstellungen zu sprachveränderungen, die über die pronomina ›sie‹ und ›er‹ und varianten sowie kombinationen dieser beiden formen hinausgehen?
- warum gibt es frauenumkleiden und männerumkleiden im schwimmbad, in sporthallen, in schulen, nach zweigenderung eingeteilte zimmer in krankenhäusern – und nichts darüber hinaus und jenseits dessen und für alle die personen, die sich nicht in zweigenderung einordnen lassen wollen? warum ist in kindergärten häufig keine einteilung von toiletten nach zweigenderung? ab wann wird zweigenderung relevant gesetzt?[101] warum sind ›behindertentoiletten‹ in deutschen öffentlichen räumen nie zweigegendert? wo geht die grenze von zweigenderung und inwiefern ist zweigenderung also ableisiert?
- beispiel die aktuelle ausstellung ›das koloniale auge‹ im museum für fotografie in berlin von juli bis oktober 2012: warum hat hier keine einzige der fotografierten personen einen namen, sondern wird lediglich in der kombi-

[101] danke, evelyn, für die letzte frage.

tabelle 1: beispiele für argumentationen

realisierungsform	argumentationsform					
	körpergenderungen	westlich medizinische/ pathogenderungen	ausdrucks-genderungen	juristische genderungen	gefühlsgenderungen	symbolische/ übertragene genderungen
zweigenderung	das einlesen von körpern, körperteilen und so genannten körpermerkmalen als eindeutig gegendert bei ableisierten im rahmen einer zweigegenderten matrix	festmachen von zweigenderung an genetischen und hormonellen unterschieden und angeblich verifizierten medizinischen tests; übernahme von körperkonzepten	zweigegenderten vorstellungen von stimme über zweigegenderte kleidung, auftreten, gang, vorlieben, fähigkeiten etc., jeweils rassifiziert und ableisiert	aufrechterhaltung und verstetigung von zwei gendern in gesetzen und rechtssprechungen	zuschreibungen von zweigenderspezifischen gefühlen/ gefühlsausdrücken, differenziert nach unterschiedlichen sozialen positionierungen in bezug auf rassismus und ableismus	vorstellungen zu personen, auf artefakte, tiere, werte etc. mit/in denen zweigenderungen re_produziert werden: berufsgruppen etc.
androgenderung	männliche *weiße* ableisierte normsetzung als allgemein menschlich für die frage, was ein mensch in bezug auf körpervorstellungen und körpernormen ist	einlesung von ableisierten *weißen* frauisierten über hormone und hormonschwankungen	darstellung *weißer* ableisierter typisierter als ›normaler‹, ›einfacher‹, ›pflegeleichter‹ vs. ›anspruchvoller‹, ›komplizierter‹ *weißer* ableisierter frauisierter	aufrechterhaltung der regel ›male as norm‹; nutzung des androgendernden maskulinums in gesetzestexten, urteilen und rechtstexten	extra benennung frauisierter gefühle; darstellung als ›weibliche‹ gefühle; pathologisierung/ disableisierung als ›hysterisch‹ etc.	wenn in allgemeinmenschlichen zusammenhängen primär *weiße* ableisierte typisierte als beispiel dienen
heteragenderung	herstellung sexueller praktiken als körperbezogen und heteragegendert; abwertung anderer praktiken; annahme bestimmter attraktivitäts- und begehrensvorstellungen aus einem *weißen* ableisierten typisierten entnannten hetero-blick	vorstellung, dass heteragenderung auf fragen körperlich-sexuellen begehrens reduziert sei, ›natürlich‹ und notwendig für reproduktion sei	zeigt sich in einem an entnannt *weiß* ableisiert typisiert, naturalisierten blicken ausgerichteten schönheits- und körperidealen für frauisierte, unterstützt durch requisiten etc	gesonderte und bevorzugte behandlung von heteragegenderten statisierten paarverhältnissen über institutionen wie ehe	emotionale konventionalisierte abhängigkeit zwischen *weißen* typisierten und *weißen* frauisierten	ansichten und aussagen, in denen frauisierte und typisierte als zwei sich ergänzende wesen oder prinzipien hergestellt werden

repro-genderung	herstellung und aufrecht-erhaltung bestimmter normen zu (biofrauisierter) schwangerschaft; be-stimmtes bild von schwan-geren frauisierten	reduzierung auf, beto-nung der gebärfähigkeit ableisierter frauisierter; verantwortung zu ver-hütung bei ableisierten frauisierten mit gesund-heitlichen effekten	spezielle werbungen, die mütter mit kinder ansprechen sollen ›mutterisierung‹ Schwarzer frauisierter	rechtliche rege-lungen, die mütter betreffen, z. b. mutterschutzzei-ten; prototypische vorstellung von elternzeiten als mütterzeiten abtreibungsrecht	mutterschaft als stän-dige überhöhung verantwortung für schwangerschaft und abtreibung gesellschaftlich auf frauisierte	sprachlicher ein-satz des begriffs der mutter für eine bestimmte handlungsweise und oder gefühls-dimension
cisgende-rung	vorstellung eindeutig zweigenderungen zu-schreibbarer körper, insbe-sondere genitalien	annahme, dass fraui-sierte ihre mens haben, schwanger werden könnten; zweigende-rungszuordnung von neugeborenen	verselbstständlich-setzung von einer ciszugehörigkeit und -identität; über zeit konstante wahr-nehmungen von aussehen, kleidung etc.als eindeutig und konstant gegendert	unterschiedliche rechte von trans-sexuellen fraui-sierten gegenüber cisgegenderten frauisierten	idee einer natürlich-keit und zeitlichen kontinuität einer vorstellung von ›frau-sein‹ bzw. weiblich-keit; häufig gekoppelt mit körpervorstellun-gen, die ebenfalls als natürlich und nicht sozial konstruiert her-gestellt werden	stigmatisierung von personen als nicht-zugehörig und ›falsch an diesem ort‹
kategorial-genderung	körperkonstruktion sozia-ler normen	notwendigkeit einer genderein- und -zu-teilung		annahme, dass es keine menschliche position jenseits von gender und genderungen gibt	sowohl die konkreten gefühlsausdrücke sind interdependent gegendert als auch ihre wahrnehmung; grundlegende form von interdependen-ter genderung, die nicht hintergehbar erscheint	grundsätzlichen vergenderung aller benennbaren objekte

nation von *weiß* projizierter ›volkszugehörigkeit‹ und zweigenderung (zum beispiel ›toda-frau‹) benannt, während die fotografen, durchgängig westlich ableisierte *weiße* ›männer‹ mit namen und geburtsdatum benannt werden, nicht aber mit projizierter ›volkszugehörigkeit‹? inwiefern werden hier kolonialistische normalisierungen von zweigenderung und rassistische ent_individualisierung bis heute re_produziert?[102]

- olympiade 2012 in london: warum sind alle sportarten nach zweigenderung aufgeteilt – mit ausnahme des reitens? was macht schießen beispielsweise zu einer genderdifferenzierten ›sportart‹?[103] was macht es mit sportarten, dass sie durchgängig zweigegendert sind? welche sportarten sind olympisch, welche nicht, wie verändern sich regeln von sportarten aufgrund von genderungen, was wird als leistung und erfolg wahrgenommen? wie wird über zweigenderung von sportarten körper als objekt und zweigender-bestimmbar hergestellt?
- warum müssen sich personen selbst als ›frau‹ oder ›mann‹ einordnen, wenn sie flugtickets buchen, bankkonten eröffnen, arbeitsstellen im öffentlichen dienst antreten – und welche normen von ableisierung setzen alle diese handlungen gleichzeitig voraus? was sagt das über die interdependenz von ableismus und genderismus?
- inwiefern hängen konzepte wie hetero-/heterasexualität und homosexualität davon ab, personen eindeutig als ›frau‹ oder ›mann‹ identifizieren zu können?

was ist zweigenderung?

zweigenderung ist die gesellschaftliche normalstellung und normierung von zwei und genau zwei gendern als rahmen der sozialen verständlichkeit oder intelligibilität, als grundlegende konstituierung menschlichen seins und menschlicher sozialer, individualisierter wie auch symbolischer konzeptualisierungen. zweigenderung ist die herstellung und wahrnehmung von personen als ›frauen‹ und ›männer‹ oder – in der konstruktivistischen terminologie aus ›feminismus schreiben lernen‹ – frauisierte und typisierte.[104]

auch wenn die weise, *wie* sich zweigenderung jeweils konkret konstituiert oder in situationen und kontexten flexibel ist, das heißt einem kontinuierlichen wandel unterliegt, ist das *was*, die idee, dass es zwei gender gibt, dabei doch immer wieder re_produziert. auch in expliziten äußerungen zur irrelevanz von gender, in ideen zu poly- und multigendern, in vielen konzeptualisierungen von trans* und

---

[102] danke, laYla, für das teilen dieses beispiels!

[103] danke, mats, für dieses beispiel!

[104] diese formen werden in kapitel vi unter konkreten sprachhandlungsveränderungsvorschlägen ausführlicher diskutiert.

in vorstellungen der performanz von ›männlichkeit‹ und ›weiblichkeit‹ wird doch gleichzeitig immer auch wieder zweigenderung in irgendeiner, wenn auch häufig in irritierter und gebrochener form als bezugsrahmen aufgerufen und bestätigt. eine dynamisierung und flexibilisierung des *wie* von zweigenderung wird dabei häufig mit einer infragstellung des *was* verwechselt. in meiner lesart sind die flexibilisierungen von gender-*wie*-normen jedoch nur verdeckungen oder ent_erwähnungen der rigiden fortbestehenden zweigenderung als ultimativem bezugsrahmen momentan menschlicher wahr_nehmungen im deutschen kontext. diese norm der zweigenderung wird von machtvollen herrschaftsinstrumenten bzw. -diskursen getragen, unter anderem den wissenschaftlichen und institutionalisiert politischen diskursen, insbesondere auch von recht und medizin (einschließlich psychiatrie und psychologie), die zweigenderung als einzig mögliche denkbarkeit menschlicher existenz kontinuierlich re_produzieren, manifestieren, materialisieren.

zweigenderung realisiert sich über verschiedene formen von genderungen:[105]
körperzweigenderungen: ist das einlesen von körpern, körperteilen und so genannten körpermerkmalen als eindeutig gegendert im rahmen einer zweigegenderten matrix. ist diese körperzweigenderung nicht vorhanden oder nicht eindeutig festmachbar, so finden diskurse und auch materielle reale körperliche zu_richtungen statt, um die entsprechenden körper in zweigenderung einlesbar zu machen.[106] körperfrauisierendengenderungen, die von *weißen* wahrgenommen und wie von mir hier analysiert werden, sind rassistisch, wenn sie Schwarze frauisierungen othern und meinen, über sie sprechen und sie kontrollieren zu können – und auf diese weise eine entnannte *weiße* machtposition re_produzieren:

> »*white* feminists have been particularly concerned with Black women's genitals and sexuality – such as genital mutilation and motherhood – on the one hand because their experiences of oppression as females focus on sexual violence, and on the other hand owing to *white* colonial fantasies about participating in the controlling of Black women's genitals, bodies and sexuality.« (kilomba 2008a: 59)

westlich-medizinische/pathozweigenderungen: ist das festmachen von zweigenderung an genetischen und hormonellen unterschieden oder an unterschieden im und am gehirn, das heißt an teilen von körperkonzepten, die nicht direkt im alltagsleben und nicht direkt visuell wahrnehmbar sind, sondern nur über als medizinisch

---

105 diese verschiedenen formen von genderungen liegen quer zu den hier dargestellten strategien von genderismus. sie sind konkrete diskursivierungen der realisierungsformen von genderismus, das heißt, sie sind vor allem konkrete argumentationsmuster für die verschiedenen realisierungsformen von genderismus. nicht alle diskursivierungen sind meines erachtens für alle realisierungsformen im gleichen umfang zutreffend.

106 vgl. auch: verein intersexueller menschen e. v. unter: http://www.intersexuelle-menschen.net (12.9.2012); TransInterQueer e. v. unter: http://www.transinterqueer.org (12.9.2012).

verifizierte tests nachgewiesen werden können. auf diese weise wird medizinischer wissenschaft auch jeweils eine gewisse gesellschaftliche machtstellung und autorität gegeben, die nur schwierig hinterfragbar ist. gleichzeitig wird diesen unterschieden dann die kausale verantwortung, beispielsweise für ein unterschiedliches sozialverhalten, gegeben (›es liegt an den hormonen, warum männer cholerischer sind, frauen emotionaler im zwischenmenschlichen‹; ›es liegt an gehirnunterschieden, warum frauen nicht so gut räumlich denken können‹ und ähnliches). westlich-medizinische/pathozweigenderungen sind lange zeit für eine etablierung und eine vernaturwissenschaftlichtung von *weißer* ableisierter zweigenderung auf kosten von Schwarzen und disableisierten personen benutzt worden. diese wurden für naturwissenschaftliche gewaltvolle zurichtungen und zu_ordnungen als nicht zur gruppe der menschen gehörend gesehen. spuren davon finden sich noch heute in den medizinhistorischen archiven deutschlands. rückgabeforderungen der überreste solchermaßen entmenschlichter rassistischer zurichtungen von körpern von Schwarzen werden weiterhin ignoriert, weggenannt und dadurch eine grundlegende rassistische form von naturwissenschaftsforschung in deutschland auch staatlich legitimiert re_produziert.[107]

<u>ausdruckszweigenderungen</u>: diese reichen von ableisiert *weißen* zweigegenderten vorstellungen von stimme über zweigegenderte kleidung, auftreten, gang, vorlieben und gewohnheiten bis zu dem einlesen und interpretieren von kommunikationsformen als in der wahrnehmung eindeutig ableisiert *weiß* zweigenderbar – sofern die jeweiligen personen ableisiert und *weiß* sind innerhalb eines statisierten deutschen hegemonialen kontexts. Schwarze personen werden in diesem kontext nach anderen kritierien wahrgenommen und nur sekundär gegendert über stimme und kleidung, auftreten und gang, sondern zunächst als Schwarz eingelesen. disableisierten personen wird genderung und damit auch zweigenderung häufig in der öffentlichen wahrnehmung komplett abgesprochen – disableisierte personen sind vor allem disableisiert, was sich auch über stimme, kleidung und auftreten in einer hegemonialen ableisierten wahrnehmung ausdrückt. es ist momentan ein beliebtes mediales thema, die besonderen interaktiven kompetenzen von ableisierten *weißen* frauen in der öffentlichkeit zu loben, die so wichtig für (implizit und selbstverständlich rein – ableisiert *weiß* – ›männliche‹) führungsetagen seinen.

---

[107] zu der diskussion um die rückgabe von den sterblichen überresten von menschen nach namibia aus der medizinhistorischen sammlung der charité unter anderem: http://afrotak.wordpress.com/2011/10/08/charite-namibia-berlin-bundesregierung-verweigert-entschuldigung-fur-volkermord-press-statement-afrikanische-diaspora-deutschland-global-african-congress-afrotak-tv-cybernomads-oury-jalloh-isd-human-r (19.9.2012); http://www.aerzteblatt.de/archiv/124896/%28Medizin%29Geschichte-Zeugen-zweier-Geschichten (19.9.2012); http://www.fr-online.de/politik/deutsche-kolonialverbrechen-bundestag-befasst-sich-mit-voelkermord-an-den-hereros,1472596,11740870.html (19.9.2012).

juristische zweigenderungen: in der aufrechterhaltung und verstetigung von zwei gendern in jeglicher form von gesetzen und rechtssprechungen und der unmöglichkeit, über diese norm hinauszugehen bzw. einen ansatz zuzulassen, der über zwei gender hinausgehen würde. das transsexuellengesetz in deutschland ist ein beispiel dafür, da hier ausgehend von zweigenderung als norm zweigenderung re_produziert und als vorgängig gesetzt wird.

gefühlszweigenderungen: Schwarze ableisierte ›frauen‹ werden in einem deutschstatisierten hegemonialen kontext häufig als gefühlvoll, emotionaler (als die entnannte *weiße* norm) und impulsiv, häufig auch als aggressiv wahrgenommen und dargestellt.[108] eine gefühlszweigenderung findet hier über eine interdependente rassistisch_zweigenderistische hegemoniale konzeptualisierung statt. bei disableisierten frauisierten werden gefühlsäußerungen hegemonial häufig als extrem, zu sehr (zu laut, zu heftig, zu extrem, unangemessen) wahrgenommen und hergestellt. gefühlsäußerungen disableisierter sind häufig hegemonial hergestellte indikatoren ihrer disableisierung – die sich genau darüber auch wieder herstellt und re_produziert. gefühlsäußerungen und -zu_schreibungen zu disableisierten sind insofern genderistisch, als ihnen genderungen eher abgesprochen werden[109] und sie nicht über interdependente genderungen wahrgenommen werden. *weiß* ableisierte gefühlszweigenderungen finden sowohl statt über die ableisierung und *weiß*sein universalisierenden zuschreibungen von zweigenderspezifischen gefühlen (wie beispielsweise aggression vs. trauer), dem implizit *weiß* und ableisiert (und dadurch rassistisch und ableistisch pauschalisierenden) zweigenderspezifischen einlesen von gefühlsausdrücken (bestimmte soziale verhaltensweisen werden unterschiedlich in bezug auf die zum ausdruck gebrachten gefühle interpretiert, je nachdem, ob sie einer ableisierten *weißen* ›frau‹ oder einem ableisierten *weißen* ›mann‹ zugeschrieben werden). darüber hinaus verstehe ich unter gefühlszweigenderung auch die sozial anerkannte authentifizierung, sich als *weiße* ableisierte person im deutschen kontext als prototypische ›frau‹ oder prototypischer ›mann‹ zu fühlen, was auch implizieren kann, sich im ›richtigen‹ oder ›falschen‹ körper zu fühlen.

symbolische und übertragene zweigenderungen: darunter fasse ich alle von konkreten personen und vorstellungen zu personen auf artefakte und tiere, werte und sonstigen vorstellungen übertragenen ideen, mit denen und in denen zweigenderungen re_produziert werden. auch dies ist immer interdependent mit rassismus und ableismus. so werden Schwarze personen in einer langen historischen kontinuität im deutschen kontext mit tieren zusammengedacht oder konzeptuell in die nähe von

[108] vgl. arndt/hornscheidt 2009; collins 2000; kilomba 2008a.

[109] wie ist dies bei Schwarzen disableisierten und gilt diese these vielleicht nur für *weiße* disableisierte?

tieren einge_ordnet[110] und auch disableisierte werden entsprechend wahrgenommen. welche auf tiervorstellungen übertragenen zweigenderungskonzepte im deutschen kontext tradiert sind, ist also von der interdependenz einer wahrnehmung von personen als Schwarz oder *weiß*, ableisiert oder disableisiert und innerhalb einer zweigegenderten matrix abhängig, wobei disableisierte häufig ent_gendert werden. die konzeptualisierungen über übertragene tiervorstellungen sind dabei konventionell für Schwarze und disableisierte frauisierte negativer als für *weiße* ableisierte typisierte personen. neben solchermaßen zweigendernden interdependenten übertragungen von vorstellungen auf die wahrnehmung von tieren findet sich auch eine übertragung auf die konzeptualisierung von einrichtungen von wohnungen als (entnannt *weiß*) ›weiblich‹ oder (entnannt *weiß*) ›männlich‹ oder rassistisch (entnannt Schwarz) ›exotisch[111] weiblich‹ – und jeweils ableisiert. auch hier zeigt sich wieder die immer vorhandene und aufgerufene interdependenz von rassismus und genderismus sowie ableismus. eine konzeptualisierung von disableisierter zweigenderung übertragen auf wohnungseinrichtungen scheint mir momentan unvorstellbar, ent_integibillisiert, was diese form von interdependenter diskriminierung als abjekt diskursivierbarer struktureller interdependenter diskriminierungen macht.

eine weitere ebene sind interdependent zweigegenderte berufsgruppenzuordnungen als übertragungen einer interdependenten zweigenderung jenseits von personen. eine der vielleicht prototypischen *weißen* typisierten ableisierten berufskonzeptualisierungen sind berufe im gehobenen medizinischen bereich wie ärz_tinnen, wodurch für *weiße* personen auch gleichzeitig eine bestimmte klassistische vorstellung als akademisiert und mittelschicht re_produziert wird. Schwarze ableisierte frauisierte werden in öffentlichen wahrnehmungen prototypisch auf schlecht bezahlte, prekäre berufe wie reinigungsjobs festgeschrieben. ein weiterhin in berlin beispielsweise extrem sichtbar kolonialismus re_produzierende Schwarz ableistisch typisierende berufskonzeptualisierung ist als gepäckträger und türsteher bei teuren hotels, insbesondere in berlin-mitte. auch die berufsspezifischen kleidungen, die Schwarze typisierte ableisierte personen häufig tragen müssen, sind in diesen kontexten direkte reminiszensen an koloniale *weiße* bilder einer ausstaffierung Schwarzer personen, um den eigenen status anzuzeigen – Schwarze personen sind hier objekte und besitztümer *weißer* personen. die prototypische vorstellung zu berufen disableisierter personen sind wiederum weitgehend entgendert und ent_rassifiziert in einer wahrnehmung über vor allem so genannte ›betreute arbeitsplätze‹, die, überspitzt formuliert, in medien vor allem in vorweihnachtlichen konsumkatalogen (also christlich pseudo-säkularisiert) visualisiert als honigkerzen

---

[110] vgl. hierzu kilomba 2008a.

[111] für eine kritik an der rassistischen konzeptualisierung in und durch den begriff ›exotisch‹ vgl. hayn, evelyn; hornscheidt, antje lann (2010): ›exotisch‹. in: nduka-agwu, adibeli; hornscheidt, antje lann (hrsg.): rassismus auf gut deutsch: ein kritisches nachschlagewerk zu rassistischen sprachhandlungen. frankfurt a. m.: brandes & apsel. s. 122-126.

herstellend auf diese form von tätigkeit reduziert werden – über die ableisierte *weiße* personen ihre ausgrenzungen disableisierter aus ihrem leben über konsumverhalten kurzfristig entwahrnehmen können. disableisierte personen als models in modekatalogen oder wohn- und einrichtungs-, lifestyle- und koch-, outdoor- und sportzeitschriften sind undenkbar.

so wie ›weiblichkeit‹ und ›männlichkeit‹ in ihren verschiedenen variationen mit rassismus und ableismus häufig über solche sekundären vorstellungen auf personen übertragen werden, so sind diese vorstellungen an sich auch jenseits der konkreten personenkonzeptualisierungen ganz grundlegend gendernd_rassifizierend_(dis)ableisierend.

was sind beispiele für zweigenderung?

zweigenderung ist eine wichtige grundlage des momentanen deutschen, vermutlich insgesamt westlich-kapitalistischen gesellschaftlichen selbstverständnisses. zweigenderung re_produziert sich sowohl auf den verschiedensten ebenen (sprachliche diskurse, bilder, materielle ressourcenverteilungen, einteilungen öffentlicher räume, körperlich internalisierte verhaltenscodes) als es auch je nach kontext und situation unterschiedlich argumentiert und legitimiert wird: hier insbesondere als natürlicher unterschied (zwischen ›frauen‹ und ›männern‹), als sozial erworbene kompetenz (unterschiedliche sozialisation von ›mädchen‹ und ›jungen‹), als körperlich sichtbare differenz zwischen ›den‹ geschlechtern, als konstruierte vorstellung. egal welche ebene herangezogen wird, auf allen wird zweigenderung doch immer auch wieder hergestellt und verfestigt. zweigenderung manifestiert und normalisiert sich beispielsweise in form von gesetzen, die auf ›frauen‹ und ›männer‹ als vorgängige, selbstverständliche kategorisierungen bezug nehmen oder diese sogar aktiv einfordern und herstellen, wie das personenstandsgesetz[112] oder das so genannte transsexuellengesetz[113]. zweigenderung realisiert sich darüber hinaus zum beispiel in form medizinischer klassifizierungen von krankheiten, insbesondere so genannter psychischer krankheiten, krankheitsfelder (wie urologie und gynäkologie), körpervorstellungen, die jeweils ›frauen‹ und ›männer‹ als eindeutige, vorgängige und selbsterklärende kategorisierungen aufrufen. darüber hinaus aber sind auch unzählige weitere gesellschaftliche diskursfelder zweigenderung herstellend, legitimierend, affirmierend, verfestigend, naturalisierend, re_produzierend. beispiele finden sich in medien, werbung, bildungseinrichtungen und -diskursen, der gestaltung öffentlicher räume (die häufig eingeteilt sind nach ›frauen‹ und ›männern‹ wie umkleiden, toiletten, duschen, krankenhauszimmer), künstlerischen darstellungsformen und -wahr_nehmungen, kleidungs- und frisurstilen, sportlichen

[112] vgl. zum personenstandsgesetz (pstg): http://www.gesetze-im-internet.de/pstg/BJNR012210007.html (4.9.2012).

[113] vgl. zum transsexuellengesetz (tsg): http://www.gesetze-im-internet.de/tsg/BJNR016540980.html (4.9.2012).

aktivitäten und ihren einlesungen und bewertungen, in spielen und weiteren aktivitäten wie kochen, auto fahren, maschinen bedienen, denken, fühlen; in zuschreibungen zu interaktionsformen, zu gefühlsdimensionen, zu erfahrungen und erleben und vielem mehr. auch hegemonial als kritisch zu genderungen eingelesene oder kategorisierte äußerungen sind dabei häufig zweigenderung re_produzierend – wenn beispielsweise gender studies zweigenderung nur marginalisiert problematisiert, sondern stattdessen von ›frauen‹ und ›männern‹ spricht, von ›mädchen‹ und ›jungen‹, von ›weiblichkeit‹ und ›männlichkeit‹ als ausgangspunkte kritischer analysen und nicht als zu kritisierende konzepte; wenn femin_istinnen für das ›recht‹ auf eigene weiblichkeitsvorstellungen kämpfen (was als feministische strategie gegen ›männliche‹ normierungen sinn macht, jedoch zweigenderungen nicht herausfordert oder infragestellt); wenn gender mainstreaming strategien als ultimative, feministische – bzw. in der hier vorgeschlagenen terminologie – antigenderistische forderungen verstanden und verhandelt werden.

was sind beispiele für zweigenderung auf der ebene sprachlicher benennung?

sprachlich wird zweigenderung sowohl direkt in sprachlichen appellationen auf personen hergestellt als auch indirekt in metaphern und anderen sprachlichen bildern und symbolen. anreden wie ›sehr geehrte frauen und männer‹ oder direkte titulierungen auf briefen als ›frau‹ oder ›mann‹, in ansprachen und in e-mails, beim buchen von flugtickets und auf deutschen ausweispapieren bestätigen alle eine norm von zweigenderung und stellen sie zugleich machtvoll immer wieder her. viele dieser sprachlich direkten und indirekten appellationen lassen den sprachhandelnden keine wahl jenseits von zweigenderung; sie sind häufig sogar rechtlich verpflichtend. hier also kommen in deutschland sprachliche normierungen von zweigenderungen mit rechtlich verpflichtenden regelungen zusammen – also auch in bezug auf staatsbürgerInnenschaft – und verstärken sich gegenseitig. zweigenderung wird so staatlich legitimiert und als ultimativer bezugsrahmen für rechtliche fragen, die individuen betreffen, festgelegt. recht wird als bezugsrahmen naturalisiert, in seiner neutralität unangreifbar gemacht und stellt auf diese weise und in dieser wahr_nehmung gleichzeitig zweigenderung als vorgegeben, der sprachlichen appellation vorgängig und für die gesellschaft konstitutiv her.[114] auch in bestimmten trans*-kontexten, in denen eine bestimmte gendernorm und -einlesung irritiert wird, wird häufig zweigenderung nicht prinzipiell infragegestellt, sondern dynamisiert, wird genderung als passing und möglicher wechsel zwischen unterschiedlichen formen wahrgenommen und die macht rechtlicher regelungen gezwungenermaßen anerkannt, indem beispielsweise ein wechsel von einem eindeutig frauisierbaren vornamen zu einem eindeutig typisierbaren[115] vornamen vor-

[114] vgl. auch: spade, dean (2011): normal life: administrative violence, critical trans politics and the limits of law. cambridge: south end press.

[115] danke, evelyn, für die form frauisierbar in diesem kontext.

genommen wird, auch mit entsprechenden wechseln pronominaler formen (›sie‹ zu ›er‹). auch wenn cisgenderung, wie weiter unten erläutert, hier infragegestellt wird, so doch nicht zweigenderung in allen fällen und in jeglichen realisierungen.

die einteilung von toiletten in öffentlichen gebäuden ist ein weiteres beispiel für eine durchgängige zweigenderung: toiletten sind jeweils danach getrennt, ob sie für ›frauen‹ oder für ›männer‹ sind, was entweder schriftsprachlich oder durch ikonisierte bilder, die häufig traditionelle kleidungsvorstellungen re_produzieren, deutlich gemacht wird. eine infragestellung dieser zweigegenderten norm für toiletten führt zu heftigen reaktionen von widerwillen bei personen, die in bezug auf zweigenderung privilegiert sind.[116] gibt es eine dritte toilette, so ist dies eine so genannte ›behindertentoilette‹. dies scheint dann auch im konventionalisierten öffentlichen raum eine der wenigen einlesungen und kategorialen herstellungen von menschen zu sein, in denen zweigenderung nur sekundär eine rolle spielt bzw. nur sekundär aufgerufen wird. disableisierung scheint in der öffentlichen wahrnehmung häufig so stark als zuordnung zu sein, dass genderung dahinter zurücktritt, wie auch noch bei einigen weiteren realisierungsformen von gender in diesem kapitel deutlich wird.

---

schreibübung

diese übung nimmt sowohl zwei- als auch cisgenderung auf und bietet einen guten einstieg in eine seminarsituation und eine auseinandersetzung mit der macht sprachlicher benennungen:
in jeglichen arbeitsgruppen und sonstigen sozialen zusammenkünften kann es sinnvoll sein, das treffen mit einer kommunikationsübung zu beginnen, die allen personen die möglichkeit eröffnet, deutlich zu machen, wie sie angesprochen werden wollen (direkte kommunikation) und wie sie wollen, wie über sie gesprochen wird (indirekte kommunikation mit formen der 3. person in der regel). so stelle ich zu beginn von seminaren jeweils die folgende frage:
bitte benennt, wie ihr in diesem seminar genannt werden wollt und wie ihr wollt, dass andere sich auf euch beziehen.
um ein beispiel vorzugeben, beginne ich diese übung in der regel selbst: ich möchte von euch im seminar lann genannt werden. wenn ihr euch im reden oder schreiben auf mich bezieht (also zum beispiel in äußerungen wie: »wie y vorhin sagte«) möchte ich, dass ihr keine pronomina der 3. person singular benutzt, das heißt keine ›sie's‹ und ›er's‹ benutzt, sondern wiederum meinen vornamen lann. wenn ihr mir eine e-mail schreibt, dann bitte auch ohne zweigenderung aufrufende anreden (das heißt keine ›liebe_r‹ oder ›sehr ge-

---

116 dies ist auch 2011 am zentrum für geschlechterstudien der humboldt-universität zu berlin geschehen, wo eine gruppe von studierx die toilettenschilder so verändert hatte, dass auch transpersonen einen ort bekommen konnten. die reaktionen waren aggressiv, heftig und basal abwehrend – von heteragegenderten frauisierten.

ehr_te lann‹), sondern entgendernde anreden wie |liebX, hallo, guten tag, dear|.[117]
nachdem die ganze gruppe nacheinander gesagt hat, wie alle angesprochen und referiert werden wollen, könnt ihr dies noch gemeinsam auswerten.
häufig kommt es vor, dass personen sagen, es sei ihnen egal, wie die anderen über sie reden würden (zum beispiel: »ihr könnt sie oder er sagen, ist mir egal«; »mir ist alles recht«; »für mich ist alles ok«). diese äußerungen deuten in meiner wahrnehmung nicht auf eine besonders fortgeschrittene reflexion zum thema zweigendernormativität hin, sondern zeigen, dass dies für die betreffenden personen bisher noch kein bewusstes – und damit auch kein schwieriges und schmerzhaftes – thema gewesen ist, was heißen könnte, dass sie eine relativ durchgängig und hohe identifikation mit einer rolle innerhalb von zweigenderung gehabt haben. dies kann im anschluss an die übung noch einmal angesprochen werden: dass dies nicht für alle personen der fall ist, dass diese äußerungen ausdruck von privilegien in bezug auf zwei- und cisgenderung sind. darüber hinaus ist es sinnvoll, alle noch einmal darauf hinzuweisen, die benennungswünsche anderer ernst zu nehmen.

---

b. androgenderung

in welchen konzepten, verhältnissen, handlungen zeigt sich androgenderung?
für welche fragen könnte androgenderung eine kritisch-reflektierende analyse sein?

- warum gibt es in westlicher schulmedizinischer und pharmazeutischer forschung die idee eines normmenschen, der durchgängig ›männlich‹, *weiß*, ableisiert und zwischen 25 und 40 ist? warum sind ›frauen‹ generell die abweichung von diesem forschungsmäßig so machtvollen normmodell, sodass (manchmal) ›extra‹ untersuchungen für – dann auch wieder vornehmlich *weiße* und ableisierte – ›frauen‹ gemacht werden? was ist mit den wirkungen von kopfschmerzmitteln auf verschieden disableisierte personen? welche untersuchungen und verlässlichkeiten gibt es dazu? welche berücksichtigungen der interdependenzen von ableisierung und genderung finden in schulmedizinischer und pharmazeutischer forschung als durchgängig und grundlegend statt – oder nicht statt?
- warum werden herzinfarktdiagnosen erst seit ungefähr zehn jahren, und das auch nur zögerlich, für symptome bei *weißen* ableisierten ›frauen‹ und ›männern‹ unterschieden und davor gab es ausschließlich diagnosen und symptome von herzinfarkt, die nahezu ausschließlich auf *weiße* ableisierte ›männer‹ zutreffen, aber als allgemeinmenschlich hergestellt worden sind? und warum

[117] in der folge wird grafisch zwischen ›re_produzierenden beispielen‹ (einfache anführungszeichen) und |intervenierenden beispielen| (vertikale balken) unterschieden.

wird in kritischen zusammenhängen in der regel nur auf ›frauen‹ und ›männer‹ bezug genommen, rassifizierungen und ableisierungen jedoch entnannt und ent_erwähnt?

- warum ist die fußballweltmeisterschaft selbstverständlich und für alle eindeutig die fußballweltmeisterschaft ableisierter ›männer‹ und die fußballweltmeisterschaft ableisierter ›frauen‹ heißt frauen-fußballweltmeisterschaft? wie heißt die disableisierte frauen-fußballweltmeisterschaft? gibt es sie? gibt es weitere ausdifferenzierungen unterschiedlicher formen von disableisierung in fußballweltmeisterschaften?
- wie viel verdienen ableisierte sportler, wie viel verdienen ableisierte sportlerinnen durchweg in allen sportarten und warum ist das lohngefälle so immens unterschiedlich? wie viel verdienen disableisierte sport_lerinnen? oder gibt es da nur eine ableisierte normen herstellende ›förderung‹?
- warum gehen so viele forderungen nach gleichstellung von einer ›männlichen‹ norm aus (beispielsweise: ›frauen sollen genauso viel lohn bekommen wie männer‹)? und warum werden diese diskussionen nicht jenseits von genderzugehörigkeiten aufgrund durch strukturelle bedingungen relevante kriterien, wie beispielweise zu_richtungen, einschränkungen durch und in schullaufbahn und ausbildung, geprägt und konstituiert durch ableismus_rassismus_genderismus geführt? gibt es ›frauen mit gleichem lohn‹ als vorstellung, modell und ideal jenseits einer ausdifferenzierung nach rassismus und ableismus überhaupt und wenn ja: wie rassistisch und ableistisch *weiß* ableisierend ist diese vorstellung? warum gibt es diese diskussionen nicht mit einem explizitmachen der für diese frage durchgängig relevanten interdependenzen von rassismus, ableismus und genderismus – und welche norm einer *weißen* ableisierten person wird auf diese weise immer wieder aufgerufen und bestätigt? welche norm einer vorgängigen kategorisierung ›frau‹ und einer entnannten, verselbstständigten kategorisierung ›mann‹ wird auf diese weise re_produziert? und was heißt dies für die wahrnehmung der rassistischen konstituierung von Schwarzen frauisierten, was für die ableistische konstituierung von disableisierten frauisierten, wenn *weiß*sein und ableisiert sein in dieser forderung ent_erwähnt und sie damit implizit ausgeschlossen und nochmals diskriminiert werden? und gibt es überhaupt eine wahrnehmung Schwarzer disableisierter frauisierter – als Schwarz disableisiert frauisiert?
- warum ist es klar, dass eine ableisierte ›frau‹ nur ›sportlerin des jahres‹ sein kann – es ist aber unklar, ob nur (entnannt und verselbstständigt ableisierte) ›männer‹ ›dirigent des jahres‹ sein können oder evtl. auch eine ›frau‹? oder ist es gar nicht unklar, da es sowieso fast nur *weiße* ableisierte ›männer‹ gibt, die dirigenten sind?[118]

---

[118] warum aber können gleichzeitig demente und häufig auch zu einem späteren zeitpunkt in

– warum ist das konzept homosexualität in der öffentlichkeit primär mit entnannt *weißem* ableisierten schwulsein verbunden und lesben bilden die ausnahme, müssen extra genannt werden (und werden dann *weiß* ableisiert implizit), wenn es um homosexualität geht? wo und wie kommen Schwarze disableisierte lesben vor?
– warum gibt es so einen langen und heftigen kampf darum, wer – in bezug auf ableisierte zweigenderung – in dem vom bund und land berlin finanzierten denkmal für die im nationalsozialismus verfolgten homosexuellen in berlin gewürdigt und wahrgenommen wird? warum werden nationalsozialistische kategorien, die entnannt ableisierte schwule ›männer‹ als explizite verfolgte gruppe herstellen, als primäre opfer nationalsozialistischer verfolgung von entnannt ableisierten homosexuellen wahrgenommen? welche nationalsozialistischen vorstellungen und kategorisierungen zu homosexualität, ihrer prototypisierung als schwulsein, ableisiert, *weiß*, welche vorstellungen und kategorisierungen zu sexualität werden auf diese weise tradiert und unhinterfragbar gemacht? welche formen von diskriminierung, verfolgung, ausgrenzung werden auf diese weise gleichzeitig ent_normalisiert, ent_wahrgenommen?

was ist androgenderung?

androgenderung meint die gleichsetzung von *weißer* ableisierter ›männlichkeit‹ mit menschlichkeit, die entgenderung von *weißer* ableisierter ›männlichkeit‹ und – davon abgeleitet und komplementär dazu – die genderung von ›weiblichkeit‹ oder die ›weibliche‹ exklusivgenderung. androgenderung setzt zweigenderung voraus und bestätigt diese immer auch wieder. unter androgenderung fasse ich also eine verallgemeinmenschlichende *weiße* ableisierende androzentrisierung. diese führt zu einer allgemeineren öffentlichen wahrnehmung von *weißen* ableisierten ›männlichen‹ positionierungen als allgemeinmenschlich und ›weiblichen‹, sofern sie ableisiert und *weiß* sein, als gegendert. weiter aufgeschlüsselt besteht die sexistische realisierungsform der androgenderung damit also aus einer *weiß* ableistisch typisierten entgenderung, einer entgenderung *weiß* ableisierter typisierter positionierungen also, sowie aus einer ausschließlich-genderung entnannt ableisierter frauisierter positionierungen bzw. einer entnannt ableisierten frauisierten exklusivgenderung. frauisierte, die in ihrer position als anderes zur ableisiert *weißen* androgegenderten norm prototypisiert *weiß* und ableisiert sind, sind häufig gleichgesetzt mit gender, als wären nur ›frauen‹, implizit *weiß* und ableisiert, gender, nur ableisierte *weiße* frauisierte gegendert. gender wird auf diese weise gleichzeitig machtvoll, unmerklich, implizit und entnannt entdependiert von ableismus und rassismus.

---

ihrem leben disableisierte *weiße* heterogegenderte typisierte päpste werden und bleiben und so viel globalisierte macht haben?

implizit ableisiert *weiße* ›männer‹ bzw. typisierte werden gleichzeitig nicht als gegendert wahrgenommen – sie werden entgendert. über die herstellung von frauisierten positionierungen als abweichend, gesondert, extra oder außergewöhnlich. so wird zugleich eine *weiße* ableisierte ›männliche‹ norm als entnannte und entgenderte norm des allgemeinmenschlichen re_produziert. die *weiße* ableisierte typisierte entgenderung und verallgemeinmenschlichung geht historisch häufig mit einer entmenschlichung von frauisierten, Schwarzen und disableisierten personen einher. sie alle werden als abweichungen des (allgemein)menschlichen gesehen – und dienen dabei häufig gegenseitig als metaphern des nicht-menschlichen. die wahrnehmung von frauisierten, Schwarzen und disableisierten als anderes ist dabei in der regel entdependierend. butler dazu:

> »when frantz fanon claimed that ›the Black is not a man‹, he conducted a critique of humanism that showed that the human in its contemporary articulation is so fully racialized that no Black man could qualify as human. in his usage, the formulation was also a critique of masculinity, implying that the Black man is effeminized. and the implication of that formulation would be that no one who is not a ›man‹ in the masculine sense is a human, suggesting that both masculinity and racial privilege shore up the notion of the human.«[119]

ich ergänze hier noch ableisierung als eine weitere dimension der prototypisierung einer herstellung des allgemeinmenschlichen im deutschen kontext. es wird deutlich, dass androgenderung immer auch ein ableisierendes und rassifizierendes konzept ist und dass also androgenderung als sexistische realisierung immer auch diese interdependenz mit analysieren und berücksichtigen muss. anders herum formuliert: es gibt keinen sexismus, der nicht zugleich rassistisch und ableistisch ist. in der idee eines sexismus, der nicht ableistisch und rassistisch sei, werden privilegierte normsetzungen naturalisiert und die interdependenz von diskriminierungsverhältnissen unwahrnehmbar gemacht.

androgenderung basiert auf zweigenderung, ist insofern eine realisierungsform von genderismus mit der zugleich auch bestimmte genderismen wieder aufgerufen und hergestellt werden. androgenderung ist als eine eigene realisierungsform hier differenziert, da sie in öffentlichen diskursen, auch in kritischen, häufig fokussiert ist und genderismus häufig auf sie eingegrenzt erscheint. die diskriminierung, die über androgenderung realisiert wird, bezeichne ich daher hier als sexismus, womit ich eine allgemeinere, öffentliche lesart von sexismus aufnehme. diese verstehe ich als keinen umfassenden genderismus, sondern als eine reduzierung von genderismus auf androgenderung.

als weitere analytische ausdifferenzierung von androgenderung schlage ich hier die ausdifferenzierung in *weiß* ableisierte <u>typisierte entgenderung</u> und implizit *wei-*

---

[119] butler, judith (2004): introduction: acting in concert. in: butler, judith (hrsg.): undoing gender. new york: routledge. s. 13.

ße und ableisierte frauisierte ausschließlich- oder exklusivgenderung vor. beide zusammen machen die sexistische realisierungsform androgenderung aus, sie sind komplementär, müssen aber nicht unbedingt immer gleichermaßen vorkommen oder auf ähnliche weisen realisiert werden; häufig jedoch finden sie sich in kombination. androgenderung manifestiert sich auch in der internalisierten weg_konzeptualisierung von genderistischer diskriminierung durch frauisierte. hooks sieht dies als ein kennzeichen kapitalistischer gesellschaften an, die sich so auch wieder normalisieren[120]:

> »under capitalism, patriarchy is structured so that sexism restricts women's behavior in some realms even as freedom from limitations is allowed in other sphere. the absence of extreme restrictions leads many women to ignore the areas in which they are exploited or discriminated against; it may even lead them to imagine that no women are oppressed.«

androgenderung realisiert sich auf verschiedene weisen:
körperandrogenderung: ist die *weiße* ableisierte ›männliche‹ normsetzung als allgemeinmenschliche norm, wie es sich in medizinischen und pharmazeutischen wahrnehmungen und diskursen in großer zahl findet. immer, wenn körperbezogene wahrnehmungen für frauisierte extra benannt werden, ableisiert frauisierte damit exklusivgegendert werden, findet körperandrogenderung statt. dies ist beispielsweise auch bei zeitschriften der fall, die bei körperlich-sportlichen betätigungen häufig extra titel für ableisiert frauisierte haben, aber keine extra benennungen ableisiert vornehmlich *weißer* typisierter (›active woman‹ als titel, aber keine zeitschrift ›active man‹ beispielsweise).

westlich-medizinische/pathoandrogenderung: ist die einlesung von ableisiert frauisierten über hormone und hormonschwankungen (wenn ableisiert frauisierte ihre mens haben; wenn sie in den wechseljahren sind) und die daraus abgeleiteten vorstellungen zu gefühlen und psychischer verfasstheit. dies sind beispiele von ableisiert frauisierter exklusivgenderung, die also nur für ableisiert frauisierte diskutiert und öffentlich hergestellt werden und die zudem auch immer im momentanen deutschen kontext rassifiziert werden. gefühlsäußerungen einer Schwarzen frauisierten person werden so anders eingelesen und interpretiert als die einer *weißen* frauisierten person (vgl. gefühlsandrogenderung weiter unten). auch die wahrnehmung und zuschreibung von ableisierung führt zu gänzlich unterschiedlichen gefühlseinlesungen. zudem finden frauisierte pathologisierende exklusivgenderungen statt, wenn beispielsweise hysterie als eine ›weibliche‹ krankheit[121] hergestellt wird, es aber keine vergleichbaren herstellungen typisierter gefühle als pathologisch gibt.

---

120 hooks 1995: 273.

121 vgl. dazu: braun, christina von (1985): nicht ich: logik, liebe, libido. frankfurt a. m.: neue kritik.

juristische androgenderung: ist die aufrechterhaltung der regel ›male as norm‹, die zugleich auch prototypisierend entnannt *weiß* und ableistisch ist, sowohl in schreibweisen (androgenderndes maskulinum) als auch in der verwendung von weiteren begrifflichkeiten, die eine typisierte allgemeinmenschliche norm herstellen (wie zum beispiel ›bauherr‹ oder ›der angeklagte‹, ›der mieter‹).

gefühlsandrogenderung: frauisierte gefühle ableisierter werden häufig extra benannt und als ›weibliche‹ gefühle und ›weiblicher‹ gefühlsausdruck hergestellt (entnannt ableisiert) sowie auch pathologisiert (›hysterisch‹) oder als sehr negativ belegt (›zickig‹), während dies bei typisierten in der regel nicht der fall ist (diese haben stattdessen ›durchsetzungsvermögen‹, sind ›führungsstark‹; frauisierte sind ›aggressiv und extrem‹). die interdependenzen von sexismus, rassismus und ableismus sind hier offenbar – so werden die gefühlsäußerungen disableisierter frauisierter in der öffentlichen wahrnehmung gänzlich anders eingelesen als von ableisierten, wenn erstere primär über disablisierungen wahrgenommen werden, ihnen entsprechende pathologisierte gefühlsäußerungen zugeschrieben werden und diese dann auch wahrgenommen und sich selbst so von ableisierten bestätigt werden. gefühlsäußerungen disableisierter sind in der ableistischen wahrnehmung häufig indizien für disableisierung und nicht gefühlsäußerungen von individuen zu einer situation oder einem anlass. das gleiche gilt für die öffentliche, vor allem *weiße* gefühlseinlesung Schwarzer, die von einer *weißen* entnannten öffentlichkeit häufig als ›emotionaler‹, ›hitziger‹ und dadurch ›weniger einschätzbar‹ eingelesen werden, womit kolonialistische *weiße* vorstellungen re_produziert werden.

symbolische und übertragene androgenderung: findet immer dann statt, wenn in allen allgemeinmenschlichen zusammenhängen primär *weiße* ableisierte typisierte als beispiel dienen: in broschüren zum richtigen verhalten im autoverkehr, in zeichnungen, die den umgang mit ämtern erklären sollen, in der einteilung von literaturabteilungen in buchläden in ›literatur‹ und ›frauenliteratur‹, dann vielleicht noch ›weltliteratur‹ (unter die dann häufig auch Schwarze deutsche aut_orinnen eingeordnet werden) und ›ratgeberliteratur‹, wo sich vereinzelt titel disableisierter finden, aber in der regel eher darstellungen über disableisierte.

alle thesen und darstellungen dazu, wie ›der mensch‹ sei, was er mache, wie er lebe, denke, empfinde, sind ableistisch *weiß* androgendernd im entnannt *weiß* ableisierten deutschen kontext.

was sind beispiele für androgenderung auf der ebene sprachlicher benennung?

ein zentrales sprachhandlungsmittel der typisierten entgenderung ist das typisierend entgendernde maskulinum im deutschen bei personalen appellationen. das typisierend entgendernde maskulinum ist zugleich auch interdependent *weiß* und ableisiert prototypisierend – nur die abweichungen dieser interdependenten norm werden explizit benannt. dies ist der fall, wenn die form ›student‹ oder ›studenten‹

als allgemeinmenschliche appellationsformen verstanden werden, mit der sowohl ›alle‹ frauisierte als auch typisierte gemeint seien. abweichungen von dieser norm werden extra benannt durch phrasen wie ›der Schwarze student‹[122], ›der behinderte student‹. diese androgenderung monolitisierende form ›der student‹ wird konventionell als generisches maskulinum bezeichnet. ich schlage hier stattdessen den stärker positionierten und analytischen begriff (interdependent) androgenderndes maskulinum vor. durch den begriff androgenderndes maskulinum wird die als androgenderung gefasste kritik an genderismus terminologisch explizit gemacht. der begriff generisches maskulinum wirkt hingegen auf die mit ihm vollzogene diskriminierung ent_erwähnend, wie ich im nachfolgenden teil dieses buches noch genauer erläutern werde. das androgendernde maskulinum umfasst in der traditionellen lesart alle personalen appellationsformen, die mit maskulinem genus[123] menschen jedweden genders und unabhängig von ihrer über rassismus und ableismus vorgenommenen zu_ordnung unter herstellung einer entnannten ableistischen und *weißen* norm meinen und auf diese weise sprachlich herstellen würden. diese formen ent_sprechen gleichzeitig den formen zur genderspezifizierenden appellation auf entnannt *weiß* ableisiert typisierte. eine form wie ›student‹ kann also in einem konventionalisierten hegemonialen deutschen momentanen öffentlichen verständnis, abgesichert durch darstellungen in einsprachigen wörterbüchern und grammatiken, sowohl eine entnannt *weiß* ableisiert typisierte person appellieren als auch eine entnannt *weiß* ableisierte person jedweder genderung. dies ist insbesondere in äußerungshandlungen der fall und auch explizit vertreten, die allgemeinere phänomene darstellen und sich nicht auf einzelne konkrete individuen beziehen, wie auf formulare von öffentlichen einrichtungen und institutionen. dies ist zum beispiel auch in folgender äußerung der fall: »ein student muss im ersten semester zehn studienpunkte erwerben.« diese äußerung soll häufig eine generelle aussage über die gruppe der stu_dentinnen treffen, die so als unabhängig von rassismus und ableismus und genderismus als konstituierend für gesellschaftliche verhältnisse und individuelle konstituierungen hergestellt und eingelesen werden. dazu wird im singular eine typisiert entgendernde oder androgendernde – bzw. traditionell –, eine generische maskuline form ohne weitere explizierungen ableistischer und rassistischer normsetzungen verwendet, die ohne explizite nennung in und durch die verwendung einer solchen form aufgerufen und re_produziert werden. im nachfolgenden kapitel gehe ich näher darauf ein, wie diese formen einfluss auf die konzeptualisierung von personen haben. diese frage hängt eng mit der überlegung zu-

[122] hier sind auch eine ganze reihe weiterer implizit und damit ent_erwähnter rassistischer und migratistischer benennungsweisen denkbar, wie beispielsweise ›der ausländisch aussehende student‹, ›der dunkelhäutige student‹.

[123] genus ist eine grammatische kategorisierung, die substantive und personalpronomina in eine von drei genusklassen einteilt: femininum, maskulinum und neutrum. die zuweisung von genus zu substantiven ist mit ausnahme personaler appellationen nicht umfassend durch regeln erlern- und ableitbar. ausführlicher dazu: hornscheidt 2006.

sammen, ob es momentan überhaupt eine wahrnehmung von personen jenseits von genderung, rassifizierung und ableisierung gibt, wozu es in der einschlägigen forschung keine anhaltspunkte gibt. dies also legt es nahe, dass androgendernde maskulina vorzugsweise ›männliche‹ *weiße* ableisierte konzeptualisierungen aufrufen, wenn keine indizien zu ableisierung und rassistischer konzeptualisierung explizit auf verschiedene arten deutlich gemacht werden. diese formen werden dann häufig wiederum im statisierten deutschen momentanen öffentlichen kontext als allgemeinmenschlich verstanden. die androgendernde genderistische herstellung von wahrnehmung über sprachliche benennungshandlungen ist also interdependent mit der kontinuierlichen re_produktion einer *weißen* und ableistischen normsetzung, sodass die prototypischen vorstellungen im deutschen hegemonialen statisierten kontext vor allem *weiß* und ableisiert sind. die sprachlich realisierten strategien einer interdependenten verallgemeinmenschlichenden norm realisieren sich also in ihrer interdependenz auf sprachlicher benennungsebene miteinander verbunden unterschiedlich: während es für eine herstellung von androgenderung eine sprachlich-formale normsetzung androgendernder maskulina gibt, ist die damit gleichzeitig aufgerufene prototypisierung von *weiß*sein und ableisiertsein gerade über die entnennung dieser interdependenten norm realisiert. sie wird sehr viel seltener sprachlich als personale appellation explizit gemacht. sowohl die explizite verwendung androgendernder maskulina als auch die entnennung von *weiß*sein und ableisierung werden hier als sprachlich diskriminierende strategien verstanden, wie ich im nachfolgenden kapitel noch einmal näher erläutere. in bezug auf ableisierung und rassifizierung wird vielmehr eine sprachliche explizitmachung der abweichung von einer norm vollzogen: behinderte personen und Schwarze personen werden explizit benannt, *weiße* und nicht-behinderte personen sind die verselbstständigte norm in einer personalen appellation wie ›student‹, sie sind entnannt. ihre entnennung naturalisiert sie machtvoll und macht sie noch viel schwieriger kritisierbar als das androgendernde maskulinum. indizien für eine durchgegehende ableisierung und *weiße* normsetzung in äußerungen finden sich daher häufig weniger direkt: wenn visuelle metaphern gewählt werden und damit sehen als norm hergestellt wird,[124] wenn umschreibungen wie ›kreidebleich‹, ›hautfarben‹ und ›du bist ja braun geworden in der sonne‹ eine *weiße* norm aufrufen.

sprachliche beispiele für androgenderung finden sich auch in feststehenden redewendungen, die typisiert entgendernd sind, also *weiße* ableisierte typisierte als allgemeinmenschlich herstellen, und solche, die *weiß* ableisiert frauisiert exklusivgendernd sind, die also *weiße* ableisierte frauisierte als gegendert her- und darstellen. eine redewendung wie ›jeder ist seines eigenen glückes schmied‹ wird nicht als eine aussage über typisierte verstanden, sondern als eine allgemeinmenschliche konzeptualisierung. in dieser, und das macht entgenderung der typisierten in dem

[124] dies hat jay keim in einem unveröffentlichten text, der im kontext von ›feminismus schreiben lernen‹ entstanden ist, genauer ausgeführt.

hier vorgeschlagenen modell aus, ist die prototypisch ›männliche‹ positionierung in der allgemeinen öffentlichen wahrnehmung verallgemeinmenschlicht und prototypisch *weiß* und ableisiert, sodass es in der öffentlichen konzeptualisierung zu einem zusammenfall einer typisierten *weißen* ableisierten und einer allgemeinmenschlichen vorstellung kommt, die eine gegenderte typisierte interdependente positionierung entwahrnehmbar macht.

ein weiteres sprachliches beispiel für typisierte entgenderungen und frauisiertgenderungen sind solche komposita, die eine frauisiert-exklusivgenderung bei einer gleichzeitigen typisiert-entgenderung herstellen. beispiele sind ausdrücke wie ›frauenliteratur‹ (es gibt nicht im gleichen umfang ›männerliteratur‹). ›frauenliteratur‹ bezeichnet in buchläden häufig alles, was von *weißen* ableisierten frauisierten geschrieben worden ist, wohingegen literatur, die von vornehmlich *weißen* ableisierten typisierten geschrieben worden ist, einfach nur literatur oder eben ›hohe‹ literatur, ›klassiker‹ (in seiner typisiert entgendernden form), ›kanon‹ ist. diese norm ist wiederum stark rassifiziert und ableisiert, da nicht-*weiße* literatur eher in regalen wie welt- oder migrationsliteratur zu finden ist und disableisierte in der regel gar nicht in der buchbranche außerhalb von erzählungen oder ›berichten‹ zu persönlichen schicksalsschlägen oder ähnlichem vorkommen.

auch sportteams und sportwettkämpfe sind in der regel im öffentlichen diskurs entsprechend ableisiert typisiert entgendert (›fußball‹; ›fußballweltmeisterschaft‹; ›erste liga‹) und stehen ableisiert frauisiert exklusiv-genderungen (›frauenfußball‹; ›fußballweltmeisterschaft der frauen‹; ›erste damenliga‹) gegenüber. eine explizite benennung von ableisierung findet so gut wie nie statt, nur disableisierung wird in seltenen fällen, wie bei den so genannten paralympics als kategorisierung berücksichtigt. das was in und durch die paralympics wiederum als norm von disableisierung für den bereich sport aufgerufen wird, ist ebensowenig expliziert und noch viel weniger die darüber hergestellte ausnahme einer wahrnehmung von disableisierung im wettkampfsport: disableisierung ist hier auf körperlich beeinträchtigende disableisierungen fokussiert, andere formen von disableisierung liegen außerhalb dieser kategorisierung.[125] die letzten beispiele zeigen zugleich auch, dass androgenderungen weit über personale appellationen hinausgehend den öffentlichen raum und damit auch allgemeine wahrnehmungen und konzeptualisierungen strukturieren.

sprachveränderungsstrategien, die mit formen wie ›studentinnen, dozentinnen, beamtinnen‹ eine genderung frauisierter fordern, ohne gleichzeitig die allgemein-

[125] dies zeigt sich beispielsweise in der dreiteilung: entnannt ableisierte olympiade, paralympics und special olympics. dies ist eines von vielen beispielen, an dem deutlich wird, dass eine ausdifferenzierung von ableismus in unterschiedliche realisierungsformen eine notwendige ergänzung der hier versuchten interdependenten ausdifferenzierung von genderismus wäre, um so zu einem differenzierteren bild der konstituierung interdependenter struktureller diskriminierung zu kommen und auf diese weise spezifische interventionsstrategien beginnen zu können.

menschlichkeit androgendernder formen wie ›studenten, dozenten, beamten‹ infragezustellen, wirken sexistisch. rassistisch und ableistisch, da sie wieder nur prototypisiert und entnannt *weiße* ableisierte ›frauen‹ als gender herstellen und protoypisiert entnannt *weiße* ableisierte ›männer‹ bzw. typisierte gender-neutralisieren. eine weigerung frauisierter, ›extra benannt‹ zu werden, macht also sinn, wenn es nicht gleichzeitig auch zu einer extra benennung typisierter kommt. eine benennung Schwarzer und disableisierter positionierungen macht nur politisch sinn, wenn es gleichzeitig auch zu einer ent_normalisierung *weißer* und ableisierter positionierungen über explizite benennungen kommt. ansonsten führen die extrabenennungen zu stigmatisierungen über entnannte prototypisierungen.

> nur wenn die norm aus der entnennung gehoben und ebenso benannt wird, kann es zu einer veränderung von prototypischen vorstellungen, wahrnehmungen und konzeptualisierungen kommen. nur wenn interdependenzen explizit und kontinuierlich benannt werden, können sie als kontinuierlich vorhandene, realisierte und re_produzierte interdependenzen wahrgenommen werden und sich öffentliche konzeptualisierungen auf diese weise ändern.

eine benennung von frauisierten in interdependenz mit ihren unterschiedlichen positionierungen durch rassismus und ableismus mit speziellen formen macht also politisch nur dann sinn, wenn auch typisierte mit speziellen formen in ihren unterschiedlichen positionierungen durch rassismus und ableismus benannt werden und nicht weiterhin die allgemeinmenschliche benennungsnorm über androgendernde, entnannte *weiße* ableisierte maskulina beibehalten bleibt. das heißt, in texten, in denen ›frauen‹ mit ›femininen‹ formen benannt werden, allgemeinmenschliche bezüge aber weiterhin mit ›maskulinen‹ formen stattfinden, sind sexistisch, da sie frauisierte exklusivgendern. sie sind rassistisch und ableistisch, wenn sie nicht zugleich die unterschiedlichen positionierungen von Schwarzen und *weißen* ableisierten und disableisierten frauisierten explizit machen.

›frauenförderpläne‹, die eine gleichstellung von ›frauen‹ fordern – in führungsetagen, in bezug auf löhne usw., ohne die norm zu benennen, mit der frauisierte gleichgestellt werden sollen und ohne weiter auszudifferenzieren, welche frauisierten damit überhaupt gemeint sind, sind sexistisch_rassistisch_ableistisch, da sie die ›männliche‹ *weiße* ableisierte norm ent_wahrnehmen und *weiße* ableisierte ›männer‹ zu einer allgemeinmenschlichen norm erheben.disableisierte ›frauen‹ würden in der regel gar nicht von diesen förderplänen erfasst, da sie stattdessen unter besondere, auch gesetzlich verankerte, so genannte behindertenförderung subsumiert würden – was gleichzeitig zeigt, dass die norm von so genannten frauenförderplänen ableistisch ist. Schwarze ›frauen‹ sind die ausnahme der prototypischen vorstellung, für wen frauenförderpläne gedacht sind, und die spezifischen notwendigkeiten einer interdependenten förderung, die die strukturellen diskriminierungen, die schon sehr früh in der sozialisation beginnen, mitberücksichtigen würde, fehlen gänzlich. stattdessen wird von einer ›neutralen‹

norm gleicher chancen bei gleichen qualifikationen ausgegangen, auch wenn die wege zu diesen qualifikationen häufig schon sehr stark durch unterschiedliche diskriminierungen geprägt sind. die idee, von gleichen qualifikationen für förderungen auszugehen, ignoriert damit die grundsätzlichkeit struktureller diskriminierungen, die sowohl individuelle als auch strukturelle auswirkungen hat. auch hier zeigt sich wieder die interdependenz von sexismus, rassismus und ableismus auf verschiedenen ebenen.

c. heteragenderung

in welchen konzepten, verhältnissen, handlungen zeigt sich heteragenderung? für welche fragen könnte heteragenderung eine kritisch-reflektierende analyse sein?

- warum gibt es eine staatlich getragene, finanziell und rechtlich in vielfacher hinsicht geförderte institution, die ›ehe‹ heißt und die der verbindung von jeweils einer ›frau‹ und einem ›mann‹ vorbehalten ist? warum muss eine neue institution mit eingeschränkten rechten für gleichgeschlechtliche personen geschaffen werden (lebenspartnerschaftsgesetz[126]) und welche begrenzungen eines zusammenlebens liegen quer über migratisierungen und staatsbürgerInnenschaft[127] zu sowohl der institution ehe als auch lebenspartnerInnenschaft? was hat der staat (und zusätzlich auch die verschiedenen institutionalisierten und wiederum staatlich anerkannten kirchen) überhaupt mit den privaten (liebes- oder lebens- oder sonstwas-) beziehungen von personen zu tun und warum beziehen sich personen für ihre liebes-, lebens- oder sonstwas-beziehungen auf staatliche und staatlich legitimierte und anerkannte kirchliche instanzen? welche gegenseitigen produktionen von wirkmächtigkeit finden hier statt, welche ausschlüsse und ent_wahrnehmbarkeiten werden darüber hergestellt? wie kann es sein, dass beziehungen so stark als individualisiert wahrgenommen werden und doch gleichzeitig offenbar staatliche und staatlich-religiöse wichtige funktionen erfüllen, dass es diese instanzen sind, die die paarnormierte exklusiv-verbindung von menschen auf gewünschte_idealisierte_fiktive_zuschreibende_zwanghafte dauer festlegen?
- warum werden die ›literarischen‹ heterosexuellen liebes- und sexdarstellungen typisierter *weißer* ableisierter autoren als ›hohe literatur‹ benannt, rezensiert und vermarktet und nicht konkret und spezifisch als ›männliche‹ heterosexuelle *weiße* ableisierte liebes- und sexualitätswahrnehmungen spe-

[126] ›lebenspartnerschaftsgesetz‹ ist eine androgendernde form. antiandrogendernde alternativen wären: |lebenspar_tnerinnenschaftsgesetz|; |lebenspartnxgesetz|; |lebenspart*gesetz|.

[127] ich verwende hier das binnen-I, da staatsbürgerInnenschaft ganz grundlegend zweigenderung momentan re_produziert und als konzept auch nichts anderes denkbar macht. vgl. tudor 2010.

zifiziert, so benannt und dann auch so partiell wahrgenommen (mischung aus der interdependenz von rassismus und ableismus mit heterogenderung und androgenderung)? warum sind diese darstellungen im deutschen raum vor allem auf *weiße* ableisierte personen bezogen und rufen diese als normvorstellung wieder auf, wohingegen liebesgeschichten zwischen *weißen* und Schwarzen personen als kulturbegegnungen klassifiziert werden, unabhängig davon, woher die dargestellten personen kommen und wo und wie sie leben und begegnungen zwischen disableisierten entweder verkindlicht eingelesen werden oder als betreuungs- und aufopferungsbeziehungen der ableisierten eingelesen werden?

– warum heißen heterosexuelle paarnormative liebesgeschichten – als filme, literatur, erzählungen im privatbereich – nur liebesgeschichten und nicht korrekter heterosexuelle liebesgeschichten (aus häufig typisierter *weißer* ableisierter sicht)?
– olympiade 2012 in london: warum gibt es kleidungsvorschriften für ableisierte beachvolleyballerinnen, die ihnen nur minimale körperbekleidungen erlauben, die keine funktion für ihre körperliche bewegung hat? warum gibt es keine vergleichbaren vorschriften für ableisierte beachvolleyballer? wer soll und will was sehen, wenn sie ›sport‹ sehen? (und warum gibt es eine einteilung in ›die‹ olympiade und die paralympics für disableisierte? und eine ent_wahrnehmung der special olympics?[128]) und für welche disableisierte? warum gibt es eine öffentliche wahrnehmung der paralympics, aber keine der special olympics? und wo genau ist die grenzziehung und was macht die öffentliche ent_wahrnehmung mit prototypisierungen nicht nur von ableisierung, sondern auch innerhalb des otherings von disableisierung? welche prototypisierungen finden also wo, in bezug worauf und für wen innerhalb interdependenter ent_normalisierungen statt?
– warum werden zwei sich an den händen haltende wahrnehmbar ableisierte personen in der öffentlichkeit von den meisten zunächst als heterosexuelles, entnannt ableisiertes paar (paarnormativität) eingelesen und erst, wenn das nicht gelingt, als schwules, entnannt ableisiertes paar (androgenderung), viel seltener als lesbisches, entnannt ableisiertes paar und sicherlich nicht als entnannt ableisiertes trans-paar (interdependenz von ableismus mit cisgenderung und kategorialgenderung)? warum werden eine visualisiert einlesbar ableisierte und eine disableisierte person, die hand in hand laufen, eher als betreuungs-, also als hierachisches, denn als liebesverhältnis eingelesen? warum wird ein paar, von dem die eine person den rollstuhl der anderen schiebt, nicht vor allem und zunächst als liebesverhältnis eingelesen?

[128] danke, evelyn, für den hinweis auf die special olympics.

was ist heteragenderung?

heteragenderung setzt die annahme von zweigenderung voraus. heteragenderung ist die entnannte normsetzung von frauisierter genderung als heterasexuell lebend und begehrend und ver_ortet. zu heteragenderung gehört die machtvolle annahme, dass sexualität im sinne von sexuellen praktiken mit einer oder mehreren anderen personen und die eigene identität oder identifizierung eng miteinander gekoppelt seien. heteragenderung ist zudem eine entnennung antigenderistischer ideen und kämpfe, indem heteragenderung ›lediglich‹ als ausübung einer bestimmten form von sexualität, gekoppelt an eine oder mehrere gegenderte andere person/en – oder ein auf diese person/en gerichtetes ›begehren‹ hergestellt wird. sexualität wird so auf eine vor allem körperliche praxis reduziert. begehren wird naturalisiert und als zustand oder empfinden unangreifbar gemacht. heteragenderung ist die grundlegende vorannahme, dass ableisiert frauisierte im oben ausgeführten sinne heteragegendert seien. entnannt ableisiert frauisierte werden so auf eine bestimmte norm festgeschrieben. damit findet eine reduzierung komplexer politiken als re_aktion auf sexismus/genderismus auf eine form von gelebten oder gedachten sexualitätspraktiken statt. nur durch diese reduzierung von heteragenderung auf begehren und gleichgeschlechtliche sexuelle praktiken ist es überhaupt möglich, homosexualität als konzept und identitätsform von frauisierung einerseits und typisierung andererseits zu entkoppeln und so also wirkmächtig in öffentlichen diskursen zu entgendern und zu verallgemeinmenschlichen. dies wiederum re_produziert wirkmächtig androgenderung. in dem hier vertretenen genderismus-konzept gehe ich hingegen davon aus, dass die heteragenderung und auch homogenderung frauisierter teil und effekt und re_aktion auf sexismus/genderismus sind und dass homosexuelle typisierte in bezug auf sexismus/genderismus privilegiert sind. auf diese weise erklärt sich auch die unterscheidung zwischen den begriffen heteragenderung und heterosexualität. letzteres betont eine bezugnahme und konstruktion von sexualität, während es in dem hier vorgeschlagenen modell zu genderismus um eine strukturelle diskriminierungsform geht. adrienne rich hat bereits 1980 in ihrem wichtigen essay zu diesem thema ausgeführt, dass heteragenderung vorgegeben, verpflichtend und normalisiert sei (›compulsory heterosexuality‹) und lesbischsein das verbotene andere dieser normalvorstellung.[129]

ich wiederhole hier noch einmal eine argumentation aus dem zweiten kapitel, um diesen punkt weiter zu verdeutlichen: suniti namjoshi überlegt auf die anfrage hin, einen text über lesbische literatur zu schreiben, ob sie nicht einfach einen früher von ihr geschriebenen text zu sexismus und rassismus einreichen könne, da, so ihr erster gedanke, sie dort ja bereits alles für sie relevante gesagt habe. beim wiederlesen dieses textes auf die neue fragestellung hin realisiert sie jedoch, dass sie sexismus ausschließlich als eine diskriminierung heteragegenderter frauisierter

[129] vgl. rich, adrienne (1980): compulsory heterosexuality and lesbian existence. in: university of chicago press (hrsg.): signs: journal of women in culture and society. vol. 5/4. chicago: university of chicago press. s. 631-663.

gefasst und auf diese weise sich selbst und lesben – in ihrer terminologie – generell ent_erwähnt hatte.

> »the relationship of a heterosexual woman to a heterosexual society is different from that of a lesbian to a heterosexual society. [...] the technical problem that the lesbian faces in dealing with heterosexist language is a far more radical one. [...] in other words, i had written an article about myself as a writer in which i had more or less assumed for the proposes of the article that the heterosexual woman was central and the lesbian peripheral. there's a frightening, though subtle, alienation from my own experience there. [...] feminists have got used to knowing that the equation of ›man‹ with ›human‹ excludes women. i don't think that we lesbians have fully realized that the equation of ›heterosexual woman‹ with ›woman‹ excludes lesbians.«[130]

ent_erwähnung von genderismus im konzept homosexualität

ein weiterer aspekt, der für die idee, dass heteragenderung ein wichtiger bestandteil von sexismus ist, ist die beobachtung, dass eine subsumierung von lesben und schwulen unter dem gemeinsamen label ›homosexualität‹ als opposition zu heterosexualität selbst wiederum sexistische effekte hat. denn in einem generalisierenden sprechen_schreiben über homosexualität wird die notwendigkeit zu einer antisexistischen analyse von heteragenderung als norm für frauisierte ent_erwähnt und zugunsten einer fokussierung auf homosexualität, vorgeblich ohne genderungen, fallengelassen. wie das folgende zitat von charlotte bunch zeigt, wird dies bereits in aktivistischen texten aus den 1970er jahren deutlich:

> »male society defines lesbianism as a sexual act, which reflects men's limited view of women: they think of us only in terms of sex. they also say lesbians are not real women, so a real woman is one who gets fucked by men. we say that a lesbian is a woman whose sense of self and energies, including sexual energies, center around women – she is woman-identified. woman-identified lesbianism is, then, more than a sexual preference; it is a political choice. it is political because relationships between men and women are essentially political: they involve power and dominance: since the lesbian actively rejects that relationship and chooses women, she defies the established political system.«[131]

eine gleichsetzung von ›weiblicher‹ und ›männlicher‹ homosexualität widerspricht damit nicht nur analytischen und politischen vorstellungen der interdependenz von diskriminierungsformen, mit der ich davon ausgehe, dass genderismus als grundlegende, die momentane deutsche gesellschaft strukturierende diskriminierungsform immer auch eine rolle spielt. dies widerspricht damit zusammenhängend auch den sozialen positionierungen und diskriminierungen von lesben, die nicht nur – wie

---

130 namjoshi 1991: 45f.

131 bunch, charlotte (2000 [1972]): lesbians in revolt. in: crow, barbara (hrsg.): radical feminism: a documentary reader. new york: new york university press. s. 332f.

in den obigen zitaten von suniti namjoshi und charlotte bunch – unterschiedlich zu denen von heteras in bezug auf genderismus sind, sondern auch unterschiedlich zu denen von schwulen (ebenfalls in bezug auf genderismus).

> »lesbian and womyn's space has always been difficult to get, harder to maintain, always subject to intense questioning. the ›humanist‹ trend of the '80s continues to enforce heterosexual values even in queer nation, where the unwritten rule is boys and girls have to play together as if we are all equals now, and the subordinate must not question the values of the dominant; must not, in fact, let on they realize that dominant groups still exist. […] it's incredibly frustrating to be back at square one; to have to say again: womyn have different experiences in life than men; lesbians have different experiences than gay men; we have different concerns and whole other languages that come from our differences, and we need our own spaces to (at least) consolidate our own political power and develop/explore our sense of identity.«[132]

heteragenderung macht als begriff zugleich eine abgrenzung von heterosexualität deutlich, indem eine heteronormative vorstellung hier als ein teil von genderismus verstanden wird und nur primär als eine form der herstellung und verhandlung von sexualität. auch der begriff sexismus ist in dieser hinsicht missverständlich, da er nahelegt, dass eine diskriminierung über gendernormen und -vorstellungen etwas mit sexualität zu tun haben müsste. wird sexismus als die strukturelle diskriminierungsform verstanden, über die gender hervorgebracht, hergestellt und immer wieder bestätigt und verhandelt wird, so wäre es folgerichtig, statt von sexismus von genderismus zu sprechen, was ich in diesem buch für die umfassende und komplexe form der strukturellen diskriminierung vorschlage.

paarnormativität als teil von heteragenderung

ein weiterer wichtiger aspekt, der stark prägend für heteragenderung ist und gleichzeitig auch darüber hinausgeht, ist paarnormativität. elana dykewomon schreibt dazu:

> »the ›established political system‹ which the lesbian ›defies‹ is the system of male supremacy, which depends on the normative or compulsory status of heterosexuality. it is within heterosexual relationships (prototypically, within marriage) that men's power over women has been most directly affirmed by the law as well as by custom and practice. […] even after legal reform, many old assumptions about men's rights in marriage have persisted (domestic violence is still prevalent, and it remains difficult to get legal redress in cases of marital rape). […] a woman who has primary sexual and emotional relationships with men has an interest in being the kind of woman men want to have those relationships with, and in male supremacist society, feminist argued, that essentially means a subordinate woman.«[133]

---

132 dykewomon 1991: 160f.

133 cameron, deborah; don kulick (2003): language and sexuality. cambridge: cambridge university press. s. 45f.

paarnormativität ist die annahme und idee, dass persönliche intime oder liebes- und/oder lebensbeziehungen in paarform organisiert und zugleich auch das ideal persönlicher, intimer, vertrauter und enger sozialer beziehungen sind, die zugleich entnannt ableisiert sind in der regel.[134] das paar ist dann zugleich auch grundlage oder basis für die idee der entnannt ableisierten familie, wie sie im nachfolgenden teil unter reprogenderung auf ihre genderistischen aspekte hin weitergehend erörtert wird. paarnormativität ist rassistisch strukturiert. so ist die hetera-nahbeziehung zwischen einer Schwarzen frau und einem Schwarzen mann in bezug auf strukturelle diskriminierungen anders positioniert als die zwischen zwei *weißen* personen, die in bezug auf rassismus privilegiert sind. eine paarnahbeziehung zwischen zwei Schwarzen personen ist immer auch ein ort einer solidarisierung gegen die gemeinsame konstituierung durch rassismus, wie lorde (1984) und collins (2000) aus Schwarzer perspektive deutlich machen.

> »Black women who define ourselves and our goals beyond the sphere of a sexual relationship can bring to any endeavor the realized focus of completed and therefore empowered individuals. Black women and Black men who recognize that the development of their particular strengths and interests does not diminish the other do not need to diffuse their energies fighting for control over each other. we can focus our attentions against the real economic, policial, and social forces at the heart of this society which are ripping us and our children and our worlds apart.« (lorde 1984: 46)

fragen, die paarnormativität aufzeigen, sind beispielsweise die folgenden:

- ausgehend von der annahme, dass abweichungen von der norm sprachlich benannt werden:[135] warum gibt es den ausdruck ›alleinerziehende_r‹, aber nicht |paarerziehende|, darüber hinaus aber auch nicht die ausdrücke |mehrfacherziehende|, |polyerziehende|? was genau war noch einmal der unterschied zwischen einer alleinerziehenden und einer heterapaarkonstellation mit kindern, in der die frauisierte auch quasi alleinerziehend ist? und warum wird dies nicht so benannt?[136]
- warum sind ›familientickets‹ bei öffentlichen verkehrsmitteln und angebote für ›familienurlaube‹ häufig auf zwei entnannt ableisierte erwachsene und mindestens ein kind ausgelegt?
- warum gibt es so viel ratgeb_erinnenliteratur dazu, wie ein_e eine (liebes)beziehung finden oder retten oder leben kann? warum spielen 90 prozent aller

[134] ausnahmen hiervon sind disableisierung von personen in paarbeziehungen, die nach dem beginn der institutionalisierung dieser beziehungen begonnen haben und häufig zu einer paarverpflichtung eines fortbestehens der beziehungen werden.

[135] vgl. kapitel ii für eine genauere herleitung dieser idee. vgl. kapitel iv für eine diskussion dazu, inwiefern normalisierende entnennungen sprachliche diskriminierungen sind.

[136] danke, evelyn, für das teilen dieser letzten sehr spannenden frage!

romane und spielfilme mit der frage, wie eine liebesbeziehung zu erreichen, retten, herzustellen, zu erleben ist und gehen nicht von einer selbstliebe und einem in sich ruhenden leben aus, aus dem und mit dem dann immer wieder andere begegnungen eingegangen werden können – oder von vielen gleichgestellten und unterschiedlichen beziehungen? warum muss es immer genau eine person sein, die alles sein muss, sich kümmert, sorgt, alles versteht, die größte nähe hat – und von der ein_e abhängig wird?

– warum bekommen statisierte witwen und witwer (zweigenderung) rente darüber, dass die andere, verstorbene person, mit der sie eine institutionalisierte beziehung hatten, gearbeitet hat, nicht aber fre_undinnen, pfle_gerinnen?
– wie wird genau zwischen liebesbeziehungen, affären, flirts, freu_ndinnenschaften, besten freu_ndinnen, communities, wahlfamilien unterschieden? und welche normen und normalitäten zur organisierung sozialen lebens werden so auf verschiedenen ebenen – rechtlich, psycho-sozial, persönlich – re_produziert, welche normen aufrechterhalten, welche grenzen gezogen, welche vorstellungen von besitz und objekthaftigkeit in und durch enge beziehungen hergestellt – und auf diese weise dann auch die grundlage für eifersüchte, leiden, abhängigkeiten, süchte in und durch beziehungen geschaffen?[137]

lesbisch leben und handeln ist eine form einer widerständigen politik gegen heteragenderung, wie beispielsweise cheryl clarke aus Schwarzer lesbischer perspektive betont und dabei sprachliche benennungen als wichtige handlungsform hervorhebt:

»the following analysis is offered as one small cut against that stone of silence and secrecy. it is not intended to be original or all-inclusive. i dedicate this work to all women hidden from history whose suffering and triumpf have made it possible for me to call my name out loud.
the woman who embraces lesbianism as an ideological, political, and philosophical means of liberation of all women from heterosexual tyranny must also identify with the world-wide struggle of all women to end male-supremacist tyranny at all levels. as far as i am concerned, any woman who calls herself a feminist must commit herself to the liberation of all women form coerced heterosexuality as it manifests itself in the family, the state, and on madison avenues. the lesbian-feminist struggles for the liberation of all people from patriarchal domination through heterosexism and for the transformation of all socio-political structures, systems, and relationships that have been degraded and corrupted under centuries of male domination.«[138]

[137] inspirationen zu diesen letztgenannten fragen habe ich auch genommen aus: spade, dean (2006): for lovers and fighters. http://www.makezine.enoughenough.org/newpoly2.html (13.9.2012) .

[138] clarke, cheryl (1981): lesbianism: an act of resistance. in: moraga, cherríe; anzaldúa,

heteragenderung realisiert sich auf verschiedene weisen:
körperheteragenderung: ist die herstellung von sexuellen praktiken zwischen entnannt prototypisierend als allgemeinmenschlich in statisierten diskursen hergestellten *weißen* ableisierten als körperbezogen und als solche als heteragegendert und die her- und darstellung anderer körperbezogener sexueller praktiken – sowohl in bezug auf heteragenderung als auch in bezug auf rassifizierungen und disableisierungen – als abweichend, unvorstellbar, eklig, verwerflich. körperheteragenderung ist darüber hinaus die annahme von bestimmten attraktivitäts- und begehrensvorstellungen aus einem *weißen* ableisierten typisierten entnannten blick. normen von heteragenderung sind unterschiedlich für Schwarze und *weiße* frauisierte, für ableisierte und disableisierte, in abhängigkeit von dem hegemonial manifestierten blick. *weiße* ableisierte frauisierte können in einem heteranormativen attraktivitätsmodell nicht zu stark, groß und sportlich aussehen – dies würde dem in und durch heteragenderung geschaffenen abhängigkeitsverhältnis zwischen ableisierten frauisierten und *weißen* ableisierten typisierten widersprechen. ganz anders demgegenüber die einlesung von Schwarzen ableisierten frauisierten aus einem entnannt heterosexuellen *weißen* typisierten blick: »in the *white* imaginary Black women are in some way fantasized as [negative konnotationen].« (kilomba 2008a: 71). jocelyn maria taylor formuliert zu diesem punkt aus einer Schwarzen lesbischen perspektive gerichtet an Schwarze lesben:

> »hair texture, facial features, and skin color still remain indicators of self-worth for Black women. i was learning that the power to resist and motivate politically can be connected to seeing yourself as beautiful and deserving of love. it took me a long time to get angry about the specific cruelty that women of color are subjected to, but once i figured out that it was my image that was oppressed, i set out to use my own body as a political tool to challenge and defy institutionalized self-hatred. i consider mere Black female form a source of power and a symbol of resistance. when i think about the worldwide prevalence of the fear of women and the fear of Blackness, and the subsequent frenzy to control these entities, i think about being in a Black female body and how powerful that is.«[139]

westlich-medizinische/pathoheteragenderung: hängt eng mit reprogenderung zusammen; ist die vorstellung, dass heteragenderung, reduziert auf fragen körperlich-sexuellen begehrens, ›natürlich‹ und notwendig für reproduktion sei, die auf diese weise gleichzeitig als zentrales moment intimer nahbeziehungen hergestellt wird. die naturalisierung von begehren – als eine machtvolle form der konstruktion von

gloria (hrsg.): this bridge called my back. writings by radical women of color. new york: kitchen table: women of color press. s. 129.

[139] taylor, jocelyn maria (1995): testimony of a naked women. in: mckinley, catherine e.; delaney, l. loyce (hrsg.): afrekete. an anthology of Black lesbian writing. new york: anchor books. s. 43.

gendernormen – ist auch teil einer westlich-medizinischen/pathoheteragenderung (›ich kann nichts dafür – ich begehre nun mal männer‹). begehren wird auf diese weise zu einer natürlichen, unverbrüchlichen, einfach gegebenen tatsache erklärt, die nicht kulturell konstruiert sei. durch die naturalisierung von begehren wird ihre machtvolle konstruktion nahezu unangreifbar und ein wichtiges ressort für genderistische heteranormativität.

juristische heteragenderung: ist die gesonderte und bevorzugte behandlung von heteragegenderten paarverhältnissen über institutionen wie ehe, mit auswirkungen auch auf steuer-, erbschafts- und adoptionsrecht. die gültigkeit dieser juristischen regelungen ist dabei stark durch aufenthaltsrechte begrenzt, sodass hier gleichzeitig auch eine statisierte norm von heteragenderung zum tragen kommt.

gefühlsheteragenderung: ist die emotionale konventionalisierte und von individuen so empfundene abhängigkeit zwischen ableisierten typisierten und frauisierten bzw. die idee, von *weißen* frauisierten von *weißen* typisierten emotional abhängig zu sein, ihr leben nicht ohne einen ›mann‹ an ihrer seite gestalten zu können, einen ›mann‹, der sie ›beschützt‹ (was eine paradoxe situation ist, da die meiste gewalt genau in diesen nahbeziehungen stattfindet und nicht von ›außen‹ kommt – aber häufig schon nicht einmal als solche wahrgenommen, benannt werden kann). gefühlsheteragenderung ist die gefühlsmäßige naturalisierung einer implizit ableisierten paar-hetera-beziehung und die idee, nur so leben zu wollen und zu können. dieses ideal durchzieht fast die gesamte öffentliche diskursivierung über werbung, romane, filme, medien aber auch wissenschaftliche untersuchungen.

ausdrucksheteragenderung: zeigt sich in den an entnannt *weiß* ableisiert typisiert, naturalisierten blicken ausgerichteten schönheits- und körperidealen für ableisiert frauisierte, welches sich noch einmal unterschiedlich für *weiße* und Schwarze frauisierte realisiert. es wird entsprechend durch requisiten wie kleidung, frisur, schminke etc., auch zurichtungen zu körpermaßen über sozialisation, diäten, fitness-normen usw. noch weiter unterstützt. kilomba macht deutlich, wie *weiße* personen in bezug auf Schwarze frauisierte übergriffig sind, wenn sie beispielsweise ihre haare berühren und unangemessene fragen zu ihren haaren stellen. »white people's concerns with the hygiene of the Black woman reveals on the one hand the *white* desire to control the Black body; on the other hand the *white* fear of being dirtied by that body.« (kilomba 2008a: 72)

symbolische und übertragene heteragenderung: findet sich in allen ansichten und aussagen, in denen frauisierte und typisierte als zwei sich ergänzende wesen oder prinzipien hergestellt werden. »heterosexuality (prototypically in the form of marriage) is the key social institution for which and through which gender complementarity is produced.« (cameron/kulick 2003: 50) entsprechend dieser these sind alle auch übertragenen vorstellungen einer zweigegenderten komplementarität heteragendernd. dies findet sich beispielsweise in einlesungen unterschiedlicher charakteristika, aber auch in übertragungen nicht-westlicher philosophischer modelle, wenn beispielsweise von einem ›weiblichen‹ und einem ›männlichen‹ prinzip gesprochen wird, die einander ergänzen würden.

was sind beispiele von heteragenderung auf der ebene sprachlicher benennung?

das wichtigste sprachliche beispiel ist die entnennung von heteragenderung als norm. abweichungen von der idee und dem konzept der ableisierten *weißen* heteragenderung werden benannt, in der regel auf die idee von ›homosexualität‹ reduziert, die damit androgendernd wirkt, nicht aber gleichzeitig heteragenderung als norm explizit gemacht.

heteragenderung wird darüber hinaus sprachlich in einer ganzen reihe weiterer entnennungen realisiert, wenn ›das liebespaar des jahrhunderts‹ oder ›die liebesgeschichte des jahrhunderts‹ automatisch konventionalisiert als ›frau-mann-paar und -geschichte‹ eingelesen werden (auch paarnormativität wird hier wieder re_produziert und wirkt umso stärker, umso impliziter sie verhandelt und aufgerufen wird). gleichzeitig wird heteragenderung hier stark mit paarnormativität verbunden, homosexualität wird historisch weniger als paarnormativ eingelesen, was sich aber gerade mit der hegemonialen einverleibung angepasster homosexueller paarverhältnisse über das ›lebenspartnerschaftsgesetz‹ ändert – und zu neuen ausschlüssen führt. heteragendernd ist auch, wenn alle beispiele in ratgeb_erinnenliteratur zu (liebes)beziehungen, aber auch beispiele zum zusammenleben von menschen, zu begehren und attraktivität alle jeweils von einer ›frau-mann-konstellation‹ ausgehen oder ›männliches‹ begehren etc. als norm setzen (androgenderung). nahezu die gesamte visuelle werbung ist ableisiert heteragendernd, wenn sie eine sexualisierte anziehung zwischen ableisierten ›frauen‹ und ›männern‹ implizit und explizit aufruft. sämtliche traditionelle ›frauenzeitschriften‹ wie ›brigitte‹, ›tina‹, ›petra‹, ›freundin‹ usw. sind ableisiert und protoypisierend *weiß* heteragendernd, wenn sie jeweils in den artikeln und bildern ›weibliche‹ wünsche und ideale als gesteuert von der idee, ›einen mann zu haben‹ oder zu halten oder für ›männer‹ insgesamt begehrenswert zu sein (sexualitätsnorm), herstellen. in keinem dieser fälle wird heteragenderung explizit benannt, sondern ist die verselbstständlichte, unausgesprochene norm, die sich auf diese weise umso stärker manifestiert und re_produziert – und sich gleichzeitig auch auf attraktivitätsnormen für frauisierte sowie auf eine bestimmte eingeschränkte sicht sexueller praktik fokussiert.

in allen diesen vorkommen geht es häufig um implizite oder explizite konzepte von liebe, die in den sprachlichen darstellungen darüber hinaus häufig mit sexualität und_oder sexuellem begehren gekoppelt werden. auf diese weise wird nicht nur heteranormativität re_produziert und normalisiert, sondern auch konzepte wie liebe und sexualität durchgehend normalisiert geheteragendert. sexualität wird äußerst stark, subtil und direkt heteranormativ in jeglicher ›beziehung‹ konzeptualisiert – sowohl in den vorstellungen und bildern, die dazu sprachlich hergestellt und aufgerufen werden, als auch in den konzeptualisierungen von nähe, körper, glück, normvorstellungen zu beziehungen, abgrenzungen zwischen freun_dinnenschaften und liebesbeziehungen, ideen zu so genannter monogamie und polyamourie usw. gleichzeitig wird auch ein bestimmtes eingeschränktes konzept von sexualität an ein bestimmtes konzept von liebe gekoppelt, welches auf dem ›brauchen‹ einer anderen person, einer gegenseitigkeit eines körpernahen kontakts und einer gedachten enthemmung von sozialer kontrolle basiert, die der motor und die begründung für intimität sei.

heteragenderung realisiert sich darüber hinaus auch in der entdifferenzierung lesbischer personen, personengruppen und lebensformen, wenn beispielsweise lesben in bestimmten kontexten kontinuierlich verwechselt und als eine einzige person eingelesen werden, wenn lesbische lebensformen als zweite alternative (da es keinen ›mann‹ gab) gelesen werden, als verbittert und kinderlos (reprogenderung), da lesbisch.

d. reprogenderung

in welchen konzepten, verhältnissen, handlungen zeigt sich reprogenderung?
für welche fragen könnte reprogenderung eine kritisch-reflektierende analyse sein?

- warum gibt es frauenförderprogramme, die sich vor allem um kinderbetreuung kümmern? warum ist kinderbetreuung überhaupt ein thema für ›frauenförderung‹ und nicht für |elternförderung| oder |erziehungsberechtigtenförderung|? warum sind ›familienfreundliche maßnahmen‹ teil von so genannten frauenförderprogrammen?[140] warum sind berufliche karrieren offenbar so normiert und normalisiert in einer öffentlichen vorstellung, dass personen mit kinderbetreuungsaufwand hier überhaupt hemmnisse haben? warum werden typisierte in vorstellungsgesprächen nicht gefragt, warum sie keine auszeiten in ihrer beruflichen karriere hatten, obwohl sie ein bis bis drei kinder haben? – und warum wird eine in dieser form glatte typisierte karriere als normalfall, als wünschenswert für eine stellenbesetzung und nicht als sozialer problemfall angenommen und hergestellt? was wird hier als sozial verantwortliches handeln wahrgenommen und für wen wird weshalb denn hier förderung notwendig, um welches ideal zu erfüllen? welche absurde verschiebung einer fokussierung eines problems findet auf diese weise statt und wie wird so genannte frauenförderung so zu einer genderistischen strategie, mit der sich der staat und institutionen aber gleichzeitig noch selbst positiv als ›frauenfördernd‹ herstellen?

[140] beispiele dazu finden sich unter anderem auf der webseite der zentralen frauenbeauftragten der hu berlin: http://gremien.hu-berlin.de/frb/erfolgreich (19.9.2012).

- warum sind die staatlich in deutschland und österreich installierten extramonate der elternzeit für die zweite erziehungsberechtigte person in den öffentlichen diskussionen als ›vätermonate‹ benannt? welche vorstellung davon, wer für die kinder zuständig ist, normalisiert sich hierüber im öffentlichen diskurs?
- warum gibt es ›mutter-kind-kuren‹, ›mutter-kind-gruppen‹, ›mutter-kind-pässe‹, aber nicht in gleichem umfang vater-kind-angebote und -institutionalisierungen?[141]
- warum gibt es eine emotionale idealisierung einer mutter-kind-relation in und durch den begriff ›mutterliebe‹, aber keinen vergleichbar idealisierten begriff von ›vaterliebe‹? welche rollen werden müttern dadurch gegeben, welches normative ideal wird so aufgerufen?
- warum ist in medien und literatur immer wieder zu lesen »sie schenkte ihm ein kind«, »sie gebar ihm ein kind«, wenn es darum geht, dass eine frauisierte ein kind bekommt und das kinderkriegen einer frauisierten so immer gleichzeitig wieder als bezogen auf einen ›mann‹ und gemacht für einen ›mann‹ hergestellt wird (reprogenderung zusammen mit heterogenderung)? warum heißt es über typisierte, ›er zeugte ein kind‹ – welche vorstellungen von urheb_erinnenschaft, akt_eurinnenschaft und verantwortung schreiben sich hier über zweigegenderte rollen und einer naturalisierung eines heteragegenderten körperkonstruierten reproduktionskontakts ein?
- was implizieren begriffe wie ›rabenmutter‹, ›stiefmutter‹, ›schwiegermutter‹ an gesellschaftlichen normen dazu, was eine ›richtige‹ mutter ist und wie sich dies äußert oder zeigt? und wie sind diese bilder mit unterschiedlichen konzepten von *weiß*sein und Schwarzen sozialen positionierungen implizit und explizit verbunden und wirken dadurch interdependent genderistisch und rassistisch? welche wahrnehmung haben disableisierte in bezug auf mutterschaft, dass sie häufig schon nicht einmal in die negativkategorisierung ›rabenmütter‹ kommen könnten? warum gibt es auch 2012 noch eine werbung des bundesministeriums für familie etc., die für tagesmütter wirbt – ein vollkommen unterbezahlter isolierter job – und nur im kleingeschriebenen subtext auch tagesväter erwähnt werden?
- warum werden Schwarze frauisierte im öffentlichen raum, die mit kindern unterwegs sind, die von *weißen* visuell als *weiß* eingelesen werden, von *weißen* häufig als betreuungspersonal der kinder, als au pairs eingelesen und sehr viel seltener nur als die mütter dieser kinder? warum passiert dies nicht mit *weißen* frauisierten, die mit kindern unterwegs sind, die Schwarz sind, in gleicher weise? welche personen müssen schlechtbezahlte betreuungsjobs

[141] dank an die seminargruppe sprache, geschlecht und ethnizität im sommersemester 2012 an der universität innsbruck für diese fragen.

für die kinder reicher *weißer* übernehmen und wie werden auf diese weise rassistischen hierarchisierungen re_produziert?

- welche rassistischen konzeptualisierungen werden kontinuierlich über die unterstellung einer bestimmten anzahl von kindern an Schwarze frauisierte hergestellt, welche migratistischen diskriminierungen durch die unterstellung einer bestimmten anzahl von kindern an migratisierte frauisierte – und inwiefern werden beide gruppen häufig pauschal gleichzeitig und damit auch unterschichtisiert? welche rassistischen normen von nationaler ›bevölkerung‹ werden durch auf deutschland bezogene, entglobalisierte diskurse zu ›bedrohlichen‹ geburtenrückgängen re_produziert – unter gleichzeitig restriktiven einwanderungsbestimmungen? inwiefern also ist reprogenderung in auf deutsche kontexte bezogene herstellungen in verschiedener weise immer auch rassistisch und migratistisch? für welche gelten beispielsweise mutter-kind-angebote im deutschen kontext oder elternzeitregelungen? inwiefern spielt die idee der ›familie über alles‹-rhetorik der deutschen bundes- und landesregierungen eine rolle – oder eben genau nicht, wenn es um migratisierte ohne aufenthaltsstatus und um ihre abschiebungen geht?
- welche ableistischen normierungen dazu, wer in deutschland mutter sein kann und darf, sind rechtlich geregelt und werden auch indirekt über umgangsformen in heimunterbringungen und dort geltenden regelungen für disableisierte re_produziert? inwiefern also ist reprogenderung in auf deutsche kontexte bezogene herstellungen in verschiedener weise immer auch ableistisch – in einer langen historischen kontinuität? wer darf und kann beispielsweise in ›mutter-kind-heime‹ fahren, für wen wird eine phrase wie ›sie gebar ihm ein kind‹ angewendet?
- welche rassistisch-ableistisch-genderistischen normen und normalisierungen gibt es dazu, wer für verhütung zuständig ist und wie diese aussieht, welche gesundheitlichen konsequenzen sie beispielsweise hat?
- welche rechte gibt es für wen zu abtreibung und mit wem sind die instanzen besetzt, die darüber bestimmen? inwiefern sind diese regelungen rassistisch_ableistisch und auch migratistisch?

was ist reprogenderung?

reprogenderung setzt zweigenderung voraus. reprogenderung ist sehr häufig, wenn auch abnehmend, gekoppelt mit implizit ableisierter heteragenderung, gerade in bezug auf fragen von reproduktionstechnologien und abtreibungsrechten. gerade die kopplung mit und reduzierung von reprogenderung auf heteragenderung ist häufig auch heterogenderistisch, wie bei pamela d. bridgewater zu lesen:

»lesbians who engage exclusively in nonreproductive lesbian sex, like wall women and girls, are vulnerable to rape, molestation, incest, and other forms of sexual violence that may result in conception. abortion is a lesbian issue because abortion is a woman issue.«[142]

reprogenderung ist darüber hinaus die wahr_nehmung von ableisierten frauisierten als vor allem prototypisch und normalerweise mütter und_oder töchter. häufig kommt es sprachlich zu einer ineinssetzung von müttern und ableisiert frauisierten. konzepte zu mütterlichkeit und mutterschaft sind zudem immer auch interdependent mit rassismus: Schwarze frauisierte werden auf der grundlage anderer faktoren und zugeschriebener merkmale als *weiße* in einem hegemonialen deutsch-statisierten kontext als ›mutter‹ eingelesen, und mutterschaft hat unterschiedliche rassistisch_genderistische konnotationen. das bedeutet, dass reprogenderung immer auch interdependent rassistisch_ableistisch ist. collins schreibt dazu: »portraying african-american women as stereotypical mammies, matriarchs, welfare recipients, and hot mommas helps justify u.s. Black women's oppression. challenging these controlling images has long been a core theme in Black feminist thought.«[143]

mutter zu sein scheint im aktuellen deutschsprachigen öffentlichen kontext als eine grundform von ableisiertem *weißen* frausein wahr_genommen zu werden. auf diese weise werden ableisierte *weiße* frauisierte auf reproduktion, auf die sorge für und um kinder, auf eine gesellschaftliche rolle als kümmernd_sorgend und verantwortlich für die ›familie‹ festgeschrieben und erfüllen so eine gleichzeitig darüber hergestellte und in vielfacher form staatlich gewollte reproduktionsfunktion. diese wird unter anderem durch so genannte frauenförderpläne und -maßnahmen, bei denen es häufig vor allem um kinderbetreuung geht, sichergestellt. damit findet eine normalisierung einer kümmernden zeitaufwändigen form von exklusiv-reprogenderung für ableisiert frauisierte statt. ableisierte frauisierte ohne kinder werden konventionalisiert als kinderlos bezeichnet, eine vergleichbare konventionalisierte benennung von ableisierten typisierten als kinderlos findet sich nicht oder nur deutlich seltener – und so genannte frauenförderung über kinderbetreuungsförderung betrifft diese auch nicht. kinderlosigkeit – oder das ›haben‹ von kindern – ist eine grundkategorisierung ableisiert frauisierter in öffentlichen diskursen, egal welche position sie einnehmen und in welchen kontexten und situationen sie sprachlich dargestellt werden. ableisierte frauisierte werden auf diese weise auf eine familiäre relation festgelegt, ihnen eine zentrale familiäre rolle an-normalisiert, zu der sie sich im laufe ihres lebens unterschiedlichsten instanzen gegenüber verhalten müssen.

---

142 bridgewater, pamela d. (2003): transforming silence. the personal, political, and pedagogical prism of abortion narrative. in: wing, adrien k. (hrsg.): critical race feminism. a reader. new york: new york university press. s. 154.

143 collins 2000: 76.

wie häufig habe ich die frage gehört, ob ich irgendwann kinder bekommen möchte – und wenn nein, warum nicht? kinderkriegen hingegen wird nicht in gleicher weise hinterfragt und kritisch daraufhin reflektiert, warum personen dies wollen oder haben, ob sie sich über die verantwortungen und projektionen von eigenen wünschen im klaren sind, ob sie bereit sind, den kontakt zu sich selbst und zu ihren nahbeziehungen über jahrzehnte einzuschränken usw. – alles unstellbare fragen.

eine kontinuierlich im öffentlichen diskurs vollzogene primärsetzung einer mutter-kind-relation führt zu einer sozialen und individualisiert internalisierten verantwortung von frauisierten zu kindern, für die sie in der regel die soziale verantwortung zusammen mit anderen personen teilen. eine primärsetzung der mutter-kind-relation innerhalb von heteranormativen paarverhältnissen führt damit gleichzeitig zu einer sekundärstellung väterlicher verantwortung und vater-kind-beziehungen, die sich beispielsweise auch über ausbleibende fragen in vorstellungsgesprächen für jobs für ›männer‹ niederschlägt, wie im nachfolgenden fiktiven dialog:

»wie, sie haben drei kinder – aber ich sehe eigentlich keine zeiten, in denen sie die sorge um diese kinder in ihrem lebenslauf fokussiert haben?«

»äh…«

»wie bitte wollen sie denn eine leitungsposition in unserem unternehmen einnehmen / wie bitte wollen sie denn mit personal als chef arbeiten können / wie bitte wollen sie sich denn in ein team einpassen, wenn sie dies schon nicht einmal in diesem so wichtigen persönlichen bereich auch nur ansatzweise geschafft haben?«

eine problematik der gesellschaftlich normierten zu_schreibung und herstellung von reprogenderung an ableisierte frauisierte liegt in der gleichzeitigen verknüpfung dieser herstellung mit der normalisierung, dass reprofrauisierte besonders gefördert werden müssten – um wieder einen berufseinstieg zu haben, um am öffentlichen leben teilzunehmen. staatlich verantwortungsvolle diskussionen dazu, welche effekte dies auf die rente beispielsweise von reprofrauisierten hat, finden überhaupt nicht statt. warum gibt es nicht gleichermaßen rentenabzüge bei vätern, die nicht mindestens gleichviel erziehungszeit wie reprofrauisierte nehmen?

solange die gesellschaftliche fokussierung auf einer förderung von frauisierten liegt, bleibt die grundproblematik, die privilegien typisierter, unangetastet. eine antigenderistische veränderung kann nur dann stattfinden, wenn privilegierungen reflektiert, herausgefordert und verantwortlich genutzt werden, nicht aber, wenn diskriminierte als gesamtgesellschaftlich zu förderndes problem hergestellt werden und privilegierte typisierte dadurch weder sich reflektieren noch verändern müssen.

zusätzlich müssen diskriminierte auch immer die arbeit machen, kontinuierlich auf ihre diskriminierungen über die privilegierungen hinzuweisen, um überhaupt in förderungen zu kommen.[144]

kinderlosigkeit als ›weibliches‹ stigma kann nur über andere sozial verantwortungsvolle aktivitäten ›kompensiert‹ werden (›kompensiert‹ ist hier die übernahme einer hegemonialen sichtweise), kann über ›überzogene‹ karrierevorstellungen (denen familienpläne ›geopfert‹ wurden und die bei reprofrauisierten überzogen, bei typisierten glatt und effektiv und leistungsorientiert sind) erklärt werden,[145] wird über fehlende soziale nahbezüge oder krankheiten und disableisierung wegerklärt – wobei im letzteren fall die frage der kinderlosigkeit schon gar nicht mehr gestellt wird. disableisierte frauisierte sind primär disableisiert. frauisierte kinderlosigkeit ist ein zu erklärender, gesellschaftlich auffälliger sonderfall, sofern die frauisierten *weiß* und gerne auch akademisiert sind. Schwarzen frauisierten wird viel eher biologistisch im *weißen* hegemonialen deutschen kontext eine ›neigung‹ zu kindern und familiärer fürsorge unterstellt – auf diese weise wird implizit häufig ein *weißes* entwicklungsmodell als fortschrittlich aufgerufen, Schwarze frauisierte hingegen sind noch nicht so weit ›entwickelt‹ und noch vollkommen in diesen so dann erst diskursiv hergstellten, die *weiße* position positiv normalisierenden, traditionellen rollenvorstellungen verfangen – dies ist eine rassistische wahrnehmung, mit der *weiße* privilegien frauisierter auf der folie eines rassistischen otherings Schwarzer frauisierter ent_merkt und normalisiert werden. wichtiger bestandteil von reprogenderung ist auch die idealisierung und naturalisierung von herkunftsfamilienverhältnissen, welches sich durch die in den nachfolgenden fragen zum ausdruck gebrachten aspekte realisiert:

- warum werden Schwarze frauisierte bei der immer wieder im deutschen kontext wiederholten rassistisch_migratistischen frage »wo kommst du her?«, beantworten sie diese beispielsweise mit »aus berlin«, auf ›abstammung‹ festgeschrieben, indem in einem zweiten schritt gefragt wird: »aber wo kommen denn deine eltern her?«[146]
- warum gibt es eine so starke soziale normierung, mit der eigenen herkunftsfamilie kontakt zu haben bzw. ein zwang vor sich selbst und vor anderen rechtfertigen zu müssen, wenn dies nicht der fall ist?
- warum sind normierte benennungspraktiken über nachnamen in deutschland und österreich, die jeweils einen herkunftsbezug re_produzieren und für die eigene identifizierung setzen, zentral?[147]

---

[144] danke, evelyn, für die diskussion zum letzten punkt.

[145] ich re_produziere hier eine reprogendernde genderistische rhetorik zur verdeutlichung meiner thesen.

[146] für eine sammlung unterschiedlicher argumentationsformen und widerständiger umgangsweisen mit dieser rassistisch_migratistischen frage, vgl. das nachfolgende kapitel.

[147] für die interdependent genderistische benennungskonstruktion über namen, vgl. hayn (im erscheinen).

– warum suchen personen häufig ähnlichkeiten in aussehen und eigenschaften, verhaltensweisen und einstellungen zwischen elternteilen und ihren kindern und wie werden auf diese weise biologistische vorstellungen von familie, die adoptierte und pflegekinder beispielsweise ausgrenzen, re_produziert? wie werden auf diese weise genereller noch biologistische vorstellungen re_produziert?

reprogenderung realisiert sich auf verschiedene weisen:
<u>körperreprogenderung:</u> ist die herstellung und aufrechterhaltung bestimmter normen zu schwangerschaft, ein bestimmtes bild von schwangeren ableisierten frauisierten und eine öffentliche verfügbarkeit von den bäuchen von ableisierten schwangeren, die auch von fremden menschen berührt werden können (Schwarze frauisierte werden von *weißen* menschen auch ohne schwangere bäuche vielfach übergriffig berührt). schwangerschaft ist die einzige weise, wie ableisierte *weiße* frauisierte einen bauch haben dürfen und können – abweichungen von heteragegenderten *weißen* ableisierten schlankheitsvorstellungen werden auch schnell mit der nachfrage »bist du schwanger?« als einzige legitime form zu einem bestimmten körperumfang wahrgenommen. Schwarze frauisierte werden im *weiß*-hegemonialen kontext auch ohne schwangerschaft mit anderen körpervorstellungen eingelesen und normalisiert, häufig über ein bild ›dick‹ zu sein. ein vergleichbarer umgang mit den ›schwangeren‹ bierbäuchen *weißer* ableisierter typisierter gibt es nicht – diese können diesen sogar entkleidet in strand- und sportsituationen vor sich hertragen, ohne dass dies zu sozialen stigmatisierungen führen würde, ohne dass jemand auf die idee käme, diesen zu berühren oder berühren zu wollen.

transpersonen, die schwanger sind, sind weiterhin eine sensation oder ein skandal in hegemonialer öffentlichkeit und brechen mit den vorstellungen biofrauisierter schwangerschaften und fordern diese massiv heraus.

<u>westlich-medizinische/pathoreprogenderung:</u> findet sich beispielsweise, wenn westliche schulmedizin bestimmte hormonelle vorstellungen als hinderlich für mögliche schwangerschaften herstellt und daher schon jugendliche zwingt, hormonbehandlungen zu machen – vor dem hintergrund einer weiblichkeits-reprogenderungsnorm, die diese noch gar nicht infragestellen können, zu der sie sich nicht verhalten können. westlich-medizinische/pathoheteragenderungen finden auch statt, wenn bei gynäkologischen eingriffen beteuert werden muss, dass eine noch kinder bekommen will, damit nicht gleich gebärmutter, eierstöcke usw. herausgenommen werden, auch wenn dies nicht im engeren sinn westlich-schulmedizinisch notwendig ist. ableisiert frauisierte werden hier implizit auf ihre gebärfähigkeit reduziert. verheiratete typisierte lehnen häufig ihre ableisierten ehefrauen ab, wenn diese eine entfernung der gebärmutter hatten, da sie jetzt keine ›richtigen frauen‹ mehr seien – auch hier werden heteragegenderte ableisierte frauisierte auf ihre reprogenderung reduziert und darüber genderistisch diskriminiert.

westlich-medizinische reprogenderung realisiert sich darüber hinaus auch in und mit dem umgang mit abtreibungen: wo werden sie angeboten? wer hat zugang dazu? wie wird mit personen, die abtreiben wollen, in medizinischen einrichtungen verfahren? diese ebene von reprogenderung und der hegemonialen kontrolle ist auch über juristische regelungen kontrolliert.

verhütungspolitik und verhütungsmedizin ist ein weiterer großer bestandteil von reprogenderung: wer ist verantwortlich und zuständig für verhütung? wer muss dafür bezahlen? wer hat zugang zu welchen informationen und verhütungsmöglichkeiten? alle diese aspekte von reprogenderung sind zudem auch durchgängig rassistisch konstituiert, wie auch in pamela d. bridgewaters zitat als teil ihrer antirassistischen handlungen deutlich wird:

> »i am an activist, lawyer, and law professor. among other things, i teach a seminar on reproduction and the law. in this seminar i help students understand that reproductive rights are an important part of the larger, more comprehensive pursuit of justice and freedom. in so doing, i connect reproduction to slavery, war, eugenics, civil rights, and sexual liberation movements.«[148]

juristische reprogenderung: ist die annahme und herstellung von speziellen rechtlichen regelungen, die mütter betreffen, wie mutterschutzzeiten, darüber hinaus aber auch die prototypische vorstellung von elternzeiten als mütterzeiten. reprogenderung zeigt sich in rechtssprechungen auch in den speziellen begründungen, die über mutterschaft gehen und bei denen gesellschaftliche normen verletzt werden, wie beispielsweise verwahrloste kinder, bei denen häufig vor allem die mutter im fokus der medialen und juristischen aufmerksamkeit steht, sehr viel weniger der vater.

juristische reprogenderung realisiert sich darüber hinaus in abtreibungsrechten: wer kann über abtreibungen bestimmen und welche hürden und möglichkeiten werden gesellschaftlich dafür geschaffen bzw. bereitsgestellt. wer führt abtreibungen durch und wer ist welchen medizinischen zugriffen von wem dadurch ausgesetzt? welche rechte auf abtreibung haben illegalisierte? juristisch reglementierte reprogenderung findet auch in der regulierung von verhütungsmöglichkeiten statt: wer ist dafür zuständig, wer hat dafür zu bezahlen, wer hat zugang zu neueren reproduktionstechnologien?

gefühlsreprogenderung: implizit ableisierte mutter zu sein, erlebt diskursiv eine ständige überhöhung, insbesondere in bezug auf die emotionen, die dem muttersein zugeschrieben werden. mutterliebe gilt als inbegriff superlativer empfindung, einzigartiger, wirklicher, selbstloser, höchster und tiefster liebe, was wiederum zu einer sozialen primärsetzung einer mutter-kind-beziehung führt, die zudem emotional oder gefühlsmäßig aufgeladen und gleichzeitig als emotionale beziehung

148 bridgewater 2003: 149.

normalisiert wird. es fehlt zudem eine begriffliche ausdifferenzierung zwischen verschiedenen formen von ›liebe‹, sodass eine vertikale emotionale beziehung, die auf einer einseitigen abhängigkeit beruht, nicht zum ideal von liebe als einer zwischenmenschlichen zuneigung insgesamt und allgemein werden müsste. [149] aber auch verschiedenste psychologische, populärpsychologische und psychoanalytische westliche ansätze setzen mutterliebe als die grundlegende und bestimmende form von ›liebe‹, nah- und zweierbeziehung, an der alle anderen liebes- und nahbeziehungsformen gemessen werden oder die von ihr abgeleitet werden.

ausdrucksreprogenderung: zeigen sich in zahllosen utensilien, wie aufklebern auf autos zu den mitfahrenden kindern, großraumkinderwagen, um winzige säuglinge mit einer großen ausstattung zu transportieren, in verkindlichter sprache von erwachsenen, die von sich selbst plötzlich als ›mutti‹ sprechen und nicht mehr in der ich-form, speziellen werbungen, die mütter mit kinder ansprechen sollen. eine infantilisierung von sprache läuft hier parallel auch mit sprechweisen ableisierter mit disableisierten.[150]

symbolische oder übertragene reprogenderung: findet sich immer dann, wenn sprachlich der begriff mutter für eine bestimmte handlungsweise und oder gefühlsdimension benutzt wird, und auf diese weise emotionale konventionalisierte vorstellungen zu mutterschaft auf andere bereiche übertragen werden.

was sind beispiele für reprogenderung auf der ebene sprachlicher benennungen?

reprogenderung wird beispielsweise über die begriffliche gleichsetzung von müttern mit ›frauen‹ sprachlich hergestellt, mit phrasen wie ›kinderlos‹, die keine pendants haben wie |feminismusgruppenlos|[151], |selbstraum- und zeitlos|. das heißt, reprogenderung zeigt sich sprachlich in der normalisierung einer vorstellung von ableisierten ›frauen‹, kinder zu haben, kinder zu wollen, das leben auf diese auszurichten. reprogenderung zeigt sich sprachlich darüber hinaus in der glorifizierung und idealisierung in und durch begriffe wie ›mutterliebe‹, die ein bestimmtes lebens- und fühlideal heraufbeschwören und gleichzeitig auch ein modell vorgeben, wie bestimmte (mütterliche) handlungen einzulesen sind.

der österreichische ›mutter-kind-pass‹ ist eigentlich ein pass zur eintragung schulmedizinischer untersuchungen zur kindgesundheit, müsste eigentlich also |kind-pass| heißen. hier wird auch sprachlich eine enge verbindung zwischen müttern und ihren kindern hergestellt. ›mutter-kind-turnkurse‹, ›mutter-kind-kuren‹, ›müttergenesungswerke‹, ›muttertag‹, begriffe wie ›bemuttern‹, ›rabenmutter‹,

---

[149] vgl. auch kapitel v, in dem ich ausführlicher zum konzept liebe schreibe.

[150] danke, evelyn, für diesen hinweis!

[151] die ag einleitung hat das beispiel ›kinderlos‹ auch zur charakterisierung von reprogenderung angeführt. vgl. ag einleitung 2011: 30.

›mutterherz‹, ›mutterseelenallein‹, ›vätermonate‹ – alle diese konzepte und begriffe sind reprogendernd und wirken genderistisch auf die konzeptualisierungen von ableisierten frauisierten. disableisierte frauisierte werden in der regel als disableisierte wahrgenommen und daher auch nicht als mütter – die vielleicht einzige kategoriale zuordnung, mit der gender als nachrangig gesetzt wird, wie sich auch in der einteilung von toiletten in öffentlichen gebäuden zeigt (vgl. weiter oben: zweigenderung).

butler spricht noch einen grundlegenderen aspekt der herstellung sprachlicher personaler appellationen über verwandtschaftsbeziehungen an:

> »one of the problems that emerged when the study of kinship was combined with the study of structural linguistics is that kinship positions were elevated to the status of fundamental linguistic structures. these are positions that make possible the entry into language, and which, therefore, maintain an essential status with respect to language. they are, in other words, positions without which no signification could proceed, or, in different language, no cultural intelligibility can be secured. what were the consequences of making certain conceptions of kinship timeless, and then elevating them to the status of the elementary structures of intelligibility?«[152]

e. cisgenderung

mögliche ausgangsfragen für eine beschäftigung mit cisgenderung bzw. eine realisierung dessen, wie und wo cisgenderung normierend und diskriminierend wirkt, können die folgenden sein:

- warum ist es so schwierig – sowohl auf rechtlicher und öffentlicher ebene als auch im deutschen kontext sozial häufig sehr stark sanktioniert und ignoriert, beispielsweise in den herkunftsfamilien –, den eigenen vornamen von einer konventionalisiert frauisierten zu einer konventionalisiert typisierten form zu wechseln?
- warum glauben personen, dass sie aufgrund von kindheitsfotos ableisierter aussagen über die genderzuordnung und -identität derselben personen im erwachsenenalter treffen können?
- warum ist in filmen oder in literatur, wenn ein kind ein konventionalisiert abweichendes genderverhalten hat, dies das hauptthema des films und nicht einfach eine von vielen möglichkeiten unterschiedlicher verhaltensweisen von kindern in filmen?
- warum werden personen gemäß bestimmter zweigendernormen sehr früh im leben bereits hormonell behandelt und ›richtig gestellt bzw. eingestellt‹ und welche möglichkeiten zu frühen transgenderungen werden so verhindert oder erschwert? wer hat überhaupt zugang zu institutionalisiert medizinischen hilfestellungen oder zu_richtungen, wer fällt aus solchen privilegier-

[152] butler, judith (2004): gender regulations. in: butler, judith (hrsg.): undoing gender. s. 45f.

ten zugängen zu institutionalisierter gesundheitssorge aufgrund fehlender aufenthaltsrechte, ›falscher‹ staatsbürgerInnenschaften heraus?
- in welchen gruppen können und dürfen transgegenderte personen bei internationalen sportwettkämpfen antreten? bei welchen können und dürfen sie gemäß welcher normen überhaupt nicht antreten?

was ist cisgenderung?

cisgenderung verstehe ich als die normsetzung und normherstellung einer eindeutigkeit von genderzuordnung bei personen von geburt an und ein beibehalten der zugewiesenen genderkategorisierung über das gesamte leben – sowohl in der selbstwahrnehmung als vor allem auch in der wahrnehmung von und durch andere. die selbstwahrnehmung ist immer auch durch die möglichkeit zu wahrnehmung geprägt und konstituiert, die gesellschaftlich geschaffen ist und die den rahmen für selbstwahrnehmungen herstellt. wird personen eine gendereindeutigkeit abgesprochen, erleben personen einen wechsel ihrer genderzugehörigkeit im laufe ihres lebens und/oder eine disidentifikation mit dem ihnen zugewiesenen gender zu ihrer geburt, bezeichnen sie sich häufig als trans, trans*, trans_, transsexuell, transgender, genderqueer, non-binary gender, neutrions.[153] trans ist in meiner konzeptualisierung in bezug auf eine öffentliche diskursive verwendung im momentanen deutschen kontext damit ein oberbegriff für alle personen, die durch cisgenderung diskriminiert sind und werden und dies unabhängig von ihrer eigenen konkreten benennungspraxis zu bestimmten zeitpunkten oder über zeit hinweg. die starke abhängigkeit einer selbstbenennung von trans über transgenderistische diskriminerung wird beispielsweise im nachfolgenden zitat von queen emily deutlich:

> »i experience transness only in the moment of transphobia – and in the psychic legacy of fear of that appearing again. and if we ask when we are ›trans‹ in this sense, we might also ask to whom. because i don't identify as a trans woman, and i don't ›identify‹ as a woman. i simply am a woman, but in this society because of my sex assignment at birth that means i am considerend trans whether i like it or not.«[154]

in diesem zitat wird deutlich, dass cis- und transgenderung privilegierende und diskriminierende konzepte sind, die nur durch eine entsprechende gesellschaftliche konstituierung überhaupt bestehen und zu zuschreibungen und -ordnungen von personen führen, die gewalttätig und diskriminierend sind. aus der diskriminierenden ent-cisgenderung, die auch über eine fremdbenennung trans, implizit oder explizit läuft, wird trans auch eine selbst empowernde benennung. gleichzeitig wird in diesem zitat die frage, ob es ›frauen‹ und ›männer‹ gibt, nicht herausgefor-

---

[153] dies sind nur einige mögliche benennungsweisen.

[154] queen emily (2011): when am i trans?. http://www.questioningtransphobia.com/?p=3865 (19.9.2012). danke, anne, für ausführliche vorrecherchen zu unterschiedlichen verwendungsweisen der begrifflichkeit cisgender.

dert, sodass die infragestellung von cisgendernormen nicht mit einer infragestellung von zweigendernormen einhergehen muss, auch wenn die frage, woraus sich zweigenderung genau speist, unterschiedlich sein kann, also eine flexible norm ist. auch ist es für antigenderistische politiken notwendig, genau zu reflektieren und zu diskutieren, wie die spezifischen konstituierungen von und durch genderistische diskriminierungen in der kindheit in einem solchen naturalisierenden konzept von ›frausein‹ platz und anerkennung für entsprechende politiken finden können – und wie also unterschiedliche transpositionierungen in bezug auf ein umfassendes konzept von genderismus ausdifferenziert wahrgenommen und in differenzierte politiken umgesetzt werden können.

neben cisgenderung ist der begriff cissexuell zu finden, [155] der sich ausgehend von einer differenzierung von gender und sex, von einer eindeutigkeit der eigenen sex-wahrnehmung über zeit hinweg ausgeht. »someone who lives and identifies as the sex thy were assigned at birth is called a ›cissexual‹«, so julia serano.[156] aus diesem begriff abgeleitet definiert serano cissexismus als »the belief that transsexuals' identified genders are inferior to, or less authentic than, those of cissexuals«.

> »cissexism can be defined as the system of oppression which considers cis people superior to trans people. cissexism is believing that it is ›natural‹ to be cis, that being trans is aberrant. cissexism is holding the genders of trans people to more intense scrutiny than the genders of cis people.«[157]

in dieser konzeptualisierung von cissexismus wird gender nicht infragegestellt. cisgenderismus ist damit für mich weitergehend die infragestellung der idee von gender in und mit trans.

cis ist das bemühen, eine entnannte norm einer bestimmten vorstellung zu einer gegenderten kontinuität zu benennen und sie auf diese weise aus ihrer unhinterfragten normsetzung zu nehmen, sodass sich cis und trans in den unterschiedlichsten variationen als konzepte gegenüberstehen können, ohne dass eines entnannt normalisiert und privilegiert wäre. cis ist ein aktivistisch geprägtes konzept und kein akademisches konzept, wie verschiedentlich betont wird. [158] es ist keine identität, sondern ein kritisch-politischer, analytischer begriff, der eine entnannte norm und eine privilegierung, die genderistisch ist, benennen soll.

---

[155] vgl. serano, julia (2007): whipping girl. a transsexual woman on sexism and the scapegoating of femininity. emeryville: seal press. vgl. auch die webseiten, in denen sie fragen zu diesem buch beantwortet und ihre verwendung des begriffs cissexual erläutert, dazu unter anderem: http://juliaserano.livejournal.com/14700.html (19.9.2012).

[156] serano, julia (2009): whipping girl faq on cissexual, cisgender, and cis privilege. http://juliaserano.livejournal.com/14700.html?nojs=1 (19.9.2012).

[157] asher (2010): not your mom's trans 101. http://tranarchism.com/2010/11/26/not-your-moms-trans-101 (20.9.2012).

[158] vgl. serano 2009.

während trans so viel wie seitenwechsel konventionalisiert bedeutet, ist cis ein ausdruck für ›auf der selben seite stehen‹ und wurde als solcher bisher in konventionalisierten kontexten vor allem in der chemie verwendet.

cisgenderung in der hier verstandenen form setzt also in westlichen gesellschaften momentan zweigenderung voraus – da es um die über zeit hinweg konstante wahrnehmung und selbstkategorisierung zu einer von zwei genderkategorien geht – und ruft somit auch zweigenderung auf. dies gilt jedoch nicht für alle trans-konzeptualisierungen, die damit also nicht alle in einer direkten opposition zu cisgenderung stehen. es gilt aber für einige trans-benennungspraktiken: viele konzeptualisierungen von trans re_produzieren zweigenderung, einige aber gehen auch darüber hinaus und kritisieren gerade zweigenderung in ihrer selbstkonzeptualisierung von trans.[159] ohne die idee unterschiedlicher genderungen, die sich in individualisiert konstruierten selbstwahrnehmungen manifestieren und realisieren, gäbe es auch keine notwendigkeit einer konzeptuellen differenzierung zwischen cis- und transgenderung.

> transgegendert sind damit alle die personen, die durch cisgenderungsnormen diskriminiert sind.

die konkreten umgangsweisen, die personen dann dazu für sich entwickeln, um mit dieser cisgenderistischen diskriminierung umzugehen, können sehr verschieden sein. sie reichen von passings, rechtlichen und westlich-medizinisch indizierten und vollzogenen veränderungen und transformationen von einer offiziellen oder öffentlichen zweigenderungen re_produzierenden genderidentität zu einer anderen, bis hin zu ausdrucks- und symbolischen veränderungen oder einer grundsätzlicheren infragestellung von kategorialgenderung. eine kritische reflexion von cisgenderung alleine ist kein indiz für trans, sondern könnte zu einer kritischen ver_ortung contra_cisgenderistisch führen oder zu einer selbstbenennung als trans-ally/trans-allies. eine diskriminierung in und durch cis-genderungen und ein kritisches reflektieren und kämpfen dagegen drückt sich in der kritischen ver_ortung anticisgenderistisch oder trans aus. ein wichtiger bestandteil der diskriminierung von trans über und durch cisgendernormierungen liegt in der wahrnehmung anderer, die hegemonial geprägt und normalisiert ist und auch effekte auf selbstwahrnehmungen hat.[160]

> »when i use the terms cis/trans, it is not to talk about *actual* differences between cis and trans bodies/identities/genders/people, but rather *perceived* differences. in other words, while i don't think that my gender is inherently different from that of a cis woman, i am aware that most people tend to *view* my gender differently (i.e.,

---

[159] dies ist beispielsweise auch in der form dyke_trans, die in ›feminismus schreiben lernen‹ (2011) entwickelt worden ist, der fall. vgl. auch kapitel vi in diesem buch.

[160] vgl. weller, tom (2012): recht absurd. videoloop mit digitalen bleistiftzeichnungen im split-screen, 16 minuten, englisch/deutsch, berlin. die videoinstallation ist teil der ausstellung ›trans*_homo – von lesbischen trans*schwulen und anderen normalitäten‹, 16.8. bis 19.11.2012 im schwulen museum berlin.

as less natural/valid/authentic) than cis women's genders. [...] but the vastly different ways in which we are perceived and treated by others (based on whether or not we are trans) and the way those differences impact our unique physical and social experiences with both femaleness and maleness, lead many transsexuals to see and understand gender very differently than our cissexual counterparts.« (serano 2009)

was genau die normen sind, an denen cis- und transgenderung festgemacht werden, kann dabei stark variieren – sowohl in abhängigkeit von zeitpunkt und gesellschaft, in der dies verhandelt wird, als auch in abhängigkeit von der eigenen sozialen positionierung und dem sozialen kontext, in dem diese frage gestellt wird. dementsprechend variieren nicht nur die konzepte von cisgenderung, sondern auch die konzepte von transgenderung je nach kontext, situation und äußernder person erheblich. und ebenso wie alle anderen formen von genderung ist auch cisgenderung mit rassismus und ableismus interdependent, sowohl in der öffentlichen wahrnehmung, in den individualisierten selbstherstellungen, als auch in den damit verbundenen konzepten und lebensrealitäten sowie in der manifestierung und konstituierung interdependenter stuktureller diskriminierungen. so wie eindeutigkeit innerhalb einer zweigendernorm – als cisgenderung – an körperlichen vorstellungen, habitus, genen, gehirngrößen, hormonen und vielem weiteren exklusiv oder in unterschiedlichen mischungen, immer ausgehend von einer ableisierten norm, festgemacht wird, so wird auch transgenderung entsprechend flexibel je nach rechtlicher, sozialer, aktivistischer und medizinisch-normierter situation sowie vor allem auch in abhängigkeit von der interdependenten positionierung in und durch rassismus_ableismus_genderismus unterschiedlich ausagiert, wahrgenommen, zugeschrieben und verhandelt. die idee einer diskriminierung über ein normatives regime von cisgenderung setzt in den hier aufgezeigten varianten zweigenderung voraus und re_produziert diese – ausgangspunkt aller cis-definitionen ist die zuweisung einer genderzugehörigkeit bei geburt. diese westlich-medizinisch und rechtlich verankerte instanz wird auf diese weise auch wieder hergestellt und aufgerufen (was wäre beispielsweise, diese so machtvolle zuordnung und zuschreibung stärker infragezustellen und nicht zu re_produzieren durch die idee eines wechsels und einer abkehr von dieser zuweisung später im leben, die diese erste anrufung doch auch so stark normalisiert und als unhinterfragbare voraussetzung aufruft, von der dann genau alles weitere abhängt? wie könnte es aussehen, diese erste anrufung nicht on beginn an anzunehmen? und wäre dies möglich und was würde dies dann für vorstellungen von cis- und transgenderung verändern, die nicht einen konstruierten ›ursprung‹ der zu_weisung und zu_richtung damit immer auch wieder re_produzieren? oder ist das sein immer und vor allem über soziale kontexte und verbindungen und wahrnehmungen hergestellt und geprägt, also nicht hintergehbar?). dies sind keine individuellen handlungsentscheidungen, sondern zeigen vielmehr auf, wie stark zweigenderung momentan in deutschland gesellschaftlich naturalisiert ist, dass auch genderinfragestellungen und damit verbundene individuelle genderwechsel ableisierter doch gleichzeitig immer noch in eine vorstellung von zweigenderung einlesbar sein müssen. ist diese frage der einlesbarkeit für alle sozialen positionierungen gleichermaßen im momentanen deutschen kontext gegeben? werden Schwarze personen nicht vor allem als Schwarze personen eingelesen und disableisierte als disableisierte? inwiefern ist eine öffentliche wahrnehmung hier wiederum entdependierend und exklusiv-diskriminierend in der zu_schreibung?

und ist diese frage für alle gleichermaßen stellbar? welche rolle spielen rechtliche reglementierungen von anwesenheit und aufenthaltsrecht für die frage der selbst- und fremdwahrnehmung als nicht cisgegendert? welche konsequenzen hat eine infragestellung von eigener cisgenderungszu_ordnung für personen ohne aufenthaltsrecht? welche möglichkeiten der partizipation am öffentlichen leben haben transgegenderte personen und welche nicht? welche effekte hat dies auf ihr verbleiben in den sozialen und rechtlichen normen einer gesellschaft? welche konsequenzen hat dies für personen, die sich in gefängnissen oder in krankenhäusern aufhalten, die restriktiv zweigegendert sind?[161]

es kann aber auch sein, dass personen, die durch cisgenderung diskriminiert sind, gleichzeitig zweigenderung kritisch reflektieren, für sich ablehnen und herausfordern. so gibt es trans-positionen, in denen zweigenderung nicht als bezugsrahmen und transpositon herausgefordert wird, in denen zweigenderung zusätzlich auch kritisch betrachtet und abgelehnt wird – sofern dies in einer gesellschaft, die ganz grundlegend auf zweigenderung aufbaut, überhaupt möglich ist.[162] innerhalb feministischer aktivistischer ableistischer und vornehmlich *weißer* statisierter kreise in berlin kreist die diskussion dabei momentan häufig um zwei fragen: zum einen was es genau heißt, einen flt[163]-raum zu haben oder zu fordern; zum zweiten um die frage, inwiefern eine verwendung von männlichkeitsattributen ein ›verrat‹ an feminismus sei (und die verbindung der beiden fragen: inwiefern ein flt-raum dann bedroht ist). die erste frage entsteht häufig an punkten, in denen es unklar ist, wie trans in dem konkreten kontext definiert ist und wer flt-räume in anspruch nehmen kann und welch_e sich in diesen räumen sicher und geschützt fühlen können – und welche positionen darüber bestimmen können. hier geht es häufig um die frage, wie sexismus – oder in der konzeptualisierung dieses buches genderismus – gefasst wird. wird genderismus auf androgenderung und heteragenderung bezogen und cis-, zwei- und kategorialgenderung nicht mitberücksichtigt, so wür-

[161] vgl. spade 2011.

[162] vgl. butler 2004: 17-39. butler macht hier deutlich, dass die möglichkeit zu einer sozialen anwesenheit nur über ›recognition‹, erkennen oder anerkennen einer anderen verläuft – und sich damit immer schon außerhalb des ichs befindet. für diese anerkennung oder erkennung müssen flexible soziale normen adaptiert oder anerkannt werden. zweigenderung ist eine solche zentrale soziale norm, deren anerkennung überhaupt erst ›recognition‹ erzeugen kann. zu diesem punkt schreibe ich mehr unter kategorialgenderung.

[163] flt ist eine gebräuchliche abkürzung für frauen_lesben_trans.

de dies zu einer abgrenzung von trans-positionen führen und in meiner perspektive genderismus auf diese weise re_produziert werden. auf der anderen seite verlangt eine berücksichtigung aller realisierungsformen von genderismus, wie sie hier diskutiert werden, aber auch eine reflektion eigener privilegien von personen, die lange als ›männlich‹ sozialisiert waren und vielleicht immer noch als ›männlich‹ auftreten und passen oder heute als ›männlich‹ in bestimmten kontexten passen. diese reflektion könnte dann meines erachtens auch dazu führen, die genderistische gewalt, die frauisierte zu einem bestimmten zeitpunkt im leben erleben und mit genau dieser ›männlichen‹ sozialisation verbinden, als anlass zu nehmen, bestimmte räume nicht für sich nutzen zu wollen, sondern die spezifischen schutzräume unterschiedlich genderistisch diskriminierter zu unterstützen und weiter auszudifferenzieren. und gleichzeitig bedeutet dies auch die spezifischen brüche in zweigegenderten passings von cisgegenderten genderistisch diskriminierten wahrzunehmen und auch da unterstützend für geschützte räume einzutreten. mir geht es hier nicht um genaue grenzziehungen, sondern um die kontinuierlich neu anzupassende anerkennung unterschiedlicher differenzierter struktureller diskriminierungen, die zu unterschiedlichen formen von community-building und ver_ortung führen können. was macht es überhaupt, transgenderung von rassismus und ableismus zu entdependieren? inwiefern sind räume für mich als transgegenderte umfassend antigenderistische person sicher, wenn nicht alle transgegenderten personen diese räume als sicher erleben – disableisierte und Schwarze trans aus den verschiedensten erwägungen und bereits auf dem weg liegenden diskriminierungen gar nicht dorthin kommen können oder wollen oder wenn die allianzen und politischen ver_ortungen nicht trans primär setzen, sondern antirassismus oder antiableismus zum beispiel. dies leitet zu der zweiten frage des möglichen ›verrats‹ feministischer positionen über: auch hier sehe ich die notwendigkeit, die individuellen handlungsentscheidungen von personen, die durch cisgenderung diskriminiert sind, zu respektieren und zu akzeptieren. diese akzeptanz muss in alle richtungen stattfinden, das heißt, dass transpersonen, die sich beispielsweise für die verwendung konventionalisiert ›männlicher‹ anredeformen (›er‹) entscheiden, auch akzeptieren müssen, dass dies für andere durch genderismus diskriminierte personen als eine nicht vollkommen gebrochene oder irritierte re_produktion von zweigenderung und ein zumindest teilweises aufrufen einer ›männlichen‹ position empfunden wird. wie ich schon mehrmals geschrieben habe, ist genderismus nicht dadurch beseitigt, die ›männliche‹ position aus dem fokus ihrer privilegierungen zu nehmen, sondern genau die differenzierte betrachtung typisierter privilegierungen und ihre veränderung können genderismus verändern. eine sensibilisierung für die ausdifferenzierungen von genderismus muss also meines erachtens von allen beteiligten geleistet werden – eine einseitige herstellung von diskriminierenden transphoben feminist_innen wird meines erachtens der massivität und komplexität von genderismus in der konstituierung von diskriminierten individuen nicht gerecht und versucht, einseitige opfer- oder betroffenenpositionen herzustellen statt wahrzunehmen, wie grundlegend genderistische diskriminierung ist, dass es bisher offenbar so wenig andere vorstellungs- und handlungsmöglichkeiten jenseits von zweigenderung gibt.[164]

inwiefern sind die normen, die zu einer zweigenderzuordnung bei der geburt herangezogen werden, rassistisch und ableistisch? und inwiefern ist eine transgenderung für disableisierte und Schwarze personen in einem hegemonial *weißen* kontext sehr viel schwieriger? gibt es unterschiedliche normen und normvorstellungen dazu, was cis und was trans in abhängigkeit von impliziten und vorausgesetzten rassifizierungen und ableisierungsnormen sind? unter anderem dean spade (2011), trystan cotten[165], jules tamàs fütty[166], jin haritaworn[167], viane k. namaste[168] betonen, dass trans-diskriminierungen immer auch in der interdependenz mit rassismus und ableismus betrachtet, analysiert und bekämpft werden müssen. dean spade macht deutlich, dass politische kämpfe immer von denjenigen positionen ausgehen sollten, die aus einem umfassenden interdependenten diskriminierungsansatz als am diskriminiertesten wahrgenommen werden können. für die frage nach flt-räumen könnte dies beispielsweise bedeuten, direkt mit danach zu fragen, ob disableisierte und durch rassismus oder migratismus diskriminierte flt's diese gemeinsamen räume überhaupt haben wollen und wozu, wo solidaritätslinien verlaufen und welche politischen kämpfe jeweils im fokus stehen – und welche anderen darüber vergessen oder aus *weiß* und ableisiert privilegierter positionierung als weniger wichtig erachtet werden.

eine momentan häufig vorgenommene einteilung von trans-vorstellungen differenziert zwischen den folgenden zu_ordnungen:

- trans als transsexuell: in dieser zu_ordnung und verwendungsweise wird auf medizinische und rechtliche diskurse und normen bezug genommen. in beiden wird von zweigenderung als unverbrüchlich und unhinterfragbar ausgegangen und die zu_ordnung von personen zu einer der beiden gender-

[164] diese these verwerfe ich gleichzeitig auch wieder in diesem buch, wenn ich in kapitel v sprachhandlungsformen aufzeige, die sowohl zweigenderung als auch umfassender kategorialgenderung herausfordern.

[165] cotton, trystan (hrsg.) (2012): transgender migrations. the bodies, borders, and politics of transition. new york: routledge.

[166] fütty, jules tamàs (2010): challenges posed by transgender – passing within ambiguities and interrelations. in: gjss (hrsg.): transgender. studies & theories: building up the field in a nordic context. volume 7, issue 2. s. 57-65. http://www.gjss.org/index.php?/Volume-7-Issue-2-December-2010-Transgender-Studies.html (21.9.2012).

[167] haritaworn, jin (2012): colorful bodies in the multikulti metropolis: trans vitality, victimology and the berlin hate crime debate, in: cotton, trystan (hrgs.): transgender migrations. the bodies, borders, and politics of transition. new york, london: routledge. s. 11-31.

[168] namaste, viviane k. (2000): invisible lives. the erasure of transsexual and transgendered persons. chicago, london: university of chicago press.

gruppen an verschiedenen merkmalen festgemacht, die als ›körperlich‹ umschrieben werden und die von genetischen differenzierungen über hormonelle differenzierungen bis hin zu visuell sichtbaren oder nicht direkt sichtbaren körperlichen merkmalen reichen können, denen eindeutige genderungen zugeschrieben werden – so wie diese eindeutigen genderungen über diese ›merkmale‹ aufgerufen und hergestellt werden. die normsetzung zu transsexuell wäre damit cissexuell, wie ich es weiter oben vorgestellt habe. in einer konstruktivistischen lesweise gehe ich nicht von diskursen vorgängigen körpern aus und damit also auch nicht von etwas wie ›körperlichen merkmalen‹ als eindeutig zu bestimmenden größen für genderzu_ordnungen. stattdessen verstehe ich körper und körperliche merkmale als machtvolle, von vor allem medizinischen diskursen getragene konstruktionen, nicht als ›natur‹ oder ›natürlich‹ also, sondern als konstruktionen von natürlichkeit, als naturalisiert oder biologisiert, wenn ich es konstruktivistisch ausdrücke. medizinische und rechtliche diskurse um transsexualität re_produzieren die vorstellung von zweigenderung als etwas klar und vorgängig gegebenes, als natürlich, als an bestimmten körpermerkmalen festmachbar. [169] eine norm von zweigenderung wird in diesen diskursen um transsexualität immer wieder aufgerufen und gezwungenermaßen verfestigt. personen, die sich auf diese ebene einer auseinandersetzung mit gendernormen begeben, erfahren die hohe und unhintergehbare autorität von rechts- und medizinischen normen. es gibt die stark reglementierte und kontrollierte zwangswahl zwischen zwei gendern. ist diese frage kein thema für mich und ist es sie auch nie gewesen, so habe ich wohl cisgender-privilegien, dies heißt, ich agiere und handle gemäß der genderzu_schreibung, die ich bei/nach der geburt erfahren habe. auch wenn die konkrete füllung meiner genderperformance häufig schwierig sein kann, gerade in zeiten von umbrüchen, so steht sie doch als solche außer frage. personen, die diese über zeit bestehende eindeutigkeit und verlässlichkeit einer selbst- und fremdzu_ordnung zu einer von zwei gendergruppen nicht erfahren haben, können beispielsweise den weg eines staatlich (medizinisch wie rechtlich) kontrollierten genderwechsels versuchen und würden gemäß den hier gemacht ausführungen potentiell öffentlich als transsexuell eingelesen werden – zumindest in der phase eines übergangs. für viele personen ist das ziel eines solchen öffentlichen und rechtlich reglementierten genderwechsels die eindeutige und unverbrüchliche einlesung in die neue und andere binäre genderrolle, die gerade in der öffentlichkeit nicht gebrochen und herausgefordert sein soll. insofern verstehe ich transsexuell in vielen momenten auch als begrifflichkeit für einen übergang und nicht als eigene kategorisierung,

[169] vgl. runte, annette (1996): biographische operationen. diskurse der transsexualität. münchen: wilhelm fink verlag; lindemann, gesa (1993): das paradoxe geschlecht. transsexualität im spannungsfeld von körper, leib und gefühl. frankfurt a. m.: fischer.

wenn er nicht selbst von den sich so appellierenden gewollt ist. transsexuell ist für mich damit vor allem eine rechtlich-medizinische stigmatisierung, die eine idee einer ungebrochenen, über zeit konstanten genderung, einer cisgenderung also, innerhalb einer zweigenderungsnorm aufruft und reifiziert.

- transgender: dieser begriff wird in weiterführung und auch abgrenzung zu transsexualität häufig für personen verwendet, die sich sozial (also in abgrenzung zu einer oben aufgemachten biologistischen vorstellung) nicht eindeutig einer gendergruppe zugehörig fühlen bzw. für sich selbst ambivalente und uneindeutige performances von gender postulieren. sich selbst so verstehende transgender können auch schrittweise die staatlichen normierungsinstrumente nutzen oder dies auch weitgehend umgehen oder sein lassen. diese entscheidung kann von vielen faktoren abhängen und sich auch immer wieder ändern. diese faktoren selbst sind auch von gesellschaftlichen deutungssystemen und möglichkeiten abhängig und damit weit jenseits individueller autonomer präferenzen. transgender würde also eine kritik und infragestellung eindeutiger gendernormen und -performances beinhalten, ohne unbedingt zweigenderung per se damit infragezustellen. transgender legen ihre handlungen in der regel nicht darauf an, einen öffentlich eindeutigen, ungebrochenen genderrollenwechsel von einer gruppe zu einer anderen zu vollziehen. es kann aber sein, dass sie es für sinnvoll erachten, die rechtlichen normierungen für einen personenstandswechsel von einer gendergruppe in eine andere zu nutzen, ohne damit jegliche medizinische konsequenzen, die im transsexuellengesetz festgeschrieben sind und in der normvorstellung dazugehören würden, auch zu realisieren. bestimmte medizinisch-rechtlich festgelegte gendernormierungen befinden sich zudem in einem prozess der veränderung, wie ich im nachfolgenden teil am beispiel aktueller schwedischer diskussionen zum transsexuellengesetz diskutiere. transgender also nutzen oder teilnutzen die autorisierenden zu_schreibungen durch medizinische und rechtliche diskurse, ohne damit den wunsch nach einer eindeutigen und unverbrüchlichen veränderung der genderzu_ordnung innerhalb einer zweigender-ordnung zu verbinden. transgender ist ein flexibles und offenes modell, was zwischen passings und brüchen in performances und einlesungen oszillieren kann und mit diesen ebenen strategisch in bezug auf konkrete soziale situationen umgehen kann. »being trans is not always about falling ›in between‹ binary genders, and as often as not, it's about being something too expansive for those ideas to have meaning at all.« (asher 2010)
- trans* oder trans- wird häufig konventionalisiert für alle personen verwendet, die sich einer der beiden oberen gruppe zu_ordnen lassen/sich selbst einer der beiden oberen gruppen zu_ordnen würden und_oder sich nicht eindeutig einer dieser beiden gruppen zu_ordnen würden, jedoch auch cisgendernormen infragestellen, durch cisgendernormen diskriminiert sind und cisgen-

dernormen nicht nachvollziehen. trans* wäre damit ein sammelbegriff für verschiedene trans-realisierungen, was politisch sinnvoll sein, gleichzeitig aber auch bestimmte problematiken aufrufen kann, wenn es auf diese weise zu ent_erwähnungen spezifischer diskriminierungsverhältnisse kommt oder zu subsumierungen von unterschiedlichen sozialen positionierungen, deren differenzen auf diese weise ent_wahrnehmbar gemacht werden. aus diesem grund haben alyosxa und ich in ag einleitung den begriff dyke_trans zusammen mit jay entwickelt und als kritische ver_ortung stark gemacht.[170] dyke_trans spezifiziert die ausdifferenzierung von sexismus in unterschiedliche realisierungsformen, wie sie hier vorgestellt worden sind und umfasst eine infragestellung von zweigenderung. dyke_trans ist eine kritische feministische ver_ortung, die sich nicht auf zweigenderungsnormen bezieht und diese nicht zu re_produzieren versucht. das verständnis von _trans in dyke_trans geht damit über die bis hierhin diskutierten ansätze hinaus und ist damit auch mehr als eine kritik an cisgenderung, da auch in cisgenderung zweigenderung nicht infragegestellt wird, sondern nochmal re_produziert wird. dyke_trans ist damit eine kritik an allen hier vorgestellten ebenen von genderismus, auch an kategorialgenderung, wie ich im folgenden abschnitt zu kategorialgenderung weiter ausführe. hier zunächst noch ein beispiel, mit dem ich die wichtigkeit einer differenzierten betrachtung unterschiedlicher trans-konzepte noch einmal betonen möchte und sie auf dem hintergrund einer ent_erwähnung von genderismus einlese sowie daraus einen vorschlag für feministisch verantwortungsvolle handlungen ableite.

- eine weitere definition von trans, die quer zu den bisher genannten liegt, stammt von tobi hill-meyer: »a trans person is someone whose sex/gender is not universally recognised as valid.«[171] mit dieser definition wird die idee eines ›wirklichen‹ genders durch trans infragegestellt bzw. die argumentative abgrenzung von cis, dass trans ›nicht wirklich‹ ›weiblich‹ oder ›männlich‹ sei, herausgefordert.
- meine auch schon weiter oben formulierte definition von trans wäre demgegenüber, dass trans die personen sind, die durch cisgenderung diskriminiert positioniert sind. zu welchen formen von kritischen ver_ortung dies dann führt, kann in abhängigkeit von zum einen den damit zusammenhängenden weiteren genderistischen diskriminierungs- und privilegierungsformen, in abhängigkeit von den privilegierungen und diskriminierungen aufgrund von ableismus und rassismus, zum anderen von der konkreten situation, in der eine person sich kritisch ver_orten will, das heißt, in der sie politisch in bezug auf diskriminierungen agieren will, variieren: was setze ich primär in der

[170] ag einleitung 2011: 48ff.

[171] nach tobi hill-meyer in: queen emily 2011.

konkreten situation, was ist mein interventionistischer fokus, mit welchen personen bilde ich eine handlungsgruppe für diese situation, mit welchen bin ich darüber hinausgehend solidarisch in dieser situation? hier wird zugleich auch noch einmal deutlich, dass kritische ver_ortung ein situativ immer wieder neu zu reflektierendes und zu realisierendes handlungskonzept ist und keine über zeit vorhandene identität oder zuschreibung.

an einem konkreten und aktuellen beispiel versuche ich zu erläutern, inwiefern über eine aufrufung einer allgemeinen kategorisierung trans eine vorgebliche identität geschaffen wird und welchen unterschied es machen würde, stattdessen von diskriminierungsverhältnissen, also cisgenderung als teil eines umfassenderen genderismus, auszugehen.

in einer außerordentlichen versammlung des frauen-lesben-sportvereins seitenwechsel e. v. in berlin ist im märz 2012 diskutiert worden, inwiefern sich der verein und seine einzelnen sportgruppen für trans-personen öffnen wolle. impliziert ist in diesem vorgehen, dass dies eine neuerung wäre und bisher keine transpersonen in dem verein seien bzw. nicht ausdrücklich und ›offen‹ als trans-personen. auch die idee der öffnung impliziert, dass dies eine ausweitung der personengruppe sei, die der verein anspreche/auf die sich der verein beziehe. auf diese weise werden ›frauen und lesben‹ als kerngruppen des vereins hergestellt und in ihrer autorität und selbstwahrnehmung einer eindeutigkeit bestätigt. gleichzeitig bekommt diese personengruppe damit die macht über andere personen, trans* in der frage ihrer zugehörigkeit zu dem verein zu urteilen. in meiner wahrnehmung sind schon immer dyke_trans-personen in dem verein gewesen, gemäß den obigen definitionen auch transgender-personen; personen also, die sich nicht cisgendernormenkonform einlesen, handeln und verhalten und durch cisgenderungen diskriminiert werden und sich häufig das label ›lesben‹ gegeben haben, ohne sich mit einer solchen frauisierten positionierung umfassend zu identifizieren oder diese re_produzieren zu wollen. in ermangelung anderer möglichkeiten der benennungen und politiken, in ermangelung der denkmöglichkeit einer infragestellung von zweigenderung beispielsweise (dazu später mehr in den kapitelteilen zu dispositiv) haben viele dyke_trans und viele feministische transgender sich mit einem unwohlen begriff von lesbe (dis)identifiziert. gleichzeitig aber wird in der art wie seitenwechsel die diskussion initiiert eine kerngruppe von lesben (und frauisierten) aufgemacht, die über diejenigen befinden dürfen, die nun aus dieser gruppe extrahiert werden, um dann potentiell wieder hereingelassen zu werden. bis hierhin könnte die gemeinsame zu_ordnung als feministisch gefasst werden. in der diskussion bei seitenwechsel wird aber nun ein trans*-begriff bemüht, der genau diese differenzierung zwischen einer feministischen kritischen ver_ortung und einer sozialen positionierung, die von genderismus über einen längeren zeitraum hinweg geprägt ist, nicht macht, sondern dyke_trans in eine undifferenzierte gruppe trans* subsumiert. auf diese weise verliert die diskussion meines erachtens ihren feministischen anteil und genderismus wird somit ent_erwähnt und – sowohl in der art der diskussion als auch in der frage, wer über wen wie bestimmen darf – re_produziert. in diesem vorgehen kann es theoretisch wie auch praktisch zu der situation kommen, dass fem_inistinnen, die vielleicht jahrelang in dem verein waren und sich als trans* (-gender, -sexuell) verstehen oder innerhalb der ihnen nur zur verfügung stehenden medizinischen, rechtlichen und dann auch sprachlichen staatlichen möglichkeiten positionieren müssen, nun nicht selbst darüber bestimmen dürfen, ob sie weiter in dem verein sein wollen oder nicht, sondern über diese von ›frauen und lesben‹, das heißt frauisierten, entschieden wird. warum aber haben diese die ermächtigung zu diesen entscheidungen über andere, die auf diese weise geothert und erneut sexistisch diskriminiert und die in dieser diskussion zu einem teil einer unspezifischeren größeren gesamtgruppe trans* gemacht werden, in der ver_ortungen über und diskriminierungen durch genderismus keine rolle mehr spielen? handelt es sich nicht eigentlich um unterschiedliche fragen und unterschiedliche positionierungen, die hier durch eine allumfassende kategorisierung trans* zu lösen versucht werden und damit bestimmte herausforderungen und politiken, wie feminismus, entwahrnehmen?

was also wäre eine mögliche lösung und ein veränderter ansatz, der genderismus wahrnehmend wäre? in meiner vorstellung wäre ein möglicher veränderter ansatz, nicht von einem frauen-lesben-sportverein zu sprechen bzw. sich als sportverein über die kategorisierungen und damit sozialen positionierungen ›frauen und lesben‹ zu definieren, sondern über eine kritische ver_ortung zu dem strukturellen diskriminierungsverhältnis genderismus, das heißt sich als feministischer sportverein im sinne der ausformulierung von feminismus, wie wir es in der ak feministische sprachpraxis (2011) vorgenommen haben, zu verstehen.[172] damit wird zugleich auch eine differenzierung zwischen sozialer positionierung und kritischer ver_ortung aufgegriffen und politisch konstruktiv umgesetzt, wie alyosxa tudor vorgeschlagen hat.[173] feministisch ist hier eine kritische ver_ortung zur strukturellen diskriminierung genderismus. genderismus bringt soziale positionierungen wie ›frauen und lesben‹ – oder, konstruktivistisch ausgedrückt, frauisierte und lesbisierte – hervor, die damit also effekte von genderismus sind und nicht vorgängige identitätskategorisierungen. bezieht sich die politik des sportvereins stattdessen also auf feminismus, so werden damit in der frage von zugehörigkeiten zum sportverein oder in der frage der entscheidungsfindung (wer darf hier über wen entscheiden) nicht die zwangskategorisierungen staatlicher kontrolle re_produziert, sondern stattdessen ein politisches verständnis. würde dies als grundlage genommen, würde also gar nicht die situation entstehen kön-

[172] vgl. ak feministische sprachpraxis (hrsg.) (2011): feminismus schreiben lernen. frankfurt a. m.: brandes & apsel.

[173] vgl. tudor 2011.

nen, dass feministische trans und dyke_trans plötzlich mit und in ihrer gelebten politischen infragestellung von cisgenderung in die situation kommen, dass andere über ihre teilnahme an diesem sportverein entscheiden können – andere, die lediglich über ihre teilprivilegierung in genderismus als frauisierte und lesbisierte definiert sind, diese soziale positionierung hier jedoch als vorgängig und natürlich im sinne einer einlesbarkeit in zweigenderung re_produzieren. gleichzeitig würde dieser ansatz auch dazu führen, dass es keine unspezifischen diskussionen dazu gibt, welche personen denn feministisch sind. das zusammenspiel einer sozialen positionierung (durch mindestens eine sexistische realisierungsform grundlegend und über zeit positioniert) zusammen mit einer kritischen reflexion dieser positionierung und einer politischen handlungsmotivation, einer kritischen ver_ortung als femini_stin also, wäre ausschlaggebend für die frage der teilnahme an dem verein. als weitere konsequenz würden dann auch für die einzelnen sportgruppen nicht sensibilisierungsmaßnahmen zu trans* notwendig, sondern zu genderismus und seinen realisierungsformen, wie ich es in diesem kapitel versucht habe deutlich zu machen. die fragen also würden sich meines erachtens dann beispielsweise auf folgende punkte beziehen: welche normen und vorstellungen werden angelegt, um eine person als durch genderismus diskriminiert sozialisiert wahrzunehmen, das heißt, muss eine person eine genderistische diskriminierung in ihrer kindlichen und jugendlichen sozialisierung erfahren haben, um als genderistisch diskriminiert zu gelten und damit teil des vereins sein zu können?

ein oberbegriff trans oder trans* oder trans_, der sich im besten falle um eine kritische ver_ortung in bezug auf rassismus und ableismus bemüht, nicht aber genderismus in seiner hier dargestellten komplexen form als teil seiner politischen reflexion und auseinandersetzung versteht, ist und wirkt damit gleichzeitig genderistisch. wenn fragen danach, inwiefern in bestimmten vorstellungen von trans genderistische zweigendernde konzepte re_produziert werden, als transphob eingelesen werden, ohne dies weiter auszudifferenzieren, dann ist trans ein genderismus ignorierendes modell und hat dadurch genderistische effekte, die in einer ent_erwähnung und ent_wahrnehmung von genderismus liegen. trans wird in manchen diskussionen als ein gegenmodell zu genderismus aufgemacht und genderismus auf cisgegenderte frauisierte vorstellungen reduziert. eine infragestellung von zweigenderungen spielt in dieser diskussion zu trans keine rolle und re_produziert damit genderismus. in einer gleichstellung von ›weiblichen und männlichen‹ performances werden die machtunterschiede, die mit diesen einhergehen, ignoriert und feministische kritiken zur zu_schreibung und zu_richtung von frauisierten über konventionalisierte weiblichkeitsvorstellungen ignoriert. genderismus verstehe ich als ein umfassendes, durchgängiges, subtiles, individuell verinnerlichtes und machtvolles machtverhältnis, welches auf vielen verschiedenen ebenen und in vielen dimensionen kontinuierlich wirkmächtig ist und sich mit einer re_produktion von zweigenderungen nicht ganz grundlegend herausfordern lässt, sondern sich so immer auch wieder bestätigt. performances konventionalisierter ›weiblichkeit‹ ausschließlich als freie wahl, spiel und inszenierung zu verstehen, ignoriert die machtvolle konstituierung, die gerade in diesen konventionalisierten selbst- und fremdzuschreibungen wie -inszenierungen besteht – so wie auch trans ein reflex und ergebnis machtvoller hegemonialer gendernormen ist. ohne gender gäbe es keine notwendigkeit für trans. ein spiel mit zweigenderung, sei es über das aufrufen von konventionalisierten genderinszenierungen und_oder eindeutig zweigegenderten vornamenswechseln und pronominaformen, kann die brüchigkeit von genderzuordnungen deutlich machen, stellt aber zweigenderung als modell und norm dabei und dadurch nicht grundsätzlich und per se infrage – und wirkt damit in dieser dimension auch genderistisch. dies heißt nicht, dass die individuellen entscheidungen von personen, so und genau so weit in ihrer infragestellung von bestimmten realisierungsformen von genderungen zu gehen, nicht akzeptiert sein müssen. problematisch wird es für mich nur an dem punkt, wenn eine nicht persönliche, sondern politische kritik der genderistischen re_produktionen, die sich in diesen entscheidungen manifestieren, nicht möglich ist.

infragestellungen von cisgenderung – der eindeutigkeit einer genderzuordnung über die lebenszeit einer person – re_produzieren auf diese weise in der regel zweigenderungen. oder noch einmal zugespitzter formuliert: ohne genderismus gäbe es auch trans, in welcher form auch immer, nicht. trans ist eine kritik und herausforderung zu cisgenderung, ohne aber ganz grundlegend eine der grundlagen von cisgenderung – zweigenderung – erschüttern zu können. was unterschiedliche trans-konzeptualisierungen vermögen, ist die irritierung der grenzen, an denen genderungen sich realisieren – diese werden durch transgenderungen verändert, irritiert und herausgefordert, in vielen fällen aber ohne damit gleichzeitig gender an sich herauszufordern.[174]

cisgenderung realisiert sich auf verschiedene weisen:
<u>körpercisgenderungen:</u> liegen beispielsweise in der vorstellung eindeutig zweigenderungen zuschreibbarer körper, insbesondere genitalien. die hohe relevanz, die die zuschreibung zu einer von zwei gendergruppen bei der geburt aufgrund visueller medizinischer diagnosen hat und die über die kulturelle ver_ortung zu einer von zwei gendergruppen für das gesamte leben entscheiden soll, ist immens. ich zitiere im folgenden aus der cis-privilege-checklist, mit der cisgegenderte für sich selbst reflektieren können, wie weitgehend sie über cisgenderung privilegiert sind. dieses längere zitat ist nur ein ausschnitt und kann als eine übung verstanden werden:

[174] dies gilt es auch nicht allgemein, sondern ist als eine tendenz zu verstehen. im nachfolgenden teil f zu kategorialgenderung sowie in dem teil zu antigenderistischen interventionen finden sich beispiele für eine infragestellung von zweigenderung.

schreibübung

»so, for everyone: don't quibble with privlege lists. if you read them from a standpoint of wanting to deny your privilege, you'll come out having successfully denied it but learning nothing. read sympathetically and think about it. if there's something that seems like a privilege not all cis people have, try to consider about why someone would put it on the list, what larger scale patterns i might be to pointing to rather than just rejecting it whole cloth. [...]

8. information important for me to keep private will not be revealed by:
    1. pictures from my childhood
    2. my identification
    3. my diploma, transcript, or other educational document
    4. the language used to refer me
        1. greetings
        2. pronouns
        3. gendered relationship words (e. g. daughter, boyfriend*, father)
        4. my legal name or previous name
    5. my voice
        1. having a cold
        2. coughing, sneezing, yelling
        3. singing
    6. seeing me naked
    7. menstrual blood stains
    8. pregnancy (except re: how i/my partner got sperm in hir body)
    9. my face and neck
    10. greetings, missives from people/organizations i have not contacted recently.«[175]

<u>westlich-medizinische/pathocisgenderungen:</u> die annahme, dass ableisiert frauisierte ihre mens haben (in einem bestimmten lebensabschnitt) und schwanger werden könnten (reprogenderung).

»let's start at the beginning. a baby is born. the doctor says ›it's a boy‹ or ›it's a girl‹ based on the appearance of the child's genitals. if the genitalia cannot be easily categorized according to binary standards – that is, if the child is intersex – the doctor makes a decision. surgery is then generally performed on the unconsenting infant to render its body more socially acceptable. whether the baby is intersex or not, the child is then raised as whatever arbitrary gender the doctor saw fit to assign. cisgender is the term for people who have no issue with the gender that they were assigned at birth.« (asher 2010)

[175] cis privileg checklist unter http://takesupspace.wordpress.com/cis-privilege-checklist (21.9.2012).

hier wird deutlich, dass im deutschen kontext die zweigenderungszuordnung von neugeborenen von dem visuellen urteil einer einzigen ableisierten, häufig *weißen* person abhängt, von dieser person also machtvoll konstruiert ist. und diese statushohe person wird in aller regel nur sehr wenig bisher über interdependenten genderismus nachgedacht haben und auch nicht ihre eigene konstruierte gegenderte rassifizierte und ableisierte positionierung. sie hat die potentiell cisgenderistischen diskriminierungen nicht reflektiert – übt auf diese weise aber großen einfluss auf das zukünftige leben von individuen und bestätigt auf diese weise gesellschaftlich extrem wirkmächtige normen. auch bei bestimmten formen von disableisierung gibt es eine abweichung der visuellen wahrnehmung von primären geschlechtsorganen von der ableistisch entnannten norm. inwiefern spielt hier die frage nach erzwungener zweigenderung direkt nach der geburt eine rolle, für wen gelten also westlich-medizinische/pathocisgendernormen und werden auf wen angewendet?

juristische cisgenderungen: zeigen sich in unterschiedlichen rechten von statisierten ableisierten transsexuellen frauisierten gegenüber statisierten ableisierten cisgegenderten frauisierten, zum beispiel in bezug auf adoptionsrechte:

> »my cousin and i share some similarities, but also some differences. she was able to qualify for adoption despite being infertile. it is very likely that if i applied for adoption (on the grounds that i am infertile because i am transsexual) that i would be denied because of my trans status. if i were denied for that reason, that would be a clear case of cis privilege.« (serano 2009)

ganz grundlegend bei juristischer cisgenderungsnormierung ist die frage, welche personen überhaupt von juristischen cisgenderregulierungen betroffen sind, welche personen dadurch rechte bekommen und welche personen ausgeschlossen sind. staatsbürgerInnenschaft und die frage von statisierung sind hier entscheidende interdependente faktoren.

gefühlscisgenderungen: ›i feel like a natural woman‹ drückt die idee einer natürlichkeit und zeitlichen kontinuität einer vorstellung von ›frausein‹ bzw. ›weiblichkeit‹ aus. diese gefühlsäußerungen sind zudem häufig eng mit körpervorstellungen gekoppelt, die auf diese weise ebenfalls als natürlich und nicht sozial konstruiert aufgerufen und hergestellt werden.

ausdruckscisgenderungen: ausdruckscisgenderungen verlaufen über die verselbstständlichsetzung von einer ciszugehörigkeit und -identität, die so selbstverständlich ist, dass sie nicht einmal benannt werden kann:

> »cis people seem to think that self-identification is only for trans folks. they don't have to ›identify‹ as men and women – they just are! their gender isn't ›self-identi-

fied‹, it's ›self-evident!‹. what they fail to understand is that self identification is the only meaningful way to determine gender. any other method is wholly dependent upon what that doctor said way back when we were still wrinkly, writhing, screaming newborn messes, completely unformed as individuals and without any identity at all to speak of, too bloody and scrunchy-faced to even be called cute. the fact is that cis people self-identify too – they just happen to agree with what the doctor said all those years ago.« (asher 2010)

ausdruckscisgenderungen finden darüber hinaus auch über die klassischen normen von aussehen, kleidung etc. statt: »cissexism is defining beauty and attractiveness based on how cis people look.« (asher 2010) auch hier ist es wiederum wichtig, dies grundsätzlich interdependent mit rassismus und ableismus wahrzunehmen: so sind schönheitsnormen immer auch gleichzeitig rassifiziert und ableisiert und diskriminieren auf diese weise interdependent. ausschließlich von gegenderten schönheitsnormen auszugehen, ist damit rassistisch und ableistisch, da auf diese weise eine entnannte norm – eine rassistisch ableistische vorstellung – re_produziert wird. dies zeigt, dass trans-ver_ortungen nicht nur innerhalb einer ausdifferenzierung von genderismus reflektiert werden müssen, sondern immer auch interdependent mit sozialen positionierungen betrachtet werden müssen, die durch rassismus und ableismus geprägt und hergestellt sind.

symbolische oder übertragene cisgenderungen: finden statt, wenn personen aus toiletten oder umkleiden oder öffentlichen duschen in schwimmbädern rausgeschmissen oder in diesen als nicht-zugehörig und ›falsch an diesem ort‹ stigmatisiert werden. stattdessen wäre es sinnvoll, von den angreifenden und diskriminierenden die eigenen vorannahmen zu zweigegenderten cisgendernormen zu reflektieren und die eigene irritierung als anlass zu nehmen, über die eigenen normalisierungen nachzudenken und dies nicht einem gegenüber vorzuwerfen.

wie zeigt sich cisgenderung in und über sprachliche benennung?

cisgenderung zeigt sich vor allem darüber, dass das konzept cisgenderung entnannt ist. wenn über ›frauen‹ und ›männer‹ gesprochen oder geschrieben wird, wird dies in der regel nicht mit der vorsilbe cis- versehen, wodurch die normierung, die in ›weiblichkeit‹ und ›männlichkeit‹ in der regel enthalten ist, nicht explizit gemacht wird.

analog zu der entnennung von cisgenderung findet die sprachliche explizitmachung von transgenderung statt, ohne dass es gleichzeitig zu einer symmetrisierenden benennungspraxis in konkreten kontexten kommen würde: auch wenn transgenderungen auf die verschiedensten weisen benannt wird, wird cisgenderung dies nicht.

fragen, die kategorialgenderungen als genderistische diskriminierungsform deutlich machen können, sind die folgenden:

- warum gibt es keine rechtliche möglichkeit, einen vornamen zu wählen, der nicht konventionalisiert gegendert ist, mit dem nicht frauisierte oder typisierte identitäten aufgerufen und hergestellt werden?
- warum ist es so schwierig, sprachformen zu finden, die nicht immer wieder explizit oder implizit ›weiblichkeit‹ oder ›männlichkeit‹ aufrufen und herstellen, warum gibt es im deutschen nur so wenige versuche, personalpronominaformen 3. person singular jenseits von ›sie‹ und ›er‹ zu benutzen?
- wie kann ich mir eine geschichte ausdenken, namen erfinden, die nicht doch beim lesen wieder als geschichten über ›frauen‹ und ›männer‹ eingelesen werden? gibt es im momentanen kontext die möglichkeit, personen jenseits von gender wahrzunehmen? wie würde das aussehen? wie würde es sich sprachlich realisieren und umsetzen?
- warum gibt es nicht einmal überlegungen dazu, zweigendernde anredeformen in allen kontexten sein zu lassen – egal ob bei bankformularen, flugbuchungen oder in briefen?
- warum gibt es keine möglichkeit, eine diskriminierung über ein normatives einpassen in zweigenderung einzuklagen, zum beispiel über das agg, sondern nur die möglichkeit, sich als ›frau‹ als diskriminiert zu verstehen?
- warum sind es historisch und auch aktuell vor allem Schwarze und disableisierte personen, denen menschsein abgesprochen wird – und damit auch dann implizit und häufig nicht einmal eine zu_ordnung zu einem von zwei gendern benannt wird?
- warum gibt es keine überlegungen dazu, dass zweigegenderte umkleiden in schwimmbädern, zweigegenderte krankenhausstationen und -zimmer extrem diskriminierend für personen sind, die sich nicht in zweigenderung wiederfinden und diese auf verschiedene weisen leben? warum gibt es überhaupt zweigegenderte toiletten und öffentliche umkleiden? welche bilder stehen dahinter und warum sind sie vor allem bei personen so stark, die in heteragegenderten paarverhältnissen leben oder leben wollen?
- warum bedeuten trans*-identitäten häufig passings in und zwischen und mit zweigenderung und keine möglichkeit jenseits dessen? für wen sind transpassings überhaupt möglich? wer liest trans-passings disableisierter, wer liest trans-passings Schwarzer personen im deutschen kontext wie ein?
- olympiade 2012 in london: warum wird ›weibliche‹ genderung an dem punkt zum thema, wenn eine schwimmerin auf den letzten 50 metern einer 400-meter-schwimmstrecke zwei hundertstel sekunden schneller schwimmt

als der schnellste ›mann‹ (in diesem jahr, in einem historischen vergleich würden wohl alle frauisierten der olympiade von 2012 schneller schwimmen als die ›männer‹ der olympiade von 2000), ist also gender ein immer nur aktuell im vergleich fassbares phänomen?[176] warum wird an diesem punkt ihre korrekte und legitime genderung als ›frau‹ infragegestellt?
- olympiade und paralympics london 2012: warum ist die olympiade zweigegendert und implizit und machtvoll ableisiert, warum sind die paralympics vor allem und primär über disableisierung hergestellt und wahrgenommen – und über welche formen von disableisierung? wo wird die grenze gezogen und warum? warum gibt es diese einteilungen als einzelne und in ihrer herstellung als trennbar?

was ist kategorialgenderung?

kategorialgenderung ist die grundannahme, dass es nichts jenseits von gender als menschliche existenzform in allen seinen unterschiedlichen realisierungsformen gibt – gender ist die grundform menschlicher vorstellungsmöglichkeit zu personen. eine wichtige frage ist daher danach, wer oder was in den bereich des menschlichen gerechnet und damit über eine form von kategorialgenderung wahrgenommen wird – und wer oder was entmenschlicht wird und damit auch nicht über genderung intelligibel ist. wie bereits weiter oben dargestellt, sind rassismus und ableismus zwei mit genderismus interdependente diskriminierungsformen, die dazu führen können, dass bestimmte personen und positionen aus dem bereich des menschlichen ausgeschlossen werden. als eine konsequenz haben diese positionen, denen menschlichkeit abgesprochen wird, dann häufig auch keine form von genderung. die frage der menschlichkeit wird häufig an dem zusprechen von menschenrechten festgemacht, worüber zum einen recht als ultimative instanz sozialer normen re_produziert wird, zum anderen kann die frage des explizitmachens von menschenrechten oder ihrem absprechen ein wichtiges analyseinstrument sein, um die grenzen des konzepts menschlichkeit wahrzunehmen.

kategorialgenderung realisiert sich momentan in deutschsprachigen kontexten vor allem über zweigenderung. alle überschreitungen von gendergrenzen, passings, transformationen, infragestellungen beziehen sich doch gleichzeitig auch immer wieder auf gender, genauer gesagt auf zweigenderung, und re_produzieren damit die grundannahme von genderung. abweichungen von einer möglichkeit, personen als eindeutig innerhalb einer norm von zweigenderung einzulesen, werden individualisiert, pathologisiert, medizinisch und psychologisch erklärt, als deviante subjekte hergestellt oder entmenschlicht und damit zugleich eine allgemeine norm wieder re_produziert und bestätigt. historisch gab und gibt es die verschiedensten modelle, abweichungen von einer eindeutigkeit in zweigenderung gesellschaftlich verständlich, damit intelligibel zu machen: über konstruktionen von monstern,

[176] danke, mats, für gemeinsame diskussionen dazu!

über grenzziehungen des menschlichen, die manche menschen ausgeschlossen haben, medizinisch-genormten abnormitäten, natürlichen fehlern, über idealisierungen von so genannten dritten geschlechtern, androgynitäten, über medizinische und rechtliche kategorisierungen als intersexuell und die damit einhergehenden re_produktionen von körpernormen, an denen überhaupt gender(eindeutigkeit) festgemacht werden könnte. all diese unterschiedlichen strategien der herstellung von abweichungen sowie der gesellschaftliche umgang damit stellen zugleich immer wieder machtvoll und subtil genderung, insbesondere zweigenderung, als einzig möglichen denk- und konzeptualisierungsrahmen her.

egal woran und auf welchen ebenen gender festgemacht wird und auf welchen ebenen genderungen herausgefordert werden, so gibt es doch kontinuierlich einen bezug auf genderungen und offenbar momentan keine möglichkeiten, diesen rahmen zu verlassen. nichts jenseits von genderungen – in den unterschiedlichsten ausführungen, realisierungen, normierungen und irritierungen – scheint momentan intelligibel zu sein. genderung in allen flexiblen formen und dynamischen normierungen scheint der nicht hintergeh- und nicht hinterfragbare rahmen zu sein. kategorialgenderung scheint damit in der begrifflichkeit von ›feminismus schreiben lernen‹ der dispositive rahmen für genderismus zu sein. die benennung von kategorialgenderung als eine form von genderismus ist gleichzeitig der politische versuch, kategorialgenderung zu entabjektivieren und dadurch für interventionen zugänglich zu machen. eine benennung von kategorialgenderung als eine dimension von genderismus ist damit eine interventionistische handlung in genderismus.

»what this means is that one looks both for the conditions by which the object field is constituted, and for the limits of those conditions. the limits are to be found where the reproducibility of the conditions is not secure, the site where conditions are contingent, transformable. […] to intervene in the name of transformation means precisely to disrupt what has become settled knowledge and knowable reality, and to use, as it were, one's unreality to make an otherwise impossible or illegible claim. i think that when the unreal lays claim to reality, or enters into its domain, something other than a simple assimilation into prevailing norms can and does take place. the norms themselves can become rattled, display their instability, and become open to resignification.«[177]

butler stellt die frage nach der rolle und relevanz von genderungen für subjekte noch einmal neu und anders vor dem hintergrund ihres sprachphilosophischen ansatzes, dass subjektivation oder subjektivierung erst durch erkennen oder interaktives anerkennen möglich ist. um erkennbar zu werden, müssen sich subjekte ver_äußern, in soziale normen eintreten, über soziale normen lesbar werden, die jenseits von ihnen liegen, jenseits von ihnen geschaffen und über sie re_produziert

[177] butler, judith (2004): introduction: acting in concert. in butler, judith (hrsg.): undoing gender. new york: routledge. s. 27f.

werden. die erkennbarkeit des subjekts ist damit in einer paradoxen situation an seiner nicht-ich-form gekoppelt. genderungen spielen für die subjektivierung in der gesellschaft eine wichtige rolle:

> »am i a gender after all? and do i ›have‹ a sexuality? or does it turn out that the ›i‹ who ought to be bearing its gender is undone by being a gender, that gender is always coming from a source that is elsewhere and directed toward something that is beyond me, constituted in a sociality i do not fully author? if that is so, then gender undoes the ›i‹ who is supposed to be or bear its gender, and that undoing is part of the very meaning and comprehensibility of the ›i‹.« (butler 2004: 16)

kategorialgenderung ist damit die ultimative und grundlegende form der sozialität von genderung, die hier als eine soziale zu_richtung von individuen verstanden wird. teil dieser zurichtung ist die annahme der vorgängigkeit und natürlichkeit, der unhintergehbarkeit der eigenen genderung oder des verhaltens dazu, wie es bei bestimmten trans- und intersex-positionen der fall ist, wenn diese teilweise zweigenderung infragestellen.

die unterschiedlichen argumentationsformen für kategorialgenderung sind im moment noch sehr viel schwieriger benenn- und bestimmbar als die zuvor diskutierten realisierungsformen von genderismus. dies liegt daran, dass, wenn die hier vertretene these stimmt, dass kategorialgenderung bislang die grenze der intelligibilität dargestellt hat, sie gleichzeitig noch nicht so diskursiv realisiert oder greifbar ist wie die übrigen formen. die nachfolgenden überlegungen verstehen sich daher als annäherung an verschiedene argumentationsformen zu kategorialgenderung. da zweigenderung die beherrschende form der realisierung von kategorialgenderung ist, ist eine differenzierung für argumentationsformen entsprechend schwierig. wird die frage der kategorialgenderung zu einer verständlichen frage in der zukunft, so werden sich auch argumentationsformen zur aufrechterhaltung einer kategorialgendernden norm ausdifferenzieren.

kategorialgenderung realisiert sich auf verschiedene weisen:
<u>körperkategorialgenderung:</u>

> »we can see how it is that embodiment is not thinkable without a relation to a norm, or a set of norms. the struggle to rework the norms by which bodies are experienced is thus crucial not only to disability politics, but to the intersex and transgendered movements as they context forcibly imposed ideals of what bodies ought to be like. the embodied relation to the norm exercises a transformative potential. to posit possibilities beyond the norm or, indeed, a different future for the norm itself, is part of the work of fantasy when we understand fantasy as taking the body as a point of departure for an articulation that is not always constrained by the body as it is. if we accept that altering these norms that decide normative human morphology give differential ›reality‹ to different kinds of humans as a result, then we are compelled

to affirm that transgendered lives have a potential and actual impact on political life at its most fundamental level, that is, who counts as human, and what norms govern the appearance of ›real‹ humanness.« (butler 2004: 28)

dieses zitat von butler macht die körperkonstruktion sozialer normen deutlich. in bezug auf kategorialgenderung würde ich hier einen trans-begriff annehmen, der nicht wieder zweigenderung in irgendeiner form re_produziert.

westlich-medizinische/pathokategorialgenderung: in allen flexibilisierungen von normen hinsichtlich der frage, wie genderung bestimmt wird – über die visuelle oder westlich-medizinisch diagnostische wahrnehmung von genitalien, über gene, allgemeinere visuelle eindrücke –, dass es sich jeweils um eine notwendigkeit einer genderein- und gederzuteilung handelt, ist dabei unbenommen und unhinterfragbar. intersex bietet eine herausforderung zu dieser konzeptualisierung, wobei die meisten intersex-aktivi_stinnen die starke gesellschaftliche sozialisation in zweigenderung insofern anerkennen, als dass sie die frage der zuordnung zeitlich so weit verschieben wollen, dass nicht ärz_tinnen darüber befinden, welches gender eine person ist oder hat, sondern die personen selbst. wie sähe eine gesellschaft aus, in der gender eine nicht zwingende wahlmöglichkeit wäre? was überhaupt würde dann noch gender ausmachen? warum gäbe es gender dann überhaupt noch? wer würde eine genderung wollen und aus welchem grund? welche machtaspekte spielen hier eine rolle?

juristische kategorialgenderung: ist die grundannahme, menschliche existenz in gender einteilen und fassen zu können; ist die annahme, dass es keine menschliche position jenseits von gender und genderungen gibt. die frage von menschenrechten bezieht sich damit auch nur auf positionen, die sich explizit zu genderung verhalten und über genderung fassbar sind. juristische kategorisierungen bestätigen nicht nur kategorialgenderung, sondern auch spezifischer zweigenderung und sind damit selbst grundsätzlich genderistisch diskriminierend. dazu butler: »in the same way that a life for which no categories of recognition exist is not a livable life, so a life for which those categories constitute unlivable constraint is not an acceptable option.« (butler 2004: 8)

gefühlskategorialgenderung: personen sind über gender wahrnehm- und erkennbar gemacht. »one important sense of regulation, then, is that persons are regulated by gender, and that this sort of regulation operates as a condition of cultural intelligibility for any person«, so butler.[178] dies gilt auch für die wahrnehmbarkeit von gefühlsausdrücken, die ganz grundsätzlich gegendert sind und als gegendert eingelesen werden: sowohl die konkreten gefühlsausdrücke sind gegendert als auch ihre

[178] butler 2004: 52.

wahrnehmung, sodass es hier eine ganz grundlegende form von genderung gibt, die nicht hintergehbar erscheint.

symbolische oder übertragene kategorialgenderung: findet sich zum beispiel in der grundsätzlichen vergenderung aller benennbaren objekte, die von personen als gegendert aufgrund von genusklassifizierungen eingelesen werden. genus ist eine grammatikalische klassifizierung von substantiven, die keinen bezug zu genderungen hat, der jedoch im deutschen sprachgebrauch historisch in einem langen prozess im deutschen sprachgebrauch verstetigt worden ist.

wie zeigt sich kategorialgenderung in und über sprachliche benennungen?

kategorialgenderung zeigt sich in der weitgehenden unvorstellbarkeit, auf menschen nicht in gegenderter form sprachlich bezug zu nehmen. kategorialgenderung zeigt sich in allen androgendernden formen, die vorgeben, genderneutral zu sein und doch immer wieder ›männliche‹ genderungen als allgemeinmenschliche normen aufrufen. kategorialgenderung zeigt sich in allen weigerungen, genderismus als gesellschaftlich strukturierendes und diskriminierendes phänomen wahrzunehmen. kategorialgenderung zeigt sich sprachlich in der durchgängigen genderspezifizierenden benennung von konkreten einzelnen personen.

in und mit dem versuch, kategorialgenderung fass- und benennbar zu machen, geht es darum, eine grundlegende form von genderismus angreif- und sozial veränderbar zu gestalten.

> »that means that we must follow a double path in politics: we must use this language to assert an entitlement to conditions of life in ways that affirm the constitutive role of sexuality and gender in political life, and we must also subject our very categories to critical scrutiny. we must find out the limits of their inclusivity and translatability, the presuppositions they include, the ways in which they must be expanded, destroyed, or reworked both to encompass and open up what it is to be human and gendered.« (butler 2004: 38)

in den folgenden kapiteln gehe ich genauer auf die hier bereits an vielen stellen angesprochene sprachliche dimension von diskriminierung ein und erkläre, wie genderismus und sprachliche handlungen zusammenhängen und wie in diese interveniert werden kann.

kapitel iv

was haben sprache und diskriminierung miteinander zu tun?

wie ich im vorangegangenen kapitel deutlich gemacht habe, ist jede interdependente version von gender ein effekt von genderismus, egal in welcher form und ausprägung. die idee und annahme, dass es gender und genderungen in unterschiedlicher form einfach so gäbe, ist in meiner sichtweise bereits ein zentrales mittel bestimmte genderistische diskriminierungen so zu normalisieren und zu naturalisieren, dass sie nicht als diskriminierungen wirken oder gelten. die frage, was sprache mit genderismus zu tun hat, ist für mich also ganz zentral die frage danach, wie sprache und diskriminierung zusammenhängen. in kapitel ii habe ich erläutert, was ein konstruktivistisches verständnis von sprache, von dem ich in diesem kapitel ausgehe, bedeutet, und in kapitel iii habe ich dargestellt, wie genderismus sich über unterschiedliche realisierungs- und argumentationsformen interdependent mit rassismus und ableismus im momentanen deutschen kontext realisiert. in diesem kapitel stelle ich nun dar, wie mit einem konstruktivistischen verständnis sprachliche handlungen in bezug auf diskriminierungen verstanden werden. dies ist eine wichtige grundlage für die nachfolgenden kapitel, in denen es zum einen um eine analyse genderistischer konventionalisierter sprachhandlungen geht (kapitel v) und um interventionen in diese (kapitel vi).

wichtige grundlage für analyse und interventionen ist die klärung der perspektiven, mit denen konkrete phänomene betrachtet werden. dies habe ich in den beiden vorangegangenen kapiteln begonnen und führe es jetzt hier unter dem schwerpunkt des zusammenhangs von sprache und diskriminierung fort. dieses kapitel leitet zu dem nachfolgenden kapitel, in dem ich konkrete diskriminierende sprachpraktiken analysiere, über.

ich beginne dieses kapitel mit einer sammlung unterschiedlicher aussagen und fragen, die ich hier auf verschiedene weisen aufnehmen und bearbeiten werde und anhand derer ich zu erklären versuche, was eine konstruktivistische perspektive auf den zusammenhang von sprache und diskriminierung ist. teil dieser darstellung ist es auch, deutlich zu machen, wo ich mich von anderen, alltagsweltlichen und wissenschaftlichen sowie aktivistischen ansätzen zum zusammenhang von sprache und diskriminierung abgrenze.

- ist oder sind gender nicht voraussetzungen dafür, dass jemand diskriminierend sein kann? nur weil ich eine ›frau‹ bin, kann mich jemand blöd anmachen, oder? und nur weil das verglichen werden kann damit, dass ›männer‹

nicht so angemacht werden. aus der differenz wird die diskriminierung deutlich. und mein ›frausein‹ ist die grundlage dafür.

- wenn ich doch nicht jemanden diskriminieren will – dann mache ich das doch auch nicht, oder? ich kann mich doch intentional und willentlich dafür oder eben dagegen entscheiden!
- ich kenne wirklich einige ›frauen‹/frauisierte, disableisierte/behinderte, Schwarze personen, die das wirklich total okay finden, wenn ich das wort benutze/wenn ich sie so benenne (bezug auf eine genderistische/ableistische/rassistische begrifflichkeit). dann kann das ja wohl keine diskriminierung sein!
- das wort leitet sich aus dem lateinischen/griechischen ab und bedeutet [irgendwas vorgeblich ›neutrales‹, vorgeblich und universalisiert ›harmloses]. das heißt, es ist eigentlich gar nicht diskriminierend.
- manche menschen stellen sich wirklich an, nur weil ich das und das gesagt habe! ich finde die sind überempfindlich und legen alles auf die goldwaage.
- das ist doch nur ein wort! das hab' ich doch nur so gesagt! natürlich meine ich das nicht so!
- da kann man ja bald gar nichts mehr sagen!
- ich fühle mich als ›mann‹/*weißer*/hetera/ableisierte auch häufig diskriminiert, wenn die (›frauen‹/Schwarzen/›lesben‹/disableisierte) eigene räume haben wollen zum beispiel.

diese sammlung wäre unendlich verlängerbar. ich habe versucht, in ihr zentrale argumenationen, die sich immer wieder in den verschiedensten variationen zum zusammenhang von sprachlichen handlungen und diskriminierungen finden, zusammenzutragen. das, was ich mir eingangs in diesem kapitel und auf der grundlage der beiden vorangegangenen kapitel ansehen will, sind die prämissen und präsuppositionen, die vorannahmen, die in diesen aussagen aufgerufen werden und die dann häufig noch sehr viel machtvoller wirken, als das, was in den aussagen selbst explizit gemacht wird. diese vorannahmen verdichte ich im folgenden zu einer skizze eines alltagsweltlichen verständnisses von sprache und diskriminierung, welches ich dann in den folgenden teilen dieses kapitels weitergehend diskutiere. die grundlage meiner darstellung und kritischen reflexion bilden die konstruktivistischen vorstellungen eines interdependenten genderismus, wie ich ihn in kapitel iii gezeigt habe, und mein konstruktivistisches sprachverständnis, wie ich es in kapitel ii vorgestellt habe. die oben getroffenen fiktiven aussagen lassen sich auf die folgenden zentralen ideen, die sie aufrufen, verdichten:

- sprache ›hat‹ bedeutung; wenn sprache diskriminiert, so muss diese diskriminierung in der sprache selbst liegen; historische vergleiche zeigen aber die eigentliche unschuld der sprache;

- subjekte können sich ihres sprachgebrauchs voll und ganz bewusst sein;
- wenn sprache diskriminiert, so ist das ein intentionaler beschluss ein_er konkr_eten spre_cherin: sprachliche diskriminierungen sind individuelle intentionale handlungen;
- das ermessen von personen, die sich durch sprachliche handlungen diskriminiert fühlen, ist der intention derjenigen, die die sprachlichen handlungen vollzogen haben, in ihrer gewichtung der frage, ob es sich um eine diskriminierung handelt oder nicht, unterzuordnen; häufig sind diese personen zu emotional, zu einseitig, nicht neutral;

allen diesen präsuppositionen liegt zudem eine beschwichtigende entkonkretisierung sprachlicher gewalthandlungen zugrunde, die sprachliche diskriminierungen letztendlich schwierig oder gar nicht zu fassen macht und sie auf diese weise verharmlost.

wie lese ich das jetzt mit einem konstruktivistischen sprach-, diskriminierungs- und interdependenten genderismus-verständnis ein?

dazu werde ich zunächst darstellen, welche vorstellungen von sprache und subjekt sowie von diskriminierung in öffentlichen diskursen verhandelt werden und welche ideen konzepten wie hate speech oder sprachliche verletzung zugrundeliegen. ich entwickele auf diese weise eine konstruktivistische perspektive auf diskriminierende sprachhandlungen, die dadurch zu anderen einlesungen von diskriminierenden sprachhandlungen führt und folglich auch zu einer veränderten auffassung zu interventionen in sprachliche diskriminierungen.

dimensionen von sprachhandlungen in der frage ihrer diskriminierung

anhand konkreter beispiele arbeite ich unterschiedliche dimensionen in der analyse von sprachhandlungen als diskriminierend heraus. als teil dessen schlage ich eine differenzierung zwischen diskursiven sprachlichen diskriminierungen und ihrer bedingtheit durch ein analytisch zu bestimmendes dispositiv struktureller machtverhältnisse vor.

damit schließe ich zugleich an meine ausführungen in den vorangegangenen teilen an. ich differenziere hier zwischen sprachlichen diskriminierungen, die durch benennungen vollzogen werden, sprachlichen diskriminierungen, die durch entnennungen und ent_erwähnungen vollzogen werden und diskriminierungen, die dadurch vollzogen werden, dass sie jenseits von äußerungsvorstellbarkeiten sind, die nicht intelligibel sind.

welche rolle spielen subjekte in der frage diskriminierender sprachhandlungen, das heißt die personen, die sprachliche handlungen vollziehen, sowohl benennungen als auch entnennungen und ent_erwähnungen, und die personen, die adress_atinnen sprachlicher handlungen sind, direkt und indirekt, unvermittelt und vermittelt? gibt es so etwas wie beob_achterinnen, neutrale außenstehende in diesem modell und welche rolle haben diese dann?

welche rolle spielen gesellschaftliche soziale kontexte, soziale normen, gesellschaftliche regelungen für eine bewertung, ob eine sprachhandlung eine diskriminierung ist oder nicht?

traditionelle, vor allem sprachwissenschaftliche, aber auch rechtswissenschaftliche modelle und implizite auffassungen zu diskriminierenden sprachhandlungen fokussieren auf individuelle taten und motivationen. gesellschaftliche aspekte spielen in traditionellen vorstellungen nur eine untergeordnete rolle. dies hat entsprechend auch massive konsequenzen für die frage danach, was als diskriminierung und was als intervention in sprachliche diskriminierungen verstanden werden kann. verschiedenen aspekten dieser fragen gehe ich im nachfolgenden teil anhand einzelner thesen nach und versuche auf diese weise, die komplexität sprachlicher diskriminierungen herauszuarbeiten.

in der öffentlichen wahrnehmung findet eine individualisierung von diskriminierung statt

eine wichtige momentane gängige öffentliche vorstellung im deutschsprachigen raum von diskriminierung liegt in ihrer individualisierung – sowohl was die dann so genannte tät_erinnenschaft betrifft als auch die herstellung von opfern. auf diese weise wird zugleich auch eine soziale, gesellschaftliche dimension von diskriminierungen ent_erwähnt. diskriminierungen werden im alltagsverständnis auf die idee einer persönlichen handlung und_oder einer persönlichen betroffenheit, verletztheit oder diskriminierungserfahrung reduziert. beides wird nur rudimentär, wenn überhaupt, mit einer gesellschaftlichen oder sozialen dimension zusammengebracht.

auf diese weise werden individualisierte subjekte als in voller persönlicher verantwortung für potentielle diskriminierungen hergestellt bzw. als das ›ziel‹ von diskriminierungshandlungen. die motivationen für diese diskriminierungshandlungen können einen ideologischen hintergrund haben, die taten selbst aber sind von dieser ideologie weitgehend entkoppelt, sie sind nicht ausdruck dessen, sondern ein – dann im ›extremfall‹ – juristisch zu ahndender effekt. hier wird also juristisch eine trennung zwischen denkweisen und ausdrucksformen vollzogen.

diese vorstellung impliziert auch die annahme, dass individuen sich über die ihnen zugefügten diskriminierungen im klaren sein könnten, dass diese klar benennbar, greif- oder fassbar wären und auf individuelle handlungen zurückgeführt werden könnten. in allen diesen dimensionen wird meines erachtens die soziale dimension, die diskriminierungen zu strukturellen diskriminierungen macht, in mehrfacher weise ignoriert. el-tayeb macht noch einen weiteren wichtigen aspekt der individualisierung von diskriminierung in der öffentlichen wahrnehmung deutlich, wenn diese zu einem persönlichen versagen in hegemonialen diskursen einer integration marginalisierter (statt diskriminierter) gemacht werden: »the framing of the inability to belong as an individual and cultural failure rather than as the outcome of structural exclusions works to disempower and alienate groups who threaten the binary identifictions on which europeanness continues to be build.«[179]

diskriminierungen sind strukturelle dimensionen gesellschaftlichen agierens und lebens

diskriminierungen verstehe ich in diesem buch und auch grundsätzlich als strukturelle dimensionen der konstituierung von gesellschaft, subjekten, handlungen, interaktion. die strukturelle dimension bedeutet, dass die momentane deutsche gesellschaft beispielsweise durch interdependente machtverhältnisse konstituiert ist und diese auch kontinuierlich auf verschiedene weise re_produziert werden. die in diesem buch in dieser hinsicht explizit behandelten und für den deutschen momentanen kontext von mir hier relevant gesetzten diskriminierungsformen sind genderismus, rassismus und ableismus. diese interdependenten diskriminierungsformen bilden in meiner momentanen analyse das theoretische und unabgeschlossene diskriminierungsdispositiv dieser gesellschaft: sie bilden die grundlage gesellschaftlicher wertvorstellungen, maßstäbe, gesellschaftlichen agierens. sie sind so grundlegend, dass sie nicht in allen ihren dimensionen gefasst werden können, verständlich oder intelligibel sind, sondern sie sind der rahmen, innerhalb dessen gesellschaftliche verhandlungen, normierungen und herausforderungen stattfinden. dies habe ich im vorangegangenen kapitel an den verschiedenen dimensionen von genderismus erläutert – kategorialgenderung, die annahme, dass es genderungen als grundlegendes prinzip gibt, scheint momentan nicht hintergehbar zu sein. alles jenseits von genderungen ist undenkbar, ent_intelligibilisiert, womit in dem hier vorgeschlagenen modell genderismus eine konstituierende grundlage deutscher verselbstständlichung und selbstvergewisserung ist. andere realisierungsformen von genderismus hingegen sind diskursiv innerhalb dieses unantastbaren rahmens der kategorialgenderung verhandelbar und können auf diese weise dann auch individualisiert zugesprochen werden. in den folgenden kapiteln werde ich konkretisieren, wie sich eine solche auffassung zu einem diskriminierungsdispositiv analytisch über diskursanalysen aufzeigen lässt (kapitel v) sowie wie darin interveniert werden kann (kapitel vi).

> strukturelle dimensionen konfigurieren und konstituieren auch individuen in ihren selbst- und fremdvorstellungen, in ihrem empfinden und in ihrer möglichkeit, sich selbst zu worten und für sich selbst und andere intelligibel zu sein. zu der strukturellen dimension von diskriminierungen gehören also auch die individuellen effekte der konkreten diskriminierung von personen. ich verzichte hier auf die konventionalisierte und gebräuchliche begrifflichkeit ›diskriminierungserfahrung‹, da sie wiederum die idee einer individualisierten diskriminierung re_produziert und verstärkt. diskriminierungen ›erfahren‹ personen sicherlich

[179] el-tayeb 2011: xxxi.

auch, vor allem aber werden sie dadurch gewaltvoll zugerichtet, konstituiert, hergestellt und unterdrückt. die idee und das konzept der ›erfahrung‹ entnennt diese strukturelle gesellschaftlich prägende dimension von diskriminierungen, die sich auch in der konstituierung und dem gewaltvollen umgang mit individuen realisiert. aus dem gleichen grund verzichte ich auch auf begrifflichkeiten mit -phobie, wie homophobie oder transphobie, die ebenfalls zu einer konzeptuellen individualisierung einer strukturellen diskriminierung auf der begrifflichen ebene beitragen.[180]

und – nein, es ist nicht egal, welche begriffe verwendet werden in einem solchen fall (*auch hier habe ich schon sehr häufig das argument gehört, dass ›ich ja weiß, was ich meine, da spielt die begrifflichkeit doch nicht so eine große rolle‹. doch, tut sie*). da personen sich nicht kontinuierlich über jedes einzelne wort kritisch reflektierend gedanken machen können, normalisieren und naturalisieren sich unbemerkt bestimmte vorstellungen über die tradierung von begrifflichkeiten und ihr ungebrochener und unhinterfragter gebrauch. das denken findet nicht jenseits des sprechens_hörens_lesens_schreibens statt, sondern ist ein wechselseitiger kontinuierlicher prozess, in dem sich normative und scheinbar unhinterfragbare konzeptualisierungen herausbilden.[181]

dass diskriminierungen eine strukturelle dimension sind, bedeutet nicht, dass sie nicht individuelle effekte und konsequenzen haben und von individuen als gewalthandlungen erlebt, ausgehalten und erlitten werden müssen – und von individuen als diese strukturelle dimension reflektiert werden können, was die grundlage für eine intervention in sie legt.

es scheint für die momentane gesellschaft eine relativ wichtige funktion zu haben, diskriminierungen gerade nicht in ihrer strukturellen dimension zu fassen, wahrzunehmen, zu analysieren und entsprechend dagegen anzugehen. eine wahrnehmung der strukturellen dimension würde letztendlich auch zu einer kritischen reflexion von gesellschaftlichen verhältnissen führen. diese aber stellen sich kontinuierlich so her, als dass sie die grundlage dafür bilden, gegen (dann gleichzeitig individualisierte) diskriminierungen vorzugehen – diese individualisierten diskriminierungen sind auf diese weise gleichzeitig auch die einzige dimension von diskriminierung, die so machtvoll explizit und benannt hergestellt wird.

internalisierung von strukturellen diskriminierungen

eine wichtige dimension einer analyse struktureller diskriminierungen ist es zudem, nicht davon auszugehen, dass die, die diskriminiert sind, sich über die diskriminierung bewusst sein müssen, sie realisieren und benennen können müssen. individualisierungen von diskriminierung als gesellschaftliche argumentationsform können auch dazu führen, dass personen sich ›persönlich nicht diskriminiert‹

[180] vgl. auch ag einleitung 2011.

[181] vgl. hornscheidt 2006; marmaridou 2000.

fühlen, dass sie sich persönlich herabgesetzt und erniedrigt fühlen würden, würden sie sich diskriminierungen als konstituierendes moment ihres seins ›eingestehen‹. dies wird beispielsweise in den immer wieder turnusmäßig stattfindenden öffentlichen verhandlungen zu quoten, momentan zu staatlich regulierten frauenquoten in wirtschaftsunternehmen, deutlich. einzelne frauisierte, die darauf angesprochen und dann in zeitungen zitiert werden, äußern, dass sie ja nicht diskriminiert seien, dass sie keine frauenquoten wollen würden und dass sie keine opfer seien, die solche unterstützung brauchen würden. diskriminierung wird hier also vorausgesetzt als ein persönliches versagen, als ein nicht-reichen zu einer norm (in diesem falle einer neoliberalen leistungsnorm) und einer unfähigkeit, ohne gesellschaftliche hilfe die gleichen öffentlichen positionen wie entnannt *weiße* ableisierte typisierte einnehmen zu können. in der übernahme einer ablehnung von quotierungen ist also bereits eine eigene diskriminierung ent_merkbar gemacht – so stark internalisiert, dass sie keine eigene realität ist und deshalb auch keine maßnahmen gegen sie notwendig sind. dies wird auch in dem nachfolgenden zitat von barbara smith hinsichtlich der reflexion ihrer konstituierung durch rassismus_genderismus deutlich:

> »how was i to know that racism and sexism had formed a blueprint for my mistreatment long before i had ever arrived here? as with most black women, others' hatred of me became self-hatred, which has diminished over the years, but has by no means disappeared. Black feminism has, for me and for some any others, given us the tools to finally comprehend that it is not something we have done that has heaped this psychic violent and material abuse upon us, but the very fact that, because of who we are, we are multiply oppressed.
> unlike any other movement, Black feminism provides the theory that clarifies the nature of Black women's experience, makes possible positive support from other Black women, and encourages political action that will change the very system that has put us down.«[182]

in quotierungen zeigt sich die mehrmals in diesem buch angesprochene problematik, strukturelle diskriminierungen hegemonial so wahrzunehmen und pseudostrategien gegen diese zu entwickeln, mit denen diejenigen, die diskriminiert sind, zum zu behebenden problem gemacht werden, statt die privilegierten positionierungen und personengruppen als problematisch anzusehen, da durch sie diskriminierungen tradiert werden und sich verfestigen.[183]

internalisierungen von strukturellen diskriminierungen sind damit ein wichtiger teil der individualisierung von diskriminierungshandlungen und -konstituierungen und machen es häufig schwieriger, in diese zu intervenieren.[184]

---

182 smith, barbara (1995): some home truths on the comtemporary Black feminist movement. in: guy-sheftall, beverly (hrsg.): words of fire. an anthology of African-american feminist thought. new york: the new press. s. 262.

183 vgl. beispielsweise meine argumentation in kapitel iii unter reprogenderung hierzu.

184 vgl. kapitel vi für mögliche intervenierungsstrategien.

die herstellung des staates als neutrale instanz in bezug auf diskriminierungen

der staat legitimiert sich auf diese weise in seiner funktion, diskriminierungen verhindern und unterbinden zu wollen, gegen diskriminierungen zu kämpfen, und die gewalthaftigkeit staatlichen handelns und staatlicher selbstverständlichung wird so entnannt und zur grundlage eines handelns gegen individualisierte diskriminierungen. dies soll nicht heißen, dass ich ein aktives handeln gegen die individualisierten effekte und konkreten gewaltzurichtungen von individuen durch diskriminierungen – auch mit hilfe staatlich legitimierter mittel – für nicht sinnvoll halte. ganz im gegenteil. trotzdem halte ich es für wichtig, immer gleichzeitig auch die dimensionen, auf denen die interventionistischen handlungen vollzogen werden, im blick zu behalten und zu reflektieren, inwiefern die eigene kritik und intervention gleichzeitig eventuell auch wieder strukturelle dimensionen von diskriminierung entwahrnehmbar macht. oder produktiv ausgedrückt: immer versuchen, im blick zu behalten, wie in allen interventionistischen handlungen die strukturelle dimension zumindest auch berücksichtigung finden kann. dazu mehr in den nachfolgenden kapiteln.

recht als norminstanz und als machtvoller gesellschaftlicher diskurs unterstützt und verstärkt die vorstellung einer individualisierung von diskriminierung

eine wichtige instanz der aufrechterhaltung eines solchen individualisierten konzepts von diskriminierung findet über die diskursive praxis der rechtsgebung und rechtssprechung statt.

dean spade (2011) hat ausführlich aus rechtswissenschaftlicher perspektive die möglichkeiten und grenzen von antidiskriminierungsgesetzen und -rechtssprechungen, bezogen auf den us-amerikanischen raum, untersucht. viele seiner thesen sind meines erachtens auch auf die momentane deutsche situation übertragbar:

> »discrimination law primarily conceptualizes the harm of racism through the perpetrator/victim dyad, imagining that the fundamental scene is that of a perpetrator who irrationally hates people on the basis of their race and fires or denies service to or beats or kills the victim based on that hatred. the law's adoption of this conception of racism does several things that make it ineffective at eradicating racism and help it contribute to obscuring the actual operations of racism. first, it individualizes racism. it says that racism is about bad individuals who intentionally make discriminatory choices and must be punished. in the (mis)understanding, structural or systemic racism is rendered invisible. through this function the law can only attend to disparities that come from the behavior of a perpetrator who intentionally considered the category that must not be considered (e.g., race, gender, disability) in the decision she was making (e.g., hiring, firing, admission, expulsion). conditions like living in a district with underfunded schools that ›happens to be‹ 96 percent students of color, or having to take an admissions test that has been proven to predict race better than academic success or any of a number of disparities in life conditions (access to adequate food, health care, employment, housing, clean air and water) that we know stem from and reflect long-term patterns of exclusion and exploitation cannot be understood as ›violations‹ under the discrimination principle, and thus remedies cannot

be won. this narrow reading of what constitutes a violation and can be recognized as discrimination serves to naturalize and affirm the status quo of maldistribution. anti-discrimination law seeks out aberrant individuals with overtly biased intentions. meanwhile, all the daily disparities in life chances that shape our world along lines of race, class, indigeneity, disability, national origin, sex, and gender remain untouchable and affirmed as non-discriminatory or even as fair.« (spade 2011: 85)

zum einen also wird über anti-diskriminierungsgesetzgebungen ein bestimmtes konzept davon, was diskriminierung ist, re_produziert, zum anderen führt diese herstellung von diskriminierung zu einer allgemeineren gesellschaftlichen auffassung davon, was diskriminierung ist. zum dritten wird in und durch recht die idee einer individualisiert handelnden und dann auch individualisiert zur rechenschaft bzw. zur verantwortung zu ziehenden person machtvoll re_produziert.

»[a] critique of the perpetrator perspective helps us understand how a discrimination-focused law reform strategy that aims to prohibit the consideration of certain categories of identity in the context of certain decisions (who to hire, fire, evict, house, or assault) misconceives how the violences of racism, ableism, xenophobia, transphobia, sexism, and homophobia operate.« (spade 2011: 92)

diese debatte ist in den usa weitaus lebhafter geführt worden als dies bisher in deutschland im öffentlichen raum der fall gewesen ist. hier scheint die debatte interessanterweise immer wieder an punkten auf, wo es um die frage des möglichen bilderverbots zu unterstellt muslimische normen herausfordernden bildern geht. in den usa wurde und wird diese debatte unter dem label ›hate speech‹ geführt. patricia hill collins weist auf die individualisierung, die mit dieser debatte einhergeht, und die unterschiedlichen sozialen positionierungen, die für eine bewertung der öffentlichen meinungsbildung eine rolle spielen, hin:

»these and other changes that marked the emergence of a rhetoric of color blindness created space for the reemergence of hate speech. according to a color-blind racial etiquette, hate speech breaks the rules of civility that characterize this imaginary culture of tolerance. from the perspective of dominant groups, incidents of hate speech and the racial violence that they often provoke can be assessed as isolated events, unfortunate incidents representing the price of protecting free speech and civil liberties in a democratic, color-blind, tolerant society. from the perspective of African-americans as a group, such speech is less an anomaly than a visible, tangible manifestation of deep-seated ideas and practices that permeate and define the social structure itself. ideas about race have not changed that much – what has changed are the rules of racial etiquette regulating how those ideas can be expressed. hate speech and violent racial acts make up the speech that breaks through contemporary racial etiquette, expressing things that many people think but that are too polite to say in public. although hate speech appears to come from nowhere, it actually is everywhere.«[185]

[185] collins, patricia hill (1998): fighting words. Black women and the search for justice. minneapolis, london: university of minnesota press. s. 83.

in dem zitat von collins werden mehrere wichtige aspekte für die frage sprachlicher diskriminierung deutlich:

- die soziale positionierung spielt für eine bewertung einer konkreten äußerungshandlung eine entscheidende rolle: bin ich privilegiert in bezug auf die durch die äußerung hergestellte diskriminierung oder diskriminiert? diese unterschiedliche positionierung führt zu diametral entgegengesetzten einschätzungen.
- explizite sprachliche diskriminierung von individuen ist nicht ein einzelfall, sondern das, was sichtbar und auch für größere gruppen von personen dadurch wahrnehmbar wird, letztendlich aber nur ein möglicher ausdruck für darunter liegende, grundlegende soziale strukturen, die diskriminierend sind, ist.
- sprachliche explizite diskriminierungen sind eine ausdrucksform struktureller diskriminierungen.

> recht ist also weder ein effektives mittel, gegen strukturelle diskriminierungen in einer umfassenden form vorgehen zu können, noch ist die komplexität von diskriminierung über recht überhaupt erfassbar, sondern es findet eine individualisierung von diskriminierung über recht als wichtige gesellschaftliche norminstanz statt, mit der die grundlage, die diskriminierung als gesellschaftlich konstituierendes moment nicht nur unangetastet bleibt, sondern sich sogar unmerklich weiter verstärkt.

diese verstärkung findet auch statt in und durch vorgebliche gesetzesreformen, die ›inklusiver‹ sein sollen und fragen von diskriminierung expliziter zum thema machen sollen, wie es mit dem agg in deutschland der fall ist. »this analysis illuminates how law reform work that merely tinkers with systems to make them look more inclusive while leaving their most violent operations intact must be a concern of many social movements today.« (spade 2011: 91)

dies wiederum hat auch entsprechende auswirkungen auf die wahrnehmung und das einlesen von sprachlichen diskriminierungshandlungen, zu denen ich in meinen nachfolgenden thesen komme.

sprachliche diskriminierungen durch benennungen

schimpfwörter oder beschimpfungen bilden den gesellschaftlich klassisch wahrgenommenen fall einer ›verbalen herabsetzung‹. ob es sich um eine diskriminierung im engeren sinne handelt, also um eine gewaltvolle machtausübung über eine sprachliche handlung, wird dabei in verschiedenen diskursfeldern und von verschiedenen akt_eurinnen unterschiedlich bewertet.

als beschimpfung werden intentional herabsetzende sprachliche adressierungen alltagsweltlich aufgefasst. das heißt, wenn ich eine bestimmte äußerung tätige, mit der ich eine person anrede, und dies mit einer negativen absicht verbinde, die durch die form und den inhalt meiner adressierung so auch zum ausdruck kommt, hat sich eine gesellschaft darauf geeinigt, dass diese herabsetzende adressierung nicht ›berechtigt‹ ist, das heißt nicht über eigenschaften und verhalten, die in der adressierten person liegen, begründet sind, so handelt es sich um eine diskriminierung. dies ist keine rechtliche regelung, die noch einmal anders aussieht, sondern eine alltagsweltliche übereinkunft. trotzdem aber sind von dieser idee, was eine beschimpfung sei, äußerungshandlungen ausgenommen, wenn sie über unterschiedliche indizien wegerklärt werden können: dass die person so alt oder nicht so belesen oder so schlau oder so informiert sei und deshalb nicht wisse, dass ›eine das nicht sagen dürfe‹, dass ihr das sicherlich nur ›rausgerutscht‹ sei, dass sie es sicherlich ›nicht so gemeint‹ habe und vieles ähnliche mehr. in dem hier vertretenen konstruktivistischen ansatz spielt es jedoch für die analytische und auch politisch-aktivistische bewertung, ob eine sprachhandlung diskriminierend sei oder nicht, keine rolle, ob sich die person, die die äußerung tätigt, über die diskriminierungsdimension ihrer äußerung bewusst ist oder nicht. ganz im gegenteil kann es sogar so sein, dass gerade durch die gesamtgesellschaftlich hergestellte nicht-bewusstheit zu strukturellen diskriminierungen eine konkrete diskriminierung unterstützt wird (›ach echt? das wusste ich nicht‹: die herstellung von nicht-wissen als massive hegemoniale form einer durchsetzung gesellschaftlicher strukturen mit diskriminierenden handlungen). viele dimensionen genderistischer diskriminierung, die ich von einem analytischen und politisch-aktivistischen standpunkt aus im vorangegangenen kapitel ausdifferenziert habe, werden nicht von jeder person als diskriminierung und_oder als genderismus verstanden oder eingelesen. dies heißt für mich nicht, dass sie nicht diskriminierungen sind, sondern kann mehrere erklärungen haben:

- bestimmte formen von diskriminierungen sind so grundlegend konstitutiv für die gesellschaft, dass sie gar nicht als diskriminierungen eingelesen oder verstanden werden können, da dann die gesellschaft eine kritische reflexion auch auf sich selbst richten müsste und nicht nur auf ›abweichende‹ individuen, die ›zur ordnung‹ gebracht werden müssen. kategorialgenderung aus dem vorangegangenen kapitel ist ein solches beispiel. es beschreibt den verständlichkeitsrahmen einer gesellschaft, die nur im rahmen dieser unhinterfragbaren normsetzung überhaupt intelligibel in ihren werten, normen und handlungen ist.
- strukturelle diskriminierungen sind so grundlegend und konstituierend, dass personen sich individuell nicht kontinuierlich mit ihrer eigenen konstituierung durch diskriminierungen konfrontieren können. oder noch einmal anders formuliert: die grundsätzlichkeit eines strukturellen genderismus hat auswirkungen auf das individualisierte selbstverständnis als personen in bezug auf genderungen, gender und genderidentitäten. keine person steht außer-

halb von den machtvollen gesellschaftlichen konstruktionen von gender, was dazu führt, dass personen durch genderungen zugerichtet sind, strukturelle genderistische normen als individuelle authentische selbstformen empfinden und re_produzieren. eine kontinuierliche kritische reflexion von strukturellen diskriminierungen und ihrer umsetzung und realisierung in individuelles empfinden und selbsterleben – eine äußerst wichtige dimension für die aufrechterhaltung struktureller diskriminierungen – ist daher von ›individuen‹ als gesellschaftlich geformte subjekte nicht kontinuierlich zu bewerkstelligen. in bezug auf privilegierungen ist die dimension des nicht-wahrnehmens eigener privilegien gesellschaftlich ebenso wichtig, um machtverhältnisse aufrechtzuerhalten und nicht angreifbar zu machen.

»what i find so hard to narrate are the norms – social in character – that bring me into being. they are, as it were, the condition of my speech, but i cannot fully thematize these conditions within the terms of my speech. i am interrupted by my own social origin, and so have to find a way to take stock of who i am in a way that makes clear that i am authored by what precedes and exceeds me, and that this in no way exonerates me from having to give an account of myself. but it does mean that if i posture as if i could reconstruct the norms by which my status as a subject is installed and maintained, then i refuse the very disorientation and interruption of my narrative that the social dimension of those norms imply. this does not mean that i cannot speak of such matters, but only that when i do, i must be careful to understand the limits of what i can do, the limits that condition any and all such doing. in this sense, i must become critical.«[186]

in hornscheidt (2011a) habe ich einen ansatz entworfen, in dem sprachliche diskriminierungen, bezeichnet als pejorisierungen, nicht notwendigerweise direkt appellierend sein müssen und auch bei direkt appellierenden sprach_handlungen nicht unbedingt die mit der sprachhandlung adressierten personen diskriminiert werden. stattdessen schlage ich dort ein modell sprachlicher diskriminierungsanalyse vor, in dem die soziale kontextualisierung sowie darüber hinaus aber auch die konkrete situierung einer sprach_handlung entscheidende momente der analytischen bestimmung sprachlicher diskriminierung sind – und auf diese weise sich die analyse sprachlicher diskriminierungen gleichzeitig auch auf strukturelle momente von diskriminierung bezieht und nicht nur eine re_zentrierung von interindividuellen sprach_handlungen darstellt. damit distanziere ich mich gleichzeitig von modellen und vorstellungen von diskriminierung als ausschließlich individuelle handlungen, bei denen die frage der strukturellen machtpositionen der an der konkreten kommunikation beteiligten außer acht gelassen werden (können). das in hornscheidt (2011a) formulierte und in hornscheidt (2012a) und in diesem kapitel erweiterte modell basiert noch auf einer weiteren wichtigen konstruktivistischen grundannahme:

[186] butler, judith (2005): giving an account of oneself. new york: fordham university press. s. 82.

personen haben keine diskursiv vorgängigen eigenschaften etc., sondern diese werden durch kategorisierende benennungen und diskursivierungen geschaffen

personen oder personengruppen ›haben‹ nicht diskursiv vorgängig eigenschaften, merkmale und damit auch kategorisierende benennungen, aufgrund derer sie in einem weiteren schritt sprachlich diskriminiert werden. stattdessen gehe ich in dem hier vorgeschlagenen modell zu sprachlicher diskriminierung davon aus, dass ›eigenschaften‹ sprachlich geschaffene zu_schreibungen zu personen und personengruppen sind, die diskriminierende effekte haben können, wenn über sie generalisierungen, universalisierungen, bewertungen (auf- und abwertungen) hergestellt werden, die als genau vorgängig und kollektiv begründbar (über bevölkerungsgruppen, genderzuschreibungen, rassifizierungen, ableisierungen, bildungshintergrundzuschreibungen und vieles mehr) realisiert werden.

dies ist eine wichtige konzeptuelle unterscheidung gegenüber vielen herkömmlichen ansätzen zu diskriminierung und zum verhältnis von diskriminierung zu sprache: ich gehe also nicht davon aus, dass es menschen mit unterschiedlichen genderzugehörigkeiten, unterschiedlichen ethnischen ableisierten oder disableisierten, rassifizierten zugehörigkeiten ›gibt‹, sondern dass die ideen einer kategorisierung von menschen als gegenderte, (dis)ableisierte oder rassifizierte gruppen diskursiv auf vielfache weise hergestellt sind, diskursiv getragen, tradiert und naturalisiert werden. die prozesse der naturalisierung von kollektiven zugehörigkeiten können innerhalb einer bestimmten gesellschaft oder einer bestimmten sozialen gruppe so stark, so über zeit und verschiedene diskursfelder hinweg durchgängig und unhinterfragt sein, dass sie von interagierenden und auch ganzen gesellschaften als vorgängig, natürlich, selbstverständlich wahrgenommen und als solche kontinuierlich re_produziert werden.[187] sprachliche benennungen werden dann nur als nachgeordnete prozesse der bezugnahme auf außersprachlich vorhandenes aufgefasst.

sprachliche benennungen selbst sind auch fokussierungen, immer auch verkürzungen und getragen von gesellschaftlichen normvorstellungen und hierarchisierungen von der vorstellung von zugehörigkeiten

warum bezeichne ich eine person als ›frau‹, warum nicht als disableisiert? warum nicht als disableisierte, womit ich dann ›frausein‹ und disableisierung gleichermaßen benennen würde? wann bezeichne ich eine person als deutsch, wen bezeichne ich aufgrund welcher normativen vorstellungen nicht als deutsch? wann spreche

[187] so wirkt beispielsweise in westlichen gesellschaften die idee von einer vorgängigsetzung von geschlecht, die sich auch in der analytischen trennung zwischen so genanntem ›natürlichem‹ und ›sozialem‹ geschlecht wiederfindet. vergleichbares gilt für die vorgängigsetzung von race-vorstellungen. wie ich im vorangegangenen kapitel herausgearbeitet habe, gibt es in bezug auf gender immer auch wieder flexible normierungen und normalisierungen, gleichzeitig aber auch unhintergehbare grenzen, wie beispielsweise die idee, dass kategorialgenderung unhinterfragbar sei.

ich personen religion als zentrales moment zu, wenn ich über sie spreche – und welche religionen? oder sind es kulturelle zugehörigkeiten oder gar rassifizierende, die ich so schaffe? und welche religionen benenne ich nicht, bei welchen personen finde ich religionsbenennungen nicht zentral? wann bezeichne ich eine person als trans, auch wenn sie sich als ›frau‹ identifiziert? wann bezeichne ich eine person als ›frau‹, auch wenn sie sich als trans identifiziert?

die antworten auf diese fragen können sehr verschieden ausfallen und sind in keiner weise in jeder situation und für jede äußernde person immer gleich. sie sollen in dieser verkürzung jedoch deutlich machen, dass es nicht die ›richtige‹ benennung einer vor sprache vorhandenen, also einer vorgängigen eigenschaft_einlesung_identität gibt, sondern diese in und durch sprachliche benennungen erst geschaffen wird – mit häufig diskriminierenden effekten und prototypisierenden zuschreibungen und affirmationen.

diese auffassung, dass sprachliche benennungen erst die kategorisierungen schaffen und in dieser kategorialen zu_richtung und zu_ordnung bereits eine wichtige dimension sprachlicher diskriminierung liegt, liegt konträr zu der alltagsweltlichen und auch juristischen auffassung zu diskriminierung. die diskriminierung wird in vielen modellen stattdessen häufig daran festgemacht, dass die – an sich nicht infragegestellte unterschiedliche sprachliche kategorisierung von menschen – bewertet wird und dadurch soziale asymmetrien zum ausdruck kommen würden. so wird beispielweise in vielen ansätzen auch in den gender studies davon ausgegangen, dass es ›frauen‹ und ›männer‹ ›gibt‹ (eine naturalisierung von zweigenderung usw.), und die diskriminierung darin läge, dass diese unterschiedlich behandelt würden, unterschiedlich bewertet würden, unterschiedliche gesellschaftliche chancen hätten. die idee des sprachlich vorgängigen vorhandenseins dieser zwei kategorisierungen wird damit nicht infragegestellt – weder als zweigenderung noch in den damit vollzogenen universalisierungen, die rassistisch und ableistisch sind.

> »am i a gender after all? and do i ›have‹ a sexuality? or does it run out that the ›i‹ who ought to be bearing its gender is undone by being a gender, that gender is always coming from a source that is elsewhere and directed toward something that is beyond me, constituted in a sociality i do not fully author? if that is so, then gender undoes the ›i‹ who is supposed to be or bear its gender, and that undoing is part of the very meaning and comprehensibility of that ›i‹.« (butler 2004: 16)

essentialisierungen gesellschaftlich hergestellter differenzierungen und kategorisierungen bestätigen ihren unhintergehbaren status auch dadurch häufig noch einmal, dass sie als identitäten gefasst werden. die stark individualisierte und sozial tradierte auffassung, eine bestimmte nationalität zu ›sein‹, eine bestimmte herkunft zu ›haben‹, ein bestimmtes gender zu ›haben‹, macht eine infragestellung der gesellschaftlichen prozesse, die über einen langen historischen prozess dazu geführt haben, dass diese kategorisierungen so gegeben, ›einfach da‹ und in sozialer und individueller wahrnehmung vorhanden wirken, schwierig.

auf diese weise wird eine analyse der machtvollen, durch machtverhältnisse getragenen herstellung von differenz nur bis zu einem bestimmten punkt betrieben und die machtvolle herstellung über sprachliche kategorisierungsprozesse hingegen in der regel nicht weitgehend genug betrachtet, um eine umfassende soziale veränderung, um eine umfassende infragestellung der diskriminierenden strukturen der momentanen gesellschaft zu bewirken.

darüber hinaus aber hat die frage der sprachlichen diskriminierung durch benennungen noch weitere wichtige dimensionen, die in der öffentlichen diskussion und bewertung darum, ob eine bestimmte sprachliche benennung eine diskriminierung sei, nicht oder nur selten berücksichtigt werden:

> die frage, für wen konkret, bezogen auf zugangs- und ausdrucksmöglichkeiten, normierende benennungsäußerungen für eine so genannte ›gelingende‹ kommunikation – für eine kommunikative anwesenheit und beachtung sorgen (können), wird in der regel nicht gestellt, sondern als selbstverständlich und ›allgemeinmenschlich‹ vorausgesetzt. in den auf diese weise präsupponierten universalisierten subjektvorstellungen liegen, so eine weitere these hier, selbst wiederum wichtige grundlagen für strukturelle diskriminierungen, die sich so auch gleichzeitig re_produzieren: was ist, wenn eine person sich gar nicht angesprochen, gemeint, appelliert fühlt durch die offenbar zur verfügung stehenden formen innerhalb einer sprachgemeinschaft, ohne dies aber vielleicht selbst benennen zu können, jenseits eines schalen und unwortbar erscheinenden unbehagens? ist dies ein individuelles – und als solches dann schon nicht einmal wirklich benennbares – problem oder könnte hier eine dimension struktureller diskriminierung wirksam sein, die über die gängigen vorstellungen konkreter intentionaler und expliziter benennungen hinausgeht?[188]

was ist, wenn das, was unter ›sprache‹ prototypisch und konventionalisiert verstanden wird, zu ausschlüssen für personen führt, die keine konventionalisierte und standardisierte schrift- und lautsprache benutzen, wenn eine person sich erst gar nicht mit lautsprache angesprochen fühlt, da sie beispielsweise gar keine lautsprache verwendet? würde das dann heißen, dass sie nicht von diskriminierenden sprachhandlungen be- oder ge_troffen sein kann, ge_troffen werden kann? inwie-

---

[188] diese frage erscheint mir nur sehr schwierig formulierbar: wie kann etwas gefühlt, ausgedrückt, benannt, wahrgenommen werden, was jenseits der hegemonial zur verfügung gestellten, realisierten und re_produzierten sprachlich konstruierten konzeptualisierungen liegt? kann es mehr sein als eine vage idee, ein unbehagen, ein unwohlsein? ist es nicht erst posthoc als ein solches unbehagen in dem ringen um benennungsformen und damit greifbarkeiten, möglichkeiten zur – wenn auch nur punktuellen – distanzierung benennbar? es ist für mich nicht zufällig, dass sich gerade in literarischen produktionen von diskriminierten genau diese thematisierungen sowie ein ringen um sprechfähigkeiten zeigt. mit diesem phänomen ist zugleich auch ein paradoxon des von spivak formulierten kollektivs ›subalterne‹ angesprochen.

fern finden also über die tradierten vorstellungen dazu, was eine diskriminierende sprachhandlung sei, ableistische und migratistische[189] setzungen statt, die selbst auch wieder als diskriminierende sprach_handlungen aufgefasst werden können? oder ist sprachliche diskriminierung ein grundlegender zu fassendes phänomen, welches sich nicht nur auf formen expliziter sprachlicher diskriminierung beziehen kann, da sonst massive ausschlüsse durch diese begrenzung bereits impliziert sind sowie auch nicht nur auf die fähigkeit bezogen sein kann, sich angesprochen zu fühlen?

> »could language injure us if we were not, in some sense, linguistic beings, beings who require language in order to be? is our vulnerability to language a consequence of our being constituted within its terms? if we are formed in language, then that formative power precedes and conditions any decision we might make about it, insulting us from the start, as it were, by its prior power.« (butler 1997: 1-2)

benennungen von personen sind in diesem konstruktivistischen modell ein zentrales instrumentarium der machtvollen kollektiven herstellungen von wirklichkeitsvorstellungen durch die kommunikativ vollzogenen zu_schreibungen von zugehörigkeiten, ihren bewertungen, ein- und ausschlüssen und dem ab_sprechen von zugehörigkeiten. ich bezeichne sie als personale appellationen, um auch in dieser begrifflichkeit – der benennung von personen über tradierte konventionalisierte sprachhandlungen – das moment des sprachlichen handeln explizit zu machen.[190] das konzept der personalen appellation geht aber nicht nur erkenntnistheoretisch über das der ›personenreferenz‹ hinaus, sondern auch inhaltlich, da unter diesem auch sprachhandlungen gefasst werden, die nicht direkt an personen gerichtet sind oder personen benennen, sondern über die auch indirekt personenbezogene konzeptualisierungen aufgerufen werden. dies ist zum beispiel bei bestimmenten sprachlichen diskriminierungen bzw. in meiner terminologie ›pejorisierungen‹[191] häufig der fall oder auch bei metaphorisierungen[192], wie zum beispiel in äußerungen wie ›der vergleich hinkt‹ oder ›eine muss blindes vertrauen haben‹: in beiden konkreten beispielen für metaphorisierungen werden formen von disabilisierung

[189] für das analysekonzept migratismus, vgl. tudor 2010.

[190] vgl. hornscheidt 2006 und 2008a für eine theoretisierung und herleitung des konzepts der personalen appellation.

[191] vgl. hornscheidt 2011a; hornscheidt, lann (2012c): der hate speech-diskurs als hate speech: pejorisierung als konstruktivistisches modell zur analyse diskriminierender sprach_handlungen. in: meibauer, jörg (hrsg.): hate speech/hassrede. interdisziplinäre beiträge des gleichnamigen workshops, mainz 2009. linguistische untersuchungen gießener elektronische bibliothek. s. 29-58.

[192] diese können selbst auch in vielen fällen pejorisierend verwendet werden. siehe auch hierzu hornscheidt 2011a. ich verwende die begrifflichkeit metaphorisierung, um die prozessuale herstellung von etwas als metapher und damit die konstruktionsseite von metaphern stärker zu betonen.

durch und mit den metaphorisierungen normalisiert und dadurch indirekt personen negativ bewertend konzeptualisiert, auch wenn die versprachlichungen nur indirekt personen bzw. personale existenzen aufrufen. dies führt zu einer weiteren wichtigen these, die ich weiter unten behandele, dass personen nicht direkt adressiert sein müssen, damit ich mit einem konstruktivistischen modell von einer diskriminierenden sprachhandlung ausgehe.

aber nicht nur das, was gesagt wird, kann eine diskriminierende sprachhandlung sein, sondern auch das, was nicht gesagt wird. dabei differenziere ich nach entnennungen und ent_erwähnungen.

entnennung und ent_erwähnung werden unter dem oberbegriff der weg_nennung zusammengefasst. die vorsilbe ›ent‹ betont die aktive handlung des nicht-sagens und nicht-schreibens. die traditionellen begrifflichkeiten nicht-sagen/schreiben, nicht-benennung oder das adjektiv ›unmarkiert‹ verdecken die in den sprachlichen weigerungen oder weg_nennungen enthaltenen handlungsdimensionen und implizieren stattdessen, dass nur sagen und schreiben sprachliche handlungen sind.[193] in dem hier vertretenen konzept sind weg_nennungen hingegen machtvolle sprachliche handlungen zur schaffung von normalisierungen bzw. normalitätsvorstellungen.

wie aber kann ich überhaupt feststellen, ob etwas entnannt oder ent_erwähnt ist? die folie, vor der etwas als weg_nennung konzeptualisiert wird, sind die kritisch-reflektierenden analysen zu strukturellen diskriminierungen in ihren verschiedenen sprachlichen manifestierungen, wie widerstandsliteratur, romane und gedichte aus diskriminierten positionierungen, forschungsliteratur von diskriminierten, mündliche äußerungen, filme, bilder.

sprachliche diskriminierungen durch ent_erwähnungen

ent_erwähnungen sind die sprachlichen handlungen, mit denen diskriminierte positionierungen nicht explizit gemacht werden und auf diese weise personen und personengruppen, die diskriminiert positioniert sind, sprachlich handelnd diskriminiert werden.[194] der unterstrich in ent_erwähnung macht deutlich, dass es auch immer lücken und brüche, bewusste widerstandsstrategien von diskriminierten in ent_erwähnungen geben kann.

der ausdruck ent_erwähnung macht kenntlich, dass das sprachliche auslassen von deprivilegierten personengruppen eine aktive, potentiell diskriminierende sprach_handlung ist. dies geschieht in bezug auf rassismus, wenn beispielsweise Schwarze personen in den unterschiedlichsten kontexten nicht vorkommen und

---

[193] auf diese weise werden zum beispiel auch tabuisierungen als eine form von weg_nennungen sehr viel stärker als sprachliche handlungen konzeptualisierbar.

[194] das konzept ent_erwähnung ist von alanna lockward geprägt worden, vgl. dazu lockward 2010.

nicht benannt werden. denn auf diese weise werden rassistisch diskriminierte personengruppen sprachlich unwahrnehmbar gemacht, entwahrgenommen, und rassistische handlungen entnannt. wie ich im vorigen kapitel zu genderismus bereits ausgeführt habe, ist die prototypische vorstellung einer person, wenn sie nicht näher benannt ist, im deutschen die einer *weißen* ableisierten typisierten person. durch die ent_erwähnung Schwarzer personen wird diese prototypische vorstellung immer weiter tradiert. dies hat rassistische effekte, da es die lebensrealitäten von durch rassismus strukturell diskriminierten personen ignoriert, entkonzeptualisiert und auf diese weise eine *weiße* normalvorstellung universalisiert. ent_erwähnungen von Schwarzen personen verstehe ich folglich als rassistische sprachhandlungen.

collins macht deutlich, dass die us-amerikanische öffentliche strategie der ›color blindness‹ in den 1970er und 1980er jahren eine ent_erwähnung von rassistischen gesellschaftlichen strukturen re_produziert und sich rassismus in anderen formen ausdrückt, wenn es eine norm einer nicht-rassifizierung gibt:

> »race remained salient in american politics in the 1970s and 1980s, but how it was managed in social institutions and expressed in the marketplace of ideas changed dramatically. during the period of color blindness that worked with changing market relations, deeply entrenched and largely unchallenged beliefs about Black inferiority reappeared in racially coded language – language without an explicit reference to race but embedded with racial meaning nonetheless. such speech reinforced long standing beliefs about Black sexuality, criminality, stupidity, and laziness via gender-specific images of ›street crime‹, ›drug dealers‹, ›quota queens‹, and ›welfare queens‹.«[195]

el-tayeb benennt den umgang mit kolonialrassismus in europa als die diskursive strategie der verleugnung, die es schwierig macht gegen rassismus anzugehen, wenn dieser vor allem durch ent_erwähnung diskursiviert wird:

> »the continental european case represents a form of racialization that receives relatively little academic attention both because it diverges from models traditionally dominating the discourse around race and because its strategy of denial is particularly hard to challenge: rather than explicit mechanisms by which race is implemented or referenced in politcal, social, and economic interactions within and between communities, the ideology of ›racelessness‹ is the process by which racial thinking and its effects are made invisible.«[196]

im kontext des vorliegenden buches ist es besonders interessant zu überlegen, wie eine interdependente wahrnehmung von rassismus, ableismus und genderismus – jeweils in ihren eigenen weiteren ausdifferenzierungen, wie ich sie für

[195] collins 1998: 82.

[196] el-tayeb 2011: xvii.

genderismus im vorangegangenen kapitel vorgenommen habe, aus einem komplexen zusammenspiel von gleichzeitigen ent_erwähnungen und entnennungen funktioniert und dadurch komplexe vorstellungen von diskriminierten positionierungen invisibilisiert[197] und partiell visibilisiert werden – und auf diese weise bestimmte interdependente strukturelle diskriminierungen ent_intelligibilisiert werden, wie ich im nachfolgenden kapitel v diskutieren werde.

sprachliche diskriminierungen durch entnennungen

entnennungen sind die sprachlichen handlungen, mit denen privilegierte positionierungen nicht explizit gemacht und auf diese weise normalisiert werden.[198] der begriff ›entnennung‹ verdeutlicht, dass das auslassen oder nicht-explizit-machen einer normsetzung eine aktive handlung ist. wenn zum beispiel in bezug auf rassismus *weiß*sein und die damit verbundenen privilegien nicht explizit gemacht werden, dann ist dies eine entnennung, weil die privilegierte norm damit sprachlich unhör- und unlesbar und somit generalisiert wird.

der begriff der entnennung impliziert ein verändertes normverständnis: indem die nennung von privilegierungen mit diesem begriff als normal, selbstverständlich und erwartbar gesetzt wird und die weg_nennung somit zu einer aktiven handlung, zu einer entnennung wird. mit den konzepten entnennung und ent_erwähnung als sprachhandlungen wird gleichzeitig das handlungsspektrum für veränderungen von diskriminierenden sprachhandlungen entschieden vergrößert, da sich der fokus von expliziten benennungspraktiken um all das, was sprachlich aktiv sprachhandelnd in der hier vertretenen sichtweise nicht zum ausdruck gebracht wird, erweitert. wenn in bestimmten kontexten nur Schwarze personen explizit benannt werden, *weiße* jedoch nicht, sondern sie die verselbstständlichte folie der othernden benennung von Schwarzen ist, so ist dies rassistisch für Schwarze personen und positionen. die explizitmachung von frauisierten beispielsweise durch -in-formen, ohne gleichzeitig typisierte entsprechend immer explizit zu machen und androgendernde maskulina also in genderspezifizierend ›männliche‹ formen aufzulösen – wenn dies nicht geschieht, sondern nur ab und zu ein paar zusätzliche formen zur expliziten benennung von frauisierten eingeführt werden, ist das sexistisch. denn auf diese weise werden frauisierte wieder zum sonderfall, der extra benannt ist, während typisierte einer spezifizierenden benennung entgehen – sie sind entnannt.[199]

mit diesem konzept zu sprachlicher diskriminierung gibt es keine neutrale oder unschuldige position in bezug auf die potentiell diskriminierende wirk_mächtig-

197 für den begriff der invisibilisierung, vgl. kilomba 2008a; kelly (im erscheinen).

198 vgl. hornscheidt 2005; hornscheidt/nduka-agwu 2010.

199 ausführlicher dazu argumentiere ich im nachfolgenden kapitel.

keit sprachlicher handlungen: jedes nicht-eingreifen in diskriminierende sprach_handlungen ist selbst eine diskriminierende sprach_handlung.[200] jedes schweigen ist ebenso wie jedes entschreiben eine potentiell diskriminierende sprachhandlung.

diskriminierung durch ent_intelligibilisierung, entsprachlichung, entkonzeptualisierung

was liegt jenseits der möglichkeit durch sprachliche benennungen diskriminiert zu werden? die möglichkeit sprachlich diskriminiert zu werden, ist bereits ein mehr gegenüber einer ent_intelligibilisierung, der unmöglichkeit benannt zu sein, der unvorstellbarkeit zum bereich des menschlichen zu gehören und dadurch den status einer menschlichen benennung, einer personalen appellation einzunehmen. frantz fanon hat dies für die Schwarze androgegenderte position im kolonialhistorischen kontext deutlich gemacht.[201] butler hat diesbezüglich auf die interdependenz dieses ansatzes durch eine reflexion seiner inhärenten androgenderung hingewiesen.[202] die ag einleitung (2011) hat herausgearbeitet, wie eine soziale positionierung und kritische ver_ortung als dyke_trans eine position der unmöglichkeit gewesen ist – jenseits der durch diese publikation initiierten benennung und wie auf diese weise eine spezifische diskriminierung durch eine komplexität von genderismus nicht nur nicht benannt worden ist (was unter ent_erwähnung im oben gemachten sinne fallen würde), sondern über den rahmen des diskriminierungsdispositivs hinausgehen würde, sozusagen ent_intelligibilisiert ist. die sprachliche diskriminierung liegt als in diesen fällen in der re_produktion eines diskriminierungsdiskurses, der die eigenen prämissen, auf denen er beruht, gleichzeitig immer weiter in eine unhinterfragbarkeit verfestigt.

> »the conditions of intelligibility are themselves formulated in and by power, and this normative exercise of power is rarely acknowledged as an operation of power at all. indeed, we may classify it among the most implicit forms of power, one that works precisely through its illegibility: it escapes the terms of legibility that it occasions. that power continues to act in illegible ways is one source of its relative invulnerability.« (butler 1997: 134)

butlers annahme, dass die sprachliche benennung zunächst auch erst die verletzbarkeit schafft, wird hier nicht nur bestätigt, sondern auch in mehrfacher weise erweitert bzw. ausdifferenziert: zum einen differenziere ich zwischen verletzung/verletzbarkeit und diskriminierung. ersteres ist auf der ebene einer persönlichen oder individuellen empfindung.

---

[200] vgl. hornscheidt/nduka-agwu 2010, wo dies fokussiert auf rassistische sprach_handlungen deutlich gemacht wird.

[201] fanon, frantz (2008): Black skin white masks. new york: grove press. s. 8.

[202] butler 2004: 13.

eine empfundene verletzung muss keine strukturelle diskriminierungsdimension besitzen und es ist wichtig, zwischen verletzung und struktureller diskriminierung zu differenzieren, auch in dem eigenen erleben und den eigenen kategorisierungen zu konkreten vorkommnissen. ›du idiot‹ an eine ableisierte person gewendet gesprochen kann diese verletzen, die diskriminierung liegt aber in der aufrufung von intellektueller disableisierung. das heißt, mit einer verwendung dieses ausspruchs wird disableisierung ent_normalisiert – die phrase wird in negativer intention verwendet – und diskriminiert also insgesamt disableisierte. diskriminierungen sind ein konstituierendes merkmal gesellschaftlicher strukturen.

in alltagsverwendungen werden die begrifflichkeiten verletzung und diskriminierung häufig mit ähnlichen bedeutungen verwendet, was auch dazu führt, dass diskriminierungen nicht in ihrer strukturellen dimension wahrgenommen werden, sondern auch hier zu einer dimension individuellen erlebens werden. zum zweiten erweitere ich die perspektive hier um die frage, inwiefern die konstituierung durch sprache gerade auch ent_intelligibilisierung als konstituierendes moment miteinbeziehen muss.

was dies konkret für eine analyse von genderismus bedeutet, führe ich im nachfolgenden kapitel aus. in kapitel vi formuliere ich ansätze zu interventionen in diese form auch sprachlich re_produzierter struktureller diskriminierungen.

doch auch jenseits der frage, ob etwas so unvorstellbar durch soziale normen und regulierungen einer gesellschaft gemacht ist, dass es nicht auch nur denkbar erscheint, gibt es auch auf der diskursiven ebene noch weitere wichtige faktoren der bestimmung sprachlicher diskriminierung. so steht in dem hier vertretenen konstruktivistischen modell auch die frage zur debatte, welche position die durch eine sprachhandlung diskriminierten zu der konkreten sprachhandlung einnehmen müssen.

sprachliche diskriminierungen müssen nicht direkt an die personen, die diskriminiert sind, adressiert sein – diskriminierte personen müssen nicht in einer konkreten kommunikationssituation anwesend sein, um durch sprachliche handlungen in dieser situation diskriminiert zu sein

diese these läuft sowohl bisherigen sprachwissenschaftlichen und soziologischen ansätzen zu beschimpfungen und sprachlichen diskriminierungen als auch rechtlichen verhandlungen von sprachlichen diskriminierungen zuwider. die these schließt an die weiter oben ausgeführte these an, dass sprachliche diskriminierungen auch und besonders darüber vonstatten gehen, dass kategorisierungen und zu_ordnungen zu personen und personengruppen sprachlich geschaffen werden und diese kategorisierungen, identitäten und personen(gruppen)merkmale nicht vorsprachlich, sprachlich vorgängig sind, um dann in einem weiteren schritt die so benannten zu diskriminieren. daran anschließend stelle ich hier also die these auf, dass es auch nicht unbedingt die mit einer äußerung konkret angesprochenen sind, die mit dieser diskriminiert werden, sondern die diskriminierung auch und besonders nicht-anwesende oder nicht direkt angesprochene ›betreffen‹ kann. das heißt, dass durch äußerungen an zweite dritte also, ob anwesend oder nicht in der konkreten kommunikationssituation, diskriminiert werden können. auch diese these nimmt damit die idee der strukturellen dimension von sprachlichen diskriminierungen wieder auf und setzt sie in ein theoretisches und anwendungsbezogenes modell um. über diese these kann ich zugleich auch den unterschied zwischen einer dimension ›persönlicher kränkung‹, dem gefühl ›verletzt zu sein‹, ›getroffen zu sein‹ und der ebene struktureller diskriminierung über sprachliche handlungen weiter verdeutlichen. dazu ein paar beispielsätze.

die äußerungen ›bist du blind, oder was?‹ (1), ›bist du nicht ganz richtig im kopf?‹ (2), ›bist du eine lesbe, oder was?‹ (3) appellieren nicht an personen, die auf verschiedene weisen disableisiert sind (1; 2) oder an eine person, die sich vermutlich selbst als lesbisch benennen würde (3). sie rufen stattdessen als in diesen äußerungen abwertend verwendete zu_ordnungen von personen auf, die hier vermeintlich anderen personen, normalisierten ableisierten und heteragegenderten personen, in einer negativen form unterstellt werden oder mit denen diese abgewertet werden sollen. personen, die so angesprochen werden, können sich beispielsweise gekränkt fühlen, sie sind aber, sofern sie nicht durch ableisierung und heteragenderung diskriminiert positioniert sind, nicht diskriminiert von diesen äußerungen. sprachlich diskriminiert sind hingegen die personen oder personengruppen, die durch diese äußerungen in ihrer sozialen positionierung weiterhin diskriminiert werden, auch wenn sie vielleicht nicht konkret mit diesen äußerungen angesprochen sind – sie bilden die folie einer negativbewertung und -benennung anderer, und es ist diese folie, gegen die die diskriminierung realisiert wird, nicht aber die personen, die potentiell so angesprochen werden. fühlen diese sich dadurch und damit gekränkt, als ›lesbe‹ benannt zu werden zum beispiel, re_produzieren und verfestigen sie dadurch auch selbst diese diskriminierung. diese diskriminierung scheint so selbstverständlich im wissensvorrat der gesellschaft zu sein, dass personen, die so empfinden und äußern, damit gekränkt zu sein, nicht aufgrund der diskriminierung, die sie selbst damit ausagieren, auffallen – diese form der diskriminierung ist absolut normalisiert und als nicht-diskriminierung gesellschaftlich neutralisiert.

äußerungen wie ›schwarzfahren kostet geld‹, ›musst du immer gleich alles so schwarz sehen‹, ›ich trage dich ins schwarze buch ein‹, ›sich schwarz ärgern‹, ›schwarzarbeit‹[203] sind alle rassistisch diskriminierend, da sie über eine konventionalisiert negative schwarz-symbolik schwarz als farbe und konzept konventionalisiert so negativ belegen, dass dies auch auswirkungen auf die stereotypisierend negative gesellschaftliche konzeptualisierung von Schwarzen personen hat.[204] eine

[203] danke, awatif, für das beisteuern von beispielen.

[204] vgl. auch husmann, jana (2010): schwarz-weiß-symbolik. dualistische denktraditionen

äußerung wie ›ich bin doch nicht dein sklave‹, die androgendernd ist, re_produziert kolonialrassistische begebenheiten und verharmlost sie, indem sie hier auf alltagsweltliche deutschsprachige kontexte übertragen werden. sie wirken dadurch diskriminierend auf die personen, die in dieser gesellschaft durch kolonialrassismus diskriminiert positioniert sind – ihre spezifischen diskriminierungskonstituierungen dienen hier als eine folie für andere soziale zusammenhänge. kolonialrassismus wird auf diese weise verharmlost. eine solche ersetzung von diskriminierungsformen füreinander mit einer jeweils stattfindenenden entdependierung von diskriminierungsverhältnissen finden sich zahlreich in der gegenseitigen ersetzung von genderismus, rassismus und ableismus – und tragen dazu bei, dass diese diskriminierungsformen als getrennt und monolithisch wahrgenommen werden. die idee interdependenter struktureller diskriminierung ist damit ent_intelligibilisiert, teil des diskriminierungsdispositivs.

›wenn eltern hören, dass ihr kind verunglückt ist, werden sie kreidebleich.‹ dieser generisch gedachte satz – gemeint sind ›alle eltern‹ – ruft *weiß*sein als norm implizit wieder auf, was durch den ausdruck ›kreidebleich‹ hier sogar noch indirekt expliziert wird. doch auch jenseits dieser indirekten explizierung finden sprachliche diskriminierungen durch die verstetigung genderistischer, rassistischer und ableistischer prototypisierung der vorstellung statt, indem norm- und normalsetzungen genau nicht benannt werden und dadurch aus ihrer unbenannten und damit schwieriger zu hinterfragenden normposition herausgeholt und folglich hinterfrag- und reflektierbar sowie angreifbar werden. in dem hier vertretenen konstruktivistischen modell zu sprache und diskriminierung verstehe ich dies als strukturell diskriminierende sprach_handlungen. genderismus, rassismus und ableismus sind dabei interdependente bestandteile dieses strukturellen diskriminierungsdispositivs, die aber in der regel nur getrennt voneinander wahrgenommen und höchstens additiv analysiert werden. die konzeptualisierung von interdependenzen ist teil des diskriminierungsdispositivs – sich interdependenzen vorzustellen und dadurch als wichtigen teil gesellschaftlicher macht- und diskriminierungsverhältnisse zu verstehen, ist momentan ent_intelligibilisiert. dadurch kommt es zu einem nebeneinander oder einer hierarchisierung unterschiedlicher elemente des interdependenten diskriminierungsdispositivs, die jeweils alleine betrachtet auch wieder diskriminierend wirken, wenn sie die anderen bestandteile struktureller diskriminierung in ihren analysen und politisch widerständigen aktionen nicht mit berücksichtigen. die momentan konventionalisierten begrifflichkeiten zur benennung dieser strukturellen diskriminierungen unterstützen die konzeptualisierung der trennbarkeit unterschiedlicher diskriminierungsverhältnisse, wenn genderismus, rassismus und ableismus getrennt benannt werden. in ›feminismus schreiben lernen‹ (2011) haben alyosxa und ich

und die imagination von ›rasse‹. religion – wissenschaft – anthroposophie. bielefeld: transcript.

daraus die konsequenz gezogen, explizit zu formulieren, dass eine feministische kritische ver_ortung immer gleichzeitig auch anti- oder contra_rassistisch und anti- oder contra_ableistisch sein muss und sonst keine feministische position sei. in hornscheidt (2010b; 2011c) und tudor (2010) findet sich die neue begrifflichkeit der statisierung, mit der die interdependente momentane deutsche normherstellung als *weiß* typisiert christlich-säkularisiert und ableisiert durch einen begriff zum ausdruck gebracht werden soll. dies sind ver_suche, interdependente diskriminierungsformen als solche über die prägung neuer begrifflichkeiten oder neuer definitionen konventionalisiert konzeptualisierbar zu machen.[205]

in diesem abschnitt ist es mir also darum gegangen, deutlich zu machen, wie vielschichtig sprachliche diskriminierung auch jenseits direkter adressierungen sein kann. dieser vielfältigkeit kann eine rechtliche regelung, die auf individuen und ihre intentionalen sprachhandlungen einzelnen anderen gegenüber abzielt, nicht ›gerecht‹ werden – und gleichzeitig zeigt dies, wie machtvoll hier eine gesellschaftliche vorstellung dazu, was diskriminierung sei, auf eine bestimmte form diskriminierender handlungen, die selbst in dieser form nicht losgelöst von sozialen kontexten und gesellschaftlichen prozessen betrachtet werden können, reduziert ist.

heißt dies jetzt also, dass überhaupt nicht mehr gesprochen werden darf oder besser sollte, da es sonst immer auch zu diskriminierungen kommt? wiegt nicht das ideal der freien meinungsäußerung sehr viel stärker? ansätze zu interventionen in diese auffassung diskutiere ich in kapitel vi.

sprachliche diskriminierungen werden gesellschaftlich weniger wichtig genommen als das recht auf so genannte ›freie‹ meinungsäußerung

diese wichtige gesellschaftliche normalisierung von ›freiem rederecht‹ ist ein wichtiger baustein eines verständnisses sprachlicher diskriminierung, welches in der momentanen deutschsprachigen öffentlichkeit sehr restriktiv verstanden wird:

- es bewertet die möglichkeit, alles sagen zu können und zu dürfen höher als die damit einhergehenden strukturellen diskriminierungen, die auf diese weise re_produziert werden und potentiell lebensbedrohliche effekte auf durch strukturelle diskriminierungen deprivilegiert positionierte personen und personengruppen haben.
- es geht von der idee aus, die auf diese weise machtvoll wieder aufgerufen wird, dass alles sagbar wäre, dass alle eine stimme hätten und sowohl das sagen könnten, was sie sagen wollten, als auch in der gesellschaft gehör finden würden.

[205] diesen punkt diskutiere ich ausführlicher im nachfolgenden kapitel unter der frage der verfasstheit des diskriminierungsdispositivs.

beide aspekte re_produzieren ein bestimmtes öffentliches bild zu sprachlicher diskriminierung, aber auch zur rolle und position des staates und der idee des subjekts, welches als autonom, anwesend und sprechfähig hergestellt wird. gerade das erste oben re_produzierte argument nimmt individuen aus der sozialen verantwortung zu überlegen, was sie sagen, warum sie es sagen, an wen gerichtet sie was sagen. die idee einer strukturellen diskriminierung, die in debatten um hate speech aufscheint wird hier so abgewehrt, dass individuen ihre soziale handlungskompetenz vollkommen wegdenken und sich auf diese weise von allen eigenen sozialen verantwortungen entledigen. dass diskriminierung ein strukturelles phänomen ist, bedeutet nicht, dass nicht individuen, die durch diese machtverhältnisse konstituiert sind, eine verantwortung für ihr sprachliches handeln haben, welches sie kontinuierlich reflektieren müssen.

in allen öffentlichen diskussionen zu der frage von meinungsfreiheit wird dabei ein universalistisches ›wir‹ aufgemacht und re_produziert, welches durch und in seiner universalisierung genderistische_rassistische_ableistische diskriminierungen re_produziert. die positionen, die vertreten werden, gehen von universellen ›menschenrechten‹ aus, bei denen die frage ist, wer in diesen fällen überhaupt zu der gruppe der ›menschen‹ gezählt wird und ob es eine universelle position zu dieser frage überhaupt geben kann. dies wird auch in dem nachfolgenden gedicht von pat parker deutlich.

»don't let the fascists speak

›don't let the fascists speak.‹
›we want to hear what they have to say.‹
›keep them out of the classroom.‹
›everybody is entitled to freedom of speech.‹

i am a child of America
a step child
raised in the back room
yet taught
taught how to act
in her front room.
my mind jumps
the voices of students
screaming
insults
threats
let the nazis speak
let the nazis speak
everyone is entitled
to speak.

i sit easy-legged
Black child
        in a Black school
        in the Black part of town
        look to a Black teacher.
the bill of rights
guarantees
us all the rights

my mind remembers
chants
        article i
        article i
& my innards churn
they remember
        the Black teacher
        in the Black school
        in the Black part
of the very white town
who stopped us
when we attacked
the puppet prinicipal
the white board
of mis-education
cast-off books
illustrated with cartoons &
words of wisdom
written by *white*
children in the
other part of town
missing pages
caricatures
of hanging niggers
the bill of rights
was written to
protect
us

my mind remembers
& my innards churn
conjures images
        police
                break up
                illegal demonstrations
                illegal assemblies

conjures images
    a Black panther
        if tricky dick
        tries to stop us
        we'll stop him
conjures images
    that same Black man
    going to jail
        for threatening
        the life of
            THE PRESIDENT
every citizen
is entitled to
freedom of speech

my mind remembers
& my innards churn
conjures images
    of jews in camps
    of homosexuals in camps
    of socialists in camps
        let the nazis speak
        let the nazis speak
faces in a college
classroom
        you're being facist too
        we want to hear what they have to say
faces in a college
classroom
young *white* faces
    speak let them speak
    speak let them speak
Blacks jews some *whites*
seize the bullhorn
    we don't want to hear
    your socialist rhetoric
socialist rhetoric
    survival
    rhetoric
the supreme court
says it is illegal
to scream fire
in a crowded theater
to scream fire
in a crowded theater

causes people to panic
        to run
        to hurt each other

my mind remembers
& now i know
what my innards
say
illegal to cause
people
        to panic
        to run
        to hurt
there is
no contradiction.

what the nazis say
will cause
people
        to hurt
                ME.«[206]

sowohl butler (1997) mit dem konzept impliziter zensur als auch spivak (1988) mit dem konzept der subalternen geben zu der frage ›freier‹ meinungsäußerungen differenziertere vorschläge, die die frage, von welcher sozialen positionierung aus gesprochen werden kann und wer überhaupt von wem gehör erlangt und erlangen kann, zentrale fragen sind. beide machen in ihren theorien deutlich, dass die ausschlüsse weit jenseits und vor der frage des verbots konkreter aussagen liegen. dadurch aber, dass diese frage so gar nicht stellbar ist, sondern auch an diesem punkt wiederum auf individualisierte rechte des sprechens bezogen wird, bleiben wichtige dimensionen einer frage diskriminierender sprachhandlungen so paradoxerweise unaussprechbar – und ent_gehen damit auch einer differenzierten öffentlichen wahrnehmung und kritik.

wer bestimmt, was diskriminierende sprachhandlungen sind?

wie kann ich nun also feststellen, wann eine sprachhandlung diskriminierend ist? ein wichtiges moment ist die kontinuierliche reflexion von strukturellen diskriminierungen und eine reflexion der eigenen interdependenten positionierungen in interdependenten strukturellen diskriminierungen sowie der versuch, eine kritische ver_ortung zu interdependenten diskriminierungen einzunehmen. dieser prozess

[206] parker, pat (1999): movement in Black (expanded edition). ithaca, new york: firebrand books: 92ff.

einer reflexion ist unabschließbar – so wie sich auch die realisierungs- und argumentationsformen von strukturellen diskriminierungen kontinuierlich verändern, an argumentationen anpassen, diese aufnehmen und zu neuen muster von diskriminierung umsetzen.

die auffassung von diskriminierten dazu, dass eine sprachhandlung diskriminierend sei, ist dabei eine wichtige instanz für mich. wie ich weiter oben ausgeführt habe, müssen aber nicht alle personen, die sozial diskriminiert positioniert sind, diese diskriminierung auch bewusst haben, reflektieren und gegen sie kämpfen, sie müssen also nicht kritisch ver_ortet zu dieser diskriminierenden positionierung sein – und insofern müssen sich auch nicht alle diskriminierten personen über die diskriminierung bewusst sein. eine weitere ebene der kritischen evaluation konkreter sprachhandlungen ist die hinzuziehung von antidiskriminierend ver_orteten stimmen, beispielsweise in büchern, videos, auf vorträgen und in gesprächen.[207] auch kann es meines erachtens nach nicht vorausgesetzt werden, dass die so in einer konkreten situation diskriminierten zum einen immer auch selbst sprechen können und wollen und auch gehört werden. spivak hat in ihrem text ›can the subaltern speak?‹ (1988) deutlich gemacht, dass die subalterne in der normsetzung der sprech- und hörfähigkeit der hegemonie nicht sprechen kann bzw. nicht gehört wird, sondern immer nur unterschiedliche akteur_innen für sie meinen, sprechen zu können oder zu wollen.[208] in dieser vorstellung also subalternisieren bestimmte ak_teurinnen die subalterne und geben sowohl sich selbst eine sprechmacht als auch vereinnahmen sie sprechpositionen – und ent_subalternisieren sich selbst auf diese weise in einer paradoxen handlung. in dem moment, in dem die subalterne im sinne eines am öffentlichen diskurs als sozial intelligible position teilhaftig werdens spricht, ist sie nicht mehr subaltern, sondern nimmt eine position ein, von der aus es ihr möglich ist, zu sprechen: die position der ent_hörten[209] subalternen ist eine, die auf einem ausschluss des diskriminierungsdispositivs liegt.

die dritte ebene ist die arbeit an einer eigenen kritischen ver_ortung durch eine genaue politische reflexion, genaues hinhören, sich fortbilden und auseinandersetzen, was zusammenhängend und flankierend zu den beiden anderen ebenen für eine analyse und kritische bewertung diskriminierender sprach_handlungen herangezogen werden kann. dieser prozess ist unabschließbar und bedarf der kontinuierlichen offenheit zum lernen, zum hinhören, zum aushalten von differenzen und zum wahrnehmen von diskriminierungen. das heißt auch, dass kritische ver_ortun-

---

[207] dies ist keine einladung dazu, diskriminierte personen kontinuierlich auf diskriminierungen und ihre meinung dazu anzusprechen – ganz im gegenteil!

[208] meine inspirationen und überlegungen zur rolle und position von subalternen gehen neben den texten von spivak auf die magistraarbeit von jay keim zurück. vgl. keim, jay (2009) (unveröffentlicht): spuren von subalternisierung. eine dekonstruktive lektüre interdependenter ansätze. magistraarbeit. berlin.

[209] danke, alyosxa, für eine frühere inspiration zu dieser begriffspräzisierung.

gen nicht einmal für immer gegeben sind, sondern immer wieder neu für jede situation und jeden kontext handlungsmäßig hergestellt werden können. dies hat, wie ich in kapitel vi weiter ausführe, beispielsweise zu einer veränderung der antigenderistischen ver_ortung dyke_trans hin zu einer verbform |to dyke_trans| oder |zu dyke_transen| geführt. durch den wortartenwechsel kann die handlungsdimension in konkreten aussagen sehr viel konkreter gemacht und immer auch punktgenau für die konkrete situation bestimmt werden, als es eine substantivische, potentiell essentialisierende benennung kann.

eine solche konzeptualisierung nimmt strukturelle diskriminierungsformen zum ausgangspunkt, die nicht eins zu eins mit den handlungsweisen und wahrnehmungen der beteiligten individuen übereinstimmen müssen. in anlehnung an unter anderem jean claude kaufmanns ausführungen zu arbeitsteilungen in heterosexuellen westlichen haushalten[210] wird auch hier in bezug auf strukturelle diskriminierungen von einem nicht unbedingt explizit benenn- und reflektierbaren wissen ausgegangen, in dem »eine lange vergangenheit verinnerlichter geschlechterpositionen aufbewahrt ist«. (kaufmann 1994: 293)

von der diskursiven diskriminierung zum diskriminierungsdispositiv: warum sind sprachliche diskriminierungen so langlebig?

wie kann es nun sein, dass bestimmte sprachlich realisierte diskriminierungen so unglaublich langlebig sind? wie kann es beispielsweise sein, dass es immer noch antisemitische äußerungen in deutschland gibt, auch sechzig jahre nach dem ende der herrschaft des nationalsozialismus, dass rassistische sprachhandlungen immer noch kontinuierlich vorkommen, dass es immer noch so genannte ›frauenwitze‹ gibt, immer noch kritiken am binnen-i und eine negative verwendung des wortes feministin? sind die gesamtgesellschaftlichen maßnahmen gegen sprachliche diskriminierungen nicht stark genug, nicht umfassend und nicht durchgreifend genug? oder spielen sprachliche diskriminierungshandlungen keine rolle in einer allgemein verbreiteten sichtweise, dass sprache keine handlung sei? oder inwiefern sind die sprachverbote gerade teil eines problems, wenn es unreflektierte tabuisierungen gibt, leere worthülsen, vorstellungen politischer korrektheit?[211] wie ich bereits an

---

[210] kaufmann, jean-claude (1994): schmutzige wäsche. zur ehelichen konstruktion von alltag. konstanz: uvk.

[211] ich will damit nicht nahelegen, dass es nicht auch noch viele andere gründe gibt, wie unter anderem auch eingeschränkte und undifferenzierte sichtweisen und tradierungen von sichtweisen auf bestimmte machtverhältnisse und diskriminierungsformen. vgl. hayn, evelyn (2010): ›political correctness‹. machtvolle sprachaushandlungen und sprachliche mythen in diskussionen um ›politische korrektheit‹. in: nduka-agwu, adibeli; hornscheidt, antje lann (hrsg.): rassismus auf gut deutsch: ein kritisches nachschlagewerk zu rassistischen sprachhandlungen. frankfurt a.m.: brandes & apsel. s. 337-343.

verschiedenen stellen ausgeführt habe, verstehe ich strukturelle diskriminierungen also als effekte des dispositivcharakters von interdependenten machtverhältnissen. das heißt, dass die machtverhältnisse grundlegend für die konstituierung und verfasstheit einer gesellschaft zu einem bestimmten zeitpunkt sind – so grundlegend, dass die über und durch sie realisierten diskriminierungen nicht ›einfach‹ durch äußerungsverbote und quotierungen beispielsweise behoben werden können, sondern dass solche strategien oder maßnahmen weiterhin bestimmte dispositiv verankerte machtverhältnisse re_produzieren, sie verstärken und weiter manifestieren. dies geschieht, indem sie die dispositive diskriminierungsdimension gerade als außerhalb der konkreten und expliziten gesellschaftlichen verhandlungen positionieren. das heißt nicht, dass ich mich konkret beispielsweise gegen quotierungen wende, sondern lediglich, dass nicht bei quotierungen stehengeblieben werden kann und diese immer auch selbst auf die ausschlüsse, die sie produzieren, hin befragt werden müssen. auch setzen quotierungen häufig eine prinzipielle gleichheit von personen voraus, die ›lediglich‹ nach bestimmten faktoren sortiert und dann quantifiziert werden: ›frauen‹ und ›männer‹, erwerbslose, migratisierte und statisierte personen usw. diese idee einer prinzipiellen gleichheit und das bedürfnis einfach genauso viele personen der verschiedenen gruppen an gesellschaftlichen prozessen teilhaftig werden zu lassen, bei gleicher qualifikation (!), ignoriert und entnennt die machtvolle herstellung genau dieser kategorisierungen über diese benennungen. darüber hinaus wird so weggenannt, dass personen, die durch strukturelle diskriminierungen gemessen an einer *weißen* typisierten ableisierten norm konstituiert sind, nicht ›die gleichen qualifikationen‹ haben oder haben können, da sie einen anderen lebensweg hatten. an diesen stellen also halte ich die durch quotierungen aufgerufenen voranmahmen selbst für extrem diskriminierend und diskriminierungen unsichtbar machend.

strukturelle dispositive interdependente machtverhältnisse konstituieren wahrnehmungen, bilden die basis für die verhandlung von benachteiligungen und bevorteiligungen, sind dynamisch in ihrer realisierung und so grundlegend für hegemoniale selbstverständnisse und selbstvergewisserungen, dass sie nicht ›schlicht‹ und ›einfach‹ verändert, ausgelassen, umbenannt, beseitigt werden können. dyke_trans kommen in herkömmlichen feministischen sprachveränderungsstrategien wie dem binnen-i gerade nicht vor, werden in quotierungsregelungen nicht berücksichtigt.

um die dimension dispositiver machtverhältnisse noch deutlicher zu machen, führe ich im folgenden noch beispiele dafür an.

bezogen auf rassismus wird die grundlegende dimensionierung von rassismus als teil interdependenter dispositiver diskriminierung unter anderem darin deutlich, dass in strategien und interventionen gegen rassismus die idee von ›rasse/n‹ (im folgenden mit r. abgekürzt, um den begriff nicht kontinuierlich zu re_produzieren[212]) auch in ihrer infragestellung immer auch wieder aufgerufen wird. dispo-

212 diese schreibweise ist durch eine entsprechende verwendung von silke schissler inspi-

sitiver rassismus realisiert sich über die grundannahme, dass r.n überhaupt eine mögliche klassifikation sein könnten, die dann ›ungerecht‹ und ungerechtfertigt asymmetrisierend und personen benachteiligend verwendet wird. die idee einer möglichen einteilung von menschen in unterschiedliche r.ngruppen ist im deutschen hegemonialen momentanen kontext so durchgängig und so unreflektiert, dass sie kontinuierlich re_produziert wird.[213] ein wichtiger bestandteil ist dabei die primärsetzung und anscheinende unhinterfragbarkeit von visualität als menschlicher wahrnehmungsform für die bestimmung unterschiedlicher r.n – rassismus und die westliche primärsetzung von visualität als wahrnehmungsform bestätigen und verstärken sich dabei kontinuierlich wechselseitig. diese ebene von rassismus entzieht sich bisher weitestgehend einer genaueren und kritischen auseinandersetzung.[214] dies hat unter anderem zur konsequenz, dass Schwarz-*weiß*-symboliken und -bilder, die sich frequent beispielsweise in alltags- wie in belletristischen sprachhandlungen finden, nur sehr selten in bezug auf die durch sie fortwährend re_produzierten rassistischen vorstellungen und bilderwelten sowie farbdifferenzierungen und bewertenden -zuschreibungen reflektiert werden, sondern in einen allgemeinen wissensvorrat und in gängige bilderwelten eingang gefunden haben. diese these ist zudem noch erweiterbar um die zahlreichen kolonialen bilder, die in heutigen deutschen sprachhandlungen kontinuierlich aufgerufen und re_produziert werden, ohne dass mit ihrer verwendung eine reflexion der rassistischen zu_schreibungen, die dadurch kontinuierlich realisiert werden, einhergeht, sondern die sich

riert. vgl. schissler, silke (2011): formen postkolonialer und postnationalsozialistischer verhältnisbestimmungen im deutschen kontext: kolonial-rassismen, antisemitismen und kategorisierungen von nation. magistraarbeit. berlin.

[213] damit teile ich nicht die auffassung eines rassismus ohne ›rassen‹. stattdessen gehe ich davon aus, dass r.-konzepte weiterhin stark über verschiedene strategien re_produziert werden. es gibt auch verschiedene rhetorische strategien, in der r.-begriffe durch begriffe wie ethnizität oder migrationshintergrund ersetzt werden. siehe kritisch dazu tudor 2010; lemberg, anne; hamann, ulrike (2010): ›ethnizität‹ – zwischen differenz und identifikationen. in: nduka-agwu, adibeli; hornscheidt, antje lann (hrsg.): rassismus auf gut deutsch: ein kritisches nachschlagewerk zu rassistischen sprachhandlungen. frankfurt a. m.: brandes & apsel. s. 291-298. daneben sind auch weitere sprachliche strategien für eine vorstellung von r.konzepten als vorgängig wichtig. dazu gehören beispielsweise begriffe wie ›rassig‹ oder auch die einteilung von menschen in gruppen mit pseudo-naturwissenschaftlicher vorstellung, wie ›negroid‹. vgl. hierzu schultz, patricia (2010): ›negrid/negroid‹ – gibt es ein leben nach dem n-wort? in: nduka-agwu, adibeli; hornscheidt, antje lann (hrsg.): rassismus auf gut deutsch: ein kritisches nachschlagewerk zu rassistischen sprachhandlungen. frankfurt a. m.: brandes & apsel. s. 167-173.

[214] vgl. hierzu unter anderem: mcclintock, anne (1995): imperial leather. race, gender and sexuality in the colonial context. new york, london: routledge; haraway, donna (1996): situated knowledges: the science question in feminism and the privilege of partial perspective. in: agnew, john; livingstone, david; rogers, alisdair (hrsg.): human geography: an essential anthology. oxford: blackwell. s. 108-128; kelly (im erscheinen).

ebenso in die gesellschaftlich hegemonialen normalvorstellungen als unhinterfragbare, unansprechbare voraussetzungen sedimentieren.[215] auch das frequente reden und sich beziehen auf hautfarben als absolutes, objektivierbares unterscheidungsmerkmal ist rassistisch und ruft eine vorgeblich visuell eindeutige norm auf, die erst durch diese form der kategorisierung geschaffen wird. besonders wichtig ist in bezug auf die langlebigkeit von hautfarbendifferenzierungen, dass es hier also um körperliche zuschreibungen geht, die auf diese weise naturalisiert werden und die grundlegende konstruktion, die in einem konzept wie hautfarbe angelegt ist, unhinterfragbar gemacht wird. solche hier als rassistisch analysierten normalvorstellungen aber liegen weit außerhalb dessen, was alltäglich als hate speech bezeichnet wird oder würde. dies wiederum zeigt in der hier vorgenommenen analyse, inwiefern konventionelle vorstellungen von hate speech selbst auch wiederum zur manifestierung subtilerer formen von sprachlicher diskriminierung beitragen.[216]

die annahme einer verbildlichung an sich, einer neutralität von visualisierungen und einer primärsetzung von visueller wahrnehmung, fällt in den bereich interdependenter dispositiver diskriminierung, über die konkret bestimmte formen von ableisierung privilegiert und normalisiert werden.

in der bundestagsresolution vom 9. november 2008 »den kampf gegen antisemitismus verstärken, jüdisches leben in deutschland weiter fördern« ist es präsupponiert, dass der staat nicht antisemitisch sei und auf dieser grundlage gegen individualisierte und kollektive antisemitische handlungen seiner bür_gerinnen vorgehen könne und müsse. der staat stellt sich auf diese weise als eine instanz im kampf gegen antisemitismus her und konzeptualisiert sich in bezug auf antisemitismus als eindeutig positioniert. antisemitismus wird zu einer konkreten, moralisch abzulehnenden und zu ahndenden handlungsform oder handlungsmotivation von einzelpersonen und klar benennbaren personengruppen gemacht, gegen die der staat mit den mitteln der rechtsgebung und konkreten politischen (bildungs)arbeit vorgehe(n will).[217] die dispositive dimension antisemitischer diskriminierung, die in der hier vorgenommenen analyse eine bestimmte normalisierung deutsch-statisierter[218] selbstvorstellungen ist, wird auf diese weise machtvoll weg_genannt und umso stärker als voraussetzung staatlichen handelns re_produziert. ich sehe hier auch ein

215 für zahlreiche beispiele hierzu, siehe die begriffsanalysen in: arndt/hornscheidt 2009; nduka-agwu/hornscheidt 2010; kelly (im erscheinen).

216 vgl. hierzu auch collins 1998.

217 jenseits dieser geworteten bundestagsbekenntnisse ist nicht mehr viel geschehen. der historische jahrestag ist medienwirksam und für eine internationale öffentlichkeit für ein solches bekenntnis gegen antisemitismus genutzt worden, ohne dass weitere handlungen, projektförderungen, konkrete maßnahmen, nachgefolgt wären, wie durch die zahlreichen stellungnahmen des zentralrats der juden in deutschland im anschluss an diese öffentliche zeremonie deutlich wird. vgl. hornscheidt 2011c.

218 für die analytische größe der statisierung zur benennung einer deutschen privilegierten positionierung, siehe tudor 2010; hornscheidt 2010a; hornscheidt 2011c.

grundlegendes strukturelles und konzeptionelles problem in der zuordnung von strafrechtlicher, sich ausschließlich auf individuen und ihre unterstellten intentionen bezogene relevanz von rechtssprechung in der frage sprachlicher gewalt und damit sprachlicher diskriminierung.[219]

die beispiele dieses abschnittes sollten verdeutlichen, dass das alltägliche sprechen über sprachliche diskriminierung sowie verschiedene momente seiner gesellschaftlichen verhandlung, insbesondere über die ebene des rechts, ein bestimmtes verständnis von diskriminierenden sprach_handlungen voraussetzt, welches sich auf diese weise auch wieder machtvoll re-etabliert. die so etablierte eingeschränkte konzeptualisierung von sprachlicher diskriminierung hat dann ihrerseits massive konsequenzen für interventionen in diese und für die frage, was überhaupt als strukturelle diskriminierung wahrgenommen wird. eine wahrnehmung von diskriminierung als strukturell würde zu einer kontinuierlichen und notwendigen kritischen selbstreflexion von gesellschaftlichen institutionen, wie beispielsweise dem staat, führen und könnte weitgehende konsequenzen zu ihrem bestand, ihrer wirkweise und machthaftigkeit haben.

nur durch eine solche analyse können weitere mögliche dimensionierungen von diskriminierenden sprach_handlungen deutlich werden. der diskurs um sprachliche diskriminierung in seiner konventionellen lesart kann somit selbst als ein moment von sprachlicher diskriminierung verstanden werden. gerade unterschiedliche formen von ent_erwähnungen und normsetzungen bezüglich diskriminierungen werden hier als teile einer ent_erwähnung von diskriminierenden sprach_handlungen aufgefasst.

kritische anti- und contra_diskriminierende sprachhandlungsvorstellungen müssen also auch jeweils genau reflektieren, auf welcher ebene ihre interventionen ansetzen und welche ebenen durch die und mit der intervention unhinterfragbar gemacht, also normalisiert, werden.

in diesem kapitel habe ich verschiedene aspekte und dimensionen der grundsätzlichkeit sprachlicher diskriminierung herausgearbeitet. sprachliche diskriminierung ist ein umfassendes phänomen der re_produktion von interdependenten strukturellen diskriminierungen. sprachliche diskriminierung wird über verschiedene strategien hergestellt und hat verschiedene effekte.

auf der grundlage dieser darstellung diskutiere ich im nächsten kapitel konkrete fälle genderistischer sprachlicher diskriminierungen.

[219] diese kritik ließe sich auch ›foucaultsch‹ als eine kritik an recht als disziplinierungsmacht lesen, wohingegen die über recht verhandelten gesellschaftlichen herausforderungen und problemlagen auf der ebene der biomacht angesiedelt sind.

kapitel v

wie analysiere ich genderistische sprachhandlungen?

in kapitel iii habe ich erklärt, was genderismus ist. dies habe ich mit schwerpunkt auf genderistischen sprachhandlungen dargestellt. in diesem kapitel stelle ich dar, wie ich genderismus und genderistische sprachhandlungen analysiere. dabei differenziere ich zwischen einer dispositivanalyse interdependenter diskriminierung und diskursanalytischen zugängen.

im ersten teil dieses kapitels erkläre ich näher, was ich unter dispositiv interdependent genderistischer diskriminierung verstehe und wie diese analytisch gefasst werden kann. eine dispositivanalyse ist sowohl analytisch als damit auch aktivistisch von relevanz und soll es ermöglichen, die grundsätzlichkeit von bestimmten formen von struktureller diskriminierung besser verstehen und ansatzweise fassen zu können. sie bildet damit die voraussetzung, um spezifisch interventionierende oder utopische handlungen gegen diskriminierungen zu initiieren, auszuprobieren, um visionär_utopisch zu handeln, wie ich es im nachfolgenden kapitel zum schwerpunkt mache.

im zweiten teil dieses kapitels stelle ich dann diskursbasierte zugangsweisen zur analyse struktureller interdependenter diskriminierungen vor. zielsetzung dieses kapitels ist es, empowerende anti- und contra_diskriminierende analysen zu sprachhandlungen machen, verstehen, nachvollziehen und für die eigene aktivistische arbeit anwenden und umsetzen zu können.

dispositiv und diskriminierung

in anlehnung und weiterentwicklung des ansatzes zu dispositiv und diskurs in ag einleitung (2011) differenziere ich auch hier als analytisches modell zwischen diesen beiden ebenen. damit liegt dieser ansatz konträr zu sonstigen verwendungsweisen dieses begriffspaars, in denen dispositiv jeweils einen teil des diskurses ausmacht.[220] ich entwickele die ideen und ausführungen aus der ag einleitung hier

---

[220] für den deutschen sozialwissenschaftlichen diskurs sind hier insbesondere zu nennen: bührmann, andrea; schneider, werner (2010): die dispositivanalyse als forschungsperspektive. in: angermüller, johannes; von dyk, silke (hrsg): diskursanalyse meets gouvernementalitätsforschung. frankfurt/main: campus: 261-288; bührmann, andrea (1997): geschlecht als dispositiv. in: disselnkötter, andreas; jäger, siegfried; kellershohn, helmut; slobodzian, susanne (hrsg.): evidenzen im fluss. demokratieverluste in deutschland.

weiter und stelle ein komplexeres bild zu dispositiv vor sowie konkrete anregungen zur analyse dispositiver diskriminierung. dazu erarbeite ich unterschiedliche kritierien, über die dimensionen eines diskriminierungsdispositivs bestimmt werden können. zu allen diesen punkten bietet dieses teilkapitel konkrete beispiele.

was ist dispositiv?

in dem hier vorgeschlagenen modell umschreibt dispositiv die äußerungsbedingungen von diskursen und geht somit über sie hinaus und bedingt sie. das dispositiv – als theoretisches konstrukt – bestimmt also, was überhaupt sagbar und damit auch veränderbar ist, vorstellbar zu verändern und_oder zu sagen ist und setzt damit die grenzen dessen, was überhaupt in einer bestimmten sozialen formation, wie eine gesellschaft es ist, vorstellbar, konzeptualisierbar ist. das dispositiv ist dabei dann die ebene der jeweils konkret vorgestellten unsagbarkeit, also mehr als das, was nicht gesagt – oder in der begrifflichkeit dieses buches entnannt oder ent_erwähnt wird –, sondern das, was gar nicht sagbar erscheint. das dispositiv ist das, was jenseits einer möglichkeit zur sagbarkeit überhaupt liegt. auf diese weise ist es gleichzeitig konstituierend für sagbarkeiten, die dann ihrerseits wiederum gesagt oder benannt oder eben ent_sagt – entnannt oder ent_erwähnt – sein können.

aus einer analytischen perspektive kann das dispositiv damit als ein machtvolles gesellschaftliches konstrukt wahrgenommen werden. dass es eine machtvolle konstruktion ist, heißt nicht, dass sie auf einzelne konstruierende instanzen zurückgeführt werden kann. vielmehr re_produziert sich die konstituierung eines dispositivs kontinuierlich über diskursivierungen, ihre möglichkeiten und ihre grenzen. wie das dispositiv analytisch zu_gänglich werden kann, stelle ich weiter unten dar. die ebene des dispositivs ist für mich hier eine wichtige analytische ebene für eine untersuchung von strukturellen diskriminierungen, wie ich sie im vorangegangenen kapitel formuliert habe.

was hat das dispositiv mit strukturellen diskriminierungen zu tun?

ich gehe hier von einem diskriminierungsdispositiv aus und beziehe mich auf dieses, wenn ich über dispositiv schreibe. mit dem modell des dispositivs geht es mir um ein besseres verstehen – und damit auch um neue handlungsdimensionen – zu der frage, wie strukturelle diskriminierungen sich realisieren und eine gesellschaft konstituieren und damit auch das leben, erleben und überleben oder nicht-überleben einzelner.

über die ebene des diskurses: ein grundlegender unterschied besteht darin, dass auf diskursiver ebene diskriminierungen versprachlicht sind oder versprachlicht

---

modell d – geschlechter – rassismus – pc. duisburg: diss. s. 135-152. das verständnis von dispositv wird eng an einzelne äußerungen von foucault angeschlossen. vgl. foucault, michel (1978): ein spiel um die psychoanalyse. gespräch mit angehörigen des departement de psychanalyse der universität paris/vincennes. in: foucault, michel (hrsg.): dispositive der macht. michel foucault über sexualität, wissen und wahrheit. berlin: merve. s. 119.

werden können, das heißt diskriminierungen werden über sprachliche handlungen re_produziert und es kann potentiell mit sprachlichen medien über diese diskriminierungen gesprochen werden. diskriminierungen auf der ebene des dispositivs sind hingegen nicht versprachlicht, sondern bestehen gerade in ihrer nicht-sprachbarkeit. es ist hier wichtig zwischen sprachlichen entnennungen und ent_erwähnungen auf der einen seite und einer ent_sprachbarkeit auf der anderen seite zu unterscheiden. während ersteres als sprachliche handlungen in dem hier vorgeschlagenen modell verstanden werden (die damit auf der ebene diskursiver diskriminierungen wären), ist letzteres nicht auch nur theoretisch für eine bestimmte situation und damit für eine bestimmte diskursivierung versprachlichbar und befindet sich damit auf der ebene des dispositivs. nicht versprachlichbar zu sein in einer bestimmten situation zu einem bestimmten zeitpunkt ist die undenkbarkeit, die unmöglichkeit von anwesenheit, was butler (1990) als fehlende intelligibilität bezeichnet. das, was nicht versprachlichbar erscheint, ist zugleich auch immer flexibel und ändert sich kontinuierlich, in abhängigkeit von der diskursivierung, die diese grenzen fortlaufend verschiebt und verändert. das heißt, eine analyse dessen, was jeweils dispositiv ist, muss zeit- und kontext- sowie situationsbezogen jeweils vorgenommen werden und basiert auf einem genauen lesen von diskursen, auch in ihren auslassungen, die als leerstellen und brüche benennbar sind.

dispositiv als analysegröße interessiert mich, um besser zu verstehen, wie diskriminierung funktioniert und warum bestimmte formen von diskriminierung besonders schwierig wahrzunehmen (oder eben gar nicht wahrzunehmen) und damit nicht veränderbar erscheinen – da sie ja gar nicht als diskriminierungen wahrnehmbar sind; als solche sind sie aber ein grundlegender bestandteil der momentanen gesellschaft; die gesellschaft basiert auf diesen grundlegenden strukturellen interdependenten diskriminierungen, die gerade nicht als solche wahrnehmbar sein können oder dürfen, um als solche zu funktionieren. die idee der grundlegenden konstituierung der gesellschaft durch diskriminierungen finde ich in einem zitat von audre lorde wieder, wenn sie interdependente strukturelle diskriminierungen als »endemisch« für eine gesellschaft bezeichnet:

> »racism. the belief in the inherent superiority of one race over all others and thereby the right to dominance. ageism. heterosexism. elitism. these are some of the distortions created around human differences, all serving the purpose of further separation. it is a lifetime pursuit for each one of us to extract these distortions from our living at the same time as we recognize, reclaim, and define the differences upon which they are imposed, and explore what these differences can teach us about the future we must all share. and we do not have forever. the distortions are endemic in our society, and so we pour energy needed for exposing difference into pretending these differences do not exist, thereby encouraging false and treacherous connections. […] somewhere on the edge of all our consciousness there is what i call the mythical norm, which each of us knows within our hearts is ›not me‹. in this society, that norm is usually defined as white, thin, male, young, heterosexual, christian,

and financially secure. it is within this mythical norm that the trappings of power reside.«[221]

dispositiv als analysemodell interessiert mich darüber hinaus und damit zusammenhängend, um zu verstehen, warum bestimmte formen von diskriminierung schwierig zu verstehen und zu benennen sind und warum sie eine solche langlebigkeit besitzen, warum es so viele ver_suche zu interventionen gibt, die doch gleichzeitig auch bestimmte diskriminierungen re_produzieren, warum es viele visionäre handlungen gibt und doch gleichzeitig bestimmte grundlegende diskriminierungsformen so langlebig und nachhaltig sind, warum es bei bestimmten diskriminierungen sogar schwierig ist sie überhaupt zu benennen und damit sich selbst analytisch und distanzierend zugänglich zu machen – und ob und inwiefern konkrete diskriminierungen diskursiv konstituiert, diskursiv hervorgebracht sind.

these: fehlende gegendiskurse sind ein indiz für dispositive dimensionen von diskriminierung

wenn aber dispositive diskriminierung gerade in ihrer unvorstellbarkeit, ihrer fehlenden intelligibilität besteht, wie kann sie dann überhaupt wahrgenommen werden? ein wichtiges indiz dafür, dass eine diskriminierung(sstruktur) dispositiv ist, ist meines erachtens das fehlen von spezifischen gegendiskursen oder widerstandsdiskursen. auf diese bestimmung von dispositiv über widerstandsdiskurse werde ich in dem teil dieses buches zu antigenderistischen handlungen weiter hinten noch genauer eingehen. wenn dispositiv das ist, als was ich es hier definiere, ent_sagbarkeiten, was ich als zeichen von nicht-intelligibilität oder aktiver ausgedrückt ent_intelligibilisierung zu einem bestimmten zeitpunkt in einer bestimmten gesellschaftlichen formation verstehe (und diese ent_intelligibilisierung ist somit auch ein konstrukt, welches diskursiv bestimmbar ist), so ist es zugleich auch schwierig sie analytisch zu fassen und analytisch zugänglich zu machen. eine von mir hier vorgeschlagene analytische bestimmung ist über die frage der zugänglichkeit oder des vorhandenseins oder nicht vorhandenseins von gegendiskursen möglich: gibt es gegendiskurse zu einer diskriminierungsformation, so ist eine strukturelle diskriminierung auf einer diskursiven ebene feststellbar, auf die dann über und durch ent_sprechende gegendiskurse re_agiert wird. diese überlegung basiert auf der idee, dass gegendiskurse sowohl durch hegemoniale diskurse bestimmt sind als auch gleichzeitig diese bestimmen und ein stückweit über sie hinausgehen, indem sie die hegemonialen diskurse, die durch und in ihnen aufgerufen werden,

---

[221] lorde, audre (2009a): difference and survival: an address at hunter college. in: byrd, rodolph p.; cole, johnnetta betsch; guy-sheftall, beverly (hrsg.): i am your sister. collected and unpublished writings of audre lorde. new york: oxford university press. s. 202f. dieses zitat lässt sich auch gut im kontext des dritten kapitels lesen, wo es auch um die normalsetzung einer typisierten weißen ableisierten position in und durch strukturelle diskriminierungen in genau dieser interdependenz geht.

zugleich auch neu kontextualisieren. el-tayeb versteht ›counter-communities‹ in bezug auf ihren schwerpunkt europäischer statisierter selbstherstellungen als prozesshaft, was ich hier mit meiner zuvor formulierten idee zusammenbringe, dass gegendiskurse über hegemoniale diskurse bestimmt sind, aber auch ein stückweit über sie hinausgehen.

> »the creation of narratives of identity, both for communities and individuals, is not a linear, affirmative process of authentication, but rather rhizomatic and preliminary instead. the fractured nature of european minority communities results in complex, at times circular processes in which knowledge is produced and oppressed, recovered and appropriated, its creation a continuing work in progress, conducted by a growing number of artists, activists, and academics.« (el-tayeb 2011: xxx)

was als gegendiskurs oder widerständige diskursive praktiken innerhalb gesellschaftlicher normsetzungen wahrnehmbar ist, ist zugleich auch sehr stark von hegemonialen vorstellungen geprägt: visionen, interventionen, utopien finden auf der ebene von diskursen statt und nehmen damit den rahmen der intelligibilität, die grenzziehung zwischen dispositiv und diskurs in dem hier vorgeschlagenen modell, als ausgangspunkt, müssen dies als ausgangspunkt nehmen, um überhaupt als diskurse wahrnehmbar zu sein – und stellen damit die ebene des dispositivs nicht infrage, sondern bestätigen die dispositive dimension struktureller diskriminierung. dazu mehr im teil zu visionen und interventionen.

these: analytisch vergleichende studien und überlegungen sind ein weiteres indiz dispositiver diskriminierung

eine weitere wichtige und damit verbundene ebene für eine bestimmung von dispositiven dimensionen von diskriminierung sind unterschiedliche formen analytisch vergleichender studien: durch vergleiche mit anderen situationen, kontexten und gesellschaftlichen formationen lässt sich bestimmen, was in einer bestimmten situation unsagbar scheint, in anderen historischen und regionalen situationen und kontexten aber vielleicht sagbar war. vergleiche können auch auf theoretischer, abstrakter, fiktiver ebene stattfinden: durch das heranziehen unterschiedlicher diskursformationen zu einem thema, unterschiedlicher aussagen, die von verschiedenen sozialen positionierungen aus getroffen werden, können ebenso unsagbarkeiten in und für eine konkrete äußerungssituation analytisch erfasst werden. das verhältnis von dispositiv zu diskurs ist damit eines einer wechselseitigen konstituierung: diskurse bringen in ihren grenzen, ihren unsagbarkeiten das dispositiv hervor; das dispositiv ist gleichzeitig konstituierend für das, was diskursiv verhandelt werden kann. das dispositiv ist damit der entnannte und ent_erwähnte effekt von diskursen, so wie diskurse effekte von dispositiven sind. beides ist damit immer nur für eine konkrete situation und einen konkreten kontext bestimmbar und in einem kontinuierlichen aushandlungs-, affirmations- und veränderungsprozess begriffen.

beispiel: die grenze zwischen diskursiven und dispositiven dimensionen von genderung

die frage beispielsweise, was genderung sei, hat sich im laufe der letzten 25 jahre im deutschsprachigen raum auf der grundlage von butlers (1990) theoretisierung der naturalisierung bestimmter genderungen über die annahme eines natürlichen geschlechts (›sex‹ im englischen) verschoben. die annahme einer naturalisierung von gender ist heute in bestimmten diskursiven formationen und feldern sagbar, was sich auch in einer starken diskursiven negativ-bezugnahme auf diese these äußert. das, was unter sexistischer/genderistischer diskriminierung verstanden wird, hat sich damit verschoben – vorher vielleicht entvorstellbares, die konstruktion von natürlichkeit von gender, ist sagbar und damit vorstellbar geworden. eine diskursivierung bedeutet also nicht, dass alle diskurspositionen dazu identisch in ihrer auffassung sein müssen, sondern es sich durchaus und in der regel um eine diskursiv umkämpfte aussage handelt. sie ist jedoch sagbar. das, was nicht sag- und vorstellbar ist, ist hingegen auch in und mit dieser these eine infragestellung von genderung überhaupt – das, was in kapitel iii kategorialgenderung genannt ist. was momentan auch nicht sag- und vorstellbar ist, ist die interdependenz von genderismus_rassismus_ableismus, die sich u. a. auch in dem nicht erfinden und prägen interdependenter begrifflichkeiten zeigt. in der begrifflichen trennung von genderismus, rassismus und ableismus ist die vorstellung ihres additiven, häufig dabei auch optionalen zusammengehens denkbar, nicht aber ihre überhaupt-nicht-trennbarkeit, die nur analytisch überhaupt hergestellt ist.[222]

die ebene, auf der dispositivanalysen vollzogen werden können, sind also die diskurse, die auf ihre grenzziehungen, ihre äußerungs- und möglichkeitsbedingungen hin befragt werden und nicht, wie in einer diskursanalyse, auf ihre innerdiskursiven normalisierungen und othering-strategien.

mögliche analysefragen für eine dispositivanalyse

mögliche analysefragen für eine dispositivanalyse sind damit also:

- was sind die grenzen des sagbaren, die durch diskurse hergestellt werden?
- was wird auf diese weise ent_intelligibilisiert?
- was ist auf diese weise abjekt des möglichen, egal in welcher diskursiven bewertung?

um sich analytisch und aktivistisch an die grenzen des sagbaren zu struktureller diskriminierung anzunähern, ist es sinnvoll gegendiskurse zu diskriminierungen

[222] vgl. hierzu: walgenbach et al. 2012. für eine genauere erörterung der sprachlichen bedingtheiten und wirkungen dazu hornscheidt 2012a.

kritisch zu betrachten. diese sind teile einer aktivistisch-widerständigen bewegung zu vorstellungen von diskriminierung. mögliche fragen sind hier:

- welche sozialen positionierungen werden über gegendiskurse zu diskriminierung re_produziert? was wird als widerständige position geschaffen, legitimiert, vorausgesetzt und welche setzungen, subsumierungen und wegnennungen finden darüber statt?
- welche kritischen ver_ortungen werden in gegendiskursen re_produziert? was wird als kritische politische gegenposition zu hegemonialen diskursen und positionen geschaffen und verstetigt und welche setzungen, subsumierungen und wegenennungen finden darüber statt? welche differenzierungen, allianzen und infragestellungen werden in den gegendiskursen verunmöglicht?
- welche vorstellungen davon, was diskriminierung sei, werden über gegendiskurse re_produziert?[223] welche konstruktionen von handlungsinstanzen, subjekten und diskriminierungsdimensionen werden über die widerständigen diskurse aufgerufen, re_produziert und welche verunmöglichkeiten zu denkbarkeiten finden darüber statt?
- was wird wo und von wel_chen (institutionen, positionierungen, individuen) als gegendiskurse eingelesen, was wird überhaupt gelesen und gehört, wahrgenommen, aufgenommen, weitergedacht?[224]

teile dieses machtanalytischen modells sind also situative analysen und keine übergreifenden vorstellungen. manche ent_sagungen in ein dispositiv können dabei durchaus über längere zeit und verschiedene situationen hinweg realisiert werden, so dass der eindruck ihrer diskursunabhängigkeit oder ihrer grundsätzlichen undenkbarkeit entstehen kann. interdependente machtverhältnisse würden in meiner analyse im deutschen kontext dazu gehören.

ich gebe in den folgenden abschnitten mehrere beispiele, mit denen ich die bestimmung von dispositiver diskriminierung und ihrer analytischen zugänglichkeit verdeutlichen und differenziert darstellen will. ihr zusammenbringen, wie ich es hier vorschlage, verdeutlicht dabei gleichzeitig verschiedene aspekte des hier entworfenen dispositivmodells.

[223] für diese frage kann eine berücksichtigung der im vorangegangenen kapitel erörterten ausdifferenzierung dessen, was diskriminierung ist, hilfreich sein.

[224] dieser letzte frageblock schließt an die ausdifferenzierung des sprachkonzepts in kapitel ii an. die dort gemachten ausführungen können hilfreich sein, um die frage für eine konkrete themenstellung genauer zu konkretisieren.

beispiel: einlesungen afro-deutscher widerstandsdiskurse

ich beginne meine argumentation mit wrights analyse zu der frage afro-deutschen widerstands. wright stellt dar, wie afro-deutsche gegendiskurse dadurch gekennzeichnet seien bis zum jahr 2000 ungefähr, dass sie eine rassistische diskriminierung gegen afrikanische personen zum ziel hätten. das sieht sie darin begründet, dass die hegemoniale herstellung von rassistisch diskriminierten personen in deutschland vor allem über eine territoriale grenzziehung passiert, die sie als »the others from without« benennt.

> »encountering this inability on the part of white germans to understand so simple a concept as one being both Black and german is most likely unique to the afro-german experience and presents a complicated challenge to a counterdiscourse. [...] the afro-german identity is not the antithesis in the dialectic of (*white*) german subjectivity: it is simply nonexistent. [...] in other words, unlike african americans, afro-germans must confront a racist discourse directed at africans rather than afro-germans.«[225]

wright macht also deutlich, dass der antirassistische widerstand in deutschland in der von ihr untersuchten zeitspanne sich vor allem gegen rassistische afrikanisierungen von personen und personengruppen richtet.[226] auf diese weise wird die spezifik einer Schwarzen deutschen diskriminierung ent_erwähnt und stattdessen unter einer verallgemeinernden regional unspezifischen auffassung zu (kolonial) rassismus subsummiert. so wird eine spezifische diskriminierung gegen Schwarze deutsche zu einer undenkbarkeit, zu einer unvorstellbarkeit, jenseits des sagbaren, wird so zu einer dispositiven dimension von diskriminierung. widerstand gegen kolonialrassismus ist also in form von gegendiskursen möglich, das heißt, rassismus ist eine diskursive form von diskriminierung, die spezifische diskriminierung gegen Schwarze deutsche als Schwarze deutsche ist jedoch im jahr 2000 (dem endjahr von wrights analysen) nicht vorstellbar und dadurch zu diesem zeitpunkt ein dispositiv rassistischer diskriminierung. auch wenn wright nicht das konzept dispositiv verwendet, so erscheint es mir hier als ein sinnvolles modell für analysen zu diskriminierung, mit dem die differenzierung, die wright für die frage, was gegendiskurse vermögen, aufmacht, politisch sinnvoll umgesetzt ist. durch eine differenzierung in dispositive und diskursive diskriminierung können antidiskriminierende diskursive strategien selbst besser im hinblick auf ihre re_produktionen von diskriminierungsstrukturen hin untersucht und gefasst werden. dies ist nicht gleichbedeutend mit einer grundlegenden kritik an gegendiskursen. ganz im gegenteil halte ich gegendiskurse für ein wichtiges mittel politischen kämpfens und

[225] wright 2004: 191.

[226] vgl. hierzu: kilomba 2008b. zu der frage der prototypsierung von afrikanisch als massive rassistische zu_schreibung zu Schwarzen personen in deutschland und ihren rassistischen effekten, vgl. kuria 2010.

intervenierens. diese können meines erachtens durch eine analyse ihrer eigenen normsetzungen und auch undenkbarkeiten, die immer auch da und immer auch konstituierend für die möglichkeit von gegendiskursen sind, an differenziertheit gewinnen. diese differenziertheit wiederum kann dann zu fokussierten politiken führen, zu einer klaren formulierung von allianzen und solidaritäten auf der grundlage einer benennung von differenzen.

these: eine hohe diskursivierung von spezifischen diskriminierungsformen ist nicht gleichbedeutend mit einer grundlegenden ansprechbarkeit dieser

daraus leite ich eine weitere wichtige these zur konstituierung dispositiver diskriminierung ab: eine hohe diskursivierung zu bestimmten diskriminierungsphänomenen, wie beispielsweise rassismus, bedeutet nicht eine ansprechbarkeit von jeglicher form von rassismus, sondern ist vielmehr die herstellung einer vorstellung, dass alles sag- und ansprechbar wäre. durch die idee und die hohe diskursivierung, die veralltäglichung des redens_schreibens_lesens_hörens von und zu rassismus re_produziert sich also die vorstellung rassismus gesellschaftlich ›im griff‹ zu haben, rassismus zu verstehen, erfassen zu können oder erfasst zu haben. diese vorannahmen oder präsuppositionen, die machtvoll durch eine diskursivierung um rassismus aufgerufen und bestätigt werden, ohne dass dies personen, die teile dieser diskurse sind, bewusst sein muss, diese vorannahmen machen gerade bestimmte formen von rassismus undenkbar und damit auch bestimmte soziale positionierungen, wie die von Schwarzen deutschen in der analyse von wright (2004) und die spezifische rassistische diskriminierung, die diese personen und personengruppen konstituieren unansprechbar und damit auch nicht bearbeit- und veränderbar. der begriff rassismus wird so zu einem so genannten schlüsselbegriff, [227] was eine konventionalisierung einer gebrauchsweise zu einem begriff ist, mit dem diese zwar frequent gebraucht wird, ohne dass es aber in den diskursen noch darum geht zu benennen und zu bestimmen, was genau unter dem konzept gefasst wird. das, was dieser begriff bedeutet, wird also in gewisser form gesamtgesellschaftlich als vorhandenes wissen vorausgesetzt, in den konkreten äußerungshandlungen präsupponiert. auf diese weise wird machtvoll und nur sehr schwer hinterfragbar eine bestimmte vorstellung zu beispielsweise rassismus aufgerufen und normalisiert, die als voraussetzungsreiches implizites verselbstständigtes wissen dann in konkrete diskursivierungen eingang findet.

[227] für eine linguistische begriffsklärung und definition von schlüsselwörtern, in der diese u. a. über ihre nicht explizite bedeutungserklärung definiert werden, vgl. brylla, charlotta (2003): die schwedische rezeption zentraler begriffe der deutschen frühromantik. schlüsselwortanalysen zu den zeitschriften athenäum und phosphoros. stockholmer germanistische forschungen 62. acta universitatis stockholmiensis. stockholm: almqvist och wiksell international.

beispiel: eine analytische trennung zwischen rassismus und migratismus
tudor differenziert aus genau diesem impuls heraus – offenzulegen und kritisch zu hinterfragen, was in momentanen diskursen unter rassismus gefasst wird und welche auswirkungen dies auf konzeptualisierungen von rassismus und die konkreten lebensbedingungen von personen hat – zwischen rassismus und migratismus.[228] ich beziehe tudors ansatz hier auf das vorgeschlagene modell einer analytischen trennung von dispositiver und diskursiver diskriminierung. tudor (2010) hat dargestellt, dass rassismus in momentanen deutschen medialen debatten vor allem über die herstellung von migration – diskursiv also so genannte migratisierungen – hergestellt wird. diese these ist anschlussfähig an die zuvor zitierte von wright (2004) einer subsummierung von deutschem rassismus gegen Schwarze deutsche unter einer grundsätzlichen migrationszuschreibung als ›afrikanisch‹ an rassistisch diskriminierte. auf diese weise findet eine diskursive engführung von rassismus auf afrikanische migratisierung in einer hegemonialen statisierten deutschen vorstellung statt. tudor (2010; 2013a) macht deutlich, dass in der analyse der konstruktion von migration als rassismus jedoch zwischen unterschiedlichen formen von migration unterschieden werden muss, die nicht alle realisierungsformen von rassismus sind – so wie rassismus im momentanen deutschen kontext aus mehr besteht als aus migratisierenden zu_schreibungen –; beide aspekte spielen für den migratismus-ansatz von tudor (2010) eine wichtige rolle. so differenziert tudor zwischen re_produktion von migration als realisierungsform von kolonialrassismus, wie auch wright (2004) es zum thema macht, und migration als eine eigene realisierungsform einer diskursiven diskriminierung, die nicht mit kolonialrassismus zusammenfällt oder auch nicht einfach eine aktuellere version von rassismus ist[229] – in letzterem falle würde es sich um einen sehr breiten rassismusbegriff handeln, der am ehesten einem konzept ›kollektiver menschenfeindlichkeit‹[230] entsprechen würde und seinerseits ebenfalls die spezifik von kolonialrassismus ent_erwähnt. die innereuropäische arbeitsmigration von *weißen* süd- und -osteur_opäerinnen nach deutschland und ihre

---

228 vgl dazu: tudor 2010; tudor 2013a; tudor, alyosxa (2013b) (im erscheinen): verhandlungen von verortung in künstlerischen_aktivistischen_akademisierten wissensbildungen zu sexismus-rassismus-migratismus. (arbeitstitel) dissertation. frankfurt a. m.: brandes & apsel.

229 vgl. zu diesem aspekt insbesondere tudor 2013a.

230 dieses konzept ist von heitmeyer geprägt und in öffentlichen diskussionen zu diskriminierung sehr prominent. vgl. heitmeyer, wilhelm (2010): krisen – gesellschaftliche auswirkungen, individuelle verarbeitungen und folgen für die gruppenbezogene menschenfeindlichkeit. in: heitmeyer, wilhelm (hrsg.): d*eutsche zustände, folge 8*. berlin: suhrkamp: 13-46. ich kritisiere es für seine pauschalisierungen und universalisierungen bestimmter positionen, die dadurch gleichzeitig zu massiven ent_erwähnungen führen, beispielsweise in bezug auf rassismus Schwarzer deutscher positionen. auch interdependenzen sind mit dem modell nicht fassbar. heitmeyer geht insgesamt stark von einem vorhandensein sozialer gruppen jenseits ihrer diskursivierung aus – ein ansatz, den ich im vorangegangenen kapitel kritisch betrachtet habe.

behandlung und benachteiligung in deutschland wäre beispielsweise migratistisch, ohne rassistisch zu sein, wenn es sich um *weiße* südosteuro_päerinnen handelt. in der analyse der hegemonialen diskurse und der gegendiskurse zu migration arbeitet tudor heraus, dass diese differenzierung zwischen rassismus und migratismus jedoch in öffentlichen diskursen – medial wie auch wissenschaftlich – häufig nicht gemacht wird. es findet hier also eine diskursivierung von migration statt, die, häufig als neorassismus bezeichnet und als *die* einzige form von rassismus in heutigen verhältnissen hergestellt wird. gegendiskurse fokussieren entsprechend auch besonders migrationsbewegungen, arbeitsmigration und migrationsherstellungen, auch über mehrere generationen hinweg und verschieben so diskursiv eine konzeptualisierung von rassismus im momentanen deutschen kontext weg von einer wahrnehmung von kolonialrassismus, der jenseits von migration für Schwarze deutsche und ihre lebensrealitäten und -bedingungen bestand hat.[231] hier schließt also tudors konzept von migratismus als notwendige ausdifferenzierung rassistischer diskriminierung an wrights analyse zur positionierung Schwarzer deutscher in deutschsprachigen diskursivierungen an und zeigt für die aktuelle deutsche debatte die diskursive herstellung einer fokussierung in der konzeptualisierung von rassismus auf migration mit ihren dadurch wiederum rassistischen effekten. im kontext dieses buches und meiner diskussion hier zur differenzierung von dispositiv und diskurs als dimensionen von diskriminierung wird in meiner statisierten, hier vorgenommenen und über_tragenen lesart von tudors migratismus-ansatz, der aus einer antimigratistischen_antigenderistischen ver_ortung verfasst ist, deutlich, wie kolonialrassismus gegen Schwarze deutsche auf diese weise – die diskursivierung von migration als neorassismus – potentiell zu einem dispositiv rassistischer diskriminierung wird oder werden könnte.[232] damit wird gleichzeitig deutlich, dass dispositiv ein dynamisches konzept ist, welches sich aus einer analyse konkreter diskursiver verhandlungen ableiten lässt. wichtig ist hier nochmals die unterscheidung danach, ob etwas entnannt oder ent_erwähnt ist oder ob es durch die form der

---

[231] in diesem kontext fällt auch die frequente verarbeitung der frage ›wo kommst du her?‹ in verschiedensten medien aus migratisierter und auch rassistisch diskriminierter positionierung auf. dies ist ein grundlegender topos statisiert deutscher herstellungen von rassismus, in der die idee einer migration – eines ›ursprünglich‹ nicht hierhin gehörens – eine große relevanz hat. beispiele für die bearbeitung dieser frage aus rassistisch diskriminierter positionierung sind: kilomba 2008a; kilomba 2008b; ayim 2005; kuria 2010. aus migratisierter perspektive: ergün, mutlu (2010): kara günlük: die geheimen tagebücher des sesperado. münster: unrast; topçu, özlem; bota, alice; pham, khuê (2012): wir neuen deutschen. reinbek: rowohlt und grjasnowa, olga (2012): der russe ist einer, der birken liebt. münchen: carl hanser verlag – letzteres eine verarbeitung in romanform. grundlegend und sehr viel weitergehend dazu aus wissenschaftlich_aktivistischer perspektive in einer wissenschaftlich_aktivistisch umgesetzten antimigratistischen_antigenderistischen ver_ortung: tudor 2013b.

[232] sehr viel ausführlicher dazu: tudor 2013b.

diskursivierung als ent_sagbar und ent_intelligibilisiert hergestellt wird. dies muss jeweils genau analysiert werden, um zu überlegen, welche aktivistischen politiken sinnvoll in die diskursive oder dispositive diskriminierung intervenieren. zu diesem themenspektrum würden sich mehrere weitere analysen als weiterführung und ausdifferenzierung anbieten:

- welche rolle spielt religiosisierung in der momentanen diskursivierung von rassismus?
- welche formen von religiosisierung werden rassifiziert, welche werden entnannt, welche ent_erwähnt?
- welche protoypisierungen von rassismus finden momentan durch diskursivierungen in deutschland statt?
- welche interdependenzen von rassismus mit genderismus und ableismus sind sagbar, in welchen diskursen und diskursfeldern, welche sind unvorstellbar und ent_sagbar gemacht über entdependierende diskursive wahrnehmungen von strukturellen diskriminierungen?
- welche dimensionen von rassismus werden als diskriminierung gefasst (beispielsweise individuelle, auf andere konkrete personen gerichtete handlungen: was wird hier als handlung gefasst?), welche dimensionen werden auf diese weise ent_vorgestellt?[233]

beispiel: eine historische kontextualisierung von diskursivierungen zu diskriminierung – die ent_infragestellung von cis- und zweigenderung

eine solche analyse ist auch durch vergleiche unterschiedlicher diskurse über zeit hinweg möglich und kann ebenfalls dispositive dimensionen von diskriminierung für unterschiedliche zeiten und räume deutlich machen. in einer analyse von texten vom beginn der zweiten so genannten frauenbewegung in deutschland in den 1980er jahren wird, vor dem hintergrund der ausdifferenzierung von genderismus, wie ich es in kapitel iii formuliert habe, deutlich, dass die antigenderistischen gegendiskurse gegen hegemoniale gendervorstellungen zwei- und cisgenderung nicht infragegestellt haben. jegliche vorstellungen von gender, die zwei- und cisgenderung grundsätzlich als rahmen von sozialer intelligibilität infragestellen würden, waren undenk- und unsprechbar. vorstellungen zu einem dritten geschlecht, wie sie zeitweise stark gemacht worden sind, stellen in meiner lesart keine infragestellung dar, sondern bestätigen eine grundsätzliche zweigendernorm, der ein drittes geschlecht an die seite gestellt wird, ohne zweigenderung damit grundsätzlich infragezustellen oder herauszufordern.

[233] vgl. die ausdifferenzierung verschiedener dimensionen von diskriminierung im vorangegangenen kapitel.

um dies noch mal anders, an einem alltagspraktischen beispiel zu verdeutlichen: ist ein_e dyke_trans erleichtert darüber, dass frauisierte in einer umkleidekabinensituation keinen stress gemacht haben, sie nicht auf ihre anwesenheit in der frauisierten kabine angesprochen haben und yke[234] sich dort umziehen konnte, ohne angemacht zu werden, re_produziert sie mit dieser erleichterung und ihrer wahl doch gleichzeitig zweigenderung als bezugsrahmen und eine potentielle einlesung in die gruppe frauisierter als beste momentan lebbare möglichkeit – was es auch ist in umkleideraumsituationen, die nichts anderes denkbar und möglich machen als ableisierte zweigenderung als absoluten bezugsrahmen. nur disableisierung scheint die einzig mögliche wahrnehmungsform jenseits von zweigenderung zu sein, wie sich sowohl in öffentlichen toiletten als auch in öffentlichen umkleiden von schwimmbädern und anderen sportstätten zeigt: disableisierte ›bekommen‹ in der regel eine eigene toilette oder umkleide zugeordnet, die nie gegendert ist: ableisierung also ist hier monolitisiert, entdependiert und als primäre wahrnehmung gegenüber genderungen gesetzt, die in bezug auf disableisierung als irrelevant oder nicht wichtig genug erachtet werden, was ableistisch_genderistisch ist. was aber macht es in der öffentlichen wahrnehmung für ableisierte so wichtig, dass toiletten und umkleiden zweigegendert getrennt sind, was für disableisierte offenbar nicht relevant ist? zeigt sich hier ein bruch in der so starken, häufig unverbrüchlich wirkenden re_produktion von zweigenderung? zeigt sich hier eine entdependierung von ableismus und genderung, die so massiv re_produziert wird durch die zu_ordnung öffentlicher räume, dass sie in bezug auf genderungen immer auch ableistisch wirkt und in bezug auf dis/ableisierung immer auch genderistisch? nur durch eine analyse, die diese unterschiedlichen, gesellschaftlich so stark entdependierten dimensionen struktureller diskriminierungen zusammenbringt, kann die vielschichtigkeit, massivität, gewalthaftigkeit und grundsätzlichkeit einer als dispositiv konstituierten strukturellen diskriminierung analytisch herausgearbeitet und aktivistisch in widerstandsformen umgesetzt werden.[235]

wenn dir jetzt beim lesen der einwand kommt, dass dies doch übertrieben sei, dass es doch wohl ok sei mit zweigegenderten umkleideräumen und ok mit entgenderten umkleiden für disableisierte – woran soll denn noch alles gedacht werden, soviele räume gibt es doch gar nicht und was überhaupt soll die frage, warum es dann für ableisierte so wichtig ist mit zweigegendert getrennten umkleiden, das ist doch wohl selbstverständlich, wenn dir die beispiele hier zu weit hergeholt und zu wenig relevant erscheint, dann kann dies auch gedeutet wer-

---

[234] für diese dyke_trans wiederaufnehmende pronominaform, vgl. hornscheidt (2011b) sowie kapitel vii in diesem buch.

[235] wie in diese entdependierungen von öffentlichen toiletten interveniert werden kann, veranschauliche ich im nächsten kapitel am beispiel einer intervention einer studentischen arbeitsgruppe.

den als sowohl ein indiz für eine abjektivierung von dyke_trans als auch eine ent_vorstellbarkeit, ent_intelligibilisierung von interdependenter diskriminierung; die abjektivierung von dyke_trans: eine undenkbarkeit eine genderistisch diskriminierte positionierung wahrzunehmen, die auch zwei- und cisgenderung als teil einer diskriminierungsstruktur begreift und infragestellt. die ent_intelligibilisierung von interdependenter diskriminierung: die unmöglichkeit die kontinuierliche re_produktion von genderismus, rassismus und ableismus miteinander und durcheinander wahrnehmen zu können und zu wollen.

und wie gut erinnere ich noch dieses gefühl der erleichterung in ableisierten frauisierten umkleiden und wie wenig stellt es sich heute noch für mich ein, wo ich mich mit frauisierung disidentifiziere – ohne dass es eine alternative dazu gäbe, eine andere alternative als die räume zu meiden, in denen ich mich in zweigenderung ein_ordnen, ein_passen müsste – was meinen bewegungsraum begrenzt, klein macht, einschränkt – subtile formen von diskriminierung, die nahezu unmerkbar lebenssituationen konstituieren, sich verselbstständigen, nicht mehr wahrnehmbar sind, um innerhalb einer durch ein diskriminierungsdispositiv konstituierten gesellschaft überleben zu können.

these: dispositive ent_intelligibilisierungen sind etwas anderes als diskursive entnennungen und ent_erwähnungen

dispositiv ist nicht mit tabuisierungen gleichzusetzen: tabuisierungen sind sag- und äußer- und denkbar, sind jedoch gesellschaftlich normiert und sanktioniert entnannt oder ent_erwähnt. um entnannt oder ent_erwähnt zu sein, muss aber grundsätzlich erst einmal die möglichkeit einer nenn- und äußerbarkeit bestehen. wenn personen keine idee haben, was jenseits von genderungen, zweigenderungen und_ oder kategorialgenderungen denkbar sein könnte, so ist zweigenderung der rahmen des denk- und sagbaren, über das hinausgehend nichts sag- und denkbar ist. in ideen von allgender, genderqueer und einem dritten geschlecht beispielsweise wird – manchmal – zweigenderung als einzig mögliche äußerungs- und konzeptualisierungsform herausgefordert, kategorialgenderung jedoch nicht: denn auch das potentielle sprechen über allgender lässt die idee, dass menschliche wesen in geschlechter einteilbar wären, unangetastet und häufig auch die grundsätzlichkeit von zweigenderung, wenn ein drittes bis unzähliges geschlecht als hip oder als ausnahme und extra hergestellt wird – und bestätigt auch gleichzeitig eine zweigendernorm. dies lässt sich durch einfache ersetzungsproben zeigen: zwar gibt es eine konventionalisierte benennung eines dritten geschlechts, nicht aber eines ersten oder zweiten geschlechts, auch nicht eines vierten geschlechts, was ich so interpretiere, dass eine zweigendernorm durch eine benennung eines fiktiven dritten geschlechts nicht infragegestellt ist. butler (1997) formuliert wichtige ebenen einer entnennung mit dem konzept der impliziten zensur, die machtvoller als explizite zensuren funktionieren würde. sie baut darauf auf, dass bestimmte stimmen kein gehör bekommen, nicht wahrgenommen werden und auf diese weise kontinuierlich ausgeschlossen werden.

> »in such cases, no explicit regulation is needed in which to articulate this constraint. the operation of implicit and powerful forms of censorship suggests that the power of the censor is not exhausted by explicit state policy or regulation. such implicit forms of censorship may be, in fact, more efficacious than explicit forms.« (butler 1997: 130)

these: eine flexibilisierung von diskursiven normen führt nicht zu ihrer auflösung

aus diesen überlegungen leite ich eine weitere zentrale these zum dispositiv interdependenter genderistischer diskriminierung ab: in unzählbaren diskursen dazu, was gender ausmachen würde, wird das *wie* der realisierung von gender verhandelt (dazu gehören immer wieder neu fragen wie: gibt es weibliche und männliche (implizit und dadurch protoypisierend machtvoll aufgerufen *weiße* ableisierte) kommunikationsformen, verhaltensweisen, führungsstile usw. aber auch: ist ableisierte genderzugehörigkeit eine frage von hormonen, körpermerkmalen, genen, sozialisation usw.; darüber hinaus aber auch fragen danach, ob und wie (dis)ableisierte rassifizierte gender(identität/en) gelebt, inszeniert, performt werden, wie zwischen solchen weiter nach interdependenten diskriminierungsformen auszudifferenzierenden genderidentitäten gepasst wird, wie ableisierte rassifizierte genderidentitäten gewechselt werden können) und kontinuierlich verschoben und verändert, eine *weiß* ableisiert normalisiert_prototypisierte vorstellung von gender als *was* jedoch bleibt im hegemonialen kontext weitgehend unangetastet: was, das heißt für mich, dass es gender in seiner interdependenz mit und ausdifferenzierung durch ableismus und rassismus als bezugsrahmen gibt, ist unhintergeh-, unwidersprechbar. diese kontinuierliche veränderung von der ausgestaltung von (dis)ableisierten rassifizierten zweigendervorstellungen, -normen und -normalisierungen bezeichne ich als flexible realisierungen von interdependenten zweigenderungen. diese können so dynamisch und veränderbar sein, dass dadurch der ein_druck entsteht, dass es eine grundsätzliche beliebigkeit, eine vollkommene dekonstruktion, eine auflösung von entdependiert und entnannt *weiß* ableisiert prototypisierten gendernormen geben würde, dass dies möglich wäre. dies jedoch ist in meiner wahrnehmung nicht der fall, die normen und normalvorstellungen von entnannt *weißen* ableisierten gendernormen flexibilisieren sich stattdessen extrem stark und leisten dadurch und damit der vorstellung vorschub, dass gender kein effekt von interdependentem genderismus, kein teil eines interdependenten diskriminierungsverhältnis sei, sondern wähl-, verhandel- und grundsätzlich veränderbar sowie entdependiert von rassismus und ableismus. dies alles findet auf der ebene von diskursiven verhandlungen statt, es gibt diskurse, sprech- und schreib-sprachliche und sprach-bildliche, kommunikative, die diese prozesse gestalten und die in ihrer ausdifferenzierung und dynamisierung den ein_druck erwecken, dass sie vollkommen ent_tabuisierend seien, dass sie grenzenlos infragestellend und normen herausfordernd seien (›allgender‹, ›genderqueer‹) – und gerade in dieser herstellung und der idee der herstellung einer grenzenlosen äußerbarkeit und infragestellbarkeit liegt meines erachtens eine machtvolle strategie des ausschließens und verunmöglichens eines redens, eines diskurses über die bedingungen dieser äußerungsmöglichkeiten, die konstituierung von äußerungen über die herstellung eines diskursrahmens, der unhinterfrag- und unhintergehbar erscheint und auf diese weise immer machtvoller naturalisiert wird. jegliche diskursivierungen, die bestimmte konzeptualisierungen dynamisieren, basieren dabei gleichzeitig auf der re_produktion anderer konzeptualisierungen, die nicht gleichermaßen infragegestellt werden und werden können, sondern die den rahmen für bestimmte dynamisierungen bereitstellen.

beispiel: schwedische mediendebatte zur veränderung des transsexuellengesetzes
im märz 2012 gibt es eine ausführlichere mediendebatte in schweden dazu, ob das seit 1972 geltende transsexuellengesetz dahingehend zu verändern sei, dass sterilisierungen keine bedingung mehr für einen staatlich legitimierten und sich in personaldokumenten materialisierenden genderwechsel darstellen könnten. als meilenstein der öffentlichen meinungsveränderung wird ein umschwenken der ›christdemokratischen‹ parteileitung öffentlich verhandelt, in der diese auf der grundlage medizinischer und psychiatrischer expertisen von der notwendigkeit von sterilisierungen für einen genderwechsel abstand nehmen. mit dieser öffentlichen stellungnahme der parteileitung scheint der weg für eine initiierung einer entsprechenden gesetzesänderung zum transsexuellengesetz frei zu sein. diese entwicklung wird in den medien, auch in lgbit-medien, ausnahmslos als positiv diskutiert, und es findet eine nationalschwedische selbstherstellung statt, die über verschiedene medien, unterschiedliche positionierungen in bezug auf trans-fragen und verschiedene politische institutionalisierte parteien hinweg das bild einer positiven aufgeschlossenen gesellschaft in den entsprechenden diskursen zeichnet. in diesen diskursivierungen werden ›transsexuelle‹ jeweils und durchgängig als marginalisierte gruppe hergestellt, häufig anhand von quantitativen angaben zu ihrer geringen gesellschaftlichen demografischen präsenz nochmal unterstrichen. das schwedische wir, welches sich in diesen diskursen als ›tolerant‹ und ›liberal‹ herstellt, ist damit implizit nicht-trans-ver_ortet. in der toleranten geste einer ›lockerung‹ des transsexuellengesetzes ist damit in der medialen diskursivierung der ausschluss von trans-personen aus dem schwedischen selbstverständnis beinhaltet. trans-personen sind eine gruppe, der sich die schwedische normalisierte entnannte gruppe tolerant zuwendet, ohne dass sie damit teil einer schwedischen normalvorstellung würden. die schwedische normalvorstellung liegt in der ausagierung der toleranten wertevorstellungen stattdessen gegenüber personen und personengruppen, die in dieser geste zugleich doppelt marginalisiert werden – sie sind gesellschaftlich auf mehreren ebenen diskriminiert (was mir treffender erscheint als der hegemonial medial frequent verwendete begriff der marginalisierung), u. a. juris-

tisch und medizinisch, und werden in den pseudo-liberalen diskursen gleichzeitig über ihre entnormalisierung nochmals diskriminiert. darüber hinaus werden in der medialen diskursivierung medizin, psychiatrie und recht als gesellschaftliche instanzen legitimiert und in ihrer autorität unantastbar gemacht:[236] da medizinische und psychiatrische gutachten eindeutig zeigen würden, dass es diskriminierend sei personen zwangszusterilisieren, müsse es nun eine gesetzesveränderung geben. auf diese weise also werden medizin und psychiatrie (hier also getrennt verstanden) als eindeutige norminstanzen re_installiert, hinter die nicht zurückgegangen wird – deren autorisierung auch gar nicht infragegestellt wird, sondern die hier einmal mehr in ihrer autorität bestätigt werden. die infragestellung von normen zu trans werden also vor dem hintergrund einer re_produktion der autorität bestimmter diskursiver instanzen – medizin, psychiatrie, recht – verhandelt.

als dritte wichtige ebene, die meines erachtens ganz grundlegend die dispositive dimension von genderismus in diesem diskurs deutlich macht, wird zweigenderung in dieser argumentation in keiner weise herausgefordert oder infragegestellt, sondern stattdessen eine trans-konzeptualisierung naturalisiert, in der trans der wechsel von einer genderidentität oder -rolle zu einer anderen innerhalb einer zweigendervorstellung ist. auf diese weise wird in dieser diskursivierung zweigenderung machtvoll als unhintergehbare norm re_produziert. eine vorstellung einer infragestellung von zweigenderung wird in diesem diskurs ausgeschlossen, verunmöglicht. zweigenderung ist damit in diesem konkreten diskurs die äußerungsmöglichkeitsvorstellung, die nicht hintergehbar ist und damit wird gleichzeitig auch implizit deutlich gemacht, als was und wie trans einlesbar ist oder als einlesbar gesehen wird: trans ist maximal ein gesellschaftlich – abgesichert über die gesellschaftlichen instanzen recht und medizin – legitimierter wechsel von genderrollen innerhalb einer zweigendervorstellung; eine konzeptualisierung von trans, die zweigenderung herausfordern würde, wird damit ent_konzeptualisiert – in der toleranten geste des bedingungsfreien redens über die lebensbedingungen von trans-personen. entsprechend dieser setzung sind auch widerständige diskurse von trans in der regel auf zweigenderung bezogen und fordern diese nicht heraus, auch wenn individuen ihre eigenen ver_ortungen in kritik dazu verstehen können.[237] der diskursive rahmen aber, der für äußerungsmöglichkeiten besteht, lässt keine einfachen infragestellungen des rahmens – in diesem falle zweigenderung – zu, sondern schließt sich gerade auch in dem rhetorischen gestus, dass ja alles verhandelbar sei. was die grenze der konzeptualisierungsmöglichkeit für dieses ›alles‹ ausmacht, ist jedoch nicht übertretbar, nicht formulierbar und dadurch auch nicht direkt und einfach herausforderbar.

---

236 vgl. dazu auch die ausführungen im vorangegangenen kapitel zur individualisierung und zur rolle von recht als stabilisierung gesellschaftlicher normen.

237 zu diesem aspekt schreibe ich ausführlicher im nachfolgenden kapitel unter dem teilkapitel zu dispositiv.

als vierte wichtige ebene einer dispositivanalyse dieser diskursivierung einer möglichen liberalisierung des transsexuellengesetzes in schweden verstehe ich die implizite und machtvolle normsetzung einer ableisierten *weißen*, oder genauer in diesem fall auch: statisierten vorstellung zu trans(sexualität). ›gilt‹ das neue gesetz ›wirklich‹ für alle transpersonen? welchen personen wird überhaupt die möglichkeit zugesprochen sich als trans zu verstehen und entsprechende gesellschaftlich normativ aufgestellte hürden und normalisierungen dazu zu nehmen? welche formen von disableisierung[238] sind im rahmen einer rechtlich und medizinisch reglementierten vorstellung zu trans möglich – und wie wird trans auf diese weise gerade durch die entdependierung in der benennung mit ableismus ableisiert, wodurch eine ableistische diskriminierung ein durchgängiger wichtiger bestandteil aller diskurse zu trans ist?

und als weiterer punkt der entdependierung: ›gelten‹ die liberalisierten regelungen dann ›wirklich‹ für alle personen in schweden oder welche form von statisierung muss eine person haben, damit überhaupt ein genderwechsel als option zusteht? was bedeutet eine veränderung des transsexuellengesetzes für illegalisierte, migratisierte: ist sie irrelevant? was bedeutet es für personen, die durch rassismus so starke diskriminierungseinschränkungen haben, dass sie sich weder einem rassistischen juristischen apparat noch einer rassistischen medizinischen institutionalisierung diagnostisch unterwerfen können und wollen, von den ökonomischen ressourcen, die dafür notwendig sind, ganz abgesehen? wie wird also über eine diskursivierung zu einer veränderung des schwedischen transsexuellengesetzes gleichzeitig auch eine entdependierung von transgenderung betrieben, die rassistische, migratistische und ableistische effekte hat, die bestimmte fragen, wie die in diesem abschnitt genannten verunmöglicht und damit also interdependenzen als dispositiv einer gesellschaftlichen verhandlung von diskriminierung herstellt.

these: utopien und visionen als analysemoment für dispositivanalysen

neben gegendiskursen ist eine weitere wichtige ebene einer dispositivanalyse die untersuchung von utopien und visionen.

visionen, interventionen, utopien finden auf der ebene von diskursen statt und nehmen damit den rahmen der intelligibilität, die grenzziehung zwischen dispositiv und diskurs in dem hier vorgeschlagenen modell, als ausgangspunkt, müssen dies als ausgangspunkt nehmen, um überhaupt als diskurse wahrnehmbar zu sein. butler verwendet hier den begriff fantasie:

> »fantasy is not the opposite of reality; it is what reality forecloses, and, as a result, it defines the limits of reality, constituting it as its constitutive outside. the critical promise of fantasy, when and where it exists, is to challenge the contingent limits of what

---

[238] entsprechend der ausdifferenzierung von genderismus wäre hier meines erachtens eine ausdifferenzierung der realisierungsformen von ableismus sinnvoll und für politische analysen und aktivitäten hilfreich.

> will and will not be called reality. fantasy is what allows us to imagine ourselves and others otherwise; it establishes the possible in excess of the real; it points elsewhere, and when it is embodied, it brings the elsewhere home.« (butler 2004: 29)

utopien oder fantasien hängen also in dieser form eng mit widerständigen diskursen zusammen, können als eine form des widerständigen diskurses zu interdependenten diskriminierungsverhältnissen verstanden werden. eine analyse der normsetzungen von fantasien und utopien, der präsuppositionen von utopien kann damit auch aufschlüsse über die ebene des dispositivs in der gleichen weise geben, wie dies weiter oben für widerständige diskurse bereits erläutert worden ist.

ich gehe ins schwimmbad. ich kann gehen. ich kann ins schwimmbad gehen, habe das geld dazu, den eintritt zu bezahlen, der in schweden nicht gerade gering ist. kann sehen, kann mir meinen weg bahnen, kann mich selbstständig umziehen, kann schwimmen, ich bin umfassend ableisiert, was mir viele möglichkeiten der einnahme öffentlicher räume ermöglicht. ich habe die zeit, ins schwimmbad zu gehen, habe jobs, mit denen ich mir meinen alltag zeitlich selbst strukturieren kann, habe räume, in denen ich so arbeiten kann, wie ich arbeiten will, kann mich also entschließen, nachmittags ins schwimmbad zu gehen.

und trotz all dieser interdependenten privilegierungen habe ich doch lange darüber nachgedacht und abgewägt, wie stabil ich mich fühle, öffentlich zu sein, ausgezogen, angesehen. ich habe ein starkes bedürfnis mich zu bewegen, nicht nur mich den ganzen tag mit meinem notebook in verschiedenen positionen auf verschiedenen sitzgelegenheiten aufzuhalten. will mich spüren, mir anders präsent sein, als ich es mit blick auf einen leicht flirrenden bildschirm, auf dem ich in irrem tempo worte hacke und zu bedeutungshoffnungen verstehenshoffnungen zusammensetze, kann. draussen hat es angefangen zu tauen, aber die wege sind noch immer von eisschichten überzogen, so dass ich es nicht wage stattdessen laufen zu gehen – was ich ableisiert machen könnte. was ich als weiße person nicht weiter überlegen muss, nicht darüber nachdenken muss, wie sicher bestimmte straßen und dunkelheiten in bezug auf rassistische übergriffe sind. ich gehe also schwimmen, eine kraftanstrengung, ein luftanhalten zwischen schwimmbadeingang und eintauchen ins wasser und dasselbe auch wieder zurück. wie habe ich diese anstrengung nicht immer merken können – und gleichzeitig meine möglichkeiten, mich überhaupt in diese situation zu begeben? oder habe ich sie immer gemerkt und merkend entmerkt, nicht wahrhaben wollen, sie merkend willentlich vergessen, übermerkt, um in einer auf zweigenderung ausgerichteten gesellschaft, die mich in so vielfacher hinsicht privilegiert, überleben zu können? oder ist es das, was die dispositive dimension genderistischer diskriminierung ausmacht, die ent_intelligibilisierung der konstituierung durch diskriminierung, in meinem fall mit massiven gleichzeitigen verwobenen interdependenten privilegierungen über ableismus und rassismus gekoppelt; ist es das, was als dispositiv zu unkonzeptualisierbar also ist, dass jegliches merken verunmöglicht ist – und doch gleichzeitig da, mich doch gleichzeitig konstituiert? kinder unter 10 jahren etwa starren mich unverhohlen an und bekommen körpergröße, körperstatur, körperdetails und umkleideeinteilungen und kleidung nicht überein. und trotzdem: mich können die ableisierten kinder anstarren. wieviele disableisierte dyke_trans kommen gar nicht erst bis hierhin, da die hürden in vielfacher weise schon vorher viel zu hoch sind.

mein immer-wieder-nachdenken zeigt mir an tagen meine fragilität und das ziehen nach einpassung in etwas, in das ich nicht passen will und kann, und wenn ich weniger fragil, etwas stabiler stehe, dann kann ich es auch so einlesen und mich dann damit sein lassen, mit meinen widersprüchlichen zugehörigkeitsbedürfnissen manchmal und mich wahrnehmen in meiner massiven und machtvollen zugehörigkeit zu der normalisierung weißer ableisierter personen, die in und durch schwimmbäder auch gleichzeitig stattfindet.

heute ist ein prekärer tag, ein unsicherer tag, ein tag von balancegängen, dünnem eis, tauend, aber da, tauend und doch so verletzungsnah, so dass es mir schwierig fällt zu gehen, ohne das fallen schon gehend unsicher vorwegzunehmen – und trotzdem, ich könnte gehen und kann mich dagegen entscheiden. heute ist auch ein privilegierter tag mit meinen verselbstständigten ableisierungen. so fühlt es sich auch im schwimmbad an, dünnes eis und doch eis, auf dem ich gehen könnte.

auch so kann ich mein leben einlesen: als ein kontinuierliches austarieren unterschiedlicher öffentlichkeiten und ein abwägen von ent_konformitäten und anpassungen, von ›passings‹, einer reflexion meiner strukturellen privilegierungen und eines versteckens.

these: die ent_konzeptualisierung und ent_intelligibilisierung von interdependenzen als teil des diskriminierungsdispositivs

diese these habe ich in dieem kapitel bereits verschiedentlich angesprochen und formuliere sie hier nochmal extra, da ich sie momentan für die wahrnehmung und wahrnehmbarkeit von strukturellen diskriminierungen im deutschen kontext sehr relevant halte.

als weitere dimension des diskriminierungsdispositivs in seiner momentanen ausgestaltung im deutschen kontext sehe ich die wahrnehmung von interdependenzen als aktuell undenkbar – und als undenkbar – gemacht an. dispositive dimensionen von diskriminierungen sind damit in meiner analyse zugleich auch immer effekte von diskursen – wie sie auch diskurse bedingen und konstituieren, beides steht also in einer kontinuierlichen dynamischen wechselwirkung miteinander. gerade eine herstellung von sagbarkeit, also auch von entnennungen und ent_erwähnungen, bedingt auch immer unsagbarkeiten, undenkbarkeiten, ent_intelligibilisierungen, die durch eine mytische norm[239] einer grundsätzlichen sagbarkeit undenkbar gemacht werden. dies ist meines erachtens im öffentlichen umgang mit der interdependenz struktureller diskriminierung der fall. im immer häufiger zu findenden sprechen über intersektionalität als einer analytisch geschaffenen verbindung unterschiedlicher diskriminierungsstrukturen wird die ebene von interdependenzen, die auffassung, dass komplexe diskriminierungen nur analytisch in einzelbestandteile aufteilbar wären, wie es genderismus, rassismus, ableismus sind – dass diese aber zunächst und grundsätzlich zusammenwirken und gesellschaft konstituierend sind, dies ist diskursiv undenkbar gemacht –, ist ent_intelligibilisiert.

> »Black women have thus been positioned within several discourses that misrepresent our own reality: a debate on racism where the subject is Black male; a gendered discourse where the subject is *white* female; and a discourse on class where ›race‹ has no place at all. we occupy a very critical place within theory. it is because of this ideological lack [...] that Black women inhabit an empty space, a space that overlaps the margins of ›race‹ and gender, the so-called ›third space‹. we inhabit a kind of vacuum of erasure and contradiction. [...] these terms [double and triple oppression; anm. l. h.] are insufficient because they treat different forms of oppression – such as racism, sexism and homophobia – as cumulative rather than intersecting. the intersection of forms of oppression cannot be seen as a simple increase of layers, but instead as the ›production of specific effects‹ (anthias & yuval-davis 1992: 100). forms of oppression do not operate in singularity; they intersect with others. racism, for instance, does not function as a distinct ideology and structure; it interacts with other ideologies and structures of domination such as sexism.[...] in this sense, the simultaneous impact of ›race‹ and gender oppression leads to forms of racism that are unique to the experiences of Black women and women of color.« (kilomba 2008a: 56-57)

was kilomba hier als ›intersecting‹ bezeichnet, über_setze ich mir in meine *weiß* privilegierte positionierung als interdependenz und verwende den begriff intersektionalität für die additive idee unterschiedlicher schichten, die aufeinandergelegt würden, wie kilomba es kritisch bemerkt. in der in kritisch-reflexiven wissenschaften, wie teilen der gender studies, hergestellten konzeption, dass intersektionalität ein zugewinn an komplexität in der konzeptualisierung von diskriminierung sei, wird vorausgesetzt, dass diese diskriminierungsformen oder -strukturen zunächst getrennt sind und durch kritische forschung zusammengebracht werden, die so zu einer gesellschaftlichen komplexität beitragen würde. auf diese weise wird eine konzeptualisierung von interdependenter diskriminierung zum dispositiv – indem der bezugsrahmen kritischer forschung sich nur ein stückweit und ›ausgewählt‹ auf das zusammendenken analytisch getrennt hergestellter diskriminierungsstruk-

---

239 vgl. auch das lorde-zitat zu ›mythical norm‹ weiter oben in diesem kapitel.

turen bezieht, die als additive schichten maximal wahrnehmbar gemacht werden. dies wird unter anderem auch in der schwierigkeit deutlich ein interdependentes verständnis von diskriminierung begrifflich konventionalisiert zum aus_druck zu bringen: begrifflich sind genderismus, rassismus und ableismus voneinander getrennt und nur in einem weiteren schritt einer analyse dann mit konjunktionen zusammenführbar. die ag einleitung (2011) hat verschiedene neue schreibweisen ausprobiert, die ich auch schon in meinem artikel zu sprachlichen aspekten von interdependenzen (hornscheidt 2012 [2007]) angefangen habe zu formulieren und auszuprobieren – ein versuch, der sehr viel widerwillen in rezensionen ausgelöst hat und offenbar also starke irritationen geweckt hat. schriftsprachlichkeit mit der in ihr angelegten linearität führt zu einer starken verunmöglichung von komplex und simultan konzeptualisierten interdependenzen von diskriminierung, so dass es sinnvoll sein könnte, um interdependenzen aus dem status des diskriminierungsdispositivs auf die ebene diskursiver diskriminierungen zu holen, dass neue begrifflichkeiten gebildet werden. gleichzeitig zeigt sich hier also, dass eine entdependierte vorstellung von (struktureller) diskriminierung so stark diskursiviert und normalisiert ist, dass sie nur sehr schwierig gebrochen und durch eine interdependente wahrnehmung und konzeptualisierung ersetzt werden kann. dies zeigt sich auch in einem frequenten anwenden einer verkehrskreuzungsmetapher in anlehnung an einen frühen artikel von crenshaw zu intersektionalität. dieser ist aus einer rechtswissenschaftlichen perspektive geschrieben und ist in der bezugnahme auf die in rechtsdiskursen vorhandene und aufrechterhaltene trennung zwischen sexismus und rassismus durch ihre intervention revolutionär. die zitierung der verkehrskreuzungsmetapher jedoch stellt genderismus und rassismus als trennbar oder zunächst getrennt her, die dann in einem intellektuell wichtigen und herausfordernden schritt durch das modell der intersektionalität zusammengebracht würden. auf diese weise – eine herstellung eines komplexitätsgewinns durch einschlägige critical race- und gender studies forschung – wird ent_konzeptualisiert, dass diskriminierungen bereits vor dieser analytischen fassung interdependent sind. es findet hier also meines erachtens eine verdrehung von ursache – interdependenter struktureller diskriminierung – und wirkung – intersektionalitätsansätzen – statt. dies macht interdependente diskriminierung zum dispositiv diskursiv verhandelter intersektionaler diskriminierungen.

ist schriftsprachlichkeit an sich also ein problem in bezug auf komplexere konzeptualisierungen von diskriminierungen? könnte es sein, dass die form von schriftsprachlichkeit mit ihrer linearität und ihrer klaren trennung in akteu_rinnen, handlungen, eigenschaften und objekte bestimmte dispositive diskriminierungseffekte hervorbringt, die so grundlegend sind, dass sie auch nur schwer fassbar erscheinen? die trennung, die begrifflich zwischen interdependenten diskriminierungen gemacht wird – genderismus, rassismus, ableismus – verselbstständigt sich in konzeptualisierungen zu den einzig möglichen denkbarkeiten: genderismus und rassismus und ableismus sind damit getrennt, und die begriffliche herstellung als getrennt wird nicht selbst als eine machtvolle konstruktion wahrnehmbar, die die interdependenz dieser strukturellen diskriminierung ent_intelligibilisiert.

im nachfolgenden kapitel gebe ich auch beispiele für interventionen in die begrifflich getragene entdependierung von diskriminierung, am beispiel von dyke_trans und statisierung

*beispiel: analyse von entdependierungen und ent_intelligibilisierungen in der konzipierung der ausstellung trans*_homo im schwulen museum in berlin august 2012*

eine ausstellung, die 2012 im schwulen museum (*warum schwules museum? warum nicht zumindest lesbisch-schwules museum? wer hat dies wann beschlossen und warum ist es nicht irgendwann geändert worden, wenn dies das museum ist, welches von der landesregierung maßgeblich finanziert wird und sich für eine wahrnehmbarkeit homosexueller belange einsetzen soll? wen interessiert diese genderistische benennung, wer nimmt es wahr? in öffentlichen herstellungen von schwulsein ist androgenderung ganz grundlegend und kontinuierlich realisiert – auch hier mit der vielleicht stillschweigenden annahme, dass diskriminierungsformen nebeneinander stehen und sich gerade nicht komplex ergänzen und gegenseitig bedingen*) stattfindet, trägt den titel trans*_homo. trans* wird hier konzeptualisiert zu einer infragestellung von homo-normen und -vorstellungen, wird zu einer frage von sexualität als soziale positionierung oder gar kritischer ver_ortung gemacht, ohne dass genderismus explizit verhandelt und wahrnehmbar gemacht würde, sondern stattdessen ent_erwähnt wird. die interdependenz von genderismus mit einer sexualitätsbezogenen diskriminierung, wenn von einer solchen ausgegangen wird, wie dies in dieser ausstellung offenbar der fall ist, wird damit in diesem kontext unsagbar gemacht. alles, was denkbar ist, ist das additive und implizite erwähnen von zweigenderung über das aufrufen von homosexualität in der frage der realisierung von trans*. dadurch wird zugleich die grundsätzliche und grundlegende interdependenz von diskriminierung unvorstellbar gemacht – sie ist damit in diesem konkreten fall für dieses konkrete diskursive beispiel eines semi-widerständigen diskurses zu hegemonialen homo- und transnormen ent_intelligibilisiert; sie bildet den rahmen der äußerungsmöglichkeiten für die positive herstellung einer ausstellung zu trans*_homo, auf der dann punktuell auch fragen zu genderismus explizit und in einer additiven form behandelt werden können, was nur sehr eingeschränkt und häufig auch noch genderistisch diskriminierend geschieht. die ausstellung und auch der dazu herausgegebene ausstellungsbegleitband sind ein beispiel dafür, wie genderismus von cisgenderung getrennt wird und cisgenderung als eine umfassende und vor allem übergeordnete eigene diskriminierungsform hergestellt wird. die genderistischen realisierungsformen andro- und zweigenderung haben in der konzeptualisierung der ausstellung implizit und vorausgesetzt erstmal nichts mit diskriminierung von homosexualität und trans* zu tun – diese diskriminierungs›ziele‹ werden als trennbar hergestellt und von genderismus entdependiert, was ich hier als eine genderistische strategie einlese. in meinem ansatz zur interdependenz struktureller diskriminierungen ist es hingegen zentral, dass bestimmte strukturelle diskriminierungsformen wie genderismus, ableismus und rassismus nicht abtrennbar und loslösbar, nicht optional für eine analyse und wahrnehmung gesellschaftlicher verhältnisse sind, sondern immer eine rolle spielen, immer teil der gesellschaftlichen prozesse von selbst- und fremdherstellung, von selbstvergewisserungen und normalität sind. eine fokussierung auf trans* also als ein allgemeines, übergreifendes konzept jenseits von einer ausdifferenzierung von genderismus sowie einer interdependenten bezugnahme auf rassismus und ableismus ist daher selbst umfassend und subtil diskriminierend – und nicht einfach nur genderismus, ableismus und rassismus ignorierend oder nicht wahrnehmend. setze ich den hier vertretenen ansatz einer dispositiven dimension struktureller diskriminierungen durch rassismus, ableismus und genderismus um, so ist eine allgemeine aussage zu trans* potentiell genderistisch_ableistisch_rassistisch diskriminierend. im nachfolgenden kapitel zu handlungsansätzen diskutiere ich die benennungsform trans in ihren unterschiedlichen variationen und implikationen noch weitergehend.

beispiel: die absolutsetzung von nation in den hier vorgenommenen analysen
in diesem buch beziehe ich mich häufig auf einen ›deutschen kontext‹ oder ›den deutschsprachigen raum‹, was noch mal zwei verschiedene kategorisierungen sind. beide verwende ich in diesem buch, ohne sie weiter zu dekonstruieren – ich stelle teilweise die frage nach der konstituierung von statisierungen, darüber hinaus aber beziehe ich meine ausführungen auf ›die momentane deutsche situation‹ oder ›den deutschsprachigen raum‹. dies sind selbst auch wiederum normierungen, die ich vornehme und mit denen ich einen bezug meiner ausführungen spezifizieren will und sie dadurch und damit aus einer universalisierung nehmen will: die thesen und aussagen dieses buches sind auf ›den deutschen raum‹ bezogen. gleichzeitig aber stelle ich darüber auch eine grenze einer hinterfragbarkeit her: inwiefern re_produzieren sich gerade auch in und durch die interdependenten genderistischen konstruktionen vorgängige vorstellungen von nation, die ich hier wieder herstelle? was ist also nicht nur entnannt und ent_erwähnt, wenn ich über nation als bezugsrahmen spreche – wie beispielsweise fragen zu globalisierter wirtschaft und anderen globalisierten bezügen, sondern was ist darüber hinaus in bezug auf eine dispositivanalyse im abjekt einer vorstellung von nation oder auch supranation, wie ich europa einlese, die in der form, wie ich sie hier als konkretisierenden bezugsrahmen verwende, unhintergehbar erscheint? wie zum beispiel könnten unterschiedliche kritisch-reflektierende ansätze zu diaspora die frage von (supra)nation nochmal irritieren und meine spezifizierung meiner ausführungen nochmal anders und neu herausfordern? dies sind offene, für mich ungelöste fragen zu dem problem, wie ich spezifisch, konkret und differenziert benennen kann, ohne damit machtvolle ausschlüsse wiederum so herzustellen, dass eine bezugnahme jenseits von ihnen sogar ent_intelligibilisiert erscheint oder ist. inwiefern zum beispiel re_produziere

ich *weiß* statisierte typisierte normen durch eine bezugnahme auf nation, die politische bündnisse und kämpfe jenseits dieser dimension dadurch von vorneherein aus dem fokus nimmt? inwiefern entnenne ich die normalisierungen und normierungen von genderismus, ableismus und rassimus, die bereits in der idee und dem konzept von nation angelegt sind, indem ich mich hier auf nation als setzung beziehe?

dieses teilkapitel zu interdependenten diskriminierungen in und über ein diskriminierungsdispositiv schließe ich mit einem literarischen zitat ab, in dem es um eine mögliche begründung geht, wie sich soziale normen so stark verfestigen können, dass sie auch auf der ebene von ›bekenntnissen‹ nicht wirklich zur disposition stehen, sondern eine *weiße* ableisierte typisierte machtposition in und mit ihnen aufrechterhalten bleibt.

in ›stadt der engel‹ von christa wolf sieht die ich-erzählerin in den usa eine fernsehsendung, in der pensionierte ehemalige cia-mitarbeiter heute über ihre entscheidungen zu vietnam sprechen, dass es befehle zur ermordung ›unliebsamer‹ staatschefs woanders gab.

> »warum sagt er das? weil ihn die reue gepackt hat? weil manches inzwischen sowieso bekannt geworden ist? es gibt eine dritte möglichkeit: weil sie es sich erlauben können. weil keiner sie zur rechenschaft ziehen kann. weil sie die weltherrschaft und damit automatisch recht haben. weil alles, was nötig war, diese weltherrschaft zu erringen, von natur aus gut war. so ist es nun mal, und diese alten [*weißen* ableisierten; anm. l. h.] männer, die rückblickend gar nicht ganz unkritisch sind, wissen genau, dass keine ihrer enthüllungen irgendwelche folgen haben wird. mag sein, sie lösen in ein paar hundert fernsehzuschau[_]er[inne]n einen schrecken, vielleicht sogar entsetzen aus, na und? das beschädigt ihr lebensgefühl nicht, das ihnen erlaubt, ohne selbstzweifel auf der insel der wohlhabenden und rechthabenden zu leben.« (wolf 2010: 176)

im zweiten teil dieses kapitels diskutiere ich konkrete beispiele diskursiver interdependenter sprachlicher genderistischer diskriminierung. der fokus liegt dabei auf benennungen, insbesondere personalen benennungen.

diskursive diskriminierungen

in diesem teilkapitel stelle ich vor, wie diskursiv verfasste interdependente diskriminierungen festgestellt und analysiert werden können. die analyse und herangehensweise bezieht sich dabei insbesondere auf sprachliche handlungen in einem weit gefassten sinne.[240] ich schließe damit an die ausführungen im vorangegangenen kapitel an, in dem ich bereits zahlreiche analytische beispiele und fragen angeführt habe. darüber hinaus schließen die hier gemachten überlegungen auch an die

[240] vgl. kapitel iv.

analytischen fragenkataloge in hornscheidt (2011b) und hayn (2011) an, nehmen diese auf und ergänzen sie weiter.

diskurs

diskursiv ist die ebene möglicher versprachlichungen und möglicher konzeptualisierungen, die häufig eng mit versprachlichungen zusammenhängen, über sie getragen und hergestellt und weiter verfestigt – oder herausgefordert – werden. die hier fokussierten sprachlichen dimensionen diskursiver konstituierungen von wissen zu und über strukturelle diskriminierung basieren auf be- und entnennungen bzw. ent_erwähnungen. die unterschiedlichen ebenen dieser sprachhandlungen reichen von einzelnen ausrufen bis hin zu ganzen büchern, sind mündlich und schriftsprachlich, liegen im zuhören und im lesen – also auch in der frage, ob der ausruf gehört wird, von wem und wie eingelesen, ob ein buch gelesen wird und von wem.

die so genannte feministische linguistik im deutschsprachigen raum hat jenseits von gesprächsanalysen[241] vor allem sprachliche benennungen von personen auf der ebene von einzelnen worten oder kürzeren phrasen betrachtet.

dazu sarah mills: »many of the feminist theorists who analysed sexism in language in the 1970s and 1980s focused on naming practices. it was argued that language was ›man-made‹ and that women were excluded from the process of naming and defining.«[242]

wie personen sich selbst benennen und wie sie von anderen benannt werden, diese fragen beschäftigen mich in den verschiedensten facetten wissenschaftlich seit mehr als einem jahrzehnt. ich bin dabei weniger an individuellen motivationen interessiert als vielmehr an gesellschaftlichen prozessen, die auch über diese als individuell motiviert wahrgenommenen handlungen und den ausdruck individueller motivationen realisiert werden: wer wird in welcher situation in bezug auf was wie benannt, wer wird entnannt, ent_erwähnt, welche benennung wird von wem – wieder als soziale position verstanden – gehört und gelesen, welche wird aufgenommen, welche wird ironisiert, wie verändert und mit welchen effekten? das sind nur einige der fragen, die ich auch nach zehn jahren immer noch als politisch äußerst relevant wahrnehme. ich bin fasziniert und irritiert davon, welche

---

[241] auf gesprächsanalytische forschungen gehe ich hier nicht weiter ein, das würde ein eigenes buch füllen. eine wichtige publikation hierzu ist eckert/mcconell 2003, die hier den so genannten communities of practice ansatz vorstellen. dieser ist in abgrenzung zu stärker ethnomethodologischen forschungen entstanden. große teile der gesprächsanalytischen forschung re_produzieren die idee einer vorgängigkeit von gender und verhalten sich nur marginal zu fragen der diskriminierung jenseits einseitig stereotypisierender zu_schreibungen. vgl. eckert, penelope; mcconell-ginet, sally (2003): language and gender. cambridge: cambridge university press.

[242] mills, sarah (2008): language and sexism. cambridge: cambridge university press. s. 43.

mächtigkeit sprachliche handlungen haben und wie diese machtvolle seite zugleich in individuellen alltagswahrnehmungen kaum eine rolle spielt – und doch gleichzeitig eine so große rolle spielt, wenn personen durch bestimmte äußerungen verletzt sind, sich nicht angesprochen, ausgegrenzt und ignoriert fühlen; wenn es so schwer ist, das zu sagen oder schreiben, was ein_e meint, so schwierig ist, sich verständlich zu machen.

sprachliche benennungspraktiken

sprachliche benennungen sind ein aktivistisch wichtiges feld sprachlicher handlungen. unter sprachlichen benennungen fasse ich alle sprachlich handelnden ver_suche welt benennbar zu machen. dies kann sich in substantivischen benennungen wie ›tisch, baum, haus‹ realisieren, aber auch in verbformen wie ›stehen, liegen, glauben‹, und vor allem in den kombinationen, die substantive und pronomen mit verben und weiteren sprachlichen formen, konventionell sortiert über wortarten, in sprachlichen handlungen eingehen. es gibt für mich, wie ich weiter vorne in diesem buch bereits ausgeführt habe, keine wirklichkeit, auf die dann sprachlich korrekt oder falsch zugegriffen werden könnte, sondern lediglich kontinuierliche sprachliche herstellungen von wirklichkeit. sprachliche benennungen, die genderungen in verschiedenen formen aufrufen, re_produzieren, irritieren, wahrnehmbar machen, verschieben und herausfordern, sind ein wichtiger teil genderistischer wie auch antigenderistischer handlungen und wirklichkeitsherstellungen.

zu sprachlichen handlungen insgesamt und sprachlichen benennungen mehr konkret zählen in dem hier vorgeschlagenen modell auch formen der entnennung und ent_erwähnung,[243] ebenso wie formen des ent_hörens und ent_lesens. auf diese weise ist das spektrum möglicher sprachlicher benennungen in bezug auf diskriminierungen deutlich gegenüber herkömmlichen darstellungen erweitert. konkret bedeutet das, dass nicht nur die art und weise, wie ich eine person benenne, diskriminierend sein kann, sondern auch eine person nicht zu benennen oder nicht auf eine bestimmte weise zu benennen diskriminierend sein kann. die darüber hinausgehende diskriminierung über die unvorstellbarkeit bestimmter anwesenheiten und benennungen habe ich im ersten teil dieses kapitels unter dispositivanalyse mit beispielen erläutert.

interdependenz sprachlicher diskriminierender benennungspraktiken

eine grundannahme meiner analysen[244] und damit zu sprachlichen benennungen ist, dass die über sie realisierten diskriminierungen grundsätzlich interdependent sind. das heißt, es gibt keine sprachlichen benennungen, die ausschließlich

---

[243] vgl. kapitel iv ausführlicher dazu.

[244] vgl. hornscheidt 2006; 2008a; 2008c; 2010a; 2010b; 2010c; 2011d.

genderistisch in einer entdependierten form sind. die annahme und das vertreten der these, dass es einen ausschließlichen genderismus gibt, lese ich als rassistisch und ableistisch ein, weil es unterschiedliche positionierungen mit unterschiedlichen konsequenzen und konstituierungen wegnennt.

wie ich in kapitel iii deutlich gemacht habe, ist genderismus immer interdependent mit rassismus und ableismus. die form, wie die unterschiedlichen analytisch nur trennbaren bestandteile struktureller diskriminierung, sprachlich realisiert werden, variiert dabei stark und ist auch von kontext und äußerungssituation abhängig. während zweigenderung gerade auch entdependiert sehr stark in der konventionalisierten form deutscher standardsprache verankert ist – beispielsweise über bestimmte endungen (wie -in; ein so genannter null-suffix; -frau; -mann), sind ableisierung und *weiß*sein – die normen von ableismus und rassismus – in der regel gerade durch ihre entnennung ausgedrückt. allen drei interdependenten diskriminierungsformen gemeinsam ist, dass die diskriminierten personen jeweils konventionalisiert im privilegierten kontext sprachlich explizit benannt werden, also über eine explizite benennung geothert werden. diese benennung wird zudem meistens nicht als eine behinderung von personen durch die gesellschaft sprachlich ausgedrückt oder als eine hegemoniale rassifizierende einteilung von personen, sondern wird den personen als inhärente eigenschaft sprachlich zu_geschrieben oder zu_gesprochen – personen werden personal so appelliert:

›frauen‹, ›Schwarze‹, ›behinderte‹

und nicht:

›von der gesellschaft frauisierte_rassifizierte_behinderte personen‹.

dies ist ein ganz grundlegender mechanismus dazu, wie in und durch konventionalisierte sprachnormen eine bestimmte vorstellung von durch diskriminierung betroffen oder konstituiert zu sein als ein merkmal von personen hergestellt wird und nicht als eine gesellschaftliche herstellung dieser personen über ein machtvoll geschaffenes, propagiertes und häufig naturalisiertes merkmal.

entdependierungen in der re_roduktion von sprachlichen diskriminierungen über benennungen

ein weiteres phänomen in diesem zusammenhang ist, dass die so appellierten personen in der regel nur über eine einzige form ihrer diskriminierungsherstellung benannt werden – über genderung, rassifizierung oder ableisierung, selten aber über mehrere zusammen. dies findet sich nur in singularbenennungen, wenn disableisierung oder rassistisch diskriminiert sein zentral gesetzt ist: die behinderte, die Schwarze. auch hier aber ist konventionalisiert eine androgendernde norm einer gleichsetzung genderspezifiziernd männlicher benennungen mit unterstellt generischen benennungsintentionen festzustellen: der behinderte, der Schwarze kann also sowohl eine innerhalb von zweigenderung spezifisch männliche benennung sein, als auch dass es konventionalisiert häufig auch androgendernd gebraucht ist.

in konkreten benennungssituationen gibt es also in der regel ein zusammenspiel von be- und entnennungen. jede konkrete personal appellierende sprachhandlung konstituiert vorstellungen und normen zu genderismus, rassismus und ableismus. das heißt also gleichzeitig, dass es nicht eine konkrete situation gibt, in der es ›nur‹ um rassismus, genderismus oder ableismus gehen würde, nur eine dieser drei dimensionen zum tragen kommt und in der sprachhandelnden konzeptualisierung re_produziert wird. das interdependente verständnis von struktureller diskriminierung bedeutet auch, dass sie immer zusammen wirken, in ihren teilweise unterscheidbaren sprachlichen realisierungen. es bedeutet auch, dass immer die jeweils konkrete äußerungssituation mit betrachtet werden muss.

beispiel: die interdependenz von genderismus_ableismus_rassismus in der analyse einer konkreten äußerung

›guck mal, eine Schwarze‹

diese fiktive äußerung kann sowohl rassistisch als auch empowernd antirassistisch sein. wichtig ist hier, von welcher sozialen positionierung oder kritischen ver_ortung ausgehend diese äußerung an wen gerichtet getätigt wird: zwei Schwarze personen auf einer ansonsten mehrheitlich *weißen* veranstaltung können dies, als die preisträ_gerin auf die bühne kommt, sagen und sich auf diese weise über eine sichtbarkeit von Schwarzen personen in der öffentlichkeit mit hohem ansehen freuen – oder in einer politischen veranstaltung bei eintritt in den raum geäußert kann es ein zeichen einer gegenseitigen positiven wahrnehmung und solidarisierung sein. von einer *weißen* person gegenüber einer anderen *weißen* person geäußert, ist dies eine rassistische stigmatisierung und eine rassifizierung einer person über potentiell visuelle konventionalisierte prototypisierende vorstellungen, die so gleichzeitig auch wieder aufgerufen werden. in beiden fällen führt die entnennung von ableisierung zu einer protoypischen vorstellung von ableisierung in diesem fall, was ableistisch wirkt. die benennung der person über eine konventionalisiert frauisierung aufrufende form schreibt diese innerhalb eines traditionellen zweigendermodells fest und re_produziert dies. es macht eine als sichtbar angenommene genderung zudem zu einem wichtigen, explizit zu benennenden kriterium.

es spielt also nicht nur eine rolle, was gesagt wird, sondern auch

- was nicht gesagt wird: was entnannt und was ent_erwähnt ist
  - dies kann ich mir auf der grundlage kritischer analysen als modell erarbeiten, um zu überlegen, welche ausschlüsse in den benennungspraktiken stattfinden
  - welche ebenen einer vorstellung interdependenter diskriminierung werden angesprochen?
  - wie werden diese ebenen angesprochen:
    - als substanz über eine substantivische personale appellation

    - als eigenschaft über adjektive
    - als handlungsform über verben
  - wie werden die verschiedenen ebenen miteinander verknüpft:
    - was wird mit welcher wortart in kombination ausgedrückt und dadurch implizit als ursache und wirkung hergestellt?
    - was wird auf diese weise in den fokus der aufmerksamkeit gebracht, was wird als weniger wichtig hergestellt?
    - welche zeitdimensionen werden unterstellt und welche ideen und modelle zu zeitlicher abfolge damit nahegelegt?
    - welche verbindungen werden zwischen einzelnen elementen der aussage gezogen: zwischen beteiligten, handlungen usw. und wie werden diese verbindungen hergestellt?
- wie etwas gesagt wird:
  - welche konkreten benennungen werden verwendet:
    - sind sie konventionalisiert abwertend, aufwertend
    - sind sie wissenschaftlich oder alltagssprachlich ausgedrückt, in jugendsprache oder in anderen varianten?
  - wie ist die stimmqualität mit der es gesagt wird (ironisch, affirmativ, fast unhörbar)[245]?
- wer – in bezug auf soziale positionierung oder kritische ver_ortung – etwas sagt:
  - wie ist die relation zwischen der person, die mündlich oder schriftlich eine aussage macht, zu der person, über die eine aussage gemacht wird, in bezug auf die jeweiligen sozialen positionierungen?
  - inwiefern werden eventuelle machthierachien und zuweisungen in der aussage explizit gemacht und reflektiert?
  - benenne ich mich selbst, wenn ich spreche_schreibe, in bezug auf relevante soziale positionierungen, bevor ich andere darüber othere – und mich selbst entnennend normalisiere?
  - wie konstituiert die diskriminierende hegemoniale benennungspraxis meine selbstwahrnehmungen und damit auch -benennungen als diskriminierte person?

> »why this theme of self-definition should preoccupy african-american women is not surprising. Black women's lives are a series of negotiations that aim to reconcile the contradictions separating our own internally defined

[245] alle diese ebenen werden auch im vorangegangenen kapitel zu der frage, wie eine sprachliche diskriminierung bestimmt werden kann, weiter und genauer ausgeführt.

images of self as african-american women with our objectification as the other. the struggle of living two lives, one for ›them and one for ourselves‹ (gwaltney 1980, 240) creates a peculiar tension to construct independent self-definitions within a context where Black womanhood remains routinely derogated.« (collins 2000: 110)

– an wen gerichtet das gesagte geht:
  - wie ist die soziale positionierung der person, an die die aussage gerichtet ist?
  - hören die personen, an die eine aussage gerichtet ist, zu?

    »one can write for a nameless, faceless audience, but the act of using one's voice requires a listener and thus establishes a connection. for african-american women the listener most able to pierce the invisibility created by Black women's objectification is another Black woman. this process of trusting one another can seem dangerous because only Black women know what it means to be Black women. but if we will not listen to one another, then who will?« (collins 2000: 114)

  - wie ist die machtrelation zwischen den personen die miteinander kommunizieren und wie werden diese machtrelationen in den kommunikationssituationen re_produziert?
    die frage, wie sich kommunikationssituationen über unterschiedliche soziale positionierungen herstellen, die dann wiederum diese sozialen positionierungen in diskriminierender oder privilegierender form weiter verfestigen, wird für mich in dem nachfolgend zitierten gedicht von chrystos deutlich und zeigt die komplexe verbindung interdependenter diskriminierungsverhältnisse, die zu unterschiedlichen sozialen positionierungen sowie zu unterschiedlichen formen eines kommunikativen gegenseitigen bezugs führen – auf allen diesen ebenen re_produziert sich genderismus_rassismus machtvoll.

contemplating racism

on my way home from winnipeg
at u.a. customs i'm the only Indian again
white men pass through with a few casual questions
i'm taken aside
he's slimy white with patronizing snide remarks testing me
        where have i been
        what hotel did i stay at
        how much money do i have
        where did i read
funny he didn't see it advertised in the papers

i unroll the poster with my name in half inch high
stark white letters on black
i watch him wondering if it is a forgery
he double-checks my poetry books with my inch high name
staring with disbelief at my author's photo & then my face
if he says he didn't know
Indians could write
i really will kill him with my bare Red hands & go to jail for life
or be beaten to death in a back examining room by his cronies
to show up a partial skeleton in some anonymous field
just another dead squaw
he goes through my wallet examining receipts, credit cards, photographs, business cards
he goes through my cosmetics bag examining soap, cream, shampoo, toothbrush, mascara, lipstick
he goes through my sanitary pads
who knows what terrorist weapon i could conceal there
he goes through my used black silk underwear
there is nothing
he does not examine pulling each item onto his conveyor belt
as he continues to ask me questions
i'm expecting the sanity batch next
while *white* men watch smiling
finally unable to go through any more
i turn my back to his obscene rummaging
pretending indifference my humiliation Red as blood
while the *white* fishermen who have stolen the fish of canada pass through
pass through pass through smiling
when i'm finally through i overhear the *white* men joking
about what they've smuggled through in their dirty socks
one who thinks he's sexy asks, *how's albuquerque*?
unable to contain my rage i snap
i'm menominee! there are Indians in other places besides albuquerque!
the steward is Native I'm so surprised to see him that when he gives his conventional greeting *how are you*? I answer, *racism.*
he replies, *they do it to me too*
i pass through
to my seat surrounded by *white* fishermen who probably attack Native
fishermen with bottles & guns & effigies & spit
or know others who do
i ride on a plane with men who'd kill me
if they were drunk or bored enough
as long as my Red blood didn't get on their white shirts
or nobody was looking or nobody dared or everybody wanted to watch
angry enough to rip the upholstery off every seat in the plane

shove fish hooks up the dick of the custom's inspector
gut & clean every passenger as i sit quietly afraid face wet with Red tears
once i step out of the jaguar of a feminist conference
i'm squaw pussy screaming fair game any body's joke cheap thrill
this is deadly to pass thorough
didn't talk back like a good feminist to that jerk
because if possible
i wanted to avoid
another strip search with a strange woman sticking
her ungreased finger up my ass & using the same one up my cunt
in a legal
search for illegal contraband
my answers were sweet & spoken form venus but i'm not smiling
this is not a forgery there are not roses at all
not one poetic metaphor lovely phrase
smooth rhyme or scholarly allusion
this is
as deliberate as racism
white as knuckles of clenched fists hidden in pockets
Red as my weary eyes
black as the wall of rage we pass through
as a woman who's been raped many times take it from me
this was rape
my taxes & yours paid for it.[246]

– über wen was gesagt wird:
  - wie ist die soziale positionierung der person, über die etwas ausgesagt wird?
  - welche form von wissen wird durch das gesagte und durch das sagbare hergestellt?

> »every semester, on the very first day of my seminar, i quiz my students to give them a sense of how knowledge and racial power intertwine. we first count how many people are in the room. then i start by asking very simple questions: what was the berlin conference of 1884-5? which african countries were colonized by germany? how many years did german colonization in the continent of africa last? in conclude with more specific questions: who was queen nzinga and what role did she play in the struggle against european colonization? who wrote Black skin, *white* masks? who was may ayim?
> not surprinsingly, most of the white students seated in the room are unable

[246] chrystos (1995): contemplating racism. in: chrystos (hrsg.): fugitive colors. cleveland: cleveland state university poetry center. s. 52f. mit freundlicher genehmigung des cleveland state university poetry centers.

> to answer the questions, while the Black students answer most of them successfully. suddenly, those who are usually unseen become visible, while those who are always seen become invisible. those who are usually silent start speaking, while those who always speak become silent. silent, not because they cannot articulate their voices or their tongues, but rather because they do not possess that knowledge. who knows what? who doesn't and why?« (kilomba 2008a: 27)

in diesem zitat wird deutlich, wie die frage, was gesagt wird, auch von kritischen ver_ortungen abhängig ist und sich auf diese weise auch wissensregimes herausbilden und verstetigen können – und diese frage wiederum auch auswirkungen darauf hat, wie sprachhandlungen von unterschiedlich sozial positionierten aussehen und sich realisieren. die oben aufgeführten möglichen analytischen fragen sind also alle eng miteinander verbunden und bedingen sich gegenseitig.[247]

in form eines gedichts finden sich in meiner lesart viele dieser kritisch-reflektierenden fragen bei donna kate rushin, die diese aus einer antirassistischen_genderistischen ver_ortung heraus formuliert. es wird hier deutlich, wie privilegierte umgangsstrategien häufig in ihren otheringsstrategien auch dazu führen die diskriminierten für erklärungen, anwesenheiten, entschuldigungen usw. verantwortlich zu machen. aus diesem gedicht lese ich als ableistisch und rassistisch privilegierte person mögliche handlungsstrategien für mich heraus, mein eigenes verhalten zu reflektieren und zu verändern:

the bridge poem[248]

i've had enough
i'm sick of seeing and touching
both sides of things
sick of being the damn bridge for everybody

nobody
can talk to anybody
without me
right?

i explain my mother to my father my father to my little sister
my little sister to my brother my brother to the white feminists
the white feminists to the Black church folks the Black church folks
to the ex-hippies the ex-hippies to the Black separatists the

[247] für ausführlichere entsprechende analytische fragemöglichkeiten, vgl. hayn 2011; hornscheidt 2011b.

[248] rushin, donna kate (1981): the bridge poem. in: moraga, cherríe; anzaldúa, Gloria (hrsg.): this bridge called my back. writings by radical women of color. new york: kitchen table: women of color press. s. xxi-xxii.

Black separatists to the artists the artists to my friend's parents …
then
i've got to explain myself
to everybody

i do more translating
than the gawdamn u.s.

forget it
i'm sick of it

i'm sick of filling in your gaps

sick of being your insurance against
the isolation of your self-imposed limitations
sick of being the crazy at your holiday dinners
sick of being the odd one at your sunday brunches
sick of being the sole Black friend to 34 individual white people

find another connection to the rest of the world
find something else to make you legitimate
find some other way to be political and hip

i will not be the bridge to your womanhood
your manhood
your human-ness

i'm sick of reminding you not to
close off too tight for too long

i'm sick of mediating with your worst self
on behalf of your better selves

i am sick
of having to remind you
to breathe
before you suffocate
your own fool self

forget it
stretch or drown
evolve or die

the bridge i must be
is the bridge to my own power
i must translate

my own fears
mediate
my own weaknesses

i must be the bridge to nowhere
but my true self
and then
i will be useful

strukturelle diskriminierungen sind in dem hier vorgeschlagenen modell keine umkehrbaren situationen, sondern immer gegen die personen gerichtet, die von genderismus, rassismus, ableismus strukturell benachteiligt bzw. diskriminiert sind. das heißt, dass in diesem modell typisierte, *weiße* und ableisierte jeweils privilegiert sind – auch wenn sie in einzelnen äußerungen herabsetzend benannt werden können. dies kehrt keine strukturellen diskriminierungsverhältnisse um, konstituiert die personen nicht ganz grundlegend als strukturell diskriminiert, sondern ist eine möglichkeit eines äußerungsspektrums. der unterschied zeigt sich häufig auch darüber, dass privilegierte über das aufrufen von rassistischen ableistischen und genderistischen stereotypen in einer konkreten situation herabgesetzt werden.

›sei kein mädchen! bist du behindert oder was? kannst du nicht hören/denken/sprechen/sehen?‹
diese äußerungen diskriminieren die personengruppen, die über diese äußerungen als strukturell diskriminiert hergestellt werden, in diesem falle also entnannt ableisierte junge frauisierte (mädchen) und disableisierte personen.[249] das müssen nicht die personen sein, die mit diesen äußerungen konkret herabgesetzt werden sollen. wie ich in kapitel iv deutlich gemacht habe, werden die angesprochenen darüber herabgesetzt – nicht aber diskriminiert (!), indem genau die ebene einer strukturellen diskriminierung dafür herangezogen und re_produziert wird. diese strukturelle diskriminierung ist so grundlegend und selbstverständlich, dass sie konventionalisiert für herabsetzungen zwischen *weißen* ableisierten verwendet werden kann. frauisierte verwenden in starkem maß genderistische sprachliche diskriminierungen auch selbst, was ein indiz der starken normierung von genderismus als gesellschaftliche normalität ist und für die starke internalisierung selbstdiskriminierender vorstellungen spricht.

personale appellationen sind für mich ein analytischer kristallisationspunkt der verhandlung, re_produktion, manifestierung und irritation sozialer machtverhältnisse, struktureller diskriminierungen und gesellschaftlicher konzeptualisierungen. sprachliche benennungen zeigen die macht sprachlicher handlungen und zugleich die subtilität, mit der diese macht sich re_produziert, re_installiert, immer wieder neu konfiguriert. dazu mary meigs:

---

[249] ich verzichte hier auf weitere, auch rassistische beispiele, um nicht unnötig diskriminierende äußerungen zu re_produzieren.

»it is, in the story of alice and the fawn in *through the looking-glass*, the ›wood where things have no name‹ (carroll 64). as they emerge from the wood, the fawn, who has been walking close to alice, sees that she is a ›human child‹ and runs away in terror. it is a perfect parable of coming out; the person who is named ceases to be herself and immediately embodies the fear-inspiring name, and she can never return to the sheltering wood. the writer who stays in the wood has the freedom to say everything except, ›*i* am a lesbian.‹ she can say, ›my heroine is a lesbian‹, or, ›in my book there are women who love women‹; she can suggest that this is natural, that it can be beautiful, that these women are happy in their love, and she will still not be labeled a ›lesbian writer‹. the writer-lesbian, or indeed any lesbian who has come out of the closet, must learn to live with the role of scapegoat; she must develop special gills for breathing homophobic air, special muscles for a robust sense of humour.«[250]

neben der frage, welche form ich konkret benutze, um mich zu benennen, um mich damit zu ver_orten und um mich damit für andere ver_ortbar zu machen, spielt auch die art der äußerung eine wichtige rolle: ist die ver_ortende aus_sage von einem substantiv getragen und ausgedrückt zum beispiel oder von einer längeren satzkonstruktion und was für substantive kombiniere ich in diesen mit welchen verbformen, mit welchen adjektiven und wie verbinde ich haupt-und nebensätze, fragen und aus_sagen.

beispiel: feministin und feministisch
unterschiedliche wortarten bringen unterschiedliche konzeptualisierungen zum aus_druck. zu sagen ›ich bin femin_istin‹ macht feministisch sein zu einer selbst zugeschriebenen identität in dieser aus_sage. ›ich bin feministisch‹ hingegen schreibt mir feministisch als eigenschaft selbst zu, ist eine charakterisierung und weniger eine substanz, wie es über ein substantiv ausgedrückt wird. ›ich handle feministisch‹, häufig in der längeren phrase ›ich handle feministisch, indem ich…‹ macht feministisch zu einer eigenschaft einer konkreten handlung, die ich ausübe und die ich entsprechend der kategorisierung ›feministisch‹ einlese oder verstehe. in diesem letzten fall ›habe‹ ich also keine substanz femin_istin, und auch keinen seinszustand als ›feministisch‹, sondern mache die hier von mir so verstandene politisch-aktivistische bezeichnung ›feministisch‹ zu einer um_schreibung meiner jeweils konkret zu benennenden handlungen.[251] damit also, welche wortart ich für was benutze, verändere ich gleichzeitig auch meine wahrnehmung eines phänomens und/oder eines menschens, den ich entsprechend benenne oder sprachlich einordne – über substanzen, handlungen und/oder eigenschaften/charakteristika, wiederum der person selbst oder der handlungen, die die person vollzieht.

konventionalisiert werden unter personalen appellationen vor allem substantive und verschiedene, diese substantive ersetzende pronominaformen gefasst. in der

[250] meigs, mary (1991): falling between the cracks. in: warland, betsy (hrsg.): InVersions. writing by dykes, queers & lesbians. vancouver: press gang publishers. s. 112.

[251] vgl. auch das disableisierende konzept der people-first language.

von mir hier vorgeschlagenen konzeptualisierung können sich personale appellationen also auch in und über andere wortarten realisieren.

---

schreibübung

um sich den unterschiedlichen assoziationen, bewertungen und konzeptualisierungen von wortarten anzunähern und für sich selbst besser zu verstehen, welche ein_stellung ein_e mit bestimmten wortarten in kombination mit bestimmten konzepten verbindet, kann die folgende übung gemacht werden. als beispiel nehme ich die konzeptualisierung von feminismus über unterschiedliche wortarten:
nimm ein leeres großes blatt papier.
schreib spontan zehn sätze nacheinander, die jeweils mit ›feminismus ist für mich‹ beginnen. schreib diese phrase jedes mal wieder und ergänzen sie im schreiben. bitte ohne abzusetzen, ohne weiteres nachdenken, spontan hinschreiben.
dreh das blatt papier um.
jetzt schreib genauso zehn sätze spontan, die beginnen mit ›femin_istin zu sein bedeutet für mich‹
vergleiche nun was du jeweils geschrieben hast: was ging einfach, was schwierig? mit welchen aussagen identifizierst du dich, wie fühlt sich das verhältnis der beiden übungsteile an? haben die aussagen etwas miteinander zu tun?
führe diese übung mit mehreren personen durch, so kannst du ihre aussagen jeweils auf der eben beschriebenen metaebene miteinander vergleichen.

---

auch mills (2008: 43) betont, dass benennungspraktiken auch eine wortartenanalyse umfassen müssen: »whilst it is clear that naming is important, there are a number of elements with which we need to take issue [..]. firstly, the focus on naming and nouns is not inevitable, but one which is partly determined by the anglo-american linguistic and philosophical tradtion within semantics of focusing on nouns almost exclusively.« dass diese tradition sich hat durchsetzen können, hängt meines erachtens mit den damit verbundenen konzepten zu subjekt und welt zusammen, die sich so auch über linguistische theorie und die fokussierung auf bestimmte wortarten hat verfestigen können und nahezu unhinterfragbar geworden ist.

sprachliche benennungen als ver_ortungen

eine wichtige these zu personalen appellationen ist es darüber hinaus, dass ich mich durch sprachliche benennungen ver_orte: dies mache ich sowohl, indem ich mich sprachlich selbst benenne, als auch indem ich über sprachliche benennungen deutlich mache, wie ich mich auf andere und welt beziehe, welche position ich mir selbst gebe und einräume, welche position ich mir und anderen in der welt gebe.

sprachliche benennungen in form von substantivischen selbst- und fremdzuschreibung schreiben mir und anderen in der benennung substanz zu: das, was das substantiv benennt, stelle ich als substanz her, wie ich im vorangegangenen abschnitt deutlich gemacht habe.

tudor (2011) hat eine differenzierung zwischen sozialen positionierungen und kritischen ver_ortungen konzipiert, auf die ich auch im nachfolgenden kapitel noch genauer eingehen werde, da ich sie als eine wichtige dimension sprachhandelnd interventionistisch zu sein verstehe. soziale positionierungen sind danach die herstellungen einer person oder personengruppe über interdependente strukturelle diskriminierungen und privilegierungen. so bin ich in dieser form der wahrnehmung ›*weiß* ableisiert dyke_trans‹ oder – im anschluss an das nachfolgende kapitel ›*weiß* ableisiert transx‹. die privilegierten interdependenten, sprachlich-konventionalisiert aber immer nur sukzessiv formulierten sozialen positionierungen werden in der regel entnannt. sie zu benennen, enthebt sie aus ihrer entnannten normierung und normalisierung, macht sie dadurch wahrnehmbar- und damit auch angreifbar. die benennung meiner privilegierungen spezifiziert meine soziale positionierung und erlaubt es mir und anderen, meine positionierung wahrzunehmen und daraus schlüsse zu verbündungen, communities, solidaritäten und abgrenzungen zu ziehen. die privilegierenden anteile meiner sozialen positionierung explizit zu benennen, macht privilegierungen wahrnehm- und erlebbar und enthebt sie aus ihrem normativen status. argumentationen, dass es doch nicht so wichtig sei, dass es keine rolle spiele, dass es zu umständlich sei, mich so zu benennen, re_produzieren die intransparenz von privilegierungen, die dadurch umso machtvoller wirken können, sich verstetigen und sich normalisieren und unangreifbar werden. gerade der widerwille, den ich selbst spüre oder empfinde, wenn ich meine privilegien benenne, ist für mich indiz meiner fehlenden auseinandersetzung damit, wie relevant diese in den konkreten situationen sind, in denen ich mich sozial positioniere oder positionieren könnte. mein widerwille ist für mich motivation, sich mit meinen normalisierungen zu beschäftigen, sie nicht vom tisch zu wischen, wegzupacken, pauschal für irrelevant zu erklären, pauschal zu denken, dass das ja sowieso kei_ne mehr versteht usw.

soziale positionierungen werden zu kritischen ver_ortungen, wenn ich aus meiner analyse meiner interdependenten sozialen positionierung politisch-reflektierte handlungen ableite. in diesem fall sind die handlungen dann jeweils konkret kritisch ver_ortet, nicht die person oder personengruppen an sich. eine verwendung von benennungsweisen zu kritischer ver_ortung nicht als substantielle zu_schreibungen, sondern als charakterisierungen konkreter handlungen ermöglicht eine kontinuierliche selbstreflexion der eigenen handlungen. in der kritischen ver_ortung spielt die soziale positionierung dabei immer auch eine wichtige rolle, sie konstituiert sie. bin ich durch und in einer bestimmten sozialen positionierung diskriminiert, so kann ich anti-handlungen dazu initiieren und durchführen. bin ich privilegiert positioniert, führe ich contra_handlungen aus. der unterstrich macht dabei gleichzeitig deutlich, dass ich als privilegierte person immer auch nur ein bestreben zu nicht-diskriminierenden handlungen umsetzen kann und gleichzeitig doch weiterhin durch meine privilegierte positionierung konstituiert bin. eine überführung der obigen äußerung in eine kritische ver_ortung könnte damit also sein: in den moment, in dem ich xxx gemacht habe, habe ich dadurch contra_ableistisch contra_rassistisch antigenderistisch gehandelt. diese selbstbenennungsweise ermöglicht es mir auch genau zu reflektieren, inwiefern ich in meinen handlungen die interdependenzen dieser verschiedenen diskriminierungsformen tatsächlich realisiert und in handlungsweisen umgesetzt habe.[252]

in tudors konzipierung spielt die frage der verwendeten wortarten für den ausdruck kritischer ver_ortungen ebenfalls eine rolle. contra_rassistisch zu sein drückt sich gemäß dieses ansatzes optimalerweise über die benennungen konkreter handlungen aus, lässt sich also eher in der phrase ›ich handle contra_rassistisch‹ zusammenfassen, also mit verwendung eines adjektivs, als in der phrase ›ich bin contra_rass_istin‹, das heißt mit einem personal appellierenden substantiv. die handlung in der ersten phrase kann dann jeweils konkret benannt werden. auf diese weise sind kritische ver_ortungen auch keine zeitübergreifenden seinszustände, sondern sind handlungen und ist contra_rassistisch zu sein auch immer nur für konkrete handlungen und situationen benennbar und nicht zeit- und raum- und handlungsübergreifend. vergleichbares gilt für feministisch sein als kritische ver_ortung. in der verwendung des adjektivs contra_rassistisch drückt sich also für mich aus, dass dies die eigenschaftscharakterisierung einer konkreten handlung ist und nicht die essentialisierende identität einer person, die sich über ein substantiv wie contra_rassistin ausdrücken würde.

für die frage der benennungsweisen zu feminismus und feministisch bedeutet dies beispielsweise, dass es einen Schwarzen feminismus gibt, der über die kritische ver_ortung antirassistischer oder Schwarzer handlungen hergestellt wird, nicht aber einen *weißen* feminismus. um eine soziale positionierung der theoriebildung von feminismus zu bezeichnen, wäre es hier also notwendig von feminismus aus *weißen* positionierungen zu sprechen. eine kritische ver_ortung würde über eine phrase wie contra_rassistischer feminismus ausgedrückt – dies macht zugleich klar, dass in dem hier vorgeschlagenen modell zu feminismus bzw. antigenderismus contra_rassistische reflektionen und handlungen eingehen müssen – das gegenstück wäre hier ein rassistischer feminismus, der in meiner perspektive kein feminismus ist. ein wegnennen und entmerken der interdependenz von genderistischer und rassistischer diskriminierung, wenn von grundlegenden genderistischen universellen diskriminierungen ausgegangen wird, ist damit auch rassistisch.

die konstituierung von subjekten über sprachliche benennungen ist ganz grundlegend für gesellschaftliche normierungen und normalisierungen, wie ich auch im

[252] im nachfolgenden kapitel erläutere ich kritische ver_ortungen nochmal näher als interdependente antigenderistische handlungsform.

vorangegangenen kapitel deutlich gemacht habe. selbst so verselbstständigte personale benennungen wie ›frau‹ sind zunächst erst hergestellt und strukturiert durch die genderistischen strukturen, die diese benennung ermöglichen.

> »foucault points out that juridical systems of power *produce* the subjects they subsequently come to represent. juridical notions of power appear to regulate political life in purely negative terms. [...] but the subjects regulated by such structures are, by virtue of being subjected to them, formed, defined, and reproduced in accordance with the requirements of those structures. if this analysis is right, then the juridical formation of language and politics that represents women as ›the subject‹ of feminism is itself a discursive formation and effect of a given version of representationalist politics. and the feminist subject turns out to be discursively constituted by the very political system that is supposed to facilitate its emancipation.« (butler 1990: 2)

die sprachliche benennung von einem subjekt als frau schafft diese subjektvorstellung erst und naturalisiert sie damit zugleich, um für dieses subjekt politiken betreiben zu können. in dem sinne kann eine personale appellation wie ›frau‹, gerade vor dem hintergrund der ausdifferenzierung genderistischer realisierungsformen in diesem buch und einer wahrnehmung der interdependenzen mit ableismus und rassismus als genderistisch verstanden werden. wie wäre also eine nicht-essentialisierende politik möglich? ein wichtiger hebel dafür liegt meines erachtens in nicht-essentialisierenden sprachhandlungen, die sich beispielsweise durch einen wortartenwechsel weg von substantiven und hin zu verbformen ausdrücken, wie ich es im nachfolgenden kapitel anhand der überlegungen zu der form ›to dyke_trans‹ bzw. ›dyke_transen‹ versuche deutlich zu machen.

ein weiterer schritt in die aufnahme dieser kritik ist zudem die verwendung der form ›frauisiert‹ statt ›frau‹, um den konstruktionscharakter einer solchen positionierung explizit zu machen.

androgenderndes maskulinum

das androgendernde maskulinum ist ein hauptkritikpunkt der feministischen linguistik in deutschland gewesen – und ist es immer noch. es wird bisher als generisches maskulinum bezeichnet, was ein irreführender begriff ist, da in dieser begrifflichkeit die unterstellte generische und dadurch genderistische hegemoniale lesart ausdruck findet. in der begrifflichkeit androgenderndes maskulinum drücke ich hingegen die antigenderistische analytische lesart der verwendungsweisen der entsprechenden formen aus.

in abgrenzung zu allen mir bekannten bisherigen darstellungen verwende ich hier also nicht die begrifflichkeit ›generisches maskulinum‹, sondern androgenderndes maskulinum. diese terminologie weist gegenüber der älteren eine reihe von begrifflichen und konzeptuellen vorteilen auf:

- bei der form ›generisch‹ ist es unklar in ihrer verwendung, auf welche ebene sich dies bezieht: ist generisch eine aussage zu der konventionalisierten bedeutungsbelegung des maskulinums im konkreten kontext oder ist es eine allgemeinere aussage zu einer stark konventionalisierten verwendungsweise der maskulinen formen?
- die begrifflichkeit generisch macht noch keine aussage über genderungen[253] – erst im zusammenspiel mit dem substantiv maskulinum wird deutlich, dass es sich um generizität in bezug auf gender handeln soll. auf diese weise wird in die grammatische kategorisierung maskulinum eine genderassoziation eingeschrieben.
- die begrifflichkeit androgendernd macht demgegenüber die sexistische form der genderung, die durch die verwendung der maskulinen form in einer verwendung für frauisierte und typisierte liegt, explizit. androgendernd ist damit in mehrfacher hinsicht ein konkreterer und differenzierterer terminus als generisch. androgenderndes maskulinum ist die kurzform für ›androgendernd verwendete maskuline grammatische form‹.
- während also die begrifflichkeit generisches maskulinum eine soziale positionierung, die genderistisch ist, entnennt und affirmativ mit dieser begrifflichkeit aufnimmt, macht die bezeichnung androgenderndes maskulinum eine kritische ver_ortung als anti- oder contra_genderistisch deutlich.

androgendernde maskulina sind einer der hauptkritikpunkte der feministischen linguistik in den 1980er und 1990er jahren gewesen.[254] mit einer auseinandersetzung zwischen senta trömel-plötz, hartwig kalverkämper und luise f. pusch in den linguistischen berichten ist die diskussion um das generische maskulinum auch in der germanistischen linguistik angekommen.[255] der bis heute bestehende hauptkritikpunkt ist die formengleichheit von genderspezifizierend männlich appellierenden formen und formen, die keine genderbezugnahme haben sollen. der form ›student‹ wird so, je nach kontext und gebrauchsweise, also eine doppelte mögliche bedeutung zugeschrieben.

angela d. gilmore (1991/2003)[256] formuliert zu ihrer erfahrung als Schwarze lesbe in ihrem jura-studium in den u.s.a.: »in class after class, a professor, almost

[253] vgl. sehr viel ausführlicher hierzu: hornscheidt 2006.

[254] vgl. pusch 1984; pusch 1990; schoenthal, gisela (hrsg.) (1998): feministische linguistik – linguistische geschlechterforschung. ergebnisse, konsequenzen, perspektiven. hildesheim, zürich, new york: olms; braun, friederike (1995): making men out of people: the man principle in translating genderless forms. in: working papers on language, gender and sexism 5. s. 5-38.

[255] vgl. trömel-plötz 1978; kalverkämper 1979; pusch 1979.

[256] gilmore, angela d. (2000): it is better to speak. in: wing, adrien katherine (hrsg.): critical race feminism. a reader. new york, london: new york university press. s. 114.

always *white*, and almost always male, would spin hypothetical after hypothetical in which all the actors with any power at all would almost universally be identified as male. when students questioned this practice, the professor's justification would be that ›he‹ or ›man‹ was used in the generic sense, meaning, he said, that the gendered terms ›he‹ and ›man‹ encompassed all individuals. i did not believe this explanation, since the same professors would identify secretaries and victims and other less powerful individuals in the hypotheticals as females.«

sowohl die androgendernde wirkung von androgendernden maskulina als auch die androgendernde wirkung weiblicher exklusivgenderung, die sich zugleich immer auch interdependent mit unterschiedlichen rassismus-positionierungen realisiert, wird hier deutlich.

mehr als zwei jahrzehnte lang haben linguistinnen festgestellt, dass eine eindeutigkeit, ob es sich um eine genderspezifizierend männliche appellation handelt oder nicht, gar nicht immer möglich sei. dies würde auch der grundlegenden androgenderung der gesellschaft widersprechen. ausgehend von der hier vorgenommenen genderismus-analyse, ist es nicht weiter verwunderlich, dass genau an diesem punkt der meiste allgemeine widerwille[257] gegen sprachveränderungen zu bemerken ist. denn mit einer aufgabe der androgendernden formen im allgemeineren sprachgebrauch würde androgenderung, sexismus also, eine grundlegende form von genderismus, herausgefordert und grundlegender infragegestellt. die immer wiederkehrenden diskussionen und darstellungen in linguistischen ›fach‹zeitschriften zur generizität androgendernder formen ignorieren dabei unterschiedliche ebenen, die sowohl für die feministische linguistik als auch in der hier vorgeschlagenen antigenderistischen sprachkritik eine wichtige rolle spielen:

- in vielen kontexten und gebrauchssituationen führt die doppeldeutigkeit der verwendeten androgendernden formen dazu, dass ›männer‹ sich problemlos in die formen einlesen und in ihnen wiederfinden können, alle anderen jedoch immer überlegen müssen, ob sie konkret (mit)gemeint sind. es gibt zahlreiche beispiele dafür, wo zunächst generisch wirkende formen doch androgendernd sind, wenn sie später genderspezifizierend weiblich appellierenden formen im selben text gegenüber stehen.
- genderunspezifizierende generische personale appellationen sind in besonderer weise in der aktivierung von *mental spaces*[258] durch gegenderte stereotype erwartungen und prototypische vorstellungen gekennzeichnet, die, solchermaßen aktiviert, auch pronominale wiederaufnahmen mit beeinflus-

[257] ich verwende den begriff widerstand für politische bewegungen, die sich gegen diskriminierungsformen richten. für alle anderen formen von ›nicht-mögen‹ und ›ablehnen‹ verwende ich den begriff widerwille.

[258] vgl. fauconnier, gilles (1985): mental spaces. cambridge, new york, melbourne: cambridge university press.

sen, aber ihrerseits auch zur re_produktion und verfestigung stereotyper genderwahrnehmungen beitragen. die beziehung ist somit eine wechselseitige und die genderunspezifizierung personaler appellation wird in der konzeptualisierung in der regel aufgelöst.

- in bezug auf westliche gesellschaften wird in diesem zusammenhang von einer anthropozentrischen norm gesprochen, die ›den mann‹ als menschliche norm bzw. als den prototypischen menschen ansieht. dies ist für verschiedene sprachliche aspekte in zahlreichen studien gezeigt worden und spielt in studien zu genderunspezifizierend intendierten personalen appellationspraktiken eine zentrale rolle,[259] in denen es als man-prinzip (*male as norm*) benannt worden ist. kramarae und treichler[260] benennen die entsprechenden Formen in konsequenz *false generics*, romaine[261] spricht von *androcentric generics*. hellinger und bußmann (2002: 9) kommen in einer auswertung von artikeln zu 30 verschiedenen sprachen zu dem thema der genderreferenz in ihren drei sammelbänden zu dem ergebnis, dass »[a]ll the gender languages of the project illustrate the traditional (and often prescriptive) practice which requires the use of so-called ›generic masculines‹ to refer to males as well as females«.
- alle perzeptionsanalysen zu diesem thema zeigen, dass die formen vorstellungen von männlichkeit massiv fördern und favorisieren. perzeptionsanalysen untersuchen, wie sprachliche handlungen auf konzeptuelle vorstellungen der personen, die an einer kommunikation beteiligt sind, wirken. dazu sind verschiedene testformen entwickelt worden, damit personen, die an diesen untersuchungen teilgenommen haben, nicht wissen, worum es genau geht. alle untersuchungen zeigen eindrücklich die androgendernde wirkung androgendernder formen – auch über andere aspekte hinweg, wie beispielsweise die eigene genderwahrnehmung der testpersonen.[262]
- doch auch über diese systematische, traditionell-wissenschaftlich verlässliche form des nachweises, die mit perzeptionsstudien erbracht worden sind, um deutlich zu machen das maskuline (genus) personale appellationsformen in ihrer wirkung immer androgendernd und nicht gender-neutral sind, auch

[259] für einen entsprechenden überblick, vgl. braun 1995.

[260] kramarae, cheris; treichler, paula a. (1985): a feminist dictionary. boston, london, henley: pandora press.

[261] romaine, suzanne (2001): a corpus-based view of gender in british and american english. in: hellinger, marlis; bußmann, hadumod (hrsg.): gender across languages. the linguistic representation of women and men. vol. 1. amsterdam: benjamins. s. 153-175.

[262] für eine ausführliche darstellung der bisherigen perzeptionsuntersuchungen zum deutschen sowie überzeugende eigene perzeptionsuntersuchungen zu dieser frage, vgl. kusterle, karin (2011): die macht von sprachformen. der zusammenhang von sprache, denken und genderwahrnehmung. frankfurt a. m.: brandes & apsel.

jenseits dessen könnte es meines erachtens reichen, dass kritisch zu genderismus ver_ortete personen sich von diesen formen häufig nicht angesprochen fühlen und andere formen wollen.

– als weiteres wichtiges argument zeigt sich, dass in kontexten, in denen über paarverhältnisse gesprochen und geschrieben wird, heteragenderung offenbar stärker wirkt als der wunsch nach durchgehender androgenderung – bzw. dass in diesen fällen, wenn also nicht geschrieben wird ›der student und sein partner‹, sondern ›der student und seine partnerin‹ beispielsweise, die androgenderung sehr deutlich wird, das heißt die einlesung und wahr_nehmung der pseudo-neutralen formen als doch männlich appellierend, was dann in einer heteronormativen gesellschaft dazu führt, diese formen in paarnormativen kontexten mit konventionalisiert weiblich appellierenden formen kombinieren zu wollen oder müssen und auf diese weise androgenderung und heteragenderung zusammen in sprachlichen gebrauchsweisen zu realisieren.[263]

argumentation: die verwendung androgendernder formen aus gründen der einfacheren lesbarkeit

eine immer wiederkehrende floskel auf formularen und in behördlichen zusammenhängen ist der satz, dass ›aus gründen der einfacheren lesbarkeit‹ nur die maskuline form genommen würde, selbstverständlich aber frauen oder ›alle‹ auch gemeint seien. die häufige verwendung dieser argumentation zeigt zumindest die notwendigkeit argumentieren zu müssen mittlerweile in vielen kontexten, in denen ein androgenderndes maskulinum verwendet wird. auch zeigt die äußerung, dass die argumentation, frauen würden sich nicht mitgemeint oder überhaupt gemeint fühlen, bei den sprachproduzierenden angekommen ist. die frage wer mit einer äußerung gemeint ist, wird in dieser argumentation als ein persönlicher, individueller und steuerbarer akt der person, die spricht oder schreibt, hergestellt. macht diese ihre intention entsprechend der obigen phrase klar, wäre damit die kritik hinfällig. mit und in dieser form der argumentation zeigt sich die auffassung, dass sprachliche diskriminierung individuelle handlungen seien, die ausschließlich von der motivation oder intention der sprechenden oder schreibenden person abhängig sind und nicht vor allem eine frage sind, die von denen zu bestimmen ist, die potentiell durch die äußerung diskriminiert werden – und sich also in diesem fall nicht angesprochen fühlen. die argumentation ignoriert zudem die ergebnisse aus perzeptionsanalysen, die zeigen, dass bestimmte sprachformen zu bestimmten konzeptualisierungen führen, jenseits persönlicher intentionen und motivationen.[264] die bewusste und nachträgliche meinung dazu, was mit einer bestimmten äußerung intendiert gewesen ist, muss nicht mit der unbewussten und auch wahrgenommenen

---

[263] vielen dank, alyosxa, für frühere diskussionen zu dieser these.

[264] vgl. kusterle 2011.

bedeutung einer äußerung übereinstimmen, wie für konventionalisiert männlich appellierende personale appellationsformen mit gesellschaftlich normierter zusätzlicher genderunspezifizierender appellationsleistung anhand von perzeptionsstudien nachgewiesen wird.[265] aus einer feministisch-linguistischen perspektive wird genau diese frage der nachträglichen explikation von appellationsintentionen kritisch hinterfragt.

frank benennt diese form sprachlicher handlungen als personale gewalt:

> »frauen, die sich durch maskuline formen *nicht* bestätigt und identifiziert fühlen können, die sich als ausgeschlossen und nicht beachtet wahrnehmen, wird demnach ein ernsthafter schaden zugefügt; sie erfahren personale gewalt. begründet und legitimiert wird dies durch die geltende sprachnorm, die ungeachtet der prototypenstruktur der maskulinen formen deren generischen gebrauch gestattet. die sprachnorm selbst ist daher subjekt struktureller sprachlicher gewalt. sie ist zudem sexistisch, da sie die einschränkung, ›sich nicht gemeint zu fühlen‹, ausschließlich frauen zumutet. indem sie den generischen gebrauch femininer formen ausschließt, sichert sie, dass sich männer immer dann, wenn sie ›gemeint‹ oder ›mitgemeint‹ sind, auch tatsächlich identifiziert fühlen können oder aber unter verweis auf die geltende sprachnorm ›berechtigten‹ protest einlegen dürfen.« (frank 1992: 135)

die frage der ›einfacheren lesbarkeit‹ re_produziert zudem eine norm: für wen ist denn die äußerung einfacher lesbar? und wessen kritik, dass die äußerung nicht ›einfach lesbar‹ sei, wird damit ignoriert, als weniger wichtig erachtet? allein also die universalisierende herstellung einer ›einfacheren lesbarkeit‹ ist an diesem punkt androgendernd und damit sexistisch. sie ruft eine pseudo-neutrale pseudo-allgemeinmenschliche norm auf, die androgegendert ist und re_produziert diese machtvoll.

frauisierende formen auf -in als genderistisch

personale appellationsformen, die auf -in enden, sind häufig einseitig gendernd: frauisierte werden so in vielen kontexten gegendert, ohne das typisierte in vergleichbarer weise gegendert würden. das androgendernde maskulinum wird häufig weiterhin als ›neutral‹ eingelesen, zu dem nun lediglich eine genderspezifizierende weibliche appellationsform hinzugekommen ist. auf diese weise wird in meiner auffassung keine antisexistische sprachhandlung betrieben, sondern findet lediglich eine genderung von weiblichkeit oder frauisierung statt.[266] eine so genannte feminisierung personaler appellationen ist also weitgehend ein einseitig gendernder prozess. aus dieser festellung lässt sich meines erachtens auch die starke

---

265 vgl. hornscheidt 2008; kusterle 2011.

266 alles dies bewegt sich darüber hinaus im rahmen einer re_produktion von zweigenderung und wäre also auch dahingehend kritisch zu reflektieren.

abwehr vieler frauisierter gegenüber den explizit frauisierenden formen erklären: durch und mit der verwendung dieser formen werden frauisierte zu (exklusiv)gender gemacht, während typisierte weiterhin die pseudoneutrale entgenderte norm sind. selbst also im rahmen einer propagierung von ›geschlechtergerechtigkeit‹ vor dem hintergrund der unkritischen annahme von zweigenderung halte ich eine entsprechende feminisierung oder frauisierung personaler appellationen für kontraproduktiv, wenn mit ihr nicht sehr viel stärker als dies bisher der fall ist, eine infragestellung des androgendernden maskulinums einhergeht bzw. eine genderung konventionalisiert männlich appellierender formen. die doppelbödigkeit einer entsprechenden sprachpolitik zeigt sich genau an diesem punkt, wenn einerseits -in-formen zur appellation auf frauisierte gefordert oder propagiert werden, ohne dass der allgemeinbezug androgendernder formen kritisiert und verändert wird. auf diese weise ist es zugleich auch einfach, feministische sprachveränderungsvorschläge in und mit sich selbst zu konterkarieren.

> eine exklusivgenderung personaler appellation für frauisierte über -in-formen halte ich damit für ein sexistisches mittel androgenderung zu verstärken und nicht für eine anti-sexistische strategie. die anwendung konventionalisiert genderspezifizierend weiblich appellierender formen kann nur eine antigenderistische strategie sein, wenn sie mit einer genderung der konventionalisiert androgendernden formen hin zu genderspezifizierend männlich appellierenden formen einhergeht.

die sprachveränderungsvorschläge, die neue formen jenseits von genderungen vorschlagen und die im nächsten kapitel vorgestellt werden, könnten hier ein lösungsansatz sein, um auch die konventionalisiert androgendernden formen zu gendern. dies bedeutet also, dass feminisierungen oder frauisierungen von personalen appellationen exklusiv für und auf frauisierte antisexistisch ist.

darüber hinaus gibt es eine reihe von genderspezifizierend weiblich appellierenden formen auf -in, die statusmäßig niedrigere soziale bewertungen haben als die entsprechenden genderspezifizierend männlich appellierenden formen, wie sekretärin im verhältnis zu sekretär.[267]

wenn es darum geht, androgendernde vorstellungen zu re_produzieren, werden auch bestimmte grammatische konventionalisierungen als sekundär wahrgenommen: häufig wird eine wiederaufnahme in derselben genuskategorisierung vorgenommen – eine der wenigen funktionen, die genus zugeschrieben bekommen hat überhaupt – um auf diese weise kongruenzen zu schaffen. werden bei solchen wiederaufnahmen jedoch personale appellationen übertragen auf andere objekte

[267] mit einem anderen, heute nicht mehr produktiven wortbildungsmuster würde hier auch die form ›gouverneur – gouvernante‹ dazu zählen. auch die konventionalisiert stark asymmetrische bedeutung von ›jungfer/jungfrau‹ zu ›junggeselle‹ würde in diese argumentationsklasse gehören. bei letzterem beispiel zeigt sich zudem die unterschiedliche belegung institutionalisierter paarverhältnisse für frauisierte und typisierte.

benutzt, so scheint diese ›regel‹ nicht zu gelten.[268] in einer aktuellen weleda-reklame wird beispielsweise geschrieben: »die natur ist unser experte« und nicht »die natur ist unsere expertin«. an diesem beispiel zeigt sich deutlich, dass es auch in diesen übertragenen vorstellungen personaler konzeptualisierungen zu starken androgenderungen kommt – dass exper_tinnentum mit männlichkeit assoziiert ist und werden soll – und also nicht ›genderneutral‹ ist.

genderistische benennungshandlungen jenseits personaler appellationen

sprachliche benennungshandlungen können auch jenseits personaler appellationen im engeren sinne diskriminierend sein. personale appellationen werden nicht nur in direkten und konkreten sprachlichen benennungen von personen aufgerufen, sondern auch indirekt, vermittelt und implizit, wenn statt einer bezugnahme auf personen beispielsweise einrichtungen oder gebäude genannt werden (zum beispiel: ›die humboldt-universität sagt dazu‹), wenn sprachliche metaphern verwendet werden, die menschliche konzeptualisierungen aufrufen (wie beispielsweise verben wie ›hier geht noch was‹, ›was läuft denn da?‹) oder gerade auch in der entnennung von akt_eurinnen (›der vertrag wurde 2012 geschlossen‹, von wem?).

eine genderistische herstellung von konzeptualisierungen findet sich darüber hinaus in der verwendung vieler konzepte und begrifflichkeiten, über die so ein eine interdependent genderistisch_ableistisch_rassistische vorstellung normalisiert wird. ein beispiel dafür ist die begriffsbelegung und -verhandlung von einem begriff wie ›liebe‹, wie es auch im nachfolgenden zitat von elana dykewomon deutlich wird:

> »we worked hard, we had some success (perhaps we never agreed to go far enough, to disappear words like ›marriage‹ and suspend the use of the word love). footnote to ›love‹: ›why ›love‹ when lesbians are trying to reclaim it for ourselves?‹ my friend sj asks me. ›think how we might feel about each other if we didn't always have to call it by the same word that's in every song on the radio, and couldn't say ›i love red sneakers‹ or ›i just love a good cry.‹ we might find other directions for our thoughts, new ways to act towards each other,‹ i say. ›alright,‹ she says, ›but womyn aren't going to know what you mean.‹«[269]

---

[268] sehr ausführlich zu dieser frage: posch, claudia (2009): from aktieninhaberin to freakin. the german suffix ›-in‹ in context. dissertation. leopold-franzens-universität innsbruck. http://www.uibk.ac.at/sprachen-literaturen/sprawi/pdf/aktieninhaberin.pdf (4.9.2012).

[269] dykewomon 1991: 156.

bisherige forschungen zu sprache und gender mit einem schwerpunkt auf benennungen zum deutschen

zur analyse sprachlicher handlungen und genderismus gibt es in entdependierender und zweigenderung re_produzierender, cisgenderistischer herstellung viele publikationen und aussagen, auch beschränkt alleine schon auf diskussionen zum deutschen. die zentralen texte mit diesen gerade genannten einschränkungen sind für mich pusch (1984; 1990; 1993; 1999; 2011), braun (1998; 2000; 2002; 2007; 2010), oelkers (2003), gottburgsen (2000), bußmann und hof (1995), hellinger (1990) sowie die zusammenarbeit von hellinger und bußmann in der reihe gender across languages (2001; 2002; 2003), hausherr-mälzer (1990) für eine historische systematisch angelegte bestandsaufnahme zu personalen appellationen und gender, frank (1992) für eine analyse, wie sprache als gewalt auf verschiedenen ebenen und in verschiedenen realisierungsformen in bezug auf gender aufgefasst werden kann. auch meine eigenen monografien (2006; 2008) nehmen differenziert auf unterschiedliche appellationsformen bezug, ohne cis- und zweigenderung grundlegender zu hinterfragen. in ihnen entwickele ich aber bereits die hier weiter ausdifferenzierte konstruktivistische perspektive auf das thema sprache und strukturelle diskriminierung.[270]

ungewöhnlich für ein sozial relevantes gebiet ist vielleicht, dass viele dieser veröffentlichungen und forschungen, auch wenn sie jahrzehnte alt sind, unter den oben genannten einschränkungen noch immer relevanz haben. das heißt, wenn zwei- und cisgenderung nicht infragegestellt werden und interdependenzen ent_wahrgenommen werden, hat das, was in den oben aufgeführten publikationen an kritik geäußert wird, noch immer bestand. es ist also auffallend, wie vehement und fortdauernd und relativ stabil eine bestimmte form genderistischer sprachlicher diskriminierung in und über personale appellationsformen trotz aller sozialen und politischen bewegungen und veränderungen in den letzten 30 jahren ist. dies allein ist aussagekräftig in bezug auf eine wahrnehmung von sprachlichen handlungen als relevant für gesellschaftliche prozesse, normierungen und veränderungen sowie für eine wahrnehmung von über sprachlichen handlungen hergestellten genderistischen normen und normalisierungen. dies zeigt, wie zentral sprachhandlungen sind, dass sie in einem so wichtigen bereich wie personalen appellationen trotz aller sonstigen kontinuierlich stattfindenden sprachveränderungen relativ unbeweglich verharren. im nächsten kapitel werde ich viele beispiele dafür anführen, wie sich sprachhandlungen kreativ und mit anti- und contra_diskriminierenden impulsen

---

[270] die wenigen vorhandenen deutschsprachigen einführungsbücher in feministische linguistik oder ›geschlecht und sprache‹ der letzten zehn jahre sind für mich keine positiven inspirationen gewesen, da sie sowohl sehr stark entdependierend argumentieren als auch gender essentialisierend. vgl. klann-delius, gisela (2005): sprache und geschlecht. stuttgart: metzler; samel, ingrid (2000): eine einführung in die feministische sprachwissenschaft. berlin: erich schmidt verlag.

auch mit dem hier vertretenen ausdifferenzierten und erweiterten interdependenten genderismus-verständnis verändern. es zeigt jedoch, wie stark machtverhältnisse gerade über sprachliche normierungen getragen werden, dass sie die autorisierung bestimmter sprachhandlungsvarianten als standardsprachlich so konservativ-stabil festhalten und neuerungen ausgrenzen und abwerten.

auch gibt es bis auf meine professur keine professuren im deutschen raum, die eine denomination zu sprachanalyse und gender haben, während es zahlreiche professuren mit genderschwerpunkt in der soziologie und den literaturwissenschaften und mittlerweile in vielen weiteren bereichen gibt. dies ist zum einen ausdruck der entwahrnehmung der relevanz sprachlicher handlungen für die konstituierung von interdependentem genderismus, zum anderen ist dadurch über die letzten jahrzehnte eine erhebliche forschungslücke zu deutschen sprachpraktiken und zu sprachpraktiken in deutschland unter der frage nach interdependentem genderismus entstanden.

was also ist das ziel antigenderistischer sprachkritik?

geht es darum ›frauen‹ sichtbarer zu machen, gender in sprachlichen handlungen abzuschaffen oder was will die antigenderistische sprachhandlungskritik, wie sie in diesem buch zu finden ist, eigentlich?

diese frage lässt sich nicht eindeutig und für alle akt_ivistinnen gleichermaßen beantw_orten. sie ist für mich aber wichtig, um mir selbst immer wieder zu überlegen, was ich mit dem, was ich gerade mache, eigentlich tue, was daran eine rolle spielt, welche ziele ich mit meiner kritik verfolge und welche normen ich re_produziere. so gibt es viele konkrete situationen, in denen ich es wichtig finde, frauisierte auch sprachlich wahrnehmbarer, anwesend und explizit zu machen. dafür kann es viele gründe geben: um identifikationsangebote zu schaffen, um die genderung unterschiedlicher lebensrealitäten explizit zum thema zu machen, um in einer politik und einer gesellschaft, die auf zweigenderung ausgelegt sind, politisch sinnvolle handlungen durchzuführen und aufzuzeigen. vor dem hintergrund des hier vorgeschlagenen ausdifferenzierten modells zu genderismus ist eine bezugnahme auf frauisierte neben typisierten jedoch gleichzeitig auch immer wieder zweigenderung als norm aufrufend und bestätigend. das heißt, eine antigenderistische sprachhandlungsvorstellung, die genderismus umfassender betrachtet und infragestellen will, muss sich an diesem punkt auch immer überlegen, wie zweigenderung hier wieder geschaffen und re_produziert wird. darüber hinaus bedeutet dies auch die interdependenzen dieser obigen universalisierenden aussagen mit hinblick auf die rassismen und ableismen, die dadurch geschaffen und re_produziert werden kritisch und selbstreflektierend zu hinterfragen und auf dieser grundlage dann zu neuen begrifflichkeiten, neuen benennungsformen, neuen arten sprachhandelnd aktiv zu sein zu kommen.

ein ausweichen auf vorgeblich neutrale appellationsformen, das heißt auf solche formen, die bei einer ersten wahrnehmung weder typisierend noch frauisierend sind, halte ich für keine lösung dieser problematik. die momentane deutsche gesellschaft ist sehr stark von unterschiedlichen formen von interdependenter genderung geprägt, wobei zweigenderung eine sehr grundlegende art der genderung darstellt, die die verschiedensten gesellschaftlichen bereiche ganz grundlegend kennzeichnet, strukturiert und durchzieht. eine ›neutralisierung‹ von appellationsformen ist im moment in meiner auffassung eine form der androgenderung, die zudem entnannt *weiß* und ableisiert ist und keine infragestellung bzw. auflösung von zweigenderung. oder anders herum ausgedrückt: zu einem zeitpunkt, an dem zweigenderung so unverbrüchlich und durchgängig erscheint in der gesellschaft, ist eine auflösung von gender als bezugsrahmen für wahrnehmungen ein mythos oder eine irrealistische utopie, die doch auf der grundlage einer durchgängigen zwei- und androgenderung stattfindet – und diese subtil damit re_produziert. der wunsch, um gegenderte appellationsformen drumherum zu kommen, ist meines erachtens das bedürfnis, sich die grundlegende gesellschaftliche konstituierung durch genderismus nicht eingestehen zu wollen – sie quasi in ihrer wahrnehmung überspringen zu wollen und direkt in einer entgenderten und damit genderismus›freien‹ gesellschaft landen zu wollen. diesen schritt überspringen zu wollen, ist verständlich für mich, da eine auseinandersetzung mit und ein eingestehen von interdependentem genderismus schwerwiegende konsequenzen für selbst- und fremdwahrnehmungen, für konzeptualisierungen und kontinuierliche eigene handlungen hat. genderismus ist so grundlegend und durchgängig, so gesellschaftskonstituierend und -strukturierend, dass ein verstehen, ein eingestehen und ein wahrnehmen von interdependentem genderismus immer nur ein stück weit möglich ist, vielleicht um sich nicht selbst den boden unter den füßen zu entziehen. der wunsch nach einer entgenderten sprache beinhaltet ein nicht formuliertes wissen um die große grundlegende konstitutierung des selbst, des sozialen und der gesellschaft durch genderismus und ist aus_druck des wunsches, sich nicht mit dieser großen grundlegenden konstituierung durch diskriminierung in allen ihren vielschichtigen konsequenzen konfrontieren zu wollen.

kapitel vi

wie interveniere ich in genderistische sprach_handlungen?

was ist intervenieren? was kann intervenieren sein?

in den vorangegangenen kapiteln habe ich diskutiert, wie interdependenter genderismus durch sprach_handlungen vollzogen, aufrechterhalten, re_produziert, tradiert und verstetigt wird. in diesem kapitel liegt der schwerpunkt meiner darstellung darauf, wie in genderistische sprach_handlungen interveniert werden kann. dazu gehören aspekte wie:

- wie kann ich interventionistisch sprach_handelnd in situationen, in denen sprachliche diskriminierungen stattfinden, anwesend sein?
- wie kann ich interventionistisch sprach_handelnd sein, um selbst in situationen anwesend zu sein – um hinzuhören und hinzusehen?
- wie kann ich mir sprachliche handlungen aneignen, mich in sprachlichen handlungen wiederfinden und sprachlich handelnd welt gestalten?
- was genau ist mein konkretes ziel mit meiner intervention in einer situation?
  - will ich beispielsweise alle ansprechen? will ich ausgewählte personen oder personengruppen ansprechen und wenn ja welche?
  - will ich selbst anwesend sein und wenn ja welchen gegenüber?
  - will ich mich selbst herausfordern?
  - will ich andere belehren oder verbessern und welche position nehme ich dabei ein?
- was re_produziere ich an interdependenten diskriminierungen gleichzeitig, wenn ich in bestimmte sprachliche normierungen interveniere?
- was brauche ich, um intervenieren zu können? wie muss die situation aussehen, welche müssen anwesend sein, wie muss ich mich fühlen?

in diesem kapitel gebe ich viele verschiedene impulse für sprach_handelnde interventionen in interdependente diskriminierungen und stelle unterschiedliche ideen, visionen und politische kämpfe dazu vor. interventionistisches sprach_handeln findet immer dann statt, wenn soziale normen und normierungen interdependenter struktureller diskriminierungen nicht weiter re_produziert werden, wenn sie herausgefordert und irritiert werden, wenn neue und veränderte sprach_handlungen ausprobiert werden.

eine wichtige ausgangsfrage ist es dabei, in was ich interveniere und wie ich mich dadurch und dabei selbst positioniere:

- beruht meine idee zu einer intervention auf einer analyse von sprach_handlungen anderer, die ich als genderistisch_ableistisch_rassistisch analysiere?
- wie bin ich selbst dazu positioniert und ver_ortet? das heißt u. a. für mich genau zu reflektieren, inwiefern ich, falls ich in irgendeiner weise contra_verortet bin, selbst auch immer teil der diskriminierenden sprach_handlungen bin. wie reflektiere ich das in meinen interventionen?

für mich ist ein wichtiger ausgangspunkt für interventionen, dass ich dadurch aktiv handelnd mir sprache aneigne, verantwortung übernehme. mit und durch sprachliche interventionen will ich anwesend sein in welt und drücke mich so aus, wie ich es auf der grundlage der analysen zu strukturellen diskriminierungen und ihrer grundlegenden konstituierung von gesellschaft, wie ich es in den vorangegangenen kapiteln deutlich gemacht habe, als sinnvoll, notwendig, wichtig und stimmig empfinde.

mein wunsch und die fähigkeit sprachlich zu intervenieren, hängt dabei auch immer von den konkreten situationen ab, von meiner eigenen verfasstheit und meinem zutrauen in mich selbst. sprachlich zu intervenieren kann mir eine anwesenheit geben – wenn ich beispielweise auf einem explizit-machen von kritischen interdependenten ver_ortungen in gesprächen beharre, wenn ich darauf hinweise, dass ich mich weder durch die form ›frau‹ oder ›sie‹ noch durch die form ›mann‹ oder ›er‹ gemeint und angesprochen, sondern jeweils diskriminiert fühle, wenn ich versuche, neue ausdrucksformen zu finden, die beispielsweise ableisierende normalisierende metaphern vermeiden. es kann auch sein, dass die kommunikative situation mir genau diese anwesenheit aber abspricht, handle ich sprachlich entsprechend der zuvor genannten ideen: es wird sich über mich lustig gemacht, ich werde nicht ernst genommen, werde ignoriert, belächelt, wütend angefahren, in meiner kompetenz infragegestellt, angeschrien. das alles gibt mir auch keine anwesenheit, vielleicht. die anpassung aber gibt mir auch keine anwesenheit. kilomba hat aus und für eine Schwarze frauisierte position dargestellt, wie im *weiß* dominierten wissenschaftsbetrieb kontinuierlich eine rassistische ausgrenzung über abwertungen, beispielsweise über zu_schreibungen von ›übertrieben‹, ›zu emotional‹ zu sein,[271] betrieben wird.

»the *white* female colleague was warning me that i am reading over, beyond the norms of traditional epistemology, and am therefore producing invalid knowledge. it seems to me that this idea of over-interpretation addresses the thought that the oppressed is

[271] zu der frage des umgangs und der herstellung von emotionalität und den damit verbundenen abwertungen und strukturellen ausschlüssen schreibe ich später in diesem kapitel noch ausführlicher.

seeing ›something‹ that is not to be seen and is about to say ›something‹ that is not to be said, ›something‹ that should be kept quiet, secret.« (kilomba 2008a: 30)

es ist immer ein abwägen, in welchen situationen mit welcher sozialen interdependenten positionierung ich was kann und was möglich ist. vielleicht also stimmen die situationen auch nicht, in denen ich mich aufhalte, dass es passieren kann, dass ich in der form meiner anwesenheit gerade nicht anwesend sein kann? und dass ich für mich selbst überlegen muss, wie sehr ich in diesen anwesend sein kann? und ist dieses gefühl von anwesenheit nicht doch auch gleichzeitig davon abhängig, dass ich in bezug auf ableismus und rassismus privilegiert bin, damit also schon eine normalisierte anwesenheitsmöglichkeit in welt habe und auch normen als normal für mich setze, die gerade über ableismus und rassismus laufen und diese weiter verfestigen? es gibt viele situationen, unter anderem in öffentlichen einrichtungen, bei der notwendigkeit medizinischer betreuung oder in bereichen bezahlter arbeit, in denen personen in konkreten notsituationen nicht grundsätzlich und immer wählen können, ob sie sie verlassen können – und trotzdem sind die zugänge zu genau diesen institutionen und hilfseinrichtungen aber bereits nicht für alle personen gleichermaßen gegeben: muss ein_e einen pass vorzeigen, muss si_e bezahlen können, kann s_ie dorthin kommen, überhaupt und_oder eigenständig, muss s_ie sich ausziehen, verbal kommunizieren können usw.? wie also gehe ich mit diesen situationen um, in denen ich vielleicht teilweise diskriminiert bin, über die ich aber vielleicht auch umfassend privilegiert bin – so umfassend, dass ich es gar nicht wahrnehme, dass ich es ent_merke also? wie verhalte ich mich in ihnen, was will ich von ihnen und wo geht es mir so, dass ich mich handlungsfähig und anwesend fühle, anwesend sein kann? solche und ähnliche fragen sind wichtig bei überlegungen zu interventionen kontinuierlich zu reflektieren.

bevor eine intervention gemacht wird, kann es wichtig sein, sich mit diesen fragen auseinanderzusetzen und sich zu überlegen, was die konkrete zielsetzung des intervenierens ist, wel_chen ich damit helfe oder nicht helfe, was ich unter ›hilfe‹ jeweils verstehe und ob ich dabei eventuell paternalistische, bevormundende und besserwissende vorstellungen gerade in bezug auf die diskriminierungen anderer unterlege und re_produziere, wie ich mich selbst darüber herstelle und was die intervention mit mir und welt macht.

eine wichtige frage ist es für mich daher, zu überlegen, was der fokus meiner intervention ist: will ich gegen die von mir so wahrgenommene diskriminierung durch andere vorgehen, gegen diskriminierungen, die ich selbst handelnd verübe? oder will ich, als weitere möglichkeit, für eine veränderte welt arbeiten, will ich personen, die diskriminiert sind, in ihren kämpfen um anwesenheit, rechte, sprachliche ausdrucksmöglichkeiten unterstützen? will ich räume eröffnen und anwesenheiten ermöglichen oder will ich abgrenzungen schaffen und ›schuld‹ zu_schreiben? diese fragen sind nicht unbedingt dichotom und sich ausschließend und sind doch für mich gute grundsätzliche leitfragen, um darüber nachzudenken, warum ich interveniere, was der fokus meiner intervention ist und was daraus abgeleitet dann auch die effekte von interventionen sein können. in meiner bisherigen erfahrung ist es wenig produktiv, zu versuchen privilegierte zu überzeugen ihre handlungen zu überdenken und zu verändern. es ist sehr produktiv über meine eigenen privilegierungen in bezug auf rassismus und ableismus nachzudenken, antirassistische und anitableistische wissensproduktionen wahrzunehmen und mir die ideen und forderungen in meine eigene privilegierte positionierung zu über_setzen und mein eigenes verhalten zu verändern, kontinuierlich zu reflektieren, wieder zu verändern usw. alle anpassungen an hegemoniale argumentationsmuster, um andere zu überzeugen, seien diese argumentationsmuster wissenschaftlich argumentiert oder ›logisch‹, re_produzieren doch gleichzeitig auch wieder rassistische_ableistische_genderistische normalisierungen dazu, was ›legitime‹ und geeignete mittel einer wissensproduktion sind, die dann ›tatsächlich‹ und ›faktisch‹ zeigt, dass etwas diskriminierend sei.

ich glaube: ich kann mich verändern, kontinuierlich; offen sein für kritik und herausforderungen; ich werde nicht aufhören, meine privilegierungen zu reflektieren, um dadurch zu verstehen, wann und wo ich welche privilegien habe und wie ich diese nutzen kann, um interventionistisch handelnd mich in welt zu ver_orten.

> »your privilege is not a reason for guilt, it is part of your power, to be used in support of those things you say you believe. because to absorb without use is the gravest error of privilege. the poorest one-fifth of this nation became 7 percent poorer in the last ten years, and the richest one-fifth of the nation became 11 percent richer. how much of your lives are you willing to spend merely protecting your privileged status? is that more than you are prepared to spend putting your dreams and beliefs for a better world into action? that is what creativity and empowerment [are] all about. the rest is destruction. and it will have to be one or the other. [...] it is not enough to believe in justice. [...] it is not enough to say we are against racism. [...] we do not need to become each other in order to work together. but we do need to recognize each other, our differences as well as the sameness of our goals. not for altruism. for self-preservation-survival. every day of your lives is practice in becoming the person you want to be. no instantaneous miracle is suddenly going to occur and make you brave and courageous and true. and every day that you sit back silent, refusing to use your power, terrible things are being done in our name.« (lorde 2009b: 215f.)

ich werde nicht aufhören, die interdependenzen der strukturellen privilegierungen und diskriminierungen, durch die ich konstituiert bin, zu verstehen, zu merken und daraus handlungen und ver_ortungen immer wieder neu ableiten, versuchen, ausprobieren. ich glaube nicht, dass ich andere verändern kann. ich kann mein sein in welt verändern, meine handlungsformen und -weisen, immer wieder, unabschließbar, und kann dadurch und damit impulse geben und irritationen schaffen und anstöße auslösen, damit andere sich verändern. das alles erlebe ich als produktiv, als spannend, als herausfordernd, als lebendig, als unabsehbar unabschließbar und häufig unwortbar.

was ist mit situationen, in denen andere in meiner wahrnehmung sprachlich diskriminiert werden? wie kann ich da handeln, ohne die anderen in erniedrigende und schwierige situationen zu bringen, ohne sie vorzuführen und ohne meine vielleicht privilegierte deutungsmacht in dieser situation als absolut zu setzen?

wichtig in solchen situationen ist es, nicht über andere hinwegzugehen, sondern zu überlegen, wie ich andere potentiell unterstützen kann. wichtig ist es auch, die eigenen grenzen und möglichkeiten einschätzen zu lernen und die grenzen und wünsche anderer, speziell, wenn sie stärker durch interdependente diskriminierungen positioniert sind, als ich es bin, zu respektieren. ein wichtiger schritt dazu ist es, genau zuzuhören, die stimmen interdependent diskriminierter wahrzunehmen, ohne dass sie direkt zu mir sprechen müssen – sie sind nicht dafür verantwortlich, dass ich etwas lerne oder verstehe, sie müssen mir nichts erklären. es reicht stattdessen, hinzuhören, was interdependent durch rassismus, ableismus und genderismus diskriminierte äußern und daraus konsequenzen für mich abzuleiten. dies ist keine abkehr von interventionen, ganz im gegenteil: nur wenn ich so spreche_zuhöre_lese_schreibe, wie ich welt und mich in welt will, kann sich eine gesellschaft verändern. »we need to talk about what we do to each other, no matter what pain and anger may be mined within those conversations. this poem is as good a place as any to begin. we are too important to each other to waste ourselves in silence«, formuliert audre lorde 1989 in einem vorwort eines sammelbands zu Black woman voices.[272] was sie also für das gegenseitige zuhören von Schwarzen frauisierten miteinander formuliert, kann ich mir als *weiße*, durch genderismus diskriminierte person in aufmerksames zuhören über_setzen, in stehenlassen der stimmen anderer, interdependent diskriminierter. nur wenn ich aktiv und bewusst handelnd partizipiere, gibt es auch für andere vielleicht die möglichkeit zu anwesenheit, vor allem aber für mich selbst die möglichkeit zu anwesenheit in welt durch sprachhandeln. wie ich auch schon in kapitel iv dargestellt habe, gibt es keine neutrale oder außenstehende person bei diskriminierungen. wegzuhören und wegzusehen, zu schweigen und mich umzudrehen sind sprachliche handlungen, keine nichthandlungen.

als über rassismus und ableismus privilegierte person und über genderismus in dieser privilegierung auch und verbunden damit diskriminierte und eben immer

---

[272] lorde, audre (2009c): preface to a new edition of need: a chorale for Black woman voices. in: byrd, rodolph p.; cole, johnnetta betsch; guy-sheftall, beverly (hrsg.): i am your sister. collected and unpublished writings of audre lorde. new york: oxford university press. s. 180.

gleichzeitig auch privilegierte person kann ich mich immer wieder fragen, wie viel anpassung an hegemonie, an soziale normen und gesellschaftliche erwartungen ich für was brauche, von denen ich gleichzeitig weiß, dass sie interdependent diskriminierend sind und wirken – auf mich selbst und vor allem auch auf andere. »for as we also know, conformity is very seductive as it is destructive, and can also be a terrible and painful prison«, schreibt lorde in bezug auf die invisibilisierung[273] von lesben in diesem konkreten text.[274] welch_e hat überhaupt die möglichkeit, über nicht-konformität nachzudenken und wie nutze ich meine privilegien politisch sinnvoll? wie also kann ich in mich selbst vor allem kontinuierlich intervenieren, in meine ent_merkungen und normalisierungen, in meine auslassungen und verselbstständigungen, in meine bequemlichkeiten und trügerischen sicherheiten, die mich doch letztendlich leblos machen? collins schreibt zur macht sprachlicher benennungen von und unter Schwarzen frauisierten:

> »according to many african-american women writers, no matter how oppressed an individual woman may be, the power to save the self lies within the self. other Black women may assist a Black woman in this journey toward personal empowerment, but the ultimate responsibility for self-definitions and self-valuations lies within the individual woman herself.« (collins 2000: 130)

collins macht hier deutlich, dass das empowerment Schwarzer frauisierter von communities unterstützt werden kann, dass die verantwortung und auch die möglichkeit für sprachhandelnde intervenierende veränderungen des eigenen seins in jeder person selbst liegt. dies bedeutet gleichzeitig für mich über_setzt in meine *weiß* privilegierte und genderistisch diskriminierte positionierung, dass ich in jeder situation eine persönliche veränderung beginnen und durchführen kann.

sprachhandlungsveränderungen als antigenderistisches interdependentes intervenieren

strategische sprachveränderungen sind die veränderungen konventionalisierter kommunikationsformen, das verlassen der trügerischen sicherheit einer als vorgängig erlebten sprachnorm, sind das aufgeben vorgeformter und häufig so unhinterfragbar gemachter sprach_handlungen, sind kommunikative irritierungen, die die idee einer unverbrüchlichkeit eines bestehenden sprachsystems grundlegend

---

[273] audre lorde benutzt den begriff invisibility, den kelly (im erscheinen) prozessual in invisibilisierung überführt hat. vgl. auch kilomba 2008a für eine vergleichbare begriffsverwendung.

[274] lorde, audre (2009d): when will the ignorance end? keynote speech at the national third world gay and lesbian conference, october 13, 1979. in: byrd, rodolph p.; cole, johnnetta betsch; guy-sheftall, beverly (hrsg.): i am your sister. collected and unpublished writings of audre lorde. new york: oxford university press. s. 208.

infragestellen: es auf seine genderistisch_ableistisch_rassistischen setzungen und naturalisierungen hin kritisch betrachtet und damit dann neue sprach_handlungsformen initiiert.

sprachveränderung ist sozialer wandel. strategische sprachveränderungen können auf dieser grundlage als diskursive momente der aushandlung bestimmender vorstellungen zu sprache und strukturellen diskriminierungen verstanden werden. strategische sprachveränderungen sind ein kämpfen um wahrnehmbare diskurspositionen und eigene autorisierungen. um sprachlichen wandel zu beginnen, ist es notwendig, unterschiedliche wahrnehmungen formulieren zu können. sprachlicher wandel findet also über individuen statt, die aber nie nur individuell sind, sondern durch strukturelle diskriminierungsverhältnisse konstituiert sind. »in this context, a precondition of social change is the tentative character of social reality, values and institutions, and the possibility of language change to construct and express the embodiment of emerging social meaning.« (marmaridou 2000: 60) während in traditionellen und konservierenden sichtweisen von einer notwendigkeit der veränderung von sprachlichen benennungen für eine bessere anpassung an die reale oder an eine ideale welt ausgegangen wird, wird in dem hier vertretenen konstruktivistischen ansatz die abhängigkeit von so genannten realitätswahrnehmungen von interdependenten machtverhältnissen betont, aus der heraus verschiedene sprachlich manifestierte konzeptualisierungen zugleich auch miteinander in konflikt stehende auffassungen zur sozialen wirklichkeit zum ausdruck bringen können. aus einer konstruktivistischen perspektive ist sprachgebrauch die kontinuierliche manipulation symbolischer formen, was seinerseits auswirkungen auf die struktur der physischen und sozialen erfahrungen haben kann bzw. hat. durch die aufgabe der annahme von sprache als auf etwas außersprachliches ›referierend‹ und der damit verbundenen aufgabe der idee eines originals, auf das sich bezogen werden könnte und die stattdessen formulierte annahme von appellationen als prozesse kontinuierlicher und dynamischer re_signifizierungen ist sprachwandel ein grundlegendes moment von sprach_handlungen. ein sprachlicher und in dieser vorstellung sozialer wandel kann dabei durch eine kontinuierliche und sich kontinuierlich verschiebende re_produzierung zu einer sprachlich-strukturellen änderung werden, die dann durch eine starke tradierung und konventionalisierung zusammen mit einer normierung im alltagsverständnis als systemhaft und sprachgebrauchsunabhängig aufgefasst werden kann. mit der starken konventionalisierung wird zugleich die kognitive struktur der wahrnehmung und somit die konzeptualisierung einer solchermaßen konstruierten realität verändert. ein sprachliche normierungen in der ständigen verschiebenden wiederholung re_produzierender sprachgebrauch verfestigt konzeptualisierungen.

> »conceptualizations of experience are framed by language specific lexicalizations and grammatical constructions. [...] the repeated use of particular lexicalizations and grammatical constructions triggers conceptualizations of experience during in-

teraction, thereby creating fairly stable routines of neural co-activation. in this way such conceptualizations of experience become neurally entrenched and are maintained and reproduced.« (marmaridou 2000: 62)

sprachveränderung als gesellschaftlich bedeutsames phänomen bedeutet daher in diesem sinne die veränderung der konventionalisierten struktur der erfahrungen der kommunizierenden als bedeutungsvolle konzeptualisierungen von realität. entsprechend des hier vertretenen ansatzes gibt es keine aus einem normierten sprachregelverständnis heraus möglichen, so genannten ›ungrammatischen‹ äußerungen, sondern nur eine infragestellung von konventionalisierten und als unhinterfragbar angesehenen, verfestigten konzeptuellen strukturen durch aktive und strategische sprachveränderungen.

strategische sprachveränderungen sind in einem konstruktivistischen modell ein bewusster und gesteuerter versuch, die struktur sozialer erfahrungen zu beeinflussen und als konsequenz daraus konzeptualisierungen zu verändern. ich gehe nicht von einer anpassungsrichtung von sprache zu welt aus, wie es alltagssprachlich häufig postuliert wird (›erst verändern wir einmal die wirklichkeit/die soziale situation – dann kommt die sprache schon hinterher‹) oder einer sich gegenseitig bedingenden anpassung in dem sinne, dass auch durch sprache welt geändert werden könnte. stattdessen gehe ich davon aus, dass die diskursive ebene der kontinuierlichen verhandlung von sprach_handlungen die einzig mögliche ebene ist, hinter der es also beispielsweise kein vorgängiges sprachsystem gibt. strategische, sprachreflexive sprachveränderungen sind entsprechend eine form sozialer veränderung und in einer konstruktivistischen analyse ein zentrales element sozialen wandels. in ihr werden bestimmte auffassungen dazu, welche konzeptualisierungen geändert werden sollen, deutlich. die durchführung systematischer sprachveränderungen in einer bestimmten sozialen gruppe kann als eine politische strategie verstanden werden, um wahrnehmungen in ebendieser gruppe bewusst zu machen und potentiell zu verändern, um sich zu empowern und eine kollektive anwesenheit zu bilden.

vor diesem kognitiv-linguistischen hintergrund wird auch erklärbar, warum selbst aus der perspektive des vorliegenden buches relativ traditionelle und genderistisch_ableistisch_rassistische strategische sprachveränderungsvorschläge, die zweigenderung voraussetzen und rassismus und ableismus entdependieren, häufig auf massiven öffentlichen widerwillen stoßen: es handelt sich bei so verstandenen strategischen, sprachreflexiven sprachveränderungen zugleich auch immer um ein infragestellen konzeptueller sozialer kategorisierungen, die bis dahin potentiell als natürlich und unverbrüchlich angesehen wurden und deren infragestellung eine grundlegende verunsicherung hinsichtlich als ›normal‹ und vorgängig erlebter kategorisierungen und identifikationen hervorrufen kann.[275]

275 ausführlicher dazu: hornscheidt 2006; eine zusammenfassung der aus sicht dieses buches eher traditionellen feministisch benannten sprachveränderungsvorschläge bietet pauwels, anne (1998): women changing language. harlow: longman.

eine wichtige motivation für antigenderistische sprachhandlungen, die ich weiter oben schon kurz angesprochen habe, ist die schaffung einer positiven, auch sprachlich zum ausdruck gebrachten kollektiv konzipierten selbstbenennung und damit selbstpositionierung – und_oder kritischen ver_ortung, wie tudor (2011) es formuliert.[276] ich verstehe solche kritischen ver_ortungen als teile sozialer antidiskriminierender visionen. kritische ver_ortungen sind die reflektierten kritischen auseinandersetzungen mit den strukturellen diskriminierungen in und durch strukturelle diskriminierungen, die soziale positionierungen hervorbringen. mit der einnahme einer kritischen ver_ortung reflektiere ich meine soziale positionierung und versuche, diese in interdependent anti- oder contra_diskriminierende handlungen umzusetzen. eine mit ›anti-‹ benannte kritische ver_ortung bezieht sich auf personen, die strukturell diskriminiert sind, wohingegen eine kritische ver_ortung mit ›contra_‹ eine positionierung über strukturelle privilegierung in eine kritische ver_ortung umsetzt. ich bin in bezug auf die strukturelle diskriminierungsform rassismus *weiß* privilegiert und arbeite also contra_rassistisch in konkreten momenten. der unterstrich in verbindung mit den contra-ver_ortungen macht deutlich, dass jede kritische ver_ortung aus einer privilegierten positionierung immer auch diskriminierend ist qua ihrer sozialen positionierung. eine weitere differenzierung besteht in den verbformen, die zusammen mit sozialen positionierungen und mit kritischen ver_ortungen gebraucht werden können. während soziale positionierungen häufig mit seins-formen zusammengebracht werden (›ich bin *weiß*, ableisiert‹) und keine politische positionierung, sondern eine analytische kategorisierung sind, werden kritische ver_ortungen in dem von tudor vorgeschlagenen modell mit verben zusammen ausgedrückt, die handlungsbetont sind (›ich arbeite contra_rassistisch, contra_ableistisch‹). eine weitere möglichkeit, um sich mit der differenzierung zwischen sozialer positionierung und kritischer ver_ortung auseinanderzusetzen, ist es, sich jeweils konkret für jede situation und jeden zusammenhang zu überlegen, was eine kritische ver_ortung bedeuten würde, welche effekte sie auf die eigenen handlungen hat/haben könnte und dies konkret zu benennen, sodass kritische ver_ortungen nicht zu identitätshüllen werden, zu ›ich-bin-aussagen‹ jenseits konkreter handlungen gefrieren. auch in dieser hin_sicht ist eine contra-ver_ortung immer auch brüchig und vorläufig, da ein_e sich immer wieder neu fragen muss, was eine kritische ver_ortung in konkreten situationen und kontexten konkret bedeuten würde. dies bedeutet also weitergehend, dass kritische ver_ortungen keine situations- und zeitübergreifenden benennungen sein können, sondern jeweils immer kontextuell und situativ konkret ausgedrückt, gehandelt und gelebt werden. kritische anti-ver_ortungen geschehen dabei in einer zunächst vielleicht paradox erscheinenden

[276] vgl. auch die ausführungen in kapitel v zu sozialen positionierungen und kritischen ver_ortungen. vgl. auch das glossar.

bewegung aus einer diskriminierten positionierung heraus, die dadurch letztendlich zunächst anerkannt worden sein muss, um sie utopisch und visionär wenden zu können. dies macht collins für die situation Schwarzer frauisierter deutlich:

> »by advancing Black women's empoerment through self-definition, these safe spaces help Black women resist the dominant ideology promulgated not only outside Black civil society but within african-american institutions. these institutional sites where Black women construct independent self-definitions reflect the dialectal nature of oppression and activism.« (collins 2000: 111)

einer kritischen anti-ver_ortung geht damit immer ein zulassen_spüren_eingestehen_wahr_nehmen der dimension eigener konstituierung durch strukturelle diskriminierung voraus. einer kritischen anti-ver_ortung ist damit ein produktiv gewendeter schmerz, ein wahr_nehmen strukturell diskriminierender konstituierung eingeschrieben, die in politische handlungen trans_formiert werden. lorde schreibt dazu:

> »it was hard but very strengthening to remember that i could be silent my whole life long and then be dead, flat out, and never have said or done what i wanted to do, what i needed to do, because of pain, fear… if i waited to be right before i spoke, i would be sending little cryptic messages on the ouija board, complaints from the other side. […]. I see protest as a genuine means of encouraging someone to feel the inconsistencies, the horror, of the lives we are living. social protest is to say that we do not have to live this way. if we feel deeply, as we encourage ourselves and others to feel deeply, we will, within that feeling, once we recognize we can feel deeply, we can love deeply, we can feel joy, then we will demand that all parts of our lives produce that kind of joy.«[277]

diese wahrgenommenen und in politische handlungen umgesetzten strukturellen interdependenten diskriminierungen werden im anschluss an tudor (2011) über eine kritische antiver_ortung zum aus_druck gebracht. gleichzeitig kann die eigene befragung nach einer kritischen ver_ortung auch immer wieder ein wichtiges selbstreflexionsmoment in bezug auf handlungsdimensionen und vorgestellte handlungsfähigkeiten sein.

ein weiterer wichtiger aspekt ist die handlungsförmige, prozessuale benennung einer kritischen ver_ortung, die mich immer wieder darauf hinweist und dazu herausfordert, nicht in einem selbstbild zu verharren und mir eine politische dimensionierung meines seins als zustand zu geben, sondern mein aktives handeln in welt, mein welthandeln, kontinuierlich befragen und reflektieren zu können. eine kritische ver_ortung ist damit also kein einmaliger und gleichbleibender zu_stand, sondern eine benennung von immer nur situativ und kontextuell bestimmbaren handlungen. dies würde also beispielsweise bedeuten, dass ich nicht contra_rassis-

---

277 lorde, audre (2009e): my words will be there. in: byrd, rodolph p.; cole, johnnetta betsch; guy-sheftall, beverly (hrsg.): i am your sister. collected and unpublished writings of audre lorde. new york: oxford university press. s. 162f.

tisch bin, sondern immer nur konkrete, eigene handlungen in konkreten situationen als contra_rassistisch kennzeichnen kann. auf diese weise wird die kontinuierliche notwendigkeit einer auf handlungen bezogenen dimension kritischer ver_ortungen wahrnehm- und im eigenen handeln umsetzbar. die wahrnehmung und umsetzung einer kritischen ver_ortung als immer grundsätzlich auch interdependent sehe ich dabei als eine große herausforderung, was in meiner wahrnehmung damit zusammenhängt, dass strukturelle diskriminierungsformen momentan vor allem als monolithisch und additiv konzeptualisiert werden. dies schlägt sich auch in getrennten benennungsweisen einzelner diskriminierungsformen nieder.[278]

soziale positionierungen und die daraus in kritisch-reflektierender form abgeleiteten kritischen ver_ortungen werden zentral auch über sprachliche benennungspraktiken vollzogen. eine explizite kritische ver_ortung als handlungsdimension und eine reflexion eigener sozialer positionierungen sind damit wichtige antigenderistische sprachliche interventionen. durch die explizitmachung von sozialen positionierungen und kritischen ver_ortungen werden sprechpositionen transparent und nachvollziehbar, werden aus_sagen positioniert und aus der idee einer allgemeingültigkeit enthoben und wird es möglich, positioniert und reflektiert zu sprachhandeln. auf diese weise werden meine äußerungen anschlussfähig und verlieren den duktus und die wirkung einer vorgeblich universellen gültigkeit.

das explizit-machen sozialer positionierungen und die überlegung, inwiefern meine handlungen wie kritisch ver_ortet sind, bringt mich dazu, darüber nachzudenken, welche strukturellen diskriminierungsaspekte in welchen situationen eine rolle spielen und dies kontinuierlich und unabschließbar zu reflektieren. spielt beispielsweise eine gegenderte soziale positionierung in allen fällen eine rolle und ist diese überhaupt entdependiert von rassismus und ableismus möglich? inwiefern mache ich interdependent konzeptualisierte genderungen als soziale positionierungen über entsprechende sprachhandlungen relevant? gibt es überhaupt eine möglichkeit, gender in interdependenter form nicht zu denken, nicht wahrzunehmen, personen nicht eine – vermutlich monolithisierte – genderung, anzu›dichten‹?

> in dem in diesem buch vertretenen modell der grundsätzlichkeit interdependenter struktureller diskriminierung als konstituierend für die momentane deutsche gesellschaft würde dies bedeuten, dass genderismus eine dimension ist, die in allen situationen von relevanz ist. trotzdem ist es wichtig, zu reflektieren, inwiefern ich über sprachlich hergestellte genderungen genderismus in welcher form re_produziere und wann ich durch sprachlich hergestellte genderungen antigenderistisch handele, da ich darauf hinweise, dass genderungen hier von relevanz sind. diese frage ist nicht situationsübergreifend und allgemein beantwortbar, sondern muss für jede einzelne situation immer wieder neu überlegt werden, wie ich auch an der zusammenstellung von veränderten personalen appellationsformen in diesem kapitel deutlich mache.

---

[278] vgl. kapitel v, wo ich dies ausführlicher als teil des diskriminierungsdispositivs diskutiere.

darüber hinaus ist es wichtig, zu reflektieren, inwiefern eine fokussierung auf nur eine dimension der interdependenten diskriminierung, die als dispositiv die momentane gesellschaft konstituiert und bestimmt, selbst wiederum diskriminierende effekte hat, wenn sie zu entdependierenden wahr_nehmungen führt – wenn also beispielsweise genderismus als trennbar und losgelöst von rassismus wahrgenommen wird und auf diese weise selbst wieder universalisiert wird, wodurch ein *weißes* subjekt normalisiert und neutralisiert wird[279] – und auf diese weise eine genderismus-analyse zugleich genderistisch und rassistisch ist, da sie nicht positioniert und kritisch ver_ortet ist.

ein weiterer wichtiger aspekt der herstellung sozialer positionierungen und kritischer ver_ortungen über sprachhandlungen ist die frage, wie in und durch soziale positionierungen kategoriale vorstellungen naturalisiert und verselbstständigt werden: strukturelle diskriminierungsformen sind flexible machtrelationen, die sich kontinuierlich den bedingungen ihrer möglichen realisierung zur verfestigung von machtverhältnissen anpassen. sie realisieren sich also dynamisch und sind nicht auf einzelne aspekte, argumente, verhaltensweisen und normen reduzierbar, sondern verändern ihre realisierungsform kontinuierlich. verschiedene aspekte sind bei der konkreten sprachlichen herstellung sozialer positionierung jeweils zu reflektieren:[280]

- inwiefern ruft die benennung sozialer positionierungen über kategorisierungen essentialisierende identitätsvorstellungen auf und verfestigt diese gegebenenfalls? inwiefern schaffe ich auf diese weise vorstellungen von zeitübergreifenden und regionenübergreifenden kategorisierungen?
  dies ist beispielsweise die frage für die kategorisierung ›deutsch‹: welche zeitlich-historische dimension hat diese kategorisierung und was einverleibe ich eventuell in historischen darstellungen in ein konzept von deutsch und deutschland, auch wenn es dieses staats- oder nationenkonstrukt vielleicht zu dem historischen zeitpunkt gar nicht gegeben hat?
- was naturalisiere und normalisiere ich über die verwendung bestimmter kategorisierungen? inwiefern naturalisiere ich damit eventuell auch diskriminierungsformen?
  dies ist beispielsweise der fall, wenn die kategorisierung jüdisch für personen heute in bestimmten zusammensetzungen gebraucht und damit eine nationalsozialistische kategorisierung, die an sich bereits rassistisch ist, re_produziert

[279] vgl. hooks 1981; collins 2000. danke, natasha, für diskussionen hierzu.

[280] zu einer differenzierteren reflexion dieser frage, wie ich es durch die nachfolgenden fragen ver_suche zu analysieren, bin ich inspiriert durch die zusammenarbeit mit der studentischen arbeits- und interventionsgruppe ›who is missing? and why?‹ aus dem sommersemester 2012 in den gender studies an der humboldt-universität zu berlin. danke für die gelungene interventionsarbeit und die damit zusammenhängenden reflexionen und diskussionen zu der frage sozialer drittpositionierungen.

wird. eine gängige phrase in deutschen historisierenden darstellungen heute ist es beispielsweise, dass eine person deutschland in den 30er jahren des 20. jahrhunderts verlassen musste, weil sie jüdisch sei, eine jüdische herkunft habe,[281] jude/jüdin sei.[282] verlassen mussten diese personen deutschland jedoch, da deutschland antisemitisch war und nicht weil sie – als folge bereits dieses antisemitismus – als jüdisch gemäß den nürnberger rassegesetzen kategorisiert worden sind. ein teil des antisemitismus war die schaffung genau dieser rassistischen kategorisierung und bedeutungsbelegung von jüdisch, jüdische herkunft bzw. jude/jüdin, die die grundlage für verfolgung, vertreibung und kollektive ermordung bildete. wird in heutigen darstellungen davon gesprochen, dass eine person deutschland in zeiten des nationalsozialismus verlassen musste (ich würde sagen: vertrieben wurde), weil sie jüdisch war, so wird die rassistisch-antisemitische grundlage – die schaffung dieser kategorie – in dieser historischen erzählung beibehalten und als selbstverständlich vorausgesetzt sowie als grund für die vertreibung hergestellt. diese grundlegende ebene des antisemitismus wird dadurch zum dispositiv diskursiver antisemitischer diskriminierung – und ist in meiner analyse selbst ganz grundlegend antisemitisch. diese form der strukturellen diskriminierung hat sich so verselbstständigt, dass sie nicht mehr hinterfragbar erscheint, ihre konstituierung ist unansprechbar. auf diese weise ent_intelligibilisiert sich antisemitismus in dieser grundlegenden form und wird teil des momentanen deutschen dispositivs interdependenter struktureller diskriminierung. auf dessen grundlage dann werden mit dem annehmen der vorgängigkeit der kategorie jüdisch diskursive formen von antisemitismus bekämpft, ohne aber deren antisemitische grundlage, die naturalisierung der kategorisierung selbst, noch ansprechbar und verhandelbar zu machen. ganz im gegenteil: mit jeder verwendung der kategorisierung, die nicht eine empowernde selbst-, sondern eine drittpositionierung ist und diese ebenen nicht berücksichtigt, wie in dem hier kurz analysierten zitat, wird die dispositive dimension von antisemitismus weiter tradiert und unhinterfragbar gemacht.auch die übernahme einer kategorisierung ›weiblich‹ oder ›frau/-en‹ re_produziert genderismus, da mit und in dieser kategorisierung zwei- und cisgenderung als wichtige dimension von genderismus beispielsweise ent_erwähnt und ›frau-sein‹ naturalisiert wird.[283]

---

[281] die über die nürnberger rassegesetze zugeschriebene biologistisch-rassifizierende kategorisierung jüdisch weicht von der jüdisch-religiösen zugehörigkeitsherstellung über eine matriarchale linie ab.

[282] ein fast beliebiges beispiel dazu aus wikipedia: »ernst levy (* 23. dezember 1881 in berlin; † 14. september 1968 in davis, kalifornien) war ein deutscher jurist und rechtshistoriker. wegen seiner jüdischen herkunft wurde er in der ns-zeit verfolgt und musste deutschland verlassen.« unter: http://de.wikipedia.org/wiki/ernst_levy (7.10.2012).

[283] dies ist ausführlicher in kapitel iii dargestellt.

- was sind die kriterien, nach denen ich soziale drittpositionierungen vornehme? dazu mehrere beispielfragen: inwiefern berücksichtige ich historische dimensionen (vgl. auch den ersten spiegelstrich weiter oben: was ist deutschsein vor 1890?) politische kontexte (was bedeutet kapitalistisch in einem ddr-kontext, was in einem brd-kontext?), woran mache ich *weiß*-sein für die benennung historischer personen fest (an ihren selbstappellationen? an visuellen wahr_nehmungen, an politischen einlesungen?), wie und auf welcher grundlage schreibe ich infragestellungen von cis-genderung und trans-ver_ortungen historischen personen zu, in zeiten, wo beide begriffe und konzepte nicht explizit verhandelt, sondern unter anderen konzepte subsumiert waren, die zu einer ent_erwähnung oder invisibilisierung von trans-ver_ortungen geführt haben?
- in welcher relation stehe ich als sprechende_schreibende person zu den drittpositionierungen, die ich vorgenommen habe? wie mache ich das transparent und nachvollziehbar? wie kann ich also, im anschluss an die beispiele aus dem letzten unterpunkt, reflektieren, welche normierungen ich meinen einlesungen in sozialen drittpositionierungen zugrundelege? und inwiefern re_produziere ich über die drittpositionierungen, die ich vornehme, konventionalisierte und potentiell diskriminierende lesarten – also wenn ich beispielsweise eine person als frauisiert einlese, da die quellen, mit denen ich mich ausschließlich auf sie beziehen kann, sie als (entnannt cisgegendert) frauisiert herstellen. vielleicht aber hatte sie selbst gar keine cisgegenderte selbstwahrnehmung, auch wenn dies von ihr potentiell nicht so benannt worden wäre?
- gerade der letzte aspekt führt zu einer für mich wichtigen und weiter zu reflektierenden frage: wie ›authentisch‹, ›verlässlich‹ und bindend sind selbstkategorisierungen von personen? inwiefern kann ich analytisch in bestimmten fällen davon ausgehen, dass die vorgenommene selbstkategorisierung durch soziale normen und eingeschränkte möglichkeiten von reflexion und benennungskreativität, die potentiell zu einer selbstdiskriminierung in der vorgenommenen sozialen selbstpositionierung führen können, bedingt ist? (gibt es überhaupt eine anti-ver_ortete selbstappellation, die nicht auch die konstituierung durch diskriminierungen wieder aufnimmt?) dies wäre beispielsweise der fall, wenn eine person sich als implizit cisgegendert frauisiert positioniert, da dies die soziale position ist, die ihr die ganze zeit nahegelegt oder ermöglicht wird und dies zu einer internalisierung von vorstellungen zweigegenderter heteragegenderter und cisgegenderter ›weiblichkeit‹ führt. eine mögliche, sich an diese überlegungen anschließende frage und dimension ist es also, ob nicht über die zunächst vorzunehmende kritische ver_ortung der sprechenden_schreibenden person jegliche soziale positionierungen als mögliche einlesungen verstanden werden müssen, die nicht den anspruch

haben, die selbstpositionierung von personen abzubilden oder ›adäquat‹ und verantwortlich wiederaufzunehmen. trotzdem ist es mir wichtig zu betonen, dass selbstpositionierungen von diskriminierten personen in bezug auf strukturelle diskriminierungsformen als bindend für die sprachliche herstellung dieser positionierungen anzusehen sind – oder ansonsten die eigene lesart der schreibenden_sprechenden person zu dieser drittpositionierung explizit gemacht werden muss.

die hier formulierten fragen sind denkanstöße dazu, wie ein konzept sozialer positionierung und kritischer ver_ortung verantwortungsvoll und reflektiert umgesetzt werden kann und inwiefern auch in diesem versuch die kontinuisierungen von zugehörigkeiten und zu_schreibungen sowie die sprechpositionen in bezug auf soziale positionierungen jeweils kritisch reflektiert werden müssen.

mich nicht mehr als bruch in normen wahrnehmen und in diesem bruch eine ver_ortung suchen, die doch immer auch von der norm vorgegeben, bedingt ist.

mich wahrnehmen

und doch auch gleichzeitig ohne diese massiven sozialen prozesse, die mich zu_richten zu ignorieren.

die ablehnung von politisch ver_orteten kategorisierungen bei anderen erlebe ich als abwehr, die konstituierung durch machtverhältnisse, gewaltverhältnisse, diskriminierungsstrukturen wahrzunehmen.

und trotzdem und gleichzeitig ist die eigene wahrnehmung genau in diesem dilemma, durch machtverhältnisse konstituiert zu sein und in und durch und trotz dessen über sie hinauszugehen_reichen.

aus den zuvor ausgeführten überlegungen zu sozialer positionierung und kritischer ver_ortung leite ich zum eigenen reflektieren und weiterarbeiten die folgenden möglichen analysefragen ab:

- welche rolle spielt meine soziale positionierung in und für die sprachhandlung, die ich gerade ausübe?
- was ist oder wäre eine kritische ver_ortung in und durch diese sprachhandlung? welche effekte hat oder hätte sie auf mein sprachhandeln?
- welche formen von entdependierungen vollziehe ich durch meine sprachhandlungen? wie kann ich interdependente strukturelle diskriminierungen stärker wahr_nehmen und in meine sprachhandlungen integrieren und durch sie realisieren?
- wie und wo vollziehe ich drittpositionierungen,[284] das heißt die soziale

[284] vgl. tudor 2011.

positionierung anderer, bevor ich mich selbst positioniere und_oder kritisch ver_orte?
dies ist eine häufig vollzogene strategie, die personen kontinuierlich anwenden, um zumeist unbewusst sich selbst und die eigene positionierung zu normalisieren und zu neutralisieren. jede äußerung in der form von beispielsweise ›migranten haben sich bei uns zu integrieren‹ stellt andere personen und personengruppen als gekennzeichnet über migration her, ohne die eigene position, das ›uns‹ als statisiert explizit zu machen: was und wer ist ›uns‹? welche idee von nicht-migratisierung wird dem ›uns‹ hier implizit unterlegt und normalisiert sich darüber umso machtvoller, umso entnannter die privilegierung ist?
– welche effekte hat eine sprachliche drittpositionierung vor oder ohne eine selbstpositionierung auf meine sprachliche selbstherstellung und selbstwahrnehmung? was macht dies mit anderen positionierungen? wie würde eine veränderung dieser praxis aussehen können?

sprachliche wahrnehmbarkeit schaffen

viele politisch motivierte sprachveränderungen haben es zu einem wichtigen ziel, für sich selbst und andere eine sprachliche wahrnehmbarkeit zu schaffen, eine sprachliche (kritische) ver_ortung herzustellen und dann daraus weitere handlungen folgen lassen zu können. so formuliert daphne marlatt:

> »*what do you mean by speechless? you're still writing.* it has to do with the difference and hence the inarticulateness of my experience – more recently as a lesbian, earlier as an immigrant – when faced with a dominant system of thought. a kind of vertigo sets in, a sense of having the carpet pulled out from under, of falling without a trace (no, there still is writing) into the reality-version the dominant system represents.«[285]

in diesem zitat kommt für mich eine wichtige motivation für antigenderistische und für marlatt auch antimigratistische sprachveränderungen und ein produktives wenden des eigenen sprach_handelns zum ausdruck: durch den versuch neu und anders zu worten, ein bewusstein für die sprachlosigkeit, die nicht-artikulierfähigkeit

---

[285] marlatt, daphne (1991): changing the focus. in: warland, betsy (hrsg.): InVersions. writing by dykes, queers & lesbians. vancouver: press gang publishers. s. 127. dieser text ist zugleich auch eine genrefiktionalisierung: die aut_orin stellt sich selbst interviewfragen, die jeweils im text kursiv gesetzt sind und die sie dann beantwortet. dieser text ist damit ein kommentar zu sowohl der weiter unten in diesem kapitel besprochenen genrereflexion als auch zum vielstimmigen schreiben.

der eigenen erfahrungen und positionierungen zu bekommen. in dieser reflexion liegt zugleich auch eine wichtige motivation: das eigene erleben auszudrücken, das durch strukturelle diskriminierung und ihre grundlegende konstituierung des eigenen ichs geformt ist; dieses eigene erleben auszudrücken, zu vermitteln, mit_teilen zu wollen und dadurch sich selbst in und durch sprachliche handlungen zu ver_orten. und diese ver_ortung, ist sie eine politische re_aktion auf strukturelle gewaltvolle diskriminierungen, ist zugleich eine kollektivierung eigenen seins. sprachliche handlungen sind ein mittel einer ent_individualisierung im kämpfen gegen strukturelle diskriminierungen, wie grundlegend sie auch das eigene sein konstituieren, eine bewegung hin zu einer kollektiven kritischen ver_ortung. sprachliche handlungen sind bewegungen, ver_suche der kontaktaufnahme, des präsentseins und -werdens, der teilnahme an diskursen, der schaffung von diskursen, die jenseits der genormten einlesungen und einschreibungen liegen, der ver_such zu eigenen wortungen. diese sind nicht außerhalb der äußerungsmöglichkeiten einer gesellschaft, sprachliche handlungen sind durch die äußerungsmöglichkeiten einer bestimmten gesellschaft zu einem bestimmten zeitpunkt und an einem bestimmten ort konstituiert. insofern sind alle gegendiskurse, alle widerständigen diskursivierungen letztendlich auch immer durch die diskursiv konstituierte diskriminierung, deren äußerungsbedingungen und -möglichkeiten die dimension diskursiver diskriminierung ausmachen und bestimmen, bedingt.[286]

sprachliche wahrnehmbarkeit zu schaffen, bedeutet zugleich auch, situativ benennungen bzw. kategorisierungen zu benutzen und zu re_produzieren, die zugleich auch überhaupt erst durch die grundsätzlichkeit von strukturellen diskriminierungsverhältnissen konstituiert sind. dies ist eine paradoxe situation, die zugleich die notwendigkeit zeigt, sprachliche handlungen als immer nur momentbezogen und situativ zu verstehen[287] und auf diese weise die notwendige herstellung von strategischen essentialisierungen, wie spivak[288] es formuliert, zu realisieren – und sie gleichzeitig auch immer wieder infragezustellen. empowernde resignifizierungen und die schaffung neuer kollektiver kategorisierungen, die auf strukturelle diskriminierungen re_agieren, rufen damit zunächst als ihre voraussetzung in einer empowernden form genau diese strukturellen diskriminierungen auch auf. gäbe es die strukturellen diskriminierungen nicht, wären die empowernden, aus diesen abgeleiteten benennungen auch nicht mehr notwendig.

die frage, inwiefern neue kategorisierungen also sinnvolle sprachliche interventionsstrategien sind, kann immer auch nur kontextbezogen für konkrete situationen beantwortet werden. wie ich später in diesem kapitel an unterschiedlichen möglichkeiten zu neuen personalen appellationsformen deutlich mache, ist es wichtig, jeweils genau zu überlegen, was ich re_produziere und was ich mit den

286 vgl. kapitel v ausführlicher hierzu.

287 vgl. kapitel iv.

288 vgl. spivak 1988.

jeweiligen formen aufrufe: formen, die möglichst ›alle‹ meinen sollen, sind, wie aus den vorangegangenen kapiteln und den ausführungen zu interdependenten diskriminierungen deutlich geworden ist, fiktionen – im besten fall – und ansonsten vor allem auch entnennungen von privilegierungen, unterstützende sprachhandlungen hin zu protoypisierenden konzeptualisierungen von entnannten privilegierten positionierungen. sehr viel sinnvoller erscheint mir eine möglichst genaue ausdifferenzierung von positionierungen.

lorde formuliert in dem nachfolgenden zitat die politische notwendigkeit, differenzierungen sowohl zu analysieren als auch als politische werkzeuge anzuerkennen, ohne differenz als trennung zu verstehen, sondern als notwendigen schritt differenzierter politiken:

> »which differences are positive and which negative are determined for us by a society that has been already established, and so must seek to perpetuate itself, faults as well as virtues. [...] and certainly there are very real differences between us, of race, sex, age, sexuality, class, vision. but is is not the differences between us that tear us apart, destroying the commonalities we share. rather, is is our refusal to examine the distortions which arise from their misnaming, and form the illegitimate usage of those differences which can be made when we do not claim them nor define them for ourselves. racism. the belief in the inherent superiority of one race over all others and thereby the right to dominance. ageism. heterosexism. elitism. these are some of the distortions created around human differences, all serving the purpose of further separation. it is a lifetime pursuit for each one of us to extract these distortions from our living at the same time as we recognize, reclaim, and define the differences upon which they are imposed, and explore what these differences can teach us about the future we must all share. and we do not have forever. the distortions are endemic in our society, and so we pour energy needed for exposing difference into pretending these differences do not exist, thereby encouraging false and treacherous connections. or we pretend the differences are insurmountable barriers, which encourages a voluntary islation. either way, we do not develop tools for using our differences as springboards for creative change within our lives.« (lorde 2009a: 202f.)

eine ausdifferenzierung sozialer positionierungen und kritischer ver_ortungen muss immer auch situations- und kontextbezogen erfolgen und ist damit ein unabschließbarer reflexionsprozess: wann spielen welche sozial geschaffenen und soziale hierarchien und machtverhältnisse re_produzierenden kategorisierungen eine rolle, wann handle ich gerade durch eine verwendung dieser kategorisierungen diskriminierend? wann ist eine form, die ›alle‹ meint, eine sinnvolle strategie, wann ist sie machtverhältnisse entnennend? auf keine dieser fragen gibt es aus meiner sicht eindeutige und übergreifende antworten, sondern sie müssen jeweils für jeden kontext und jede sprechsituation – vor dem hintergrund der eigenen sozialen positionierung und der derjenigen, die ich kategorisieren will – getroffen werden.

ist sprachliches intervenieren immer sprechen? zur rolle und zum umgang mit schweigen

im anschluss an die ausdifferenzierung von sprachhandlungen in kapitel ii als sprechen_schreiben_hören_lesen gibt es auch verschiedene ebenen für die frage, wie sprachliches intervenieren aussehen kann. ist schweigen eine form intervenierenden sprechens? an diesem beispiel mache ich deutlich, wieviele unterschiedliche aspekte für eine überlegung zu intervenierendem schweigen eine rolle spielen können, die reflektiert werden müssen, um zu überlegen, wann schweigen als intervenierende strategie sinn macht. die nachfolgend diskutierten aspekte ergänzen sich teilweise; sie stehen teilweise auch im widerspruch zueinander. es muss immer auch situativ überlegt werden und ausgehend von der eigenen sozialen positionierung, wann schweigen eine diskriminierende sprachhandlung ist, wann schweigen identifizierungen verhindert und ausschlüsse schafft und wann schweigen empowernd sein kann. im folgenden stelle ich zentrale argumentationen zu dieser frage kurz und anhand von unterschiedlichen zitaten dar. ausgangspunkt vieler der nachfolgenden zitierten auseinandersetzungen beziehen sich auf lordes text ›the transformation of silence into action and language‹.[289]

---

schreibübung

schreibe einen liebesbrief an dein schweigen: wann schweigst du? was tut das schweigen dir gutes? beginne den brief mit: liebes schweigen!
nach dem schreiben des briefes (10 minuten) schreibe den satz: liebes schweigen, was ich dir selbst jetzt wieder verschweigen wollte ist, ...
und vervollständige diesen.
danach tausche dich mit anderen dazu aus, was ihr geschrieben habt, welche ebenen des eigenen schweigens ihr euch dadurch klarmachen konntet, wo euch schweigen gut tut, wo es hinderlich ist, welche emotionen daran hängen.

- schweigen als aus_druck von angst
  audre lorde macht in vielen ihrer essays deutlich, wie wichtig sie sprechen findet, um schweigen zu brechen und wie destruktiv sie schweigen findet und wie produktiv sie es findet, stille in sprechen zu verwandeln.[290] »what happens when you narrow your definition to what is convenient, or what is fashionable, or what is expected, is dishonesty by silence.« (lorde 2009e: 162)
  schweigen, so ist meine erfahrung in vielen unterrichtssituationen, ist häufig

[289] lorde, audre (1984b): the transformation of silence into language and action. in: lorde, audre: sister outsider. essays and speeches by audre lorde. berkeley: the cross press. s. 40-44.

[290] vgl. lorde 1984b; lorde 2009e.

ein aus_druck von angst. schweigen ist ein schutz vor anwesenheit, anwesenheit in w_ortungen, vor denen eine vielleicht angst hat, weil sie ein_e ausgesetzt machen würden in einer situation. schweigen also gibt die idee eines schutzes in einer öffentlichkeit, die nicht als sicher erlebt wird.

> »what i most regretted were my silences. of what had i ever been afraid? to question or to speak as i believed could have meant pain, or death. but we all hurt in so many different ways, all the time, and pain will either change or end. death, on the other hand, is the final silence. and that might be coming quickly, now, without regard for whether i had ever spoken what needed to be said, or had only betrayed myself into small silences, while i planned someday to speak, or waited for someone else's words. and i began to recognize a source of power within myself that comes from the knowledge that while it is most desirable not to be afraid, learning to put fear into a perspective gave me great strength. i was going to die, if not sooner then later, whether or not i had ever spoken myself. my silences had not protected me. your silence will not protect you. but for every real word spoken, for every attempt i had ever made to speak those truths for which i am still seeking, i had made contact with other women while we examined the words to fit a world in which we all believed, bridging our differences. and it was the concern and caring of all those women which gave me strength and enabled me to scrutinize the essentials of my living.« (lorde 1984b: 41).

bridgewater reflektiert, wie sie teile ihres von ihr als persönlich empfundenen erlebens zu abtreibungsrechten im us-amerikanischen kontext, die sie als jura-professo_rin im unterricht behandelt hat, ent_erwähnt hat und nimmt an, dass sie dies gemacht hat, um sich selbst sicherer zu fühlen. gleichzeitig damit hat sie auch eine bestimmte sichtweise darauf, was recht sei und was für rechtliche fragen und ihre behandlung von relevanz sei, re_produziert, wie sie selbst formuliert.

> »i did not see the utility of telling my story until a young woman volunteered hers. she said that if telling her story in person would help a lawyer understand why it is important to keep abortion legal, she would gladly come to my class. i said, ›no, i will tell my own story.‹ courage can be contagious. it is because of that courageous young woman, my colleagues, activists, and the women whose lives we dissect in our classes that i now use my personal abortion story as the framework for teaching the post_roe evolution of the reproductive rights doctrine. doing so has added incredible depth to my understanding of the issues facing pro-choice advocates and activists and has also served to help me and my students better understand the ways in which the legal landscape regarding abortion relates to women's lives, including and beyond their need for reproductive autonomy.« (bridgewater 2003: 151f.)[291]

---

[291] dieses zitat zeigt gleichzeitig auch eine verbindung zu der diskussion zu genreverände-

- kritik an schweigen als verweigerung, identifizierungen zu bilden
  auf die frage einer Schwarzen studentin an barbara smith, wie sie glaubt, überleben zu können als ›geoutete‹ Schwarze lesbische künstlerin für die nächsten jahrzehnte fragt smith als antwort: »you don't have many role models, do you?«[292] und führt weiter aus:

  > »just saying the words made me furious because it struck me how the Black women writers, academics, and politios protect their closets never think about people like [the student] or about how their silences contribute to the silencing of others.« (bridgewater 2003: 151f.)

  in diesem zitat wird für mich deutlich, wie wichtig die einnahme öffentlich wahrnehmbarer sprechpositionen sein kann, um spuren zu legen, um kollektive zu bilden, um kritische ver_ortungen zu begründen, um identifizierungen zu ermöglichen, die differenziert auf unterschiedliche soziale positionierungen durch interdependente diskriminierungen re_agieren können.

  nur durch eine genaue ausdifferenzierung unterschiedlicher sozialer positionierungen ist eine genaue politische arbeit möglich. ausgehend von diesen ausdifferenzierungen ist es dann möglich, allianzen und solidarisierungen zu bilden. subsummierungen unterschiedlicher positionierungen unter oberbegriffe führt zu pauschalisierungen, universalisierungen, ent_erwähnungen und ist damit selbst dann wieder auch genderistisch_rassistisch_ableistisch. die anstrengung, die es kostet, diese ausdifferenzierungen wahrzunehmen, zu benennen, ihnen eine präsenz zu geben und differenzierungen zu bemerken, zu reflektieren und auszuhalten, ist meines erachtens auch ein mechanimus der ent_wahrnehmung von interdependenten diskriminierungen, die auf diese weise weg_konzeptualisiert werden.
- ent_schweigen als community building
  gilmore stellt dar, wie sie als Schwarze lesbe rechtswissenschaften in den usa in einem fast ausschließlich *weißen* heteragegenderten umfeld studiert hat und wie lang der weg, die eigene soziale positionierung in ihrer interdependenten konstituierung durch strukturelle diskriminierungen wahrzunehmen, gewesen ist. und von da aus ausgehend dann, welche entscheidende rolle es für sie gespielt hat, anzufangen diese selbstwahrnehmung in sprechen, in eine sprechposition umzusetzen, wozu eine soziale community, die durch dieselben interdependenten positionierungen konstituiert war, entscheidend war.

rung, die später in diesem kapitel diskutiert werden wird. die einbeziehung unterschiedlicher formen von wissensproduktionen und unterschiedlicher stimmen verändert auch die autorität und normativität von konventionalisierten formen von wissensproduktion, wie beispielweise juristische diskurse.

[292] smith, barbara (1990): the nea is the least of it. in: i ms. nov-dec. 1990. s. 67.

»somewhere along the way i stopped talking. i think that it happened in college. i left chester, pennsylvania, a city that is at least 80 percent african-american, and traveled nearly four hundred miles to houghton college in houghton, new york. the school had approximately twelve hundred students, less than 5 percent of whom were african-american, and was situated in a rural western new york community, in which, as far as i could tell, no african-american resided. my method of coping with the situation was to take many of my aspects of self – my laughter, my speech, my poetry – place them in a box, secure the lid, and store the box away. it was not until after i completed college and law school and had practiced law for a while that i located my box of self. after i discovered a lesbian support group and an alliance of Black women attorneys, i was able to remove my box from its shelf, pry open the lid, put myself back together, and experience the joy of being all that i am. having recently found my own voice, i don't want to contribute to the silencing of others.« (gilmore 2000: 116)

das sprechen ist ihr durch eine community ermöglicht worden und die community konnte sich durch ihres und das sprechen anderer bilden – community building als empowernde ver_ortung und antirassistische antigenderistische handlung ist also in und durch sprachhandlungen getragen, wie diese auch in und durch ein suchen und wahrnehmen von communities ermöglicht ist. um sprechen zu können, ist für Schwarze frauisierte ein empowernder rahmen notwendig, wie collins aus Schwarzer perspektive betont:

»this realm of relatively safe discourse, however narrow, is a necessary condition for Black women's resistance. extended families, churches, and african-american community organizations are important locations where safe discourse potentially can occur. […] these institutional sites where Black women construct independent self-definitions reflect the dialectical nature of oppression and activism.« (collins 2000: 111)

um sprechen zu können, um eine eigene stimme herausbilden, wahrnehmen und positiv und kollektivbildend empowernd wahrnehmen zu können, ist es für personen, deren positionierungen durch interdependente diskriminierungen konstituiert sind, wichtig, empowernde räume zu haben und gestalten zu können. nur in einem gefühl von sicherheit, von einer möglichkeit umfassend anwesend zu sein, ist es möglich, sprech- und schreibformen herauszubilden, auszuprobieren und mit diesen neue zu_gänge zu welt und gesellschaft zu schaffen.

»as strategies, safe spaces rely on exclusionary practices, but their overall purpose most certainly aims for a more inclusionary, just society. […] a new rhetoric of color-blindness that reproduces social inequalities by treating people the same makes it more difficult to maintain safe spaces at all. any group that organizes around its own self-interests runs the risk of being labeled ›separatist‹, ›essentialist‹, and antidemocratic. this protracted attack on so-called identity politics works to suppress historically oppressed groups that aim to craft independent political agendas around identities of race, rander, class, and/or sexuality.« (collins 2000: 121)

collins macht hier deutlich, wie über die infragestellung empowernder räume durch privilegierte genau die herausbildungen eigener stimmen infragegestellt werden. dies schließt auch an meine diskussion in kapitel iii zu dem beispiel eines sportvereins an, der sich aus einem frauen-lesben-sportverein in einen frauen-lesben-trans*-sportverein umbenennen will. in letzterem fall geht es meines erachtens nicht nur um privilegierte positionierungen, sondern auch um die anerkennung unterschiedlicher interdependenter diskriminierungspositionierungen und damit die notwendigkeit zu unterschiedlichen räumen. die frage, ob sich frauen-lesben-räume für trans öffnen können oder wollen, ist meines erachtens dabei bereits problematisch gestellt, da die effekte von genderismus, die sich unter anderem in diesen kategorisierungen wie ›frauen‹, ›lesben‹, ›trans‹ manifestieren, hier als ausgangspunkt der frage genommen werden. ich würde stattdessen danach fragen, inwiefern die empowernden räume verschiedene realisierungsstrategien von genderismus aufnehmen und umsetzen. wenn ich mit einer solchen frage mit einem umfassenden konzept von genderismus arbeite, stellt sich die frage direkt anders und würde nicht eine gruppe (trans) extra und ›wohlmeinend‹ eventuell mitaufnehmen und so cispositionierungen entnannt normalisieren, sondern die komplexen diskriminierungen durch die verschiedenen, miteinander verbundenen realisierungsformen von genderismus berücksichtigen – und auf diese weise vielleicht die genderismen in ›frauen-lesben-räumen‹, die beispielsweise cisgenderung normalisieren, reflektierbar machen.
diese frage nehme ich auch weiter hinten in diesem kapitel zu interventionistischen benennungspraktiken noch einmal ausführlicher wieder auf: inwiefern führt eine ausdifferenzierung nach interdependenten diskriminierungspositionierungen auch zu ausdifferenzierten politischen ver_ortungen und handlungen, die sich auch über ausdifferenzierte kritisch ver_ortete selbstbenennungen realisieren – und die damit unter anderem im zusammenhang stehende frage nach ›safe spaces‹?

– ent_schweigen als politische handlung
nicht zu schweigen macht in einer bestimmten form anwesend und damit wird ei_ne auch angreifbar, was, beispielsweise in bezug auf akademisierte wissensproduktionen auch positiv ist, da dadurch universalismen irritiert und in partikularitäten überführt werden, wie in den vorangegangenen ausführungen deutlich wurde. trotzdem ist es immer wieder eine herausforderung, da gerade diskriminiert positionierte personen sich dadurch in eine situation jenseits sozialer normativitäten bringen, wie auch das nachfolgende zitat von

gilmore für eine Schwarze lesbische ver_ortung innerhalb us-amerikanischer rechtswissenschaftlicher diskurse deutlich macht:

> »the transformation of silence into language and action is an act of self-revelation, and is therefore dangerous, however, the alternative, remaining silent, is more dangerous, and eventually on some level, deadly. even as i was writing this essay i wondered if the risks of having it published in a national law journal would outweigh any possible benefits the article might reap. i found myself unable to discuss the contents of this essay with colleagues because it is so personal. recognizing the irony of the situation in light of the theme of my essay, i realized that if i did not submit this essay for publication i should once again be placing bits of myself in a box, on a shelf, perhaps never to be rediscovered.« (gilmore 2000: 117)

lorde betont, dass die transformation von schweigen in sprechen von allen diskriminierten positionierungen aus möglich, sinnvoll und notwendig ist, wenn diese ihre eigene differenzierte positionierung gleichzeitig dabei reflektieren.

> »each of us is here now because in one way or another we share a commitment to language and to the power of language, and to the reclaiming of that language which has been made to work against us. in the transformation of silence into language and action, it is vitally necessary for each one of us to establish or examine her function in the transformation and to recognize her role as vital within that transformation. for those of us who write, it is necessary to scrutinize not only the truth of what we speak, but the truth of that language by which we speak it.« (lorde 1984b: 43)

collins (2000: 134) weist auf eine weitere wichtige ebene von schweigen in einer wahrnehmung und analyse interdependenter diskriminierungsverhältnisse aus Schwarzer feministischer perspektive hin: das gefühl Schwarzer frauen sich für ein eintreten für eine entdependierte diskriminierungsform entscheiden zu müssen, in diesem fall also genderismus oder rassismus, da sie ansonsten als verräte_rinnen oder entsolidarisierend wahrgenommen würden. collins versteht im anschluss an smith (1982)[293] darüber hinaus die verwendungen von oberkategorisierungen wie ›Schwarze frauen‹ als häufig heterogendernd und fasst dies als eine weitere form von schweigen: das fehlen von ausdifferenzierungen auch innerhalb von strukturellen diskriminierungsverhältnissen und in ihrer interdependenz.

> »barbara smith raises a critical point that can best be seen through the outsider-within standpoint available to Black lesbians – namely that intersecting

[293] smith, barbara (1982): toward a Black feminist criticsm. in: hull, gloria t.; scott, patricia bell; smith, barbara (hrsg.): but some of us are brave. old westbury, new york: feminist press. s. 157-175.

oppressions of sexuality, race, gender, and class produce neither absolute oppressors nor pure victims.« (collins 2000: 136)

dieser punkt durchzieht auch das vorliegende buch in der diskussion eines ansatzes interdependenter diskriminierungsverhältnisse, die auch an sich weiter ausdifferenziert werden müssen, und führt zu der idee, dass es sinnvoll ist, unterschiedliche interdependente soziale positionierungen möglichst differenziert zu benennen.

emotionen und antigenderistische interventionen

im vorangegangenen teilkapitel ist eine zentrale emotion für die frage von diskriminierungsanalysen und interventionen in diese bereits angesprochen worden: es ist im obigen teil viel auch um angst gegangen, eine emotion, die in bezug auf sprechen_schreiben eine große relevanz hat und die eine wichtige, über diese emotion individualisierte und in das eigene empfinden integrierte dimension einer internalisierten strukturellen diskriminierung und in folge einer selbstverhinderung sein kann.

angst als abwehr, zu_schreibung und soziale normalisierung von ›sicherheit‹

angst ist durch ein bedrohungsszenario konstituiert und durch ein ausgesetztsein in den unterschiedlichsten situationen struktureller diskriminierungen gespeist. sara ahmed verbindet angst mit einer hegemonial hergestellten globalisierten angst vor bedrohung:

> »rather than fear being a tool or a symptom, i want to suggest that the language of fear involves the intensification of ›threats‹, which works to create a distinction between those who are ›under threat‹ and those who threaten. fear is an effect of this process, rather than its origin.«[294]

angst ist zugleich auch ein hegemoniales mittel, widerständige handlungen zu verhindern und personen in ihren positionen zu halten. angst als gefühlte individualisierte wahrnehmung ist auf zukünftiges gerichtet, auf fantasien von bedrohung und ablehnung und trägt die aufmerksamkeit aus dem jetzt, ›ent_jetzt‹ also die eigene wahrnehmung und führt so zu einer ent_anwesenheit. angst ist auf ein außen gerichtet, welches entweder bedrohlich und ablehnend ist oder welches mich positiv bestätigen soll – und in allen diesen dimensionen wird das außen zum bestimmenden faktor individualisierter handlungen und des selbst gemacht. angst ist in dem sinne aus_druck einer eigenen unsicherheit (und dem bedürfnis nach einer trügerischen und sozial forcierten sicherheit), die als ursache nach außen verlagert

---

[294] ahmed, sarah (2004): the cultural politics of emotion. edinburgh: edinburgh university press. s. 72.

wird. viele situationen und erlebnisse, die in strukturellen diskriminierungen begründet sind, bestätigen angst als individualisierte form eines umgangs mit ebendiesen diskriminierungen. auch findet hegemonial eine einlesung von emotionen wie angst als ent_schuldung für diskriminierendes verhalten statt.[295] in seminaren an der universität erlebe ich viele stud_entinnen als angstvoll, etwas zu sagen, sich zu gehör zu bringen, ›stellung zu beziehen‹. diese angst ist noch einmal sehr viel stärker, wenn es um emotionen und ihre relevanz für inhalte, die in universitätskontexten behandelt werden, geht. emotionen, so eine häufig getroffene aussage, haben ›hier nichts zu suchen‹. emotionen sind nicht eingrenzbar und nicht fassbar und widersprechen so dem normalisierten konzept einer wissenschaft, die gerade nicht emotional ist, sondern ›sachlich‹ oder sogar ›objektiv‹, also ent_individualisiert und dadurch auch eine andere relevanz hätte. emotionen werden hier als individuell und nicht als soziale praktiken, die gesellschaftlich geformt sind,[296] präsupponiert (was überhaupt wird in einer gesellschaft als emotion wahrgenommen? wie werden emotionen kategorisiert?). auf diese weise werden emotionen, die als authentisch-subjektiv hergestellt werden, als weniger verlässlich für akademische wissensproduktionen gemacht, als weniger relevant für die inhalte, die in der universität etwas zu suchen haben. emotionen können höchstens durch wissenschaft untersucht werden, sind dann forschungsobjekt, nicht aber kommunikationsform und medium der auseinandersetzung mit inhalten in der akademie. dies alles sind herstellungen einer bestimmten form von wissen und wissensproduktion, die in meiner auffassung wichtige elemente – emotionen und gefühle – ausschließt. kilomba macht deutlich, wie die zu_schreibung von extremität, auch in bezug auf emotionalität, eine rassistische handlung des ausschlusses von Schwarzen aus statisierter akademischer wissensproduktion ist:

»interesting but unscientific; interesting, but subjective; interesting, but personal, emotional and partial: ›you do over-interpret‹, said a colleague. ›you must think you are the queen of interpretation.‹ such comments reveal the endless control over the Black subject's voice and the longing to govern and command how we approach and interpret reality. with these remarks, the *white* subject is assured of her/his sense of power and authority over a group that she/he is labeling ›less knowledgeable.‹ […] it seems to me that this idea of over-interpretation addresses the thought that the oppressed is seeing ›something‹ that is not to be seen and is about to say ›something‹ that is not to be said, ›something‹ that should be kept quiet, secret.« (kilomba 2008a: 30)

---

[295] auch hier also findet eine individualisierung von diskriminierungshandlungen statt, die gleichzeitig aber über die anwesenheit von emotionen gesellschaftlich entschuldigt werden: personen haben ›im affekt‹ gehandelt, waren nicht zurechnungsfähig usw. – all dies setzt wiederum das individualisierte subjekt und dessen volle kontrolle als emotionslos als norm sozialer regelungen. danke, henni, für diskussionen zu diesem punkt.

[296] vgl. auch ahmed 2004.

hier zeigt sich zugleich auch eine wichtige verbindung zu schweigen, wie es weiter oben diskutiert wurde, als eine hegemoniale form der ent_wahrnehmung.

individualisierung durch emotionalisierung

emotionen werden auf eine private rolle verschoben, werden als individualisiert, unkontrollierbar und häufig auch bedrohlich im statisiert strukturierten und bestimmten universitären kontext wahrgenommen. gerade aber in der auseinandersetzung mit strukturellen diskriminierungen und wie diese sich in das leben von personen einschreiben, wie sie personen konstituieren und bestimmen, spielen emotionen eine wichtige rolle. wie ich in kapitel iii dargestellt habe, werden interdependente unterschiedliche realisierungsformen von genderung auch immer über gefühlsbewertungen und -zuschreibungen hergestellt und weiter verfestigt. die ebene von emotionalität spielt also eine wichtige rolle für die herstellung von individuen in hegemonialen lesarten. eine zuschreibung von emotionalität kann dabei häufig auch eine ent_wertung von selbstwahrnehmungen sein, in konkreten situationen diskriminiert zu sein. wie ich in kapitel iv dargestellt habe, wird strukturelle diskriminierung häufig dadurch ent_konzeptualisiert, dass sie individualisiert wird. diese ent_wahrnehmung der strukturellen dimension von diskriminierungen findet dabei häufig auch über eine privilegierte zu_schreibung von emotionen und emotionalität an diejenigen, die sich gegen diskriminierung zur wehr setzen, statt. die dimension von emotionsäußerungen als widerstandsform wird auf diese weise zugleich auch diskreditiert und emotionen zu einer eher sogar pathologisierten verhaltensweise von individuen gemacht. auf der anderen seite werden diskriminierungshandlungen gleichzeitig durch ein zu_schreiben von emotionalität im öffentlichen und juristischen diskurs ›entschuldigt‹. auf diese weise werden emotionen als weniger relevant, als nicht real und nicht aussagekräftig in bezug auf strukturelle diskriminierungen hergestellt. die ent_emotionalisierung von einem statisierten hegemonialen wissenschaftsverständnis ist ein wichtiger teil davon.

wut als intervenieren

auf diese weise wird beispielsweise auch wut ent_politisiert.[297] wut und aggression werden von privilegierten häufig diskriminierten zugeschrieben, setzen diese sich gegen diskriminierungen zur wehr oder sprechen sie an. auf diese weise wird die wahrnehmung von der massiven normalisierten aggression privilegierter, die durch die diskriminierungshandlungen zum ausdruck kommt, weggelenkt und den diskriminierten zugeschrieben. dies nehme ich als eine zentrale, immer wiederkehrende und machtvolle verdrehung von tät_erinnenschaft und eine verleugnung der gewalthaftigkeit von diskriminierungshandlungen wahr. sie ist sehr verbreitet, findet sich in unzähligen situationen und variationen und wird von privilegierten

[297] für eine kritik am begriff ›hate speech‹ und die damit einhergehende herstellung von sowohl emotion als auch sprachhandlung, vgl. hornscheidt 2012c.

angewendet, um die eigene auseinandersetzung mit der gewalthaftigkeit der eigenen handlungen zu entwahrnehmen.

genau diese paradoxe abschreibung einer berechtigten und intervenierenden wut an diskriminierte und die damit verbundene normalisierung eigener gewalthandlungen und aggressionshandlungen privilegierter kommt in einem gedicht von chrystos als eine antigenderistische antirassistische handlung zum ausdruck, aus dem ich hier den beginn und das ende zitiere:

»They're Always Telling Me I'm Too Angry

Especially when I mention land theft or rape or genocide
They go to therapy to understand themselves
pound anonymous pillows safely with a stranger
in the closed room of proper behavior
There is
no pillow I'm angry with
As far as I'm concerncd I'm too tired to be angry enough
Angry that I can't go anyplace without seeing demeaning images & outright lies about Indian people
I'm livid that we can't even keep the few pitiful acres we have left
if they happen to have uranium or copper or coal
Furious that I never feel safe alone on the streets
[…]
If you aren't as angry as I am we probably shouldn't try
to talk to each other
because I'm furious with your fear of anger
I'm angry that others are always telling me
that they feel the same way I do but they're afraid to say so
or they don't know how
or they'd lose their job or their lover
If you can speak
you can be angry
if you can't speak bang your fork
If you're furious with me
because I haven't mentioned something
you're angry about
get busy & write it yourself
There is no such beast as too angry
I'm a canary down this mine of apathy
singing & singing my yellow throat on fire
with this sacred holy purifying
spirit of anger«[298]

[298] chrystos (1995a): they're always telling me i'm too angry. in: chrystos (hrsg.): fugitive colors. cleveland: cleveland state university poetry center. s. 44. mit freundlicher genehmigung des cleveland state university poetry centers.

wut, geäußert von diskriminiert positionierten, verstehe ich als ein zentrales moment des widerstands gegen strukturelle diskriminierungen. wut kann kollektive ausdrucksform und kollektive identifizierung schaffen. wut ist ausdruck der gefühlten konstituierung eines individuums durch strukturelle diskriminierungen, ist ein effekt von diskriminierung, der nach außen gewendete und nicht runtergeschluckte und verinnerlichte diskriminierung ist. wut kann aus_druck der selbst_wahrnehmung als diskriminiert sein, kann ein motor für soziale veränderungen und für community-building sein, wenn wut als wut wahrgenommen und zugelassen wird und nicht selbst als unangemessene ausdrucksform entwertet wird – und dann häufig in angst vor dem eigenen wütendsein über_setzt wird. lorde formuliert zu der notwendigkeit der wahr_nehmung von wut – und der verbindung von wut mit einer angst davor – als ausdruck der diskriminierung durch rassismus_genderismus:

> »my fear of anger taught me nothing. your fear of that anger will teach you nothing also. women responding to racism means women responding to anger; the anger of exclusion, of unquestioned privilege, of racist distortions, of silence, ill-use, stereotyping, defensiveness, misnaming, betrayal, and co-optation. my anger is a response to racist attitudes and to the actions and presumptions that arise out of those attitudes [...] i have used learning to express anger for my growth. but for corrective surgery, not guilt. guilt and defensiveness are bricks in a wall against which we all flounder; they serve none of our futures.«[299]

das wahrnehmen und zulassen von wut als aus_druck von struktureller diskriminierung und als kommunizierte und nicht nach innen gewendete, heruntergeschluckte empfindung ist ein wichtiger teil einer antidiskriminierenden politik, wie auch clarke aus Schwarzer lesbischer perspektive in einem text betont, in dem sie einen zwanzig jahre älteren eigenen text[300] noch mal selbstkritisch gegenliest und – in meiner lesart – feststellt, dass dieser zu wenig ausdruck ihrer wut gewesen sei.

> »anger. anger – the righteous ›eye to eye‹ – projected at the sources of one's people's woes – racist, heterosexist, capitalist patriarchy (i.e., homophobic, misogynist, woman-destroying patriarchy); at one's own communities when they submit to cooptation, assimiliation, or self and self's groups destruction; at self for self's collusion in all the aforesaid. anger as instrumental as lesbianism, as feminism, as Blackness; as fluid as sex; as essential as fire. [...] anger is the challenge i should have ended ›lesbianism‹ with, instead of the corny ›love‹ thing. anger and rage are heavy challenges in ›this bridge‹, directed at *white* feminists who won't check their racist ways, social and cultural institutions that exclude and damage, mothers who won't accept daughters' differences, and legacies of powerlessness. and anger, a still relatively unexplained and unexplored phenomenon, has to become a tool of action, correction, and reflection. we need to reread lorde's ›uses of anger‹ [...]. go from

299 lorde, audre (1984c): the uses of anger: woman responding to racism. in: lorde, audre: sister outsider. essays and speeches by audre lorde. berkeley: the cross press. s. 124.

300 vgl. clarke 1981.

there, project it out again to shock women into checking themselves out even as they still deny what they see: capitalist hegemony, perilous enmeshment of church and state powers, global colonization, global genocide, global violence against women, murderous homophobia. *white* people – including *white* feminist – still do not want to be held accountable for their history and their privilege. […] bisexuals as a political constituency still do not hold themselves accountable for their heterosexual privilege. while some lesbians and gays are redefining and revolutionizing same-sex unions and childrearing, too many liberal lesbians and gay men seem content to reproduce bankrupt heterosexual institutions – weddings, commitment ceremonies, and showers. anger, yeah. use it. be used by it. or lose it.«[301]

das zulassen, wahr_nehmen und reflektieren von emotionen kann damit ein wichtiger teil einer intervenierenden auseinandersetzung mit strukturellen diskriminierungen sein. dieses intervenieren kann auf verschiedenen ebenen stattfinden: in einem hinterfragen und einer kritischen reflexion

- eigener emotionalität und in einem erspüren ihrer kraft für soziale veränderungen,
- der hegemonialen zu_schreibungen an emotionen, den damit zum aus_druck gebrachten ent_wertungen von umgängen mit diskriminierungshandlungen,
- der herstellungen von akademisierter wissensproduktion und ihren ausschlüssen (die mit dieser analyse als auch in bezug auf ihre ent_emotionalisierung als rassistisch_genderistisch_ableistisch interpretiert werden können),
- der ent_schuldungen zu diskriminierungshandlungen, die durch die zu_schreibungen von emotionalität stattfinden,
- der trennungen, die durch die hegemoniale wahrnehmung von emotionen zwischen individuum und sozialer struktur gezogen werden.

dispositive irritierungen

in diesem teilkapitel schließe ich an den ersten teil von kapitel v an, in dem ich dispositive dimensionen struktureller interdependenter diskriminierung analytisch dargestellt habe. in diesem kapitel versuche ich mich jetzt der frage anzunähern, ob und wenn ja wie das so analytisch bestimmte interdependente diskriminierungsdispositiv irritiert, infragegestellt und herausgefordert werden kann, wie also in es interveniert werden kann.

warland formuliert zum gefühl der unbenennbarkeit, der nicht-intelligibilität in

301 clarke, cheryl (2002): ›lesbianism‹, 2000. in: anzaldúa, gloria e.; keating, analouise (hrsg.): this bridge we call home. radical visions for transformation. london, new york: routledge. s. 237f.

meiner lesart: »we take a leap into the unknown, which is the unnamed. with our desire we rename everything: slowly; passionately. and with the gathering of our words we own ourselves: become self-responsible. this takes years. this takes a lifetime.«[302] dieses zitat macht deutlich, wie schwierig es ist, sich dem sprachlich anzunähern, was nicht als versprachlicht vorstellbar ist. zugleich wird hier deutlich, dass dies ein unabschließbarer prozess ist.

wie in kapitel v dargestellt, verstehe ich dispositiv als den rahmen, der die äußerungsbedingungen und -möglichkeiten konkreter diskursiver verhandlungen bestimmt. gleichzeitig bringen die konkreten diskursivierungen und diskursivierungsmöglichkeiten – also auch das, was sagbar wäre, aber ent_sagt ist, entnannt und ent_erwähnt in konkreten äußerungssituationen – auch das dispositiv als grenze und möglichkeit des sagbaren und des intelligiblen hervor. der prozess der bedingtheit von dispositiv und diskurs ist also gegenseitig, und eine annäherung und analyse sowie eine intervention in das diskriminierungsdispositiv läuft damit in meiner wahrnehmung immer auch über die ebene des diskursiven. die trennung von dispositiv und diskurs ist ein analytisches modell, welches immer nur eine nachträgliche analyse eines bestimmten gesellschaftlichen zustands sein kann. eine trennung von dispositiv und diskurs in der analyse ermöglicht es, nicht nur zwischen dem, was gesagt und thematisiert ist und was ent_sagt und ent_thematisiert ist – beides wäre in diesem modell auf der ebene des diskurses –, zu unterscheiden, sondern zusätzlich dazu auch das analytisch zu erfassen, was zu einem bestimmten zeitpunkt in einer bestimmten gesellschaftlichen situation als sagbares nicht vorstellbar ist, welches nicht intelligibel, nicht verständlich ist, was also auf einer weitergehenden ebene ent_intelligibilisiert ist.

dazu in ergänzung zu kapitel v noch ein konkretes beispiel: mit der einführung von so genannten ›diversity managements‹ ist es zu einer politisch institutionalisierten verlagerung von einer ›geschlechtersensiblen‹ politik hin zu einer wahrnehmung unterschiedlicher identitätskategorien für öffentliche belange (zusammensetzung von arbeitsgruppen; frage zu themen im bildungs- und kulturbereich etc.) gekommen, wie race, alter, ability. die einführung von diversity-strategien hat damit zu einer diversifizierung von vorstellungen von für diskriminierungen relevanten sozialen kategorien geführt. mit dieser ausdifferenzierung und ihrer positiven aufnahme in verschiedenen gesellschaftlichen bereichen und gruppen ist teilweise der eindruck entstanden, dass damit jegliche diskriminierungsformen und -weisen erfassbar und positiv veränderbar seien. auf diese weise ist die idee, dass diese kategorien selbst auch effekte von strukturellen diskriminierungen sind, diskursiv unvorstellbar gemacht worden. in dem hier vertretenen konstruktivistischen ansatz sind race und ability diskursive und sehr manifeste effekte der interdependenten diskriminierungsformen rassismus und ableismus. dass sie als einzelne,

---

302 warland, betsy (1991b): moving parts †. in: warland, betsy (hrsg.): InVersions. writing by dykes, queers & lesbians. vancouver: press gang publishers. s. 175.

unverbundene wahrgenommen werden, ist ein effekt einer ent_dependierung von diskriminierungsformen in hegemonialen diskursivierten vorstellungen. die idee der bedingtheit von kategorien aus strukturellen diskriminierungen ist im rahmen der verständlichkeit einer politik, die sich als antidiskriminierungspolitik versteht, nicht vorstellbar. das bedeutet, dass diversity-strategien positive effekte in bezug auf eine ausdifferenzierung antidiskriminierender politiken haben, gleichzeitig aber auch bestimmte fragen und hinterfragungen auf diese weise verunmöglichen. eine weitere strategie, die durch solche diversity-maßnahmen geschaffen worden ist, ist eine fast inflationär anmutende ausdifferenzierung von relevanten kategorien, die in den entsprechenden öffentlichen verhandlungen alle gleichrangig gesetzt werden. auf diese weise ist alter als kategorie in den gleichen status wie race und gender gekommen. auch dies führt zu einer wegnennung der besonderheit interdependenter struktureller diskriminierungen in meiner analyse sowie zu einer gleichsetzung von argumentationsstrategien, benachteiligungen und diskriminierungen.[303] das so genannte diskriminierungsdispositiv ist damit selbst grundlegend für die dimension diskursiv fassbarer, analysierbarer und umkämpfter struktureller diskriminierungen. es bedingt diese dimension und übersteigt sie zugleich.[304]

wie ist widerstand oder utopie oder intervention denk- und konzeptualisierbar?

oder bedeutet es, dass diese formen von irritierungen und kritischen ver_ortungen immer auch und nur auf diskursiver ebene möglich sind? eine mögliche fragestellung dazu ist, was in einer dispositiven dimension utopien sind oder ob es überhaupt utopien auf der ebene des dispositivs geben kann. zunächst wiederhole ich hier nochmal eine hypothese aus kapitel v zu dispositiv: was als gegendiskurs oder widerständige diskursive praktiken wahrnehmbar ist, ist zugleich auch stark von hegemonialen vorstellungen geprägt und konstituiert. auch utopien oder fantasien sind von den diskursiven äußerungsmöglichkeiten geprägt, bewegen sich im diskursiven feld. in dem moment, wo ich etwas benennbar mache, verlasse ich die ebene der nicht-intelligibilität und schaffe, wie vage und fragil auch immer, ansatzpunkte für benennbarkeiten und damit für interaktive soziale verständlichkeit. eine analyse der irritierung oder herausforderung des dispositivs ist damit immer auch eine nachträgliche analyse, eine analyse, die ja notwendigerweise erst zu dem zeitpunkt stattfinden kann, wo etwas zumindest ansatzweise benennbar gemacht worden ist. auf diese weise kann ich also spuren von dispositiven in jetztzeitigen diskursen nachvollziehen. el-tayeb macht in ihrer analyse widerständiger diskurse zu einer rassistisch_genderistischen normierung eines europas deutlich, dass widerstandsdiskurse immer auch prozessual und fließend sind. ein teil des

303 vgl. hierzu auch ag einleitung 2011.

304 ausführlicher dazu in kapitel v.

widerstands liegt gerade auch in einer infragestellung von genre,[305] die durch widerständige praktiken herausgefordert werden, indem neue genres und neue medialisierungen genutzt werden. gegen-communities sind in el-tayebs ansatz immer fragil und prozessual und konstituieren sich auch aus re_medialisierungen.

> »these preliminary collectives use new media and popular culture in order to radically rewrite european history through a queer practice, a revised definition of political agency as well as national identification, and a reassessment of the relationship between community, space, and identity in a postethnic and translocal context. [...] the constant mixing of genres and styles in this process reflects a resistance to notions of purity and uncomplicated belonging based on the positionality of racialized europeans, but resonating with larger questions facing minority communities and activists worldwide.« (el-tayeb 2011: xxxf.)

spuren von ent_abjektivierungen, einer irritation des dispositivs also, finden sich vor allem in der ausdifferenzierung von widerstandsdiskursen zu strukturellen diskriminierungen: welche personen und personengruppen fühlen sich zu benennungsweisen, gruppen zugehörig, fühlen sich sicher in räumen/orten und benennungsformen und welche personen und personengruppen versuchen, um eine anwesenheit, eine größere ausdifferenzierung zu kämpfen? diese sprachhandlungen und politischen aktionen sind häufig subsumiert unter oberbegriffe oder werden nur ansatzweise öffentlich. eine analyse der irritierungen des diskriminierungsdispositivs läuft also auch immer über das suchen und finden unkonventioneller äußerungs- und anwesenheitsformen, einem genauen zuhören und hinsehen, einem verlassen konventioneller wege von wissensproduktion und wissensfindung. einzelnen personen zu ihren ver_ortungen und dis_identifizierungen, ihren umgangsformen mit räumen und öffentlichkeit zuzuhören kann hinweise auf die dispositiven grenzziehungen einer gesellschaft geben. diesen stimmen gehör zu geben, irritiert dispositive diskriminierung auf vielfache weise:

- neue und ungehörte stimmen werden gehört.
- neue ausdrucksformen werden wahrgenommen, gesucht, formuliert, übernommen.
- neue perspektiven werden eröffnet.

in der diskursivierung liegt zugleich die veränderung der dispositiven strukturierung von diskriminierung. die grenzziehung hin zu vereinnahmungen ist dabei immer auch fließend und die formen, in denen irritierungen des diskriminierungsdispositivs stattfinden, müssen kontinuierlich reflektiert werden.

manche formen sind dabei so stabil, dass irritierungen nur sehr schwierig mög-

[305] vgl. auch später in diesem kapitel.

lich sind. die in kapitel v als beispiel angeführte entdependierung von struktureller diskriminierung ist ein solches beispiel. um interdependenzen konzeptualisierbar zu machen, sind meines erachtens neue begrifflichkeiten notwendig, die zu einer wahrnehmung von interdependenzen führen können und die eine trennbarkeit von diskriminierungen hinterfragen. die bildung des begriffs ›statisierung‹ ist ein beispiel für einen solchen versuch.

der begriff ›statisierung‹ als beispiel für interventionen in die entdependierung von struktureller diskrimierung

die begriffliche neubildung statisierung von tudor (2010) und hornscheidt (2010b; 2011c) ist ein versuch, eine interdependente diskriminierungspositionierung mit einem einzigen begriff zu benennen und auf diese weise die interdependenz einer umfassend privilegierten positionierung auch begrifflich zum ausdruck zu bringen: statisierung umfasst die momentane deutsche privilegierte positionierung, die ganz maßgeblich aus der privilegierten positionierung in bezug auf rassismus konstituiert ist, aber auch in bezug auf migratismus, genderismus (androgenderung, auf der grundlage von cis-, zwei-, repro- und heteragenderung), ableismus und darüber hinaus durch eine normsetzung von säkularisierter christlichkeit, die dadurch ent_religiosisiert ist, gekennzeichnet ist. um diese verschiedenen ebenen, die miteinander interdependent eine sozial privilegierte positionierung im momentanen deutschen kontext ausmachen, zu benennen, haben alyosxa und ich den begriff statisierung geprägt.

durch eine solche begriffsbildung wird die enttrennbarkeit von interdependenzen konzeptuell betont, die durch die aneinanderreihung von begriffen für strukturelle diskriminierungen konzeptuell in der regel nahegelegt wird. mit einem solchen interdependenten begriff muss aber gleichzeitig auch immer eine reflexion seiner interdependenten konstituierungen einher gehen. denn eine mögliche problematik einer solchen interdependenten begrifflichkeit kann es sein, dass dadurch die spezifik von diskriminierungsweisen ent_erwähnt oder sogar auf diese weise ent_konzeptualisiert[306] wird.

die konzeptuell umgesetzte und begrifflich getragene trennbarkeit von strukturellen diskriminierungen führt auch dazu, dass antidiskriminierende politiken gegeneinander ausgespielt werden, ausschließlichkeitscharakter bekommen oder als fragen einer entweder-oder-entscheidung dargestellt werden. hooks (1981) und collins (2000) machen deutlich, wie durch konventionalisierte vorstellungen, diskurse und politiken einer exklusivität von rassismus und sexismus zu ent_wahrnehmungen gerade dieser interdependenz von sexismus und rassismus für individuelle selbstwahrnehmungen und politische entscheidungen[307] führen kann, statt zu einer

306 vgl. kelly (im erscheinen) für diese begriffsprägung.

307 ich benutze hier den begriff sexismus, da es in den ausführungen von hooks und collins vor allem um androgenderung geht. collins geht dann noch einen schritt weiter und the-

konzeptualisierung der immer vorhandenen interdependenz in den verschiedensten formen, so am beispiel von Schwarzen frauisierten.

da dispositivanalysen immer auch historische analysen sind, wie ich in kapitel v und weiter oben ausgeführt habe, können irritierungen des dispositivs auch immer gerade durch historisch vergleichende analysen vollzogen werden: was wird beispielsweise unter dem konzept ›frau‹ in verschiedenen kämpfen und interventionen zu verschiedenen zeiten gefasst? auf der grundlage des in kapitel iii vorgestellten umfassenden und interdependenten konzepts von genderismus kann dann beispielsweise untersucht werden, welche interdependenten sozialen positionierungen zu einem bestimmten zeitpunkt und in bestimmten situationen undenkbar waren, welche kämpfe wie ent_differenziert und subsumiert waren und wann welche differenzierungen stattgefunden haben. mögliche analysefragen für die konstituierung des diskriminierungsdispositivs, seine irritierung und auch re_produzierung in anti- und contra_diskriminierenden kämpfen und interventionen sind die folgenden:

- wann und wo ist es im deutschen kontext beispielsweise in antigenderistischen interventionen und kämpfen zu einer ausdifferenzierung gekommen und zu welcher? zum beispiel von ›frauen‹ zu ›lesben und frauen‹, von dort zu ›lesben_frauen_trans‹, von dort zu einer ausdifferenzierung in unterschiedliche durch rassismus und ableismus konstituierte positionierungen? wie genau sehen/sahen diese aus? wer hat sie getragen? mit welchen wahrnehmbarkeiten, finanziellen ressourcen, mit welchen solidarisierungen und abgrenzungen ist dies einhergegangen?
- welche anderen ausdifferenzierungen haben stattgefunden? an welchen punkten und mit welchen effekten, zum beispiel nach class?
- inwiefern ist in dieser ausdifferenzierung einer frauen-(oder lesben?-)bewegung die interdependenz mit rassismus und ableismus von relevanz gewesen?
- was wird unter den verschiedenen monolithisierten diskriminierungsformen verstanden? welche aspekte fallen zum beispiel unter class in bestimmten diskursen, welche ent_erwähnungen und ent_dependierungen finden dabei und dadurch statt?
- was sind die aktionsformen, die als interventionsformen wahrgenommen werden? welche intervenierenden strategien werden auf diese weise ent_wahrgenommen (auch hier kann eine vergleichende historische analyse hilfreich sein)?

---

matisiert auch den ausschluss lesbischer Schwarzer positionen und diskurse aus Schwarzen feministischen (implizit also heteranormativen) diskursen und kämpfen. vgl. hierzu auch lorde 1984a.

diese analysen können zugleich auch inspirationen für die frage, an welchen stellen das diskriminierungsdispositiv irritiert und herausgefordert werden kann, bieten. eine grundsätzliche infragestellung oder irritierung des diskriminierungsdispositivs sehe ich nicht als möglich an, sondern immer nur die punktuelle herausforderung. in jeder ent_dispositivierung, in jeder ent_abjektivierung ist zugleich auch wieder ein ausschluss enthalten und angelegt, die re_produktion einer ent_intelligibilisierung vorhanden. dies mache ich an den nachfolgenden beispielen deutlich.

die selbstbenennung afro-deutsch als ent_abjektivierung einer Schwarzen deutschen positionierung

wright stellt die frage, wie ›Blackness‹ – ›Schwarzsein‹ – in us-amerikanischen, deutschen, britischen und französischen kontexten als gegendiskurs (›counterdiscourse‹ bei wright) konstituiert ist und betrachtet dabei insbesondere die anwesenheit und diskursivierung von Schwarzen frauisierten in diesen gegendiskursivierungen und stellt ihre weitgehende abwesenheit fest, die sie zu der frage veranlasst: »how do you counter a counterdiscourse in which you are effectively erased, in which you simply do not exist?« (wright 2004: 22) in ihrer analyse der afro-deutschen gegendiskursivierungen in den letzten 20 jahren bis 2000 kommt sie zu dem ergebnis, dass afro-deutsche noch immer nicht als deutsche wahrgenommen werden, sondern als afrik_anerinnen, als »andere von außen« und nicht als »andere im inneren« zu einem entnannten *weißen* zentrum, was zur konsequenz hat, dass die gegendiskursivierungen sich auf afrik_anerinnen beziehen würden und nicht auf afro-deutsche:

> »encountering this inability on the part of *white* germans to understand so simple a concept as one being both Black and german is most likely unique to the afro-german experience and presents a complicated challenge to a counterdiscourse. the refusal to understand afro-germans as german, much less as equals, is the cornerstone to the german discourse on the *white* german subject and the african other. the african american has been and still is considered an american problem: the afro-german barely exists in the german imagination. as many of the authors in *farbe bekennen* complain, many *white* germans, expecially those from rural areas, seem psychologically incapable of conceiving of someone who is both Black and german. white germans, even after a detailed explanation from their non*white* interlocutor, still attempt to determine what african country the subject comes from.[308] in short, the

[308] die frage ›wo kommst du her?‹ als rassistische weiße zuschreibung wird in vielen anti- und contra_rassistischen publikationen zum hauptthema gemacht. dazu unter anderem kilomba 2008b; ergün 2010; kuria 2010; topçu/bota/pham 2012; ayim, may (2005b): afro-deutsch i. in: ayim, may (hrsg.): blues in Schwarz weiss. berlin: orlanda. s. 18f.; ayim, may (2005c): afro-deutsch ii. in: ayim, may (hrsg.): blues in Schwarz weiss. berlin: orlanda. s. 25. dies allein zeigt schon, wie zentral rassismus in deutschland über eine exterritorialisierung Schwarzer kontinuierlich geschieht – und unterstützt die oben zitierten thesen von wright. ›wo kommst du her‹ ist nicht nur über migratismus eine realisierungs-

afro-german identity is not the antithesis in the dialectic of (*white*) german subjectivity: *it is simply nonexistent*. whereas african americans function in *white* american racist discourse as the other-from-within (they are recognized as having been born and raised in the united states, even if racists believe they do not belong there), a significant number of *white* germans insistently and consistently misrecognize afro-germans as africans, or others-from-without, even though they obviously share the same language and culture. in other words, unlike african americans, afro-germans must confront a racist discourse directed at africans rather than afro-germans. there is not, technically speaking, such a thing as an anti-afro-german discourse, only an anti-african discourse, raising the question of how one, as an other-from-within, should respond to a discourse that posits one as an other-from without.« (wright 2004: 191)

afro-deutsche – oder Schwarze deutsche[309] – sind in wrights worten in deutschen diskursivierungen nicht existent. dies ist ein beispiel für einen abjektstatus hegemonialer struktureller diskriminierungen: Schwarze deutsche sind in wrights analysen bis zum jahr 2000 das abjekt von deutschsein, welches sich auf diese weise als normalisiert *weiß* bzw. umfassender als statisiert[310] herstellt. Schwarze deutsche sind als abjekt teil einer dispositiven diskriminierung, sie liegen außerhalb der äußerungsmöglichkeiten sowohl eines hegemonialen als auch eines gegendiskurses in wrights analyse und sind in meiner analyse damit teil und indiz einer dispositiven diskriminierung. gegendiskurse re_produzieren immer auch hegemoniale konzeptualisierungen und wahrnehmungen, in diesem fall also die wahrnehmung einer ausschließlichkeit von deutschsein als *weiß*, was so grundsätzlich ist, dass es jeglicher infragestellung, das heißt diskursivierung, entgeht – oder, in wrights begrifflichkeit: Schwarze deutsche sind nicht die antithese zu *weißen* deutschen, afrik_anerinnen sind die antithese als andere von außerhalb, und die benennung von Schwarzen deutschen ist in dieser herstellung von deutschsein über die negation afrikanischsein verunmöglicht.

strategie von rassismus, sondern auch häufig migratistisch. dies kommt beispielsweise in mehreren gedichten einer interventionsgruppe von studierxs zum ausdruck auf http://turbulente-w-orte.tumblr.com. ganz grundlegend zu der interdependenz von rassismus_migratismus_genderismus in aktivistischen_künstlxschen_aktivistischen verhandlungen: tudor 2013b.

309 vgl. della, tahir; nduka-agwu, adibeli (2010): afrodeutsch/afrodeutsch_e. in: nduka-agwu, adibeli; hornscheidt, antje lann (hrsg.): rassismus auf gut deutsch: ein kritisches nachschlagewerk zu rassistischen sprachhandlungen. frankfurt a. m.: brandes & apsel. s. 53-55; nduka-agwu, adibeli; sutherland, wendy (2010): Schwarze, Schwarze deutsche. in: nduka-agwu, adibeli; hornscheidt, antje lann (hrsg.): rassismus auf gut deutsch: ein kritisches nachschlagewerk zu rassistischen sprachhandlungen. frankfurt a. m.: brandes & apsel. s. 85-90; arndt/hornscheidt 2004. vgl. auch ayim, may (2001): die afro-deutsche minderheit. in: arndt, susan (hrsg.): afrikabilder. studien zu rassismus in deutschland. münster: unrast. s. 71-86.

310 vgl. hierzu tudor 2010; hornscheidt 2010b; hornscheidt 2011c.

über eine analyse von gegendiskursen zu strukturellen diskriminierungen können auf diese weise also rückschlüsse über dispositive diskriminierungen möglich werden, die gerade jenseits von äußerungsmöglichkeiten liegen. in der hier vorgeschlagenen analyse dieser unterschiedlichen dimensionen von diskriminierungen – diskursiv und dispositiv – spielt die wahrnehmung von gegendiskursen damit eine zentrale rolle: im aufkommen von gegendiskursen werden die grenzen von äußerungsmöglichkeiten verhandelt, entnormalisiert, verändert und verschoben. im aufkommen von neuen gegendiskursen spielen benennungsformen für kollektive kritische ver_ortungen häufig eine zentrale rolle – so wie es mit der schaffung der benennung afro-deutsch gewesen ist, die im anschluss an einen längeren aufenthalt von audre lorde in berlin und in übertragung des konzeptes afro-american von Schwarzen deutschen gebildet worden ist[311] und auch in kollektiven gruppen als selbstbenennungsform eingeführt wurde.[312]

diese infragestellung einer hegemonial statisiert deutschen ent_erwähnung von afro-deutschen ist von may ayim in einem gedicht herausgefordert worden:

»grenzenlos und unverschämt
ein gedicht gegen die deutsche sch-einheit

ich werde trotzdem
afrikanisch
sein
auch wenn ihr
mich gerne
deutsch
haben wollt
und werde trotzdem
deutsch sein
auch wenn euch
meine schwärze
nicht paßt
ich werde
noch einen schritt weitergehen
bis an den äußersten rand
wo meine schwestern sind
wo meine brüder stehen
wo
unsere

311 vgl. wright 2004; della/nduka-agwu 2010; oguntoye, katharina; opitz, may; schultz, dagmar (1992): farbe bekennen. afrodeutsche frauen auf den spuren ihrer geschichte. frankfurt a. m.: fischer..

312 mehr zu adefra e. v. unter: http://www.adefra.de (4.9.2012).

FREIHEIT
beginnt
ich werde
noch einen schritt weitergehen und
noch einen schritt
weiter
und wiederkehren
wann
ich will
wenn
ich will
grenzenlos und unverschämt
bleiben«[313]

was ist heute im abjekt einer benennungsmöglichkeit von rassistisch diskriminierten deutschen positionierungen? ein mögliches weitergehendes untersuchungsfeld ist die analyse und wahrnehmung von diskursen von asiatisiert deutschen personen und personengruppen, die auch häufig über kolonialrassismus diskriminiert sind.[314]

die begriffsneubildung dyke_trans als versuch eines aus_drucks komplexer genderistischer diskriminierung als empowernde selbstbenennung

die appellationsform dyke_trans ist eine begriffliche neubildung der ag einleitung (2011), die versucht die komplexe mehrschichtige konstituierung durch verschiedene realisierungen genderistischer diskriminierung – androgenderung, zweigenderung, reprogenderung, heterogenderung, cisgenderung – begrifflich zu fassen und in eine positiv empowernde form als intervention in diese komplexe form von genderismus umzusetzen. durch diese form wird eine differenzierung von genderistisch diskriminierten positionierungen möglich und die effekte dieser unterschiedlichen positionierungen benennbar.

die ausdifferenzierung von genderismus in unterschiedliche realisierungsformen macht es also möglich festzustellen, welche diskriminierungen über eine pauschalisierende verwendung der begrifflichkeit ›frau‹ oder exklusiver verwendungen der benennungen ›frauen‹ und ›lesben‹ entstehen. durch die ausdifferenzierung der realisierungsformen wird deutlich, dass die verwendung dieser formen für alle frauen nicht nur universalisierend rassistisch und ableistisch ist, sondern auch genderistisch, da so die normalisierung von cis-, zwei-, hetera-, repro- und kategorialgenderung entnannt wird und personen, die zwar auch durch andro- und zweigenderung diskriminiert sind, zusätzlich aber auch durch die zuvor genannten realisierungsformen, ent_wahrnehmbar gemacht werden.

313 copyright: ayim, may (1995): grenzenlos und unverschämt. in: ayim, may (hrsg.): blues in Schwarz weiss. berlin: orlanda. s. 61. mit freundlicher genehmigung des orlanda verlags.

314 vgl. hierzu ha 2012.

>»like the generations before us, we also thought we were going to change the word – that changing the word would be our instrument for changing the world. we were going to change the word ›woman‹. from woman to women, from women to womyn (wimmin), from womyn to lesbian, from lesbian to dyke to amazon, from outsider to companera, from competitor to sister. we worked hard, we had some success. i believe the individual lives of many womyn and lesbians have been changed by what i and other lesbians (of all political persuasions) have done, but it's hard to see where the aggregate effect of that work exists in the world. and our new words, where they still survive, when they can't be coopted, have often been diminished to ›die-issues‹ or to cute/eccentric personal preferences.« (dykewomon 1991: 156)

eine mögliche konsequenz wäre es, auch verschiedene formen von genderismus entsprechend differenziert jeweils zu benennen und nicht unter einen oberbegriff genderismus zu subsumieren: androgenderismus, heteragenderismus, reprogenderismus, cisgenderismus, zweigenderismus.[315] ›historisch‹ in der westlichen frauenbewegung ist die ausdifferenzierung zwischen – in dieser begrifflichkeit – sexismus und heterosexismus (zum beispiel lorde 1984a). die interdependenz und gegenseitige bedingtheit dieser genderistischen realisierungsformen wird so aber gleichzeitig entnannt und genderismus ohne zusatz häufig implizit zu einer frage von androgenderung reduziert. während lorde explizit heteragenderismus (»heterosexism«) als eine form von genderismus anspricht, finden sich in öffentlichen diskursen häufig gegenüberstellungen oder additive aufzählungen von sexismus – als diskriminierung von ›frauen‹ – und homophobie – als diskriminierung von homosexuellen –, manchmal um weitere gruppen wie trans, intersex, queer in einer prinzipiell offenen liste, ergänzt. die interdependenz von einer auf nicht-heteranormativität bezogenen diskriminierung sowie einer androgendernden diskriminierung wird begrifflich und konzeptuell auf diese weise getrennt und gerade nicht zusammengebracht.

> *kann es also sein, dass sprachliche konventionen, sprachliche benennungen und entnennungen zu einer allgemeineren vorstellung der trennbarkeit unterschiedlicher diskriminierungsdimensionen so grundlegend beitragen oder führen, dass ich mir ein zusammengehen unterschiedlicher formen von genderismus, in diesem falle also andro- und heteragenderismus als komplexitätsgewinn, als komplexe leistung meiner intellektuellen möglichkeiten und nicht als einen ausgangspunkt herstelle?*

die form dyke_trans in ›feminismus schreiben lernen‹ (2011) ist der versuch, die komplexe form von genderismus positiv-affirmativ als empowernde selbstbenennung umzusetzen – und dadurch eine position, die umfassend durch genderismus diskriminiert und konstituiert ist, begrifflich zu fassen. dies ist eine form einer

315 vgl. kapitel iii.

ent_abjektivierung, der die idee vorausgeht, dass diese spezifische positionierung zeitlich gesehen davor im dispositiv struktureller diskriminierung gewesen sei – unintelligibel. kämpfe und ver_ortungen von dyke_trans waren stattdessen subsumiert unter kämpfen von und für ›frauen‹, die implizit häufig zwei-, cis- und heteragegendert waren und sind, oder kämpfen von und für ›lesben‹, die implizit häufig zwei- und cisgegendert waren und sind. durch eine begriffliche ausdifferenzierung ist gleichzeitig ein ausdifferenzierteres kämpfen und intervenieren möglich. differenzierungen sind also in diesem verständnis respektvoll und notwendig, um die spezifik von interdependenten diskriminierungen verstehen und in widerständige handlungsformen umsetzen zu können.

in dem gegendiskurs zur komplexen transdependenten genderistischen diskriminierung, wie sie in ›feminismus schreiben lernen‹ dargestellt ist, bildete die kollektive selbstbenennung dyke_trans einen entscheidenden politischen schritt, um die strukturelle und umfassende diskriminierung von dyke_trans überhaupt erst diskursiv fassbar und zugänglich zu machen. auf diese weise wurde sie in dem dort vorgeschlagenen ansatz aus ihrer verunmöglichung durch nicht-benennung enthoben, wurde benennbar gemacht. an diesem punkt können dann gegendiskursivierungen beginnen, die dadurch die komplexe diskriminierung, durch die dyke_trans konstituiert sind, wahrnehmbar und veränderbar machen. das heißt nicht, dass es nicht vorher auch antigenderistische interventionen und utopien von dyke_trans gegeben hat, diese waren aber nicht spezifisch auf ein ermöglichen von dyke_trans gerichtet, sondern auf eine ent-diskriminierung von ›frauen‹, frauisierten und ›lesben‹. auf diese weise haben dyke_trans auch gegen diskriminierungen gegen dyke_trans partiell gearbeitet, jedoch nur insofern diese diskriminierung sich beispielsweise als androgendernd oder heteragendernd dargestellt hat. die spezifik der komplexen genderistischen diskriminierung gegen dyke_trans, in der alle fünf ebenen von genderismus eine rolle spielen, haben in diesen interventionen keine rolle gespielt. insofern hat es keinen gegendiskurs gegen die spezifische diskriminierung von dyke_trans gegeben, sondern antigenderistische gegendiskurse, die teilweise mehrere, aber nicht alle ebenen gemäß des genderismus-modells berücksichtigt haben. die antigenderistischen handlungen von dyke_trans haben diese also selbst betroffen, ohne sie genau zu meinen.

> die verwendung von so genannten ›oberbegriffen‹, wie beispielsweise ›frauen‹, führt hingegen zu entnennungen von privilegierungen, ent_erwähnungen von komplexen diskriminierungen und dispositivierung bestimmter positionierungen, die nur über umfassende und ausdifferenzierte analysen von realisierungs- und argumentationsformen sowie von interdependenzen intelligibel gemacht werden können – in ihrem ausschluss wie auch in dem ver_such sie durch ausdifferenzierte benennungspraktiken zu diskursivieren und darüber und dadurch differenzierte widerstandspraktiken und anwesenheiten zu ermöglichen. audre lorde schreibt:

»institutionalized rejection of difference is an absolute necessity in a profit economy which needs outsiders as surplus people. as members of such an economy, we have all been programmed to respond to the human differences between us with fear and loathing and to handle that difference in one of three ways: ignore it, and if that is not possible, copy it if we think it is dominant, or destroy it if we think it is subordinate. but we have no patterns for relating across our human differences as equals. as a result, those differences have been misnamed and misused in the service of separation and confusion. certainly there are very real differences between us of race, age, and sex. but it is not those differences between us that are separating us. it is rather our refusal to recognize those differences, and to examine the distortions which result from our misnaming them and their effects upon human behavior and expectation.«[316]

in diesem zitat von lorde, welches sie aus einer Schwarzen lesbischen perspektive schreibt, wird für mich als *weiße* gedyk_transte person deutlich, wie stark differenzen als problematisch in einer hegemonialen westlichen gesellschaft eingelesen und bekämpft werden, statt sie als notwendige ausdifferenzierungen von unterschiedlichen komplexen und interdependenten sozialen positionierungen und kritischen ver_ortungen zu verstehen. nur auf der grundlage einer ausdifferenzierten sozialanalyse zu interdependenten diskriminierungen können empowernde kritische ver_ortungen gebildet werden, die dann in einem weiteren schritt allianzen und solidarisierungen eingehen können, ohne dadurch ent_erwähnt und in ihren spezifischen kämpfen ent_wahrgenommen zu werden.

gleichzeitig hat die substantivische setzung von sozialen positionierungen häufig den effekt, diese als substanzen, als diskursiv vorgängig, als vorhanden und als essenzen von personen und personengruppen wahrzunehmen. im weiterbewegen der form dyke_trans ist so eine weitere form der ent_intelligibilisierung in der zusammenarbeit mit alyosxa einerseits und mit ja'n andererseits entstanden: die infragestellung der substanzhaftigkeit von kritischen ver_ortungen.[317]

---

schreibübung

überlege dir eine kritische ver_ortung zu unterschiedlichen strukturellen diskriminierungsformen und formuliere zu dieser ein paar ich-bezogene sätze. jetzt verändere die benennung der kritischen ver_ortung in eine neue und zunächst ungewöhnlich klingende verbform und formuliere deine sätze um.

---

316 lorde, audre (1984d): age, race, class, and sex: women redefining difference. in: lorde, audre (hrsg.): sister outsider. essays and speeches by audre lorde. berkeley: the cross press. s. 115.

317 oder wie el-tayeb paul gilroy zitiert: »identity, too, becomes a noun of process.« (el-tayeb 2011) ich gehe hier weiter, wie ich nachfolgend darstelle, und schlage vor, das konzept des substantivs an diesem punkt ganz aufzugeben.

in der nachfolgenden reflexion allein oder zusammen mit anderen kannst du dir überlegen, was schwierig, was spannend war, was funktioniert, was für dich nicht funktioniert hat, wie sich die sätze anfühlen, was sich an deinem denken über die neuen formulierungen verändert. was bedeutet es, wenn die veränderungen schwerfallen, fast unmöglich erscheinen, für dich? welche neuen impulse hast du durch das schreiben und umformulieren bekommen?

---

dyke_transen als handlung: ›to dyke_trans‹

in dem ansatz zu kritischen ver_ortungen von tudor (2011) werden diese vor allem über handlungsäußerungen ausgedrückt:[318] ich bin nicht contra_rassistisch, sondern ich handle contra_rassistisch, indem… auf diese weise werden kritische ver_ortungen zu situations- und kontextabhängigen konzepten, die sich jeweils für konkrete handlungs- und verhaltensweisen realisieren, nicht aber zeitübergreifende zu_schreibungen zu personen darstellen. in anlehnung an dieses konzept haben alyosxa und ich im zuge einer übersetzung sowie ja'n und ich im zuge der ausstellung ›to dyke_trans‹[319] die substantivische personale appellationsform in eine verbform verändert.

> »what if new forms of gender are possible? how does this affect the ways that we live and the concrete needs of the human community? […] i would say that it is not a question merely of producing a new future for genders that do not yet exist. the genders i have in mind have been in existence for a long time, but they have not been admitted into the terms that govern reality. so it is a question of developing within law, psychiatry, social, and literary theory a new legitimating lexicon for the gender complexity that we have been living for a long time. because the norms governing reality have not admitted these forms to be real, we will, of necessity, call them ›new‹.« (butler 2004: 30f.)

was ist also, wenn gender gar keine form ist, sondern auch sprachhandelnd stärker in seinen unterschiedlichen formen als handlung ausgedrückt würde? wie würden sich politiken und kämpfe, widerstände und integibilisierungen und ent_integibilisierungen dadurch verändern? was ist, wenn gesetz und medizin als normen infragegestellt werden? was ist, wenn gender an sich zur disposition stehen würde, ent_kategorisierend?

ungefähr ein jahr nach der diskursivierung der form dyke_trans haben alyosxa und ich die substantivische form dyke_trans, die personale appellation, also weiter in

---

[318] vgl. auch kapitel iv und v, wo ich ausführlicher auf diesen aspekt eingehe.

[319] ausstellung ›to dyke trans | dis_visualizing re_locating de_silencing |‹: http://transformingpolitics.blogsport.de/exhibition/ (4.10.2012). begleitheft: sammla, ja'n; hornscheidt, lann (2012): to dyke_trans | dis_visualizing re_locating de_silencing |. berlin.

eine verbform verändert. in dem begleitheft zu der ausstellung ›to dyke_trans‹, die ja'n und ich kuratiert haben, haben ja'n und ich die form sowohl als titel zentral gemacht als auch in einem englischsprachigen text umgesetzt, wovon ich nachfolgend einen kleinen ausschnitt zitiere:

»to dyke_trans
is an open position | a fluid process | a momentary breathing | is dynamic | continuously under
construction_reconstruction_rebuilding_refurnishing_relocating | is being in a moment | being in continuous changing processes movements | is shaping dyke_stories trans_stories community-stories personal stories reconstructing times and places | adapting time and places resignifying notions of time and place | is daring to be to be present to be there to be here to be being
| is dynamically processual opening breathing empowering unfinishing re_starting again and again | is searching going moving touching motioning feeling opening laughing connecting | shaping presences being present
is now
is here
is living
[…]
to dyke_trans | de_silencing |
voids of silences | moments of here and now | awareness of being | being aware | continuously searching for wordings_listenings | reflecting and wording and visualizing against the unintelligibility of interdependent power relations | listenings_wordings which will never be fitting never be finished never arriving | arriving as never ending process never ending | de-finishing wordings_locations | dynamizing wordings | questioning answers| searching de_silencings and giving room for silences where no words_sounds can reach | shaping space by listening| accepting silences in de_silencing noises which try to outsound perceptions | listening to silences | silencing de_listenings
to raise the voice | listening | shouting out silences | speaking up
| volume |
high and low
regulating listening_speaking
cracking_breaking_trembling voices | being loud crying shouting out | flying_swimming_running voices | silences hearing silence listening to silences | flying listening | being aware of silencings_cryings speaking up listening to dropping_leaking_blocked_excluded_ignored tears_voices
listening loudly
listening slowly_precisely_specific
speaking up | shouting out« (sammla/hornscheidt 2012)

dyke_trans ist damit nun in meiner konzeptualisierung nicht länger eine entität, eine substanz, eine person oder personale identität, wie es in der wortart substantiv konventionalisiert, konzeptualisiert, in der sprachhandlung realisiert ist, sondern ist jetzt eine handlung, eine handlungsform, die welt dyke_transt, die welt aneignet, ist eine spezifische seins-form, die sich über handlungen – wahr_nehmungen, aktionen, utopien, w_ortungen und mehr – aus_drückt. mit dem wechsel von der substantiv- zur verbform dyke_transen geht zugleich auch eine veränderte konzeptualisierung dessen einher, was eine kritische ver_ortung ist: dyke_transen impliziert die notwendigkeit, das eigene handeln, das eigene wahr_nehmen von welt kontinuierlich in bezug auf die fragen zu reflektieren, wie ich in dieser ver_ortet bin, wie ich welt schaffe, eine wahr_nehmung von welt. in gewisser weise gibt es hier anschlussstellen zu dem englischsprachigen konzept ›transing‹, welches von susan stryker, paisley currah und lisa jean moore in der einleitung einer ausgabe von women's studies quarterly formuliert wird:

> »transing, in short, is a practice, that takes place within as well as across or between gendered spaces. it is a practice that assembles gender into contingent structures of association with other attributes of bodily being, and that allows for their reassembly. transing can function as a disciplinary tool when the stigma associated with the lack or loss of gender status threatens social unintelligibility, coercive normalization, or even bodily extermination. it can also function as an escape vector, line of flight, or pathway toward liberation. a fundamental question we would like to pose is: what kinds of intellectual labor can we begin to perform through the critical deployment of ›trans-‹ operations and movements? those of us schooled in the humanities and social sciences, have become familiar, over the past twenty years or so, with queering things. how might we likewise to begin critically to ›trans-‹ our world?«[320]

gleichzeitig aber geht das konzept to dyke_trans stärker von einer antigenderistischen analyse aus und setzt weniger körper als vorgängig, als dies in obigem zitat der fall ist. dyke_transen als prozessuales handlungskonzept verändert auf diese weise auch die wahr_nehmung von identität und identitätspolitiken. durch die verbform wird die handlungsdimension kritischer ver_ortungen betont und in eine neue konzeptualisierung überführt, die nicht den an_schein von substanz, status, vorgängigkeit hat, wie es die konzeptualisierung als substantiv konventionalisiert aus_drückt. zudem verändern sich durch den wortartenwechsel auch die gesamten aus_sagenbezüge. aus einem satz wie ›ich bin dyke_trans‹ würde also ›ich dyke_transe mein sein‹. letzterer wirft ganz andere fragen als der erste auf. während der erste satz einer ver_ortung über eine essentialisierung eigener identität aufruft, schließt sich für mich an den zweiten satz direkt die frage danach an, was es konkret bedeutet, ›mein sein‹ zu dyke_transen.

das heißt, die verbform dyke_transen führt zu einer reflexion von handlungen: was würde es heißen, mein schreiben zu dyke_transen, meine interaktionen, mein bewegen, meine wahr_nehmung von welt? durch die verwendung von

[320] stryker, susan; currah, paisley; moore, lisa jean (2008): introduction: trans-, trans, or transgender? in: women's studies quarterly. fall 2008, 36 3/4. s. 13.

dyke_transen als verb eigne ich mir handlungsfähigkeit und handlungsmöglichkeiten für meine kritische antigenderistische ver_ortung an und kann sie für jeden moment, jede situation und jede meiner handlungen überprüfen. eine kritische ver_ortung wird auf diese weise zu einem kontinuierlich immer wieder neu zu bestimmenden und zu reflektierenden prozess, ist nichts vorgängiges, nichts einmal gegebenes, nichts, was im sinne einer identität einfach ›da‹ ist, sondern etwas, was ich kontinuierlich im sein und handeln herstelle – oder eben nicht. kritische ver_ortungen sind nicht kontinuierlich und raum- sowie zeitübergreifend, sondern immer nur in konkreten situationen reflexiv, handelnd herstell- und bestimmbar. die verwendung der verbform vereinfacht eine konzeptualisierung von kritischer ver_ortung, wie sie von alyosxa[321] vorgeschlagen worden ist, in der eine kritische ver_ortung handlungsbezogen ist und nicht ein ein für allemal über konkrete situationen hinaus bestehendes konzept. die idee identitätskategorisierungen in handlungsver_ortungen zu transformieren und diesen wechsel der konzeptualisierung durch einen wortartenwechsel auch sprachlich handelnd zu realisieren, lässt sich auch auf weitere kritische ver_ortungen übertragen und ist ein beispiel für eine partielle ent_dispositivierung einer komplexen diskriminierung und ihre überführung in eine empowernde neu konzeptualisierte benennungsweise.

ich kann alle meine wahr_nehmungen, handlungen, vor_stellungen und ideen daraufhin befragen, ich befinde mich in einem kontinuierlichen unabschließbaren prozess, es gibt nichts fertiges, eine einmal gegebene identität, zuschreibung, ich kann mich nicht festmachen außer an dem fluss und der reflexion meiner eigenen vielschichtigen handlungen, die ich kontinuierlich immer wieder neu hinterfragen, herausfordern, reflektieren muss. kimberlé w. crenshaw hat am 16. juni 2012 auf dem symposium für critical race theory europe an der humboldt-universität berlin formuliert, dass dies keine vorgängige festgelegte, eindeutige theorie sei, sondern ein prozess, eine handlung, und immer auch nur und wieder an handlungen, die critical race theorized seien, festgemacht werden können. es gibt in diesem modell kritischer politischer ver_ortung nichts vorgängiges, über zeit und raum hinweg gegebenes, sondern immer und immer wieder nur den ver_such einer handlungsmäßigen annäherung.[322] handlungen sind dabei auch konzeptualisierungen, vorstellungen wie materialisierungen von vorstellungen über w_ortungen, über politiken, über institutionalisierungen, über ver_ortungen, ortungen. das wichtige ist das zulassen des prozesses, einer offenheit zu prozesshaftigkeit, einer wahrnehmung von unabschließbarkeiten brüchen, ruptures, weitergehen.

---

[321] vgl. tudor 2011.

[322] vgl. crenshaw, kimberlé w. (2012): critical race theory beyond post-racialism. in: symposium zu critical race theory europe. 16. juni 2012. humboldt-universität zu berlin.

schreibübung

wie ist es, wenn du die formen aus der übung oben nun noch weiter veränderst – weg von substantiven und adjektiven hin zu verbformen? was für formen fallen dir ein? wie fühlt sich das an? was macht es mit dir, neue begrifflichkeiten zu bilden?

die ent_dependierung von und mit gedyk_transten ausdrucksweisen

was aber sind die abjektivierungen, die ent_intelligibilisierungen, die ich so gleichzeitig auch wieder aufrufe? diese frage ist eine grundlegende frage für jede form kritisch-reflektierter sprachhandlungsbezogener politiken und kann nie schlussgültig beantwortet werden, sondern muss in jeder situation immer wieder neu formuliert werden. es gibt nicht die umfassende ausdifferenzierte benennung, die nicht auch wieder darauf basiert, das etwas anderes entnannt oder ent_erwähnt ist und etwas anderes gar nicht erst vorstellbar ist. politisch motivierte benennungsweisen müssen sich also kontinuierlich verändern, um die mit ihnen zum aus_druck gebrachten reflexionen zur konstituierung und wirkweise von diskriminierungen umzusetzen, anzuwenden, herauszufordern. mit jeder empowernden affirmativen positiven benennung schaffe ich doch zugleich auch entnannte normalisierungen und ent_erwähnte ausschlüsse, die ich kontinuierlich weiter unter_suchen und verändern will.

in der zentralsetzung von gedyk_transten handlungsformen entdependiere ich die grundsätzlichkeit ihrer konstituierung in und durch rassismus und ableismus, wie ich es in diesem buch versucht habe deutlich zu machen. um diese interdependenz als gesellschaftskonstituierende größe zum aus_druck zu bringen, überlege ich jetzt, ob und wie es überhaupt möglich ist, dyke_transen so zentral zu setzen oder ob es nicht auch hier eine weitere ausdifferenzierung geben müsste, mit der ich konkret beispielsweise gedyk_transte privilegierungen in und über ableimus und rassismus auch explizit mache. ansonsten subsumiere ich die notwendigerweise ausdifferenzierteren kämpfe von Schwarzen und disableisierten dyke_trans unter einen oberbegriff gedyk_transt, der der stärkeren politischen differenzierung dazu, wie diese intervenierenden handlungsformen aussehen, nicht gerecht wird. nehme ich also den hier vertretenen ansatz zu interdependenzen von genderismus_ableismus_rassismus ernst, so müssen die entsprechenden kämpfe auch so ausdifferenziert benannt werden, was nicht heißt, dass es nicht solidarisierungen und allianzen an bestimmten punkten über die positiv-affirmative und respektvolle benennung der differenzen hinweg geben kann.

»differences between ourselves as Black women are also being misnamed and used to separate us from one another. as a Black lesbian feminist comfortable with the many different ingredients of my identity, and a woman committed to racial and sexual freedom from oppression, i find i am constantly being encouraged to pluck out some one aspect of myself and present this as the meaningful whole, eclipsing or denying the other parts of self. but this is a destructive and garmenting way to live. my fullest concentration of energy is available to me only when i integrate all the parts of who i am, openly, allowing power from particular sources of my living to flow back and forth freely through all my different selves, without the restrictions of externally imposed definition. only then can i bring myself and my energies as a whole to the service of those struggles which i embrace as part of my living.« (lorde 1984d: 120f.)

die vor diesem zitat von lorde von mir ›nacherzählte‹ ge_schichte zur herausbildung und veränderung der form dyke_trans, gedyk_transt zu einer mehr interdependenten aus_drucksform zeigt, dass politisch sinnvolle veränderungen in form von sprach_handlungen kontinuierlich im fluss sind und sich gerade, wollen sie politisch effektiv sein, immer weiter verändern müssen. in der frage, was durch die form an differenzierung und wahrnehmbarkeit geschaffen wurde, was damit ent_dispositiviert wurde, ist gleichzeitig auch die frage enthalten, was dadurch weiterhin oder neu ent_intelligibilisiert wird. dieser prozess einer solchen irritierenden herausforderung des diskriminierungsdispositivs ist unabschließbar.

wie ich später in diesem kapitel unter der systematisierenden übersicht zu neuen personalen appellationsformen ausführlicher diskutiere, habe ich jetzt für mich von der prozessualen form to dyke_trans zu der verbform transxen gewechselt. diese stellt noch mal expliziter kategorialgenderung infrage und geht damit weiter als to dyke_trans in bezug auf die realisierungsformen von genderismus. das x in transxen ist nicht nur eine unbestimmbare größe, sondern auch ein durchquerungssymbol von setzungen, die sich unter anderem durch interdependente diskriminierungen in personalen appellationen niederschlagen. die kombination von trans und x in einer verbform betont die kontinuierliche prozesshaftigkeit, das unabschließbare der herausforderung interdependenter diskriminierungen. transxen ist keine immer und überall anwendbare form für mich, sondern es ist jeweils wichtig, genau zu überlegen, welche kämpfe ich gerade kämpfe, wie ich in diesen positioniert bin. fördere ich kategorialgenderung in meinen wortungen zum beispiel heraus und will dies deutlich machen, benutze ich die verbform transxen als kritische ver_ortung. gleichzeitig ist es für mich wichtig, immer genau auch zu überlegen, welche privilegierungen ich damit auch entnenne oder auf welchen privilegierungen meine setzungen von kämpfen auch beruhen und diese auch explizit zu machen. so kann ich in bestimmten kontexten als *weiß* privilegierte ableisiert privilegierte person meine positionierung transxen und dies zum fokus machen. diese ausführungen sollen noch mal betonen, dass es keine ›richtige‹ personale appellationsformen für wex auch immer in welchen situationen auch immer gibt, sondern dass diese kontinuierlich auf ihre benennungen und entnennungen sowie ent_erwähnungen hin reflektiert werden müssen und sich zudem auch kontinuierlich weiter bewegen müssen.

schreibübung

wie lassen sich, anschließend an die beiden übungsteile weiter oben, interdependenzen sprachlich und gleichzeitig handlungsorientiert ausdrücken? überlege dir zu deinen obigen beispielen noch einmal neue ausdrucksformen. was geht gut, was findest du schwierig? warum ist es schwierig, was könnte dies bedeuten?

gegendiskursivierungen zwischen ent_abjektivierung und hegemonialer vereinnahmung

in der verstetigung von gegendiskursen, in ihrer stärkeren institutionalisierung, in ihrer kollektiven übernahme können zunehmend auch in und mit diesen gegendiskursen hegemoniale setzungen re_produziert werden. es kann dann auch zu hegemonialen normalisierungen und normierungen von gegendiskursen kommen, zu vereinnahmungen von spezifischen positionen in gegendiskursen wie auch eine allgemeinere normalisierung von gegendiskursivierungen, die selbst wiederum zu ausschlüssen wie auch zu neubestimmungen von äußerungsmöglichkeiten führen können, mit denen dispositive dimensionen von diskriminierungen neu aufgemacht und_oder verstetigt werden.

wo also liegen genau die grenzen zwischen einer gegendiskursivierung gegen hegemoniale strukturelle diskriminierungen und einer hegemonialisierung, einer vereinnahmung der gegendiskursivierung in hegemoniale konzeptualisierungen? wie ist feststellbar, ob es sich um eine ent-abjektivierende gegendiskursivierung oder um eine hegemonialisierung von gegendiskursen handelt? wann gibt es in wissenschaftlich_aktivistischen handlungen etwas, was el-tayeb (2011) als counter-epistemologies bezeichnet und auch konkretisiert?

meigs fasst einige dieser bis hierhin genannten motivationen zu intervenierenden sprach_handlungen für eine gruppe von femin_istinnen aus quebec zusammen, die eine feministische sprachtheorie entworfen haben:

> »in *la théorie, un dimanche*, six of these writers who have experimented with ›unassimilable, dangerous, or outrageous‹ language (that is, outside the patriarchal mainstream) discuss their theories of language. ›a feminist conciousness is essential to the creation of a subject‹, says louise cotnoir, ›because it permits the re-creation of a self-image which corresponds integrally with what i know i am‹. ›so where…and *how*‹ asks gail scott, ›might my subject, denied her full existence in any partriarchal paradigm…*be* a subject-in-the-feminine?…if she…cannot be expressed in any established form, she needs to find another place where the words she speaks will fit her gestures.‹ and she continues, ›the subjects's resistance to drawing rigid boundaries around herself…*makes her incomprehensible to the male modernist…* and embarrassing.‹ all these writers are ›unassimilable‹, that is, they refuse to conform to patriarchal expectations, and are viewed with the ›embarrassment‹ that monsters provoke.« (meigs 1991: 113)

intervenieren in personale appellationen

in den vorangegangenen teilen habe ich bereits an personalen appellationsformen die infragestellung interdependenter struktureller diskriminierungen diskutiert und ihr potential, das dispositiv struktureller diskriminierung herauszufordern, dargestellt. in diesem teil der versuchten systematisierten darstellung von interventionen in personale appellationen nehme ich die realisierungsformen des genderismus-konzepts aus kapitel iii wieder auf und zeige, welche möglichkeiten unterschiedliche, teilweise auch schon stärker konventionalisierte formen der intervention in personale appellationen bieten – und welche ebenen von genderismus auf diese weise gleichzeitig auch re_produziert und eventuell dadurch also verstärkt und tradiert werden.

differenzierungen von addressierungen als fortdauernde intervenierende sprach_ handlungen

die annahme, dass es keine neutrale spre_cherinnenposition gibt – ebenso wenig wie neutrale wortungen und neutrale hör_erinnenpositionen – ist ein grundpfeiler eines antigenderistischen konstruktivistischen sprachhandlungsverständnisses, wie ich es in kapitel ii vorgestellt habe. dies bedeutet aber nicht, in einen kompletten individualismus einer ich-form zu verfallen, sondern sich an jedem punkt der eigenen wissensproduktion immer wieder neu zu fragen, von welcher sozialen positionierung aus gesprochen_geschrieben wird, welche privilegien und diskriminierungen damit einhergehen und wie dies jeweils so explizit gemacht werden kann, dass die wissensproduktion für andere nachvollziehbar und in einem positiven sinne angreifbar ist.[323] luz maría umpierre schreibt:

> »why do i keep writing? i write because writing is the only tool i have to maintain my sanity in a world and country that have grown increasingly insane and insensitive to difference and to the vital importance of difference. i write to communicate with special audiences: latinas, students, lesbians, my mother, myself. in writing i find a developing identity. in writing i can define our story.«[324]

das zitat von umpierre macht für mich deutlich, dass es nicht nur die frage ist, von welcher positionierung aus ich schreibe und wie ich das explizit zu machen habe, so wie sie es in bezug auf ihre rassistisch_genderistische diskriminierung macht, sondern auch mich zu fragen, wex ich mit meinem schreiben_sprechen in jeglicher form adressiere. diese frage kann ich mir für jede meiner sprach_handlungen stellen und sie verändert mein bewusstsein zu den normen, die ich im schreiben_sprechen – in unterschiedlichen genres[325] – vollziehe.

---

[323] vgl. ausführlicher dazu tudor 2011.

[324] umpierre, luz maría (1991): the double ›l‹. latina and lesbian: a testimony. in: warland, betsy (hrsg.): InVersions. writing by dykes, queers & lesbians. vancouver: press gang publishers. s. 123.

[325] dazu weiter unten mehr.

eine weitere, damit zusammenhängende frage ist die, ob es ausdrucksweisen gibt, von denen ›alle‹ angesprochen sind und die ›alle‹ meinen. diese diskussion kommt regelmäßig beispielsweise in arbeitsgruppen auf, in denen texte formuliert werden sollen, über die sprachhandlungsveränderungen initiiert werden sollen. häufig wird in solchen arbeitsgruppen von einzelnen der wunsch und das ideal geäußert einen solchen text zu verfassen. ich glaube nicht, dass das möglich ist, ich empfinde es schon nicht mal als erstrebenswert.

die idee einer sprach_handlung, die alle anspricht, ent_konzeptualisiert stattdessen meines erachtens die grundsätzlichkeit struktureller diskriminierungen, die sich auch in anreden, benennungen, ausdrucksformen und genres niederschlagen und über diese tradiert und re_produziert werden. auch hier also halte ich die wahrnehmung von ausdifferenzierungen auf der grundlage einer reflexion struktureller diskriminierungen für wichtig. die weiter oben bereits angesprochene frage, wex ich adressiere, halte ich also für ein entscheidendes moment in der überlegung antigenderistischer sprachveränderungen und die notwendigkeit einer ausdifferenzierung sozialer positionierungen nicht nur in den benennungen, sondern auch in den adressierungen, für einen wichtigen bestandteil dessen.

---

schreibübung

versuche dir vorzustellen, du willst einen text schreiben. erkläre jetzt einer person oder einer personengruppe deiner wahl schriftlich auf einer seite, was du schreiben willst. dann wähle eine andere person/personengruppe und wiederhole die übung, dann noch eine dritte person oder personengruppe. Diese drei personen/personengruppen sollten unterschiedliche funktionen in deinem leben einnehmen, also zum beispiel arbeitskontakte, vorgesetzte, freund_in. nachdem du die drei texte geschrieben hast, kannst du über sie reflektieren: welcher text war einfach zu schreiben, welcher text schwieriger? welcher text hat spaß gemacht zu schreiben? hat sich das, was du eigentlich schreiben willst, in dem vorstellen an die drei personen verändert? gibt es verbindungslinien zwischen den drei vorstellungen, was sind die größten unterschiede?
wenn du die übung noch fortsetzen willst: stell dir die politgruppe oder soziale community vor, der du dich zurechnest, am liebsten zurechnen würdest (marxistische femin_istinnen, lesbische ökoaktivis_tinnen, feministische antirassi_stinnen zum beispiel) und formuliere die vorstellung deines textes noch einmal an diese gruppe. was macht das mit dir und deinem schreiben? reflektiere über deinen stil, deine wortwahl, deine inhaltlichen zielsetzungen? welche vorstellungen re_produzierst du im schreiben? was unterstellst du bestimmten zielgruppen?
welchen text würdest du jetzt am liebsten schreiben und was hält dich davon ab?

oder gibt es andere formen von sprachhandelnden wissensproduktionen, die du für bestimmte zwecke und adressierungen in bestimmten situationen handelnd dir aneignen willst? spoken word, collagen, singen?

---

anwesend-sein durch explizite sprachliche positionierungen

die nachfolgenden antigenderistischen sprachhandlungsinterventionen sind alle zugleich auch beispiele für feministisch ver_ortete sprachhandlungen in diesem sinne: mit bestimmten sprachhandlungen, die quer zu hegemonialen vorstellungen und normalitätserwartungen liegen, ver_orte ich mich zugleich kritisch zu ebendiesen normen und normalitäten, nehme explizit eine andere position ein, bin damit angreifbar oder greifbar, wahrnehmbar, anwesend und beziehe stellung. »writing is a responsibility, not a right«, fasst chrystos[326] mit einer positionierung als lesbische Native american zusammen und kritisiert damit ideen, dass jede person für jede sprechen_schreiben könnte und alles sagen könnte. das, was sie so klar für sich aus rassistisch-genderistisch diskriminierter positionierung als forderung an rassistisch-genderistisch privilegierte formuliert, übernehme ich als rassistisch privilegierte, genderistisch diskriminierte person, die hier schreibt. eine wichtige dimension dieser kritischen ver_ortung ist es, kontinuierlich zu überlegen, was ich zu welc_her sage, wel_cher ich wo und wie zuhöre und was ich mit dem, was ich gehört oder gelesen habe, jeweils mache. butler formuliert eine ähnliche position ausgehend von ihrer jüdischen sozialen positionierung:

> »ich lernte – und lernte zu akzeptieren –, dass wir von anderen, wie auch von uns selbst, angerufen und in anspruch genommen werden, um auf leid zu reagieren und zu seiner linderung beizutragen. um dies zu tun, müssen wir sensibel genug sein, den ruf zu hören und die mittel zu finden, um reagieren zu können. während meiner einweisung ins judentum habe ich auf schritt und tritt gelernt, dass es nicht hinnehmbar ist, im angesicht von ungerechtigkeiten zu schweigen. das ist kein einfaches gebot, weil es uns nicht genau vorgibt, wann und wie man sprechen soll. es gibt uns nicht vor, wie man auf eine weise sprechen soll, die nicht neue ungerechtigkeiten verursacht. und auch nicht, wie man sprechen soll, um auf die richtige weise gehört und registriert zu werden.«[327]

das heißt für mich, in einer antigenderistischen sprachintervention ist es auch jeweils wichtig, den kontext meiner sprachlichen wissensproduktion auch jeweils mit zu reflektieren – es gibt keine situationsübergreifenden, kontextfreien oder für alle situationen und kontexte möglichen und geltenden interventionen. so wie sich machtinstrumente, auch sprachliche, immer weiter anpassen, so müssen auch interventionen immer wieder neu gestaltet sein und genau reflektieren, wo sie für

---

326 chrystos 1991: 241.

327 butler, judith (2012): ich bin tief verletzt. in: zeit. 30.8.2012. s. 53.

hegemoniale zwecke vereinnahmt sind.[328] gleichzeitig aber sehe ich genderismus in der in kapitel iii gemachten ausdifferenzierung im anschluss an ag einleitung (2011) als so durchgängig relevant und strukturell wirkmächtig in momentanen deutschen begebenheiten an, dass ich mir gerade bei bestimmten sprachlichen diskriminierungen bezogen auf diesen kontext keine nicht-genderistischen interdependent rassistisch_ableistischen lesarten vorstellen kann. die in diesem kapitel gemachten vorschläge und diskussionen basieren also auf diesem grundprinzip und versuchen, dem jeweils in ihren vorstellungen und diskussionen rechnung zu tragen. ein wichtiges weiteres element antigenderistischer sprachhandlungsinterventionen ist es, damit auch die sprech_erinnen-, sch_reiberinnen-, hör_erinnen- und leseri_nnen-position in ihrer sozialen positionierung zu reflektieren. nicht jede person kann gleichermaßen in jeder situation intervenieren, nicht jede person kann für jede andere sprechen_schreiben. meigs gibt dazu eine situation der lesbischen auto_rin jane rule in ihren eigenen worten wieder:

> »›do you call yourself a lesbian writer?‹ this question, which is legitimate when posed by a lesbian, was in this case intended to be a trap similar to, ›do you still beat your wife?‹ […] rule, perceiving the trap, replied, in effect, that she does not write exclusively about (or for) lesbians but about life as she sees it. she *resists the label*, rather than encouraging it, for the intention of the labeler is to cast suspicion on her vision of the world. lesbian writers who are proud of the label in its positive meaning know immediately if it is being used negatively, to express homophobia.« (meigs 1991: 111)

anknüpfend an die ausführungen im vorangegangenen kapitel wird auch hier noch einmal deutlich, dass die frage der diskriminierung durch sprachliche handlungen immer in bezug auf die konkrete äußerungssituation betrachtet werden muss.[329]

> nur durch explizite soziale positionierungen können auch communities gebildet werden. community-building ist eine wichtige voraussetzung dafür, um überhaupt zu wagen, neue sprechweisen und neue wortungen auszuprobieren, um zu wagen und zu merken, dass bisherige, tradierte, konventionelle wortungen diskriminierend sind; um selbstverständlichkeiten in wortungen neu zu befragen, um sie zu entverselbstständlichen, neu herauszufordern, um neue w_ortungsmöglichkeiten zu bemerken.

---

[328] bestimmte verwendungen des begriffs ›feminismus‹ für politische selbstbezeichnungen sind manchmal solche vereinnahmenden handlungen. zu einer diskussion zum schwedischen kontext dazu: hornscheidt 2008c.

[329] dies heißt allerdings nicht, dass nicht bestimmte gebrauchsweisen von benennungen so stark konventionalisiert diskriminierend sind, dass sie nicht grundsätzlich für den momentanen deutschen kontext als diskriminierend analysiert werden könnten. ausführlicher dazu in bezug auf rassistische benennungsformen: hornscheidt/nduka-agwu 2010.

»we need our own senses of identity. we lesbians, we do. we need our own racial/cultural affinity groups in which to develop trust, culture, identity, language, economic and psychological survival strategy. latina/chicana, african, Native, asian, jewish, ethnic working class, fat, old, young, disabled dykes need our own groups. then we need larger groups – lesbian conferences, lesbian buildings, health care, monetary systems, agriculture, publishing – in which to work together, learn from each other without our own base, we will always get co-opted.« (dykewomon 1991: 161)

ein wichtiger aspekt von community-building von genderistisch diskriminierten besteht auch im positionierten sprechen. da genderistische diskriminierung immer auch interdependent mit rassismus und ableismus ist und gleichzeitig auch binnen-interdependent betrachtet werden muss. wie ich in kapitel iii deutlich gemacht habe, gibt es auch nicht die eine antigenderistische community, sondern die notwendigkeit zu möglichst genauen ausdifferenzierungen, die alle diese interdependenzen wahrnehmen und respektieren – und aus diesen unterschiedlichen positionierungen dann punktuell gemeinsame politiken ableiten können.

es bedeutet auch, dass es keine neutralen äußerungen – wie auch keine neutralen fragen – gibt, sondern diese immer auch positioniert, im günstigsten fall auch kritisch ver_ortet sind.[330]

diese überlegungen schließen auch an das an, was ich zu beginn dieses kapitels formuliert habe: die notwendigkeit, unterschiedliche positionierungen durch diskriminierungen und privilegierungen in ihrer komplexität wahrzunehmen, für sich selbst zu reflektieren und bei anderen anzuerkennen. nur aus einer solchen haltung heraus ist kommunikation, das heißt die begegnung mit einer anderen person, möglich. marlatt bezeichnet dies im verhältnis zwischen heteras und lesben als schweigen und angst, welches es zu überwinden gälte.[331] dies übersetze ich mir hier als ent_schweigen: die möglichkeit, differenzen zu benennen und stehenzulassen sowie die damit verbundenen privilegierungen und diskriminierungen wahrzunehmen und aus dieser reflexion die chance für sich selbst abzuleiten, spezifisch und situativ communities zu bilden, die gegen diese diskriminierungen angehen, ohne dabei die unterschiedlichkeit sozialer positionierungen zu leugnen. eine leugnung unterschiedlicher sozialer positionierungen führt selbst wiederum zu neuen diskriminierungen.[332]

in dem ratgeber ›diskriminierungsfreie szenen für alle‹ werden auf der grundlage einer differenzierung unterschiedlicher positionierungen (bin ich konkret diskriminiert oder privilegiert in einer situation? in welchem sozialen verhältnis be-

---

330 vgl. hierzu ausführlich tudor 2011.

331 marlatt 1991: 128.

332 vgl. ausführlicher hierzu: tudor 2011. zum aspekt des community-buildings, vgl. sammla/ja'n (2011): verbünden – verorten – verändern. dyke_trans_feministische derivas zu utopischem handeln und community. ma-abschlussarbeit der gender studies. humboldt-universität zu berlin. unveröffentlicht.

finde ich mich zu den anderen personen der situation?) eine ganze reihe sinnvoller fragen und aussagen zum umgang mit diskriminierung und sozialer positionierung formuliert.

für personen, die diskriminiert sind, werden in der broschüre unter anderem die folgenden ideen genannt:

»auch wenn (bzw. gerade weil) diskriminierungen alltägliche erfahrungen sind, kann es zu einem punkt oder ausmaß kommen, wo eine_r sie nicht mehr gut wegstecken kann, die verletzungen zu tief gehen, das ›fass überläuft‹.

selbst sprüche – gerade von geliebten menschen – können eine_n so tief treffen,

dass das ernst genommen werden muss, achtsamkeit und aufmerksamkeit braucht, um heilen zu können. insbesondere durch das sich ansammelnde erleben diskriminierender situationen kann es auf lange sicht zu gravierenden einschränkungen und schwierigkeiten kommen.

a) ernst nehmen, was passiert (ist)

wenn du merkst, dass du über etwas nicht hinwegkommst, dass dir bestimmte erfahrungen nachhängen und zu schaffen machen, nimm dir zeit dafür und nimm es ernst!

wenn du es vielleicht sogar nicht mehr hinbekommst, deinen job, deine uni/ ausbildung/ schule, deine freizeit so zu gestalten, wie du es möchtest, du oft unter schlechter stimmung, schlafstörungen, konzentrationsschwierigkeiten oder angstzuständen und albträumen leidest, musst du dich darum kümmern und dir unterstützung holen.

gerade – aber nicht ausschließlich – bei gewalterfahrungen sind diese reaktionen ganz normal. nach einem angriff ist dieser meist noch nicht überstanden. albträume oder panik, wenn du an den ort des angriffs kommst (oder einen ähnlich aussehenden), sowie wenn du personen triffst, die der_dem/den täter_in/nen ähnlich sehen, sind sehr häufig.

oft denken betroffene, dass sie mit den erfahrungen einfach klarkommen müssten, dass der rassistische spruch des partners, die transphoben äußerungen der mutter vielleicht doch gar nicht so gemeint waren, die arbeitskolleg_innen und der job eh bescheuert waren, der angriff doch schon lange her ist und doch nicht sooo schlimm war, dass sie sich einfach mal zusammenreißen müssten…

nein, du müsstest nicht ›besser‹ mit der/den erlebten diskriminierung/en umgehen, als du es tust!

nein, du müsstest es nicht einfach wegstecken können! es ist scheiße unfair. und der schmerz oder die angst oder wut oder verunsicherung oder… ist angemessen und braucht platz, da sein zu dürfen.

es ist gibt keinen objektiven maßstab, um zu bewerten, wie schlimm etwas war/ist. wenn es sich schlimm anfühlt, dann war es für dich schlimm.

selbst bei körperlichen bedrohungs- und gewalterfahrungen denken viele, dass sie darüber einfach hinwegkommen müssten, ohne sich die zeit zu geben und die unterstützung zu besorgen, die sie dafür vielleicht bräuchten.

und ***NIE bist du selbst schuld an den diskriminierungserfahrungen, die du machst.***

weder ist deine rocklänge eine begründung oder gar legitimation für sexistische sprüche oder sexualisierte gewalt, noch der umstand, wann, wie und wo du dich aufgehalten, rumgeknutscht oder was auch immer gemacht hast.

leute, die dir das weismachen wollen, erzählen schwachsinn.

verantwortlich für diskriminierendes verhalten, für grenzverletzungen und übergriffe sind ausschließlich die personen, die sie verüben!«[333]

für personen, die diskriminierte unterstützen möchten, werden unter anderem die folgenden vorschläge gemacht:

»über verletzungen und gewalterfahrungen zu reden, ist verdammt schwierig. wenn jemand dich für so vertrauenswürdig hält, diese mit dir zu teilen, kannst du dich freuen!

zolle dem mut, über solche erfahrungen zu reden, respekt und gib die zeit und die aufmerksamkeit und das verständnis, die es braucht. vielleicht braucht das reden (können) nachfragen, vielleicht auch ruhe und geduld.

frag nach, welche formen der unterstützung, des zuhörens und da-seins gewünscht sind!

wenn sich eine person aus deinem umfeld zwar anders verhält, aber nicht erzählt/erzählen möchte, warum es ihr nicht gut geht und was passiert ist, kannst du ***deutlich machen, dass du für sie da bist und sie jederzeit mit dir reden kann, wenn sie mag*** – falls das zutrifft.

Es kann auch geduld gefragt sein, wenn du zum sechsten mal eine bestimmte situation geschildert bekommst. du hörst es zum sechsten mal, dein_e freund_in hat es dauernd vor augen. und wenn reden ein kleines bisschen hilft, ist das gut […] ***relativiere oder bagatellisiere auf keinen fall die erfahrungen der_des betroffenen!*** wie schlimm etwas ist/war, kannst du nicht beurteilen oder bewerten. es ist so verletzend, wie es die betroffene person verletzt hat. dafür gibt es keinen ›angemessenen Maßstab‹.

---

[333] gladt e.v. (2010): was tun gegen diskriminierung! ein ratgeber für lbst*i menschen. berlin. s. 6. http://diskriminierungsfreieszenenfueralle.files.wordpress.com/2012/05/broschucc88re_was_tun_gegen_diskriminierung_onlineversion.pdf (7.10.2012).

- (gut gemeinte) ***ratschläge helfen in den meisten fällen eher wenig.***
- besser ist es, zuzuhören, nachzufragen und den_die betroffene_n darin zu unterstützen, selber herauszufinden, was sie_er braucht und wie er_sie es bekommen kann. es kann wichtig sein, verschiedene, ganz konkrete ideen und handlungsmöglichkeiten aufzuzeigen. die entscheidung muss die betroffene person aber selber treffen!
- ***alle schritte, die passieren, müssen von der betroffenen person ausgehen bzw. mit ihr abgestimmt sein.*** handlungsfähigkeit wieder herzustellen, langsam wieder aufzubauen, ist gerade nach ohnmachtssituationen zentral!
- ***mach deutlich, dass das, was passiert ist, nicht der fehler oder die verantwortung der betroffenen person ist.*** nicht sie_er hätte sich ›besser‹, anders…verhalten müssen, sondern so etwas darf einfach niemand machen.
- ***nimm ernst, dass das, was passiert/e, schlimm war/ist.*** das hilft der_dem betroffenen, die verletzungen selber ernst zu nehmen und der eigenen wahrnehmung, dem eigenen gefühl (wieder mehr) zu vertrauen.
- ***achte auf deine eigenen grenzen.***
- es hilft deinem_deiner freund_in nicht, wenn du so viel übernimmst, dass du nach einer Weile nicht mehr kannst. versuche, wenn viel unterstützung nötig ist, mehrere personen in die unterstützung einzubeziehen und gemeinsam strukturen zu entwickeln, die langfristig tragfähig sind.
- ***such dir ggf. unterstützung.***
- wenn dir krasse erfahrungen geschildert werden, macht das auch etwas mit dir selbst und erinnert dich vielleicht an (ähnliche) eigene verletzungen. oder es verstört einfach. bleib damit nicht allein, aber respektiere die wünsche deines_deiner freundes_freundin, worüber genau du mit anderen reden darfst. auch du kannst beratungsstellen nutzen.« (gladt e.v. 2010: 8)

selbst- und drittappellation

eine erste wichtige und grundlegende frage für veränderungen personaler appellationen ist die frage, ob es sich um eine selbstappellation oder eine drittappellation, also eine benennung anderer, handelt. dazu kann ich mir die folgenden fragen stellen:

- benenne ich mich selbst oder benenne ich andere?
- wenn ich andere benenne, inwiefern berücksichtige ich oder nehme ich bezug auf selbstappellationen dieser?
- höre ich genau hin, wie andere, diskriminierte personen und personengruppen sich selbst bezeichnen und wie sie von anderen, privilegierten in dieser hinsicht benannt werden wollen?
- wo kann ich mich darüber informieren, ohne personen immer wieder in erklärende situationen zu bringen?

> »whenever the need for some pretense of communication arises, those who profit from our oppression call upon us to share our knowledge with them. in other words, it is the responsibility of the oppressed to teach the oppressors their mistakes. i am responsible for educating teachers who dismiss my children's culture in school. Black and third world people are expected to educate *white* people as to our humanity. women are expected to educate men. lesbians and gay men are expected to educate the heterosexual world. the oppressors maintain their position and evade responsibility for their own actions. there is a constant drain of energy which might be better used in redefining ourselves.« (lorde 1984d: 114f.)

- nicht jede selbstappellation einer person muss auch der wunsch und die aufforderung an andere für eine drittappellation sein – gerade nicht wenn es sich um eine diskrepanz zwischen diskriminierten und privilegierten positionierungen handelt.
- wenn ich mich selbst benenne, inwiefern habe ich meine soziale interdependente positionierung reflektiert und stelle mir die frage, was dies für die konkrete äußerung für meine selbstbenennung bedeutet?
- benenne ich mich selbst entsprechend der kriterien sozialer positionierung, mit denen ich andere in meinen äußerungen benenne? benenne ich mich überhaupt oder verwende ich passivkonstruktionen, verwende das androgendernde indefinitpronomen ›man‹, um selbst nicht anwesend zu sein in meinen äußerungen?
- wann setze ich was relevant durch die form meiner selbst- oder meiner ent_selbstbenennung? mache ich meine privilegierungen in form sozialer positionierung explizit?
- was zeichnet meine sprachhandlungen als kritisch ver_ortet aus und wie benenne ich das dann?

collins sieht im anschluss an audre lorde selbstbenennungen für Schwarze frauisierte als eine zentrale politische strategie für soziale veränderungen:

»in this passage [the master's tools will never dismantle the master's house von audre lorde; anm. l. h.] audre lorde explores how independent self-definitions empower Black women to bring about social change. by struggling for self-defined womanist perspectives that reject the ›master's‹ images, african-american women change ourselves. a critical mass of individuals with a changed consciousness can in turn foster Black women's collective empowerment. a changed consciousness encourages people to change the conditions of their lives.« (collins 2000: 129)

collins macht hier deutlich, dass sprachliche anwesenheit über selbstgewählte selbstappellationen auch zu einer veränderten selbstkonzeptualisierung führen kann und dies wiederum zu einer aktiven veränderung der eigenen lebensbedingungen. auch selbstappellationen sind nicht außerhalb der gesellschaftlichen normen, nicht außerhalb eines gesellschaftlichen, dispositiven diskriminierungsrahmens. differenzierte benennungen des selbst über interdependente diskriminierungen und privilegierungen sind wichtig, da es diese interdependenten strukturellen diskriminierungsformen gibt – ohne sie gäbe es keine notwendigkeit und kein bedürfnis zu benennungen über genderismus, ableismus und rassismus. selbstempowernde selbstappellationen sind entsprechend immer auch re_aktionen auf machtverhältnisse, die, auch in der widerständigen aneignung und veränderung, doch gleichzeitig erstmal als solche wahrgenommen werden müssen und also aufgerufen werden, um sie dann empowernd über selbstbenennungen zu verändern.

»Black women's lives are a series of negotiations that aim to reconcile the contradictions separating our own internally defined images of self as african-american women with our objectification as the other. the struggle of living two lives one for ›them and one for ourselves‹ (gwaltney 1980, 240) creates a peculiar tension to construct independent self-definitions within a context where Black womanhood remains routinely derogated.« (collins 2000: 110)

collins macht in diesem zitat auch noch einmal deutlich, dass es immer auch eine rolle spielt, von welcher position aus die benennung erfolgt, ob es sich um eine selbst- oder eine drittbenennung handelt. es kann sein, dass beide in bezug auf die wortform zusammenfallen und doch in unterschiedlichen situationen unterschiedliche bedeutungen haben.

ziel der intervenierenden personal appellierenden sprach_handlungen

wie bei jeglicher antigenderistischer sprachveränderung ist auch bei der veränderung und neuschaffung personaler appellationsformen die frage wichtig, was das ziel der veränderung ist. sprachliche veränderungen, um die es hier geht, wenden sich gegen gesellschaftliche konventionen und normen, fordern diese heraus, irritieren sie und schaffen neue ver_ortungen. dies kann auf verschiedenen ebenen geschehen und verschieden weitgehend sein. im anschluss an die ausdifferenzierung von genderismus in kapitel iii ist es eine wichtige frage, welche realisierungsformen und welche argumentationsformen von genderismus durch die veränderung personaler appellationsformen herausgefordert, irritiert, ent_normalisiert werden sollen und wie die interdependenz mit rassismus und ableismus dabei wahrgenommen wird. bei jeder sprachlichen veränderungshandlung kann ich mich also fragen, welche ebenen von struktureller diskriminierung ich durch sie und mit ihnen herausfordern möchte und kann und wo ich diskriminierungen re_produziere.

dass konventionalisierte personale appellationsformen interdependenzen struktureller diskriminierungen nur selten explizit aufnehmen und sprachlich umsetzen, verstehe ich hier als verselbstständigung einer gesellschaftlich konventionalisierten vorstellung von monolithisierten, getrennten und additiven diskriminierungsstrukturen und gleichzeitig als unterschiedliche und simultane, sich gegenseitig bedingende und verstärkende und untrennbar miteinander verknüpfte strategien der manifestierung von interdependentem genderismus_rassismus_ableismus.[334]
sprachliche linearität und die konventionalisierungen sprachlicher appellationen legen konzeptualisierungen nahe und re_produzieren diese, in denen rassismus, ableismus und genderismus nicht nur trennbar, sondern getrennte wahrnehmungen sind, die dann nur analytisch und reflektiert zusammengebracht werden könnten. demgegenüber vertrete ich die auffassung, dass diese formen vorgeblicher und scheinbar sprachlicher trennbarkeit von unterschiedlichen strukturellen diskriminierungsformen unter anderem in personalen appellationen eine gesellschaftliche umsetzung einer ent_wahrnehmung von rassismus und ableismus als grundlegend und durchgängig sind.

auch wenn die meisten konventionalisierten personalen appellationsformen im deutschen – wenn überhaupt – nur entdependierte genderdifferenzierung oder -spezifizierung explizit machen und diese als kategorien benennen und damit eine prozessuale handlungsbetonte sichtweise über diskriminierungsverhältnisse entwahrnehmen, bedeutet dies nicht, dass die mit den personalen appellationsformen aufgerufenen sozialen konzeptualisierungen ent_rassifiziert oder ent_ableisiert sind. im gegenteil gehe ich davon aus, dass rassismus und ableismus grundlegende teile der interdependenten strukturellen dimensionierung deutscher gegenwärtiger selbstvergewisserungen sind,[335] die sich gerade auch über ihre entnennungen und ent_erwähnungen re_produziert. das heißt also beispielsweise, dass in dem gebrauch konventionalisierter zweigendernder personaler appellationsformen wie ›frau‹ und ›mann‹ prototypisierende rassifizierte und ableisierende normalvorstellungen mit aufgerufen werden, die sich gerade auch über ihre entnennung umso machtvoller und subtiler als norm re_produzieren. so herum verstanden ist die explizite zweigenderung in vielen konventionalisierten personalen appellationsformen sogar eine viel weniger machtvolle, da explizit benenn- und angreifbare

334 ausführlicher dazu in kapitel v.

335 vgl. dazu wright 2004; el-tayeb 2011; ag einleitung 2011.

handlung struktureller diskriminierungsnormalisierung gegenüber der viel subtileren, da impliziten, rassistischen und ableistischen diskriminierung, die so sprachhandelnd geschaffen wird.

aufbau der einzelnen nachfolgenden darstellungen

die nachfolgenden beispiele und diskussionen antigenderistischer appellationsformen werden jeweils kurz vorgestellt und in ihren visionierungen von antigenderistischen inter- oder entdependierenden vorstellungen diskutiert sowie beispiele für ihre verwendung gegeben. hauptbezugskontext ist dabei der aktuelle deutschsprachige kontext, in dem diese formen verwendung finden. werden andere beispiele herangezogen, wird dies explizit gemacht.

übergeordnete fragen für die darstellungen in den einzelnen nachfolgenden einzeldarstellungen sind für mich:

- was machen die jeweiligen formen – beim sprachverwenden, beim hören und lesen? auf welche formen re_agieren sie? was sind motivationen für ihre verwendungen?
- welche anknüpfungen und assoziationen schaffen sie?
- worauf re_agieren sie und welche genderungen nehmen sie vor und nicht vor? welche genderismen werden durch die formen herausgefordert, welche werden re_produziert?

diese fragen sind auch über die hier vorgestellten formen hinaus sehr gut verwendbar, wenn personen überlegen, sprachliche veränderungshandlungen gegenüber konventionellen sprachhandlungen vorzunehmen. in kombination mit der ausdifferenzierung von genderismus aus kapitel iii kann so spezifisch überlegt werden, was ei_ne genau verändern will.

die sprachveränderungen bezogen auf einzelne sprachformen sind im folgenden nach wortarten ge_ordnet, wobei an einigen stellen auch deutlich wird, dass eine veränderung einer konventionellen zu_ordnung zu wortarten ebenfalls eine wichtige sprachveränderungshandlung sein kann, wie ich bereits mehrmals in diesem kapitel angesprochen habe.

veränderungen von namen

es gibt eine ganze reihe von sprachhandlungsbezogenen artikeln, die sich mit dem thema ›what's in a name?‹ beschäftigen.[336] auch ist die frage der namensgebung und namensnennung in vielen literarischen und musikalischen künstlerischen produktionen eine wichtiges handlungsmoment und thema der auseinandersetzung

[336] ganz grundlegend und ausführlich zu diesem thema und den verschiedenen aspekten, die hier nur kurz erwähnt werden und auch weit darüber hinausgehend – weshalb das alles hier nur angedeutet wird: hayn (im erscheinen).

mit strukturellen diskriminierungen und ihrer realisierung durch namensgebung und -benennung.[337] namen machen personen individualisierbar und gleichzeitig aber auch auf verschiedenen miteinander komplex verbundenen ebenen zu_- und ein_ordbar innerhalb sozialer gefüge und kategorisierungen, die mit und über namen aufgerufen, aufgenommen, re_produziert werden. namen sind im deutschsprachigen kontext wichtige bezugs- und öffentliche soziale identifikationsgrößen. die verwendung, benutzung, zu_schreibung und veränderung von namen ist rechtlich im personenstandsgesetz geregelt. dies bedeutet, dass öffentlich verbindliche namensgebungen und -verwendungen staatlich reglementiert sind und nicht, soll der name offiziell sein und also wiedererkennbar in allen öffentlichen belangen, eingang finden in ausweispapiere und öffentliche dokumente, einer individuellen wahlmöglichkeit unterliegen bzw. diese individuelle wahlmöglichkeit durch staatliche regelungen klar um- und begrenzt ist. bezogen auf den deutschsprachigen kontext gibt es beispielsweise eine norm von einer zweigeteilten namensnorm, die aus potentiell mehreren vor- und maximal zwei nachnamen besteht. die explizite differenzierung von vornamen innerhalb eines modells von zweigenderung ist ein entscheidendes und explizit re_produziertes moment in der sozialen regelung zu vornamen. gemessen bzw. beurteilt wird diese frage weitgehend an statisierten vorstellungen und konzeptualisierungen, die auf diese weise auch wieder als norm und bemessungsgrundlage hergestellt werden.

auch ist die deutsche rechtlich regulierte vornamensgebung an einer cisgegenderten norm orientiert, da es nur über mehrere komplizierte und mitunter beschädigende rechtlich abgesicherte hürden möglich ist, einen vornamen offziell als ersten vornamen so zu verändern, dass er innerhalb einer zweigegenderten vorstellung die genderkategorie und den zweigegenderten personenstand wechselt.

namen bestimmen also auf der einen seite die assoziierung einer individualisierbarkeit und eindeutigkeit und stellen gleichzeitig auf verschiedene weisen kontinuitäten zu genderistischen, rassistischen und migratistischen normen dar – die auf diese weise auch individualisiert werden und so als strukturelle diskriminierungsmechanismen weniger greifbar, angreifbar und hinterfragbar sind. interventionen in die logik von namensgebungen und namensausübungen wenden sich häufig gegen genderistische, rassistische und migratistische praktiken. sie stellen damit zugleich infrage, wel_che von welcher position aus über namensgebungen bestimmen dürfen und welche strukturellen diskriminierungen auf diese weise re_produziert werden. meine eigene vornamenswahl (lann) fordert beispielsweise kategorialgenderung heraus.

namensgebung ist ein herrschafts- und machtinstrument und widerstand dagegen fordert machtverhältnisse zum umgang mit namenspraktiken ganz grundlegend heraus. namensvergaben sind auch ein wichtiges diskriminierungsmittel von

337 zum beispiel das lied ›four women‹ von nina simone: simone, nina (1966): four women. in: simone, nina: wild is the wind. new york: philips records.

koloni_alistinnen. postkolonialer widerstand re_agiert darauf und interveniert in diese machtvolle sprach_handlung auf verschiedene weisen.[338]

veränderte personale appellationsformen

antigenderistische sprachveränderungen haben die herausforderung und kreative veränderung von personalen appellationsformen als wichtigen schwerpunkt ihrer analyse, kritik und für neue veränderte sprachpraktiken. in vielen leitfäden zu so genanntem gendergerechten oder gendersensiblen sprachgebrauch, die vor allem von öffentlichen stellen herausgegeben werden,[339] ist die idee unterlegt, dass es wichtig ist, neue regeln für appellationsformen aufzustellen, regelhaftigkeiten in der durchführung von sprachveränderungen zu ›gehorchen‹ und auf diese weise eine systematik und rationale nachvollziehbarkeit zu gewährleisten. dieser idee der regelgeleiteten, logischen sprachveränderung liegt die vorstellung eines regelhaften sprachsystems zugrunde, welches antigenderistisch verändert werden könnte. auf diese weise wird sprache dem eigentlichen handeln als vorgängig hergestellt, individuen werden aus der verantwortung für ihr sprachhandeln entlassen und es wird die möglichkeit eröffnet, lediglich regeln zu folgen und entsprechend zu handeln. alle diese vorannahmen werden hier infragegestellt beziehungsweise ihnen eine andere sprach- und handlungssicht gegenübergestellt:

> ich gehe nicht davon aus, dass strukturelle diskriminierungen in bezug auf sprachhandlungen über regeln lösbar, herausforderbar und veränderbar sind. ebenso wie strukturelle diskriminierungen dynamisch immer wieder unterschiedlich realisiert werden, müssen auch die strategien, um diese diskriminierungen herauszufordern und zu irritieren, dynamisch gestaltet sein.
> regeln laden dazu ein, hintergangen, hinterfragt und lächerlich gemacht zu werden, wie es mit vielen feministischen sprachveränderungsvorschlägen in der

338 für zwei postkoloniale literarische verarbeitungen vom kolonialistisch-rassistischen namenspolitiken, vgl. truong 2003; adichie, chimamanda ngozi (2009): the headstrong historian. in: adichie, chimamanda ngozi (hrsg.): the thing around your neck. london: fourth estate. s. 198-218.

339 nicht abschließende sammlungen von leitfäden zu so genanntem gendergerechten sprachgebrauch finden sich unter anderem unter: http://www.genderkompetenz.info/genderkompetenz-2003-2010/handlungsfelder/sprache/aspekte (28.8.2012); http://www.evaluieren.de/infos/links/gender.htm (28.8.2012). exemplarisch zu nennen sind unter anderem: deutsche unesco-kommission (hrsg.) (1993): eine sprache für beide geschlechter. richtlinien für einen nicht-sexistischen sprachgebrauch. http://www.psychologie.uni-heidelberg.de/personen/frauenbeauftragte/deUNESCO.pdf (28.8.2012);
ministeriums für justiz, frauen, jugend und familie des landes schleswig-holstein (hrsg.) (2000): mehr frauen in der sprache. leitfaden zur geschlechtergerechten formulierung. http://www.berlin.de/imperia/md/content/sen-frauen/sprache.pdf (28.8.2012); universität potsdam (2010): leitfaden zur anwendung einer gendergerechten sprache. http://www.uni-potsdam.de/fileadmin/projects/gleichstellung/assets/OEffentlichkeitsarbeit/Publikationen/Leitfaden.pdf (28.8.2012).

vergangenheit der fall gewesen ist. in dem hier vorgeschlagenen konzept für antigenderistische sprachveränderungen gehe ich dagegen davon aus, dass es gerade darum geht, sich für jede einzelne situation aktiv zu überlegen, wie ich was und was ich wie sprachlich handelnd ausdrücken will. das heißt, es gibt keine äußerungsübergreifenden allgemeinverbindlichen regelungen zu sprachhandlungen an diesem punkt, sondern die aufforderung und die möglichkeit, sich den eigenen sprachgebrauch verantwortlich, reflektiert und kreativ wieder anzueignen. die idee eines vorgängigen sprachsystems und der möglichkeit regelgeleiteten ›richtigen‹ sprechens und schreibens verunmöglicht auf eine machtvolle und subtile weise die aktive, reflektierte auseinandersetzung mit dem eigenen sprachhandeln.

die nachfolgenden ausführungen zu einzelnen sprachveränderungsideen sind aus diesem grund persönlich formuliert und gehen von fragen aus, die ich mir stelle, wenn ich sprachlich handelnd personen benenne und diese so sprachlich handelnd herstelle – wahrnehmbar mache, kategorisiere, zu_ordne und eben auch ent_erwähne. die fragen sollen zu eigenen fragen im eigenen sprachhandeln anregen. auch das vorgehen in diesem teil des buches möchte zugleich dazu anregen, selbst im sprach_handeln kreativ zu werden. sprachliche handlungen sind eine wichtige möglichkeit, soziale bezüge herzustellen, mit anderen zu interagieren, selbst in welt sprachlich handelnd anwesend zu sein. die idee, dass sprache einfach ist und dass sprachhandlungen ›richtig‹ oder ›falsch‹ sein könnten, hat bei vielen personen zu einem ent_lernen von eigener sprachhandlungsmächtigkeit geführt. sprache wird als instrument wahrgenommen, das ›einfach ist‹, welches erlernt und richtig angewendet werden kann. auf diese weise haben individuen ihre eigene handlungsoption in und durch sprachhandlungen ent_merkt und bringen sich so kontinuierlich um verantwortliche sprachliche handlungen. die idee eines vorgängigen sprachsystems und von ›richtigem‹ oder ›korrektem‹ und ›falschem‹ sprachgebrauch macht die vorstellung von kontinuierlichen aktiven sprachhandlungen unmöglich – die prinzipielle vorstellung, dass jede form sprachlicher realisierung eine handlung ist, wird so verunmöglicht. auf diese weise wird zugleich auch eine wichtige und grundlegende dimension von sprachveränderung als kontinuierlich mögliche politische praxis verunmöglicht.

zielsetzung dieses teils ist es also, zu sprachlichen handlungen zu ermutigen, deutlich zu machen, dass es keine sprachlichen nicht-handlungen gibt und dass in jeder noch so kleinen re_produktion einer sprachlichen norm auch eine potentiell sprachlich diskriminierende handlung steckt. ziel ist es, lust und neugier auf die möglichkeiten sprachlicher handlungen zu wecken, die eigene handlungsmächtigkeit in sprachhandlungen wahrzunehmen und aktiv zu gestalten, verant_w_ortung zu übernehmen für eigene sprachhandlungen und sich eigene sprachhandlungsmächtigkeit anzueignen und diese kreativ, reflektiert und lustvoll zu gestalten. die nachfolgenden überlegungen sollen anregungen dazu liefern.

grundlegende fragen, die x sich stellen kann, wenn x überlegt, welche formen zur appellation auf personen ich wählen will, sind die folgenden:

- hat die person, zu der oder über die ich sprechen_schreiben möchte, mir zu verstehen gegeben, direkt oder indirekt, wie sie gern angesprochen sein möchte, wie sie möchte, dass ich sprachlich auf sie bezug nehme? kann ich dies beispielsweise aus äußerungen anderer nahestehender personen, aus früheren äußerungen, aus indirekten verweisen ableiten? wie könnte ich dies feststellen, ohne gleichzeitig die person zu einem outing, einer entnormalisierung über die notwendigkeit einer erklärung zu nötigen?
- wenn ich keine idee habe, wie die person sich in bezug auf genderungen und andere diskriminierungsformen selbst versteht, wähle ich formen, die alle möglichkeiten offenlassen und eine person nicht auf eine einlesung festschreiben, die x für sich selbst eventuell nicht wollen würde. spielt das, wie ich mich auf eine person sprachlich appellierend beziehen will, eine rolle für das, was ich sagen_schreiben will?
  ein beispiel dafür:
  ›ich weiß nicht wie die person heißt, aber ich meine die Schwarze frau bei uns im kurs – die sagt immer so gute sachen.‹
  in dieser äußerung wird implizit eine verbindung zwischen einer kritischen verortung (Schwarzsein) oder vielleicht auch nur einer visuellen einordnung (über die konstruktion von hautfarbe) zu einer kommunikativen handlung in der seminarsituation hergestellt. x kann sich an dieser stelle fragen, ob diese verbindung gewollt ist, ob x sie für alle personen in ihren äußerungen macht oder ob auf diese weise eine person beispielsweise besonders herausgehoben wird. als mögliches vorgehen schlage ich vor, zu überlegen, was genau ich aussagen will. will ich die positive leistung einer person in einer konkreten person benennen, so ver_suche ich, genau dies zu machen und nicht dies mit anderen konventionalisierten einlesungen zu verbinden, die potentiell diskriminierend wirken können.
- spreche_schreibe ich über kontexte, in denen es klar um unterschiedliche formen von genderungen, rassifizierungen und ableisierungen geht und ist es wichtig, dass ich mich darauf beziehe?
  ein beispiel dafür:
  ich bin in einer kommission zur frauenförderung und es geht um gelder, die von einem ministerium zur frauenförderung zur verfügung gestellt worden sind. in diesem kontext kann es sinn machen, von frauisierten und typisierten zu sprechen, auch wenn es gleichzeitig immer mit zu

überlegen ist, welche ausschlüsse ich damit auch schaffe und re_produziere, welche stereotypen vorstellungen ich bediene und mitverantw_orte, welche entdependierungen von diskriminierungsstrukturen ich damit mittrage. ich würde diesen äußerungskontext als strategische benennung nach einem muster von entdependierter protoypisierung *weißer* ableisierter zweigenderung bezeichnen – und an anderer stelle, in der internen kommission noch einmal überlegen, wie die damit gleichzeitig aufgerufenen interdependenten rassistischen_ableistischen zweigendernden genderistischen diskriminierungen unterlaufen und verändert werden könnten. dem ministerium gegenüber würde ich hier in vielen fällen in diesem punktuellen szenario strategisch zweigendernde formen verwenden.

– was mache ich relevant mit der form und weise, in der ich andere personen sprachlich benenne? welche wahr_nehmungen greife ich sprachhandelnd auf, welche irritiere ich? beziehe ich mich sprachlich vergleichbar auf unterschiedliche personen? welche personen stelle ich sprachlich über welche eigenschaften, wahrnehmungen von mir her? welche vorstellungen dazu, was personen sind, was wahrnehmung ist, stelle ich so her und re_produziere ich auf diese weise?
  beispiele dafür:
  benenne ich eine person als athletische große dyke? oder als dyke? oder als ›frau‹? oder als *weiße*? oder als schlaue person? oder benenne ich stattdessen eine person als person und ihre handlungen als contra_rassistisch gedyk_transt zum beispiel? diese beliebigen beispiele sollen zeigen, dass in vielen sprachlichen appellationen konzepte und bewertungen aufgerufen werden. bei diesen sprachlichen appellationen kann ich mich jeweils fragen, welche normalvorstellungen ich damit re_produziere, welche zusammenhänge ich so herstelle (spielt zum beispiel athletisch zu sein eine rolle für das, was ich sagen will?). weitere sich daran anschließende mögliche fragen, die ich mir stellen kann, wenn ich überlege, wie ich personen sprachlich appelliere, sind:
– wann stelle ich personen sprachlich über bewertungen und eigenschaften her, wann über handlungen, leistungen, öffentliche wahrnehmungen?
– inwiefern ziehe ich visuelle vorstellungen heran, wenn ich mich auf eine person beziehe?
– inwiefern und wie stelle ich eine person sprachlich über privilegierungen her, wie und inwiefern über diskriminierungen? verfahre ich mit den personen, auf die ich mich in einer äußerung sprachlich beziehe, identisch?

es kann beispielsweise wichtig sein, zu überlegen, inwiefern es diskriminierungen re_produzierend ist, personen sprachlich über wahr_genommene diskriminierungen herzustellen, also zum beispiel eine person als rollifah_rerin und nicht als stu_dentin zu benennen. eine veränderung von appellationspraktiken kann dazu verhelfen, wahr_nehmungen herauszufordern – und in dem konkret zuletzt genannten fall dazu führen, dass personen nicht primär über ihre potentiellen diskriminierungen und einschränkungen – aus einer ableisierten perspektive – wahrgenommen werden. ein veränderter sprachgebrauch kann hier also beispielsweise dazu verhelfen, personen nicht auf die ihnen gesellschaftlich zugefügten und auferlegten diskriminierungen zu reduzieren – die veränderte appellationspraxis kann an diesem punkt dazu verhelfen, wahr_nehmungen zu verändern.[340]

– positioniere ich mich selbst, bevor ich andere sprachlich handelnd durch mein reden und schreiben positioniere? mache ich deutlich, aus welcher perspektive ich personen sprachlich handelnd appelliere, was meine motivationen sind?
  beispiele dafür:
  schreibe ich also zum beispiel über einen anderen text, dass er von einer Schwarzen lesbischen feministin geschrieben ist, ohne mich selbst positioniert zu haben?
  setze ich mich in einer politgruppe für die rechte von migratisierten personen ein, ohne mich selbst als statisiert zu verorten?

über einzelformen hinausgehende strategische veränderungen personaler appellationsformen

im folgenden stelle ich ideen und umgesetzte visionen zu ent_diskriminierenden personalen appellationsformen vor, die über einzelne wörter hinausgehend für größere gruppen von personalen appellationsformen angewendet werden können. die einzelnen darstellungen sind systematisch anhand von leitfragen aufgebaut. die nachfolgende tabelle gibt einen ersten überblick dazu, in welche konkreten genderistischen realisierungsformen die einzelnen sprachveränderungen intervenieren.

grundsätzlich unterscheide ich hier in solche personalen appellationsformen, die eine möglichst umfassende gruppe von personen appellieren soll, die also allgemein und umfassend verstanden sind, generisch also, und solche personalen appellationsformen, die spezifische personen oder personengruppen appellieren.

[340] vgl. hierzu auch das konzept der person-first language.

die meisten appellationsformen in der nachfolgenden darstellung versuchen möglichst umfassende personale appellationen. die frage oder idee, was jeweils als umfassend verstanden wird, variiert bei den formen danach, welche genderkonzepte in ihnen re_produziert und herausgefordert werden, wie die nachfolgende tabelle deutlich macht.

formen, die spezifische gruppen oder durch genderistische diskriminierung positionierte einzelpersonen appellieren, sind alle formen mit trans als erstem bestandteil (transX, trans*, trans_) und yke/tryke-formen sowie alle *-formen, die mit konventionalisiert genderspezifizierenden appellationsformen gebildet werden, wie frau*.

> wie ich bereits an mehreren stellen des buches deutlich gemacht habe, halte ich es für wichtig, sehr genau zu überlegen, wann und in welchen kontexten und situationen generische benennungen gewählt werden: benennungen, die ›alle‹ meinen sollen, haben die große gefahr, dass sie schnell immer auch wieder prototypisierend eingelesen und konzeptualisiert werden und auf diese weise bestehende machtverhältnisse und diskriminierungsformen eher bestätigen als infragestellen. für sehr viel sinnvoller halte ich also in der regel die ausdifferenzierung in benennungen von sozialen positionierungen und kritischen ver_ortungen – mit den zuvor bereits gemachten ebenen notwendiger reflexion: wann spielt die vorgenommene soziale positionierung für das, was ich ausdrücken will, eine rolle? wann stelle ich erst durch meine benennungspraxis eine relevanz her – oder bestätige eine hegemonial angenommene relevanz? diese fragen sind nicht einfach und situationsübergreifend zu beantworten, sondern ich muss sie mir immer wieder neu stellen. verwende ich also zum beispiel in einer situation, in der ich mich zu frauenquotierungen äußere, die begrifflichkeiten ›frau‹ und ›mann‹, re_produziere ich auf diese weise zweigenderung in expliziter form, darüber hinaus aber auch in impliziter form cis-, hetera- und reprogenderung. wann macht das sinn? wann kann und will ich das irritieren, herausfordern, in diese machtvolle genderistische norm intervenieren? diese fragen muss ich mir immer wieder neu stellen.

tabelle 2: interventionsformen in personale appellationen

formen		interveniert in					beispiele
		androgenderung: männliche androgenderung: normsetzung als allgemein menschlich	androgenderung: weibliche exklusiv-genderung	cisgenderung	zweigenderung	kategorial- genderung	
x-form		•	•	•	•	•	sg: dix schlau studierx pl: dix schlau studierxs/studierxe
***-form**	verb*	•	•	•	•	•	sg: di* studier* pl: di** studier**
dynamischer unterstrich		•	•	•	•		sg: di_e schl_aue stu_dentin pl: di_e schl_auen stu_dentinnen
yke/trike		•	•	•	•		sg: dyke studieryke pl: dykes studierykes
***-form**	konventionelle appellationsform i	•	•	○	○		sg: die* studentin* pl: die* studentinnen*
	konventionelle appellationsform ii	•		○	○		sg: de* student* pl: de** student**
	lexikalisierte zweigendernde form	•		•			sg: frau*; mann* pl: frau**; mann**
-a-formen		•	•				sg: die studierenda/studenta/studiera pl: die studierendas/studentas/studieras
umfassendes femininum		•	•				sg: die studentin pl: die studentinnen
statischer unterstrich	wortstamm	•			•		sg: die stud_entin/di_e stud_entin pl:diestud_entinnen/di_estud_entinnen
	traditionell	•			(•)		sg: die student_in/di_e student_in pl: die student_innen/di_e student_innen
binnen-I		•	•				sg: die studentIn/diE studentIn pl: die studentInnen/diE studentInnen
schrägstrich		•	•				sg: die/der schlaue/r student/in pl: die schlauen student/innen
klammer		•					sg: der (die) student(in) pl: die student(inn)en
neutrumsformen		•					sg: das schlaue studi pl: die schlauen studis
partizipialformen		•					pl: die schlauen studierenden (nur pluralformen)

•	von verwendung umfassend irritiert
(•)	interveniert bedingt
○	entweder oder, nur eine genderung irritiert, je nach gebrauchsform

die darstellungsform, die lesart und der gebrauch der formen, wie sie hier dargestellt sind, entsprechen meinen momentanen sprachhandlungspraktiken. wo mir andere als die von mir präferierten verwendungsweisen für die einzelnen formen deutlich sind, schreibe ich diese dazu. auch wenn sich aus der nachfolgenden darstellung eine gewisse regelhaftigkeit ableiten lassen würde, so möchte ich vor allem zeigen, wie kreativ sprachveränderungen ausgestaltet werden können, wenn ich meine sprachhandlungen verändern will. und verändern will ich diese, wenn ich für mich bestimmte sprachliche diskriminierungen verstehe und diese nicht weiter vollziehen und re_produzieren möchte. was ich jeweils betone, was mir wichtig ist, was mir auffällt, kann dabei sehr verschieden sein.

auch hängen sprachveränderungen stark davon ab, in welchen situationen ich mich befinde:

- was will ich von mir zeigen? wieviel will ich in einer situation anwesend sein, durch zum beispiel einen veränderten sprachgebrauch, der von der konventionellen norm abweicht und daher auffallen wird?
- wann habe ich angst und was ist die angst vor einer veränderung, vor meiner sichtbarkeit in und durch sprachliche handlungen?[341]
- sind andere personen in derselben kommunikationssituation, die um meinen wunsch eines veränderten sprachgebrauchs wissen? können sie mich unterstützen?
- fühle ich mich in der kommunikationssituation wohl? was kann ich machen, um mich sicher und wohl zu fühlen?
- habe ich mir überlegt, warum ich genau in der situation einen veränderten sprachgebrauch benutzen will?

einige mögliche beweggründe für einen veränderten sprachgebrauch:
- um selbst anwesend zu sein.
- um das gefühl zu haben, sprechen_schreiben zu können, präsent zu sein.
- um möglichst keine strukturellen diskriminierungen zu re_produzieren.

[341] vgl. das teilkapitel zu emotionen in diesem kapitel.

- um anderen in einer kommunikationssituation wahr_nehmung zu signalisieren.
- um über benennungen positionierungen und diskriminierungen differenziert wahr_nehmen zu können.
- um deutlich zu machen, wie stark sprachliche benennungen wichtige soziale handlungen sind.
- um andere auf potentielle diskriminierungen in ihrem sprachgebrauch hinzuweisen (wie positioniere ich mich selbst dadurch?).
- um aufzurütteln, die unhinterfragtheit von impliziten normen herauszufordern (bei wex? mir selbst? anderen?).
- um personen in ihrer normalisierten selbstsicherheit zu irritieren (und versichere ich mich mir selbst dadurch?).

es können einzelne, mehrere dieser möglichen motivationen oder noch ganz andere zutreffen. wie ich bereits mehrfach geschrieben habe, ist es wichtig, sich über die motivationen und die eigene positionierung in und mit diesen zu reflektieren. in unterschiedlichen situationen können zudem unterschiedliche motivationen wichtig sein.

wie ist das für mich konkret im moment?

wichtig ist für mich, mich mit meinen sprach_handlungen nicht über andere zu stellen, mich nicht in eine position zu bringen, etwas besser zu können oder zu wissen, nicht bestimmte sprach_handlungen zu vollziehen, um andere zu belehren, sondern um selbst anwesend zu sein und sprach_handelnd meine welt so zu gestalten, wie ich gerne leben möchte, wie ich mein verhalten und mein sein in welt angemessen und anwesend finde. das wird sich kontinuierlich weiter verändern, ist keine für mich einmal gefundene ›richtige‹ ausdrucksart und hängt von meinen reflektionen, den konkreten situationen und den konventionalisierten sprachgebräuchen ab. sprach_handlungen sind für mich möglichkeiten meiner anwesenheit in welt, mein stellung-beziehen, sind eine nahezu kontinuierlich mögliche form politischen handelns. sprach_handlungen beziehen sich dabei nicht nur darauf, welche konkreten benennungsformen ich für mich und andere benutze, sondern auch darauf, wie ich etwas sage_schreibe, wie viel raum ich einnehme, welchen stil ich verwende, an wex ich meine aus_sagen adressiere, wie sicher oder wie ungeschützt ich mich in bestimmten situationen fühle, welche möglichkeiten ich mir ein_räume und welche handlungsmacht ich mir gebe, welche handlungsmacht ich durch die privilegien, die mich konstituieren und mir räume für meine stimme und meine worte geben, habe.

dann kann es auch sein, dass ich mir in bestimmten situationen vorgenommen habe, sprachhandlungsmäßig anwesend zu sein, dass ich mir und anderen einen sprachlichen raum geben wollte und mich irgendwas in der konkreten situation dann doch davon abgehalten hat – oder anders wahrgenommen, dass ich mich bewusst oder unbewusst gegen eine bestimmte form einer sprachveränderung in einer konkreten situation entschieden habe. das kann daran liegen, dass ich mit meinem wunsch nach veränderungen trotzdem nicht jenseits von gesellschaft und gesellschaftlichen zu_schreibungen stehe, dass ich die normalisierung, die ich in bestimmten situationen wahrnehme, als so mächtig und (er)drückend erlebe, dass ich mich entschließe, in einer bestimmten situation weniger anwesend zu sein. in solchen momenten ist für mich zum einen ein verständnisvoller umgang mit mir selbst wichtig: keine selbstverurteilungen dazu, sondern ein akzeptierendes reflektieren dessen, was in dieser situation gewesen ist, was mich dazu gebracht hat, meinen wunsch nach anwesenheit ein stückweit aufzugeben oder zurückzustellen oder zu verändern. wichtig finde ich darüber hinaus, in solchen situationen nicht an mir selbst zu zweifeln, mich nicht zu verurteilen, mich schuldig zu fühlen und an einem optimalen verhalten zu messen, sondern vielmehr zu überlegen, ob ich etwas verändern kann, damit ich nächstes mal in dieser situation anwesend sein kann – oder ob es vielleicht auch bedeutet, die situationen zu wechseln, sofern ich die möglichkeit dazu habe. also bestimmte soziale kommunikationskontexte zugunsten respektvollerer und vielleicht reflektierterer kontexte und personen aufzugeben und zu verändern.

es gibt nicht die eine perfekte sprachveränderung, die unabhängig von situationen, eigenen befindlichkeiten und positionierungen und der anwesenheit anderer ›einfach‹ da und möglich ist – es gibt für mich nur ein kontinuierliches ringen um anwesenheiten, um sprachliche ent_diskriminierungen, um sprachliche versuche zu neuen w_orten. auch die nachfolgende übersicht soll dazu also anregungen liefern.

a. x-formen

wie sieht die x-form aus?

- die x-form verändert verben zu personalen appellationen, indem ein x an den verbstamm oder einen anderen teil eines wortes angehängt wird:

  |studierx, lesx, besuchx|
- ausgesprochen wird die form [iks] mit ›scharfem‹ s-laut – sie lässt sich auf diese weise an jede verbform oder auch adjektive und pronomina anhängen.
- das x signalisiert jeweils, dass es sich um eine personale appellationsform handelt; das x ist also ein sprachlich eindeutiges kennzeichen für eine personale appellation.
- im plural wird noch ein -e bzw. -s angehängt:

  |studierxe/studierxs, lesxe/lesxs, besuchxe/besuchxs|

- ein alleinstehendes x kann das indefinitpronomen ›man‹ ersetzen:

  |x sollte zukünftig besser auf die eigenen sprachhandlungen achten.|

- die x-form in verschiedenen pronomina und artikeln macht es möglich, auf genus zu verzichten und vereinfacht das deutsche auf diese weise auch noch einmal entscheidend, was es verschiedenen personen mit verschiedenen erstsprachen leichter ermöglicht, deutsch als sprache zu verwenden:

  |x sollte zukünftig besser auf xes sprachhandlungen achten.|

  |xes| würde hier ›ihren oder seinen‹ in konventionalisiertem sprachhandeln ersetzen.

- die x-form kann auch entsprechend für nominalphrasen und pronomina verwendet werden:

  |einx schlaux studierx liebt xs bücher.|

  das letzte |x| ersetzt hier die zweigendernden personalpronomina ›ihre‹ und ›seine‹ und bekommt ein genitiv-s angehängt. dativ- und akkusativ-formen sehen genauso wie nominativ-formen aus.

  es ist eine andere möglichkeit, adjektive ohne endungen in solchen fällen zu benutzen:

  |einx schlau studierx liebt xs bücher.|

- eine spezifische bildung mit x ist transx, die bisher eher selten zu finden ist und parallel mit trans* oder trans_ gebildet wird. sie ist in meiner lesart und verwendung nicht generisch, sondern eine infragestellung von genderismus in seiner umfassenden form. das x in transx macht das durchkreuzen von interdependenten genderismus_rassismus_ableismus deutlich, trans die idee einer kontinuierlichen transformierung und veränderung von positionierungen. transx ist in bezug auf die kritischen ver_ortungen zu interdependentem rassismus und ableismus eine kritische ver_ortung zu umfassendem genderismus und muss weiter ausdifferenziert sein. in meinem fall ist die selbstbenennung also contra_rassistisch contra_ableistisch, transx benutze ich als eine substantivische selbstappellation, transxen als kritisch ver_ortete handlungsaussage.

wann und wie wende ich die x-form an?

- die x-form ist die idee einer personalen appellationsform, die nicht gegendert ist, das heißt die weder zweigenderung in irgendeiner form wieder aufnimmt, noch cis- und kategorialgenderung re_produziert. die x-form fordert damit in meiner lesart einen umfassenden genderismus heraus. eine verwendung der x-form mit personalen appellationsformen, die konventionalisiert nicht gegendert sind, wie zum beispiel transx, kann also antigenderistische effekte haben und kategorialgenderung grundsätzlich herausfordern und irritieren.

- die x-form ist meines erachtens zusätzlich auch dazu geeignet, interdependenzen von rassismus_ableismus_genderismus aufzunehmen, wenn ich das x als das durchkreuzen von diskriminierungsverhältnissen in personalen appellationen verstehe, in anlehnung an das kreuzungsbild von kimberlé crenshaw (1991).[342] die x-form wäre also vielleicht in der lage, die zentrierung personaler appellation auf genderung zu durchkreuzen. dies ist keine pauschallösung und hebt nicht die notwendigkeit differenzierter benennungen von interdependeten sozialen positionierungen und kritischen ver_ortungen auf!
- die x-form ist damit ent_gendernd, das heißt aktiv gender konzeptuell in der wahr_nehmung von personen aufgebend, loslösend und damit grundvorstellungen zu personen herausfordernd. die x-form ist in dieser lesart also eine möglichkeit, kategorialgenderung sprachlich zu irritieren und eine kritik an kategorialgenderung sprachlich umzusetzen. die x-form ist von den hier vorgestellten formen die einzige, die in allen ihren verwendungen kategorialgenderung irritiert und herausfordert.[343]
- ich wende die x-form also in kontexten und situationen an, in denen umfassende infragestellungen von interdependenten genderungen sprachlich zum aus_druck gebracht werden sollen. ich mache damit also zugleich auch eine aussage dazu, wo ich finde, dass genderungen keine rolle spielen oder spielen sollten. ausgehend von einem interdependenten genderismus-verständnis, in dem genderismus_rassismus_ableismus momentan eine grundlegende konstituierung gesellschaftlicher vorstellungen ist, ist es schwierig, mir überhaupt vorzustellen, wo diese interdependenten diskriminierungsverhältnisse keine rolle spielen. in visionären, utopischen texten, die eine idee von ent_genderung in interdependenter form zum aus_druck bringen sollen, wende ich beispielsweise die x-form an.
- ich wende die x-form an, um die handlungen von personen zu betonen und diese nicht noch zusätzlich mit genderungen zu verbinden, diese nicht auch zu gendern. der fokus der personalen appellation wird so klar und eindeutig von expliziten und impliziten genderungen weggelegt. die entscheidung, ob eine genderung eine rolle spielt oder nicht, treffe ich jeweils für jede äußerung einzeln: durch eine nicht-genderung, wie es mit der x-form der fall ist, können bestimmte vorstellungen ent_gendert werden, was eine wichtige konzeptuelle veränderung und eine herausforderung konventioneller vorstellungen sein kann. gleichzeitig ver_suche ich, immer genau zu überle-

342 crenshaw, kimberlé w. (1991): mapping the margins: intersectionality, identity politics, and violence against women of color. stanford law review 43(6), s. 1241-1299..

343 dies bedeutet auch, dass ich die x-form nicht in zusammensetzungen mit lexikalisiert zweigenderung spezifizierenden formen wie ›frau‹, ›mutter‹ benutzen würde.

gen, inwiefern eine so durchgeführte ent_genderung genderismus, der sich über eine kontinuierliche und durchgängige genderung manifestiert, ent_erwähnt und so dann über prototypisierende konzeptualisierungen implizit und schwieriger hinterfragbar aufgerufen wird. diese entscheidung ist schwierig und je nach zielsetzung der äußerung zu treffen.

- ich wende die x-form an, um personen und personengruppen in bezug auf ihre eigenschaften, handlungen, bewertungen sprachlich zu benennen, ohne dabei gleichzeitig auch noch genderungen explizit und damit verwoben mit zu re_produzieren.
- transx: ich wende diese form an, wenn ich mich auf ein trans-konzept beziehen will, mit dem nicht zweigenderung re_produziert wird. das heißt, ich verwende die form, um deutlich zu machen, dass es eine selbst- und anderenwahr_nehmung jenseits von zweigenderung gibt, mit welchen passings und brüchen auch immer. in dieser verwendungsweise unterscheidet sich diese form von der immer häufiger zu findenden verwendung von trans*, welches als eine generische, das heißt möglichst viele transpositionen umfassende benennungsform gebraucht wird.
  dies ist damit zugleich auch ein weiterer schritt von der form dyke_trans oder der verbform dyke_transen hin zu einer form, die kategorialgenderung als herausforderung noch zentraler setzt und implizite frauisierungen (wie auch typisierungen!) immer auch als genderistisch einliest. in meiner momentanen wahrnehmung durchkreuzen die formen transx und transxen dies also noch grundsätzlicher – und sind selbst auch nur wieder ein schritt auf einem weg weiterer formen. eine kritische ver_ortung, die so grundlegend antigenderistisch ist, dass sie auch kategorialgenderung herausfordert und nicht als gegeben hinnimmt, wäre für mich im moment die verbform transxen. die kritische ver_ortung drückt sich entsprechend als getransxte ver_ortung aus. auf diese weise wird die idee des durchkreuzens mit dem x von mehrfach interdependenten strukturellen diskriminierungen mit einem konzept von trans als kontinuierlich im prozess und in der veränderung befindlich zusammengebracht.

wann und warum wende ich die x-form nicht an?

- ich wende die x-form nicht an, wenn genderung personaler appellation eine rolle spielt und wenn es wichtig ist, deutlich zu machen, ob ich mich auf zweigegenderte und_oder cisgegenderte vorstellungen beziehe und diese sprachlich auch deutlich machen will. dies ist beispielsweise auf den meisten formularen der fall, in denen nach vor- und nachnamen gefragt wird, in denen anreden abgefragt werden, die immer nur zweigendernd organisiert sind (›frau‹ oder ›herr‹ – neuerdings auch wieder häufiger ›fräulein‹), oder in denen angaben über den personenstand gemacht werden müssen (›verheiratet, ledig, geschieden, verwitwet, verpartnert‹, die ebenfalls auf zweigenderung – wie auf heteranormativität – basieren und diese implizit wieder aufrufen).

- ich wende die x-form nicht an, wenn durch sie der eindruck entstehen könnte, dass es interdependenten genderismus nicht gibt, dass genderismus_rassismus_ableismus keine rolle spielen. genderismus ist vor allem in verschiedenen formen über explizite genderungen re_produziert und ein vermeiden beziehungsweise ein aktives ent_gendern, wie die verwendung der x-form es ist, könnte auch den ein_druck entstehen lassen, dass genderungen und damit genderismus in seiner interdependenten form keine rolle spielen – die normierungen von rassismus und ableismus sind sowieso weitgehend implizit. in konkreten äußerungssituationen, in denen durch die x-form also der ein_druck entstehen könnte, dass interdependenter genderismus irrelevant, nicht wichtig oder egal ist, wende ich diese form nicht an, sondern eher formen, die zweigenderungen und cisgenderungen herausfordern und sich gleichzeitig aber auch auf genderungen beziehen, wie die dynamische unterstrichform.
- transx: ich wende die form nicht an, wenn ich mit einer bezugnahme auf trans eine form von zweigenderung re_produzieren will.

was muss_kann ich sonst noch über die x-form wissen?

- kommt auch im spanischen sprachgebrauch vor.[344]
- x kann als symbol für eine person, die gerade jenseits und unabhängig von genderungen wahrgenommen werden soll, verstanden werden.
- x als einzelner buchstabe lenkt aufmerksamkeit auf sich und macht eine wortform eindeutig zu einer personalen appellation.
- die x-form lädt zu kreativen sprachveränderungen ein, macht kreative neue personale appellationsformen möglich und erweitert auf diese weise vorstellungen und möglichkeiten sprachlicher handlungen.
- die x-form macht es möglich, personen und personengruppen jenseits von

[344] als sprachliche intervention wird in einigen (genderqueeren) spanischen, lateinamerikanischen kontexten das genderneutrale x verwendet, so zum beispiel in |latinx| (singular) bzw. |latinxs| (plural) statt ›weiblicher‹/›männlicher‹ a- und o-endungen. auch das @-zeichen wird alternativ in ähnlicher weise genutzt. konventionalisierte sprachregeln bestehen dazu bisher nicht. beispiele und diskussionen zur verwendung der x-form unter anderem unter: http://daviswiki.org/wiki_community/pronouns (30.8.2012); http://daviswiki.org/ucd_may_1%2c_2007:_day_of_action?action=diff&version2=49&version1=48 (30.8.2012); http://www.mums.cl/sitio/teatro/ (30.8.2012). danke, steffi, für die recherche!

genderungen und gerade unabhängig davon sprachlich handeln herzustellen und kann so einen wichtigen beitrag zu einer fokusverschiebung in konzeptualisierungen von personen leisten.

– es gibt keine umfassenden, stringenten und logischen regeln zum gebrauch von x-formen. die hier gemachten ausführungen sind inspirationen, sich kreative formen wie die x-formen anzueignen und dabei gleichzeitig aber immer auch die zielsetzungen der eigenen sprachhandlungen zu überlegen.
– eine studierxs-gruppe bestehend aus camillix, toni, constant_in und rebix hat im jahr 2011 als interventionsprojekt in berlin einen tag lang x-formen in mündlicher kommunikation benutzt und dies durch schriftliche fiktive dialoge, in denen sie die x-form benutzt haben, vorbereitet. sie haben statt x alle formen auf ix enden lassen – was zur selben aussprache wie in der von mir hier vorgeschlagenen version führt. in ihrer auswertung ihrer erfahrungen haben sie sowohl positive, neugierige als auch ablehnende kommentare bekommen.
  - viele personen hatten zudem auch assoziationen mit asterix und obelix – dies kann vielleicht bei einer formenbildung nur mit x anders aussehen.
  - ein wichtiges ergebnis ist, dass ihre sprachhandlungen für viele nach einer kurzen eingewöhnungszeit verständlich und sinnhaft waren.
  - ein wichtiges weiteres ergebnis war die überlegung, wann die x-form sinnhafterweise angewendet werden kann und wann sie zu einer ›gleichmacherei‹ führt, wie die studierx-gruppe es ausgedrückt hat.
  - so könnte durch eine verwendung der form in zu vielen verschiedenen kontexten auch genderismus unkenntlich gemacht werden.
  - »was durch unser projekt noch mal deutlich wurde, ist, dass sprache wirklichkeit konstituiert. durch das xsen wären zweigendernde und androgendernde praktiken und institutionen mit der zeit so nicht mehr tragbar.«[345]

---

schreibübung

um zu zeigen, wie ein dialog mit der x-form aussehen könnte, zitiere ich hier einen ausschnitt eines dialogs der zuvor genannten studierx-gruppe. dies kann zugleich auch eine anregung zur gestaltung eigener entsprechender übungen mit kreativen sprachveränderungen sein. umschreibübungen helfen zu verstehen, wie weitgehend genderungen sich beispielsweise in gespräche einschreiben und wie viel verändert werden muss, sollen genderistische sprachhandlungen verändert werden.

»p1: hallo, wie geht es dir?
p2: ja ganz gut, ich freu' mich aufs wochenende.

[345] aus der präsentation des interventionsprojektes.

p1: ach so. was machst du denn?
p2: ich fahre mit freundix zu dix geschwistix nach münchen.
p1: ach dein geschwistix ist jetzt in münchen? was macht x denn da?
p2: es macht dix doctix!
p1: als medizinix?
p2: nee nee, als nauturwissenschaftlix.
p1: sag' mal, was sagen denn deine eltix dazu, dass dein geschwistix jetzt in münchen ist?«[346]

---

*b. *-formen (stern- oder sternchen-form)*

*wie sieht die *-form aus?*

- die form wird durch das anhängen eines * (sternchens) ohne bindestrich oder ähnlichem an eine bestimmte personale appellationsform, die häufig konventionalisiert gendernd sind oder zweigenderungen aufrufen, gebildet:

  |frau*, trans*|

  oder die form wird analog zu der x-form[347] benutzt und an wortstämme von beispielsweise verben angehängt:

  |studier*, les*|

  welche funktion und bedeutung die so neugebildeten formen jeweils haben, hängt stark davon ab, mit welchem worttyp das * konkret kombiniert wird.
- ausgesprochen wird die form als stern oder sternchen, das heißt, für die obigen beispiele wäre das gesprochen:

  fraustern(chen), transstern(chen).
- die stern(chen)form ist so auch für alle weiteren bestandteile einer nominalphrase sowie pronomina etc. verwendbar:

  |eine* schlaue* studentin* ist in ihren* büchern zuhause.|
- der plural kann auch durch zwei sternchen ** geschrieben werden.[348]

*wie verwende ich die *-form?*

die antwort auf diese fragen unterscheidet sich danach, mit welchen weiteren konventionalisierten personalen appellationsformen sie kombiniert ist. entsprechend

346 ebenda.

347 vgl. weiter oben.

348 ausführlicher zur *-form: baumgartinger, persson perry (2008): lieb[schtean] les[schtean], [schtean] du das gerade liest… von emanzipation und pathologisierung, ermächtigung und sprachveränderungen. in: liminalis. zeitschrift für geschlechtliche emanzipation 02. s. 24-39. http://liminalis.de/ 2008_02/liminalis-2008-Baumgartinger.pdf (27.8.2012).

erfolgt die darstellung zu dieser frage sortiert nach den unterschiedlichen verwendungsweisen.

- trans*: eine verwendung der *-form mit personalen appellationsformen, die konventionalisiert nicht gegendert sind und die lexikalisiert nicht gecisgendert sind, wie insbesondere trans*, könnte antigenderistische effekte haben und kategorialgenderung herausfordern und irritieren.
  - die spezifische verwendung des * in der kombination mit trans* kann zu einer infragestellung von zweigenderung und in diesem kontext potentiell auch kategorialgenderung führen – von der weise her, wie diese form gebildet wird. konkret wird trans* momentan im deutschsprachigen raum jedoch vor allem verwendet, wenn es darum geht, einen möglichst umfassenden trans-begriff zu verwenden, in dem sich möglichst viele unterschiedliche trans-positionen (trans*-positionen) wiederfinden können. entsprechend dieser sich stark etablierenden verwendungsweise in trans*-communities, verwende ich trans* also auch, um ein möglichst generisches konzept von trans aufzurufen.
  - ich wende die *-form an, um eine multiplizierung von gegenderten vorstellungen deutlich zu machen, wie bei einer verwendung der form trans*; das sternchen steht in diesem fall für die multiplizierung dichotomer, geschlossener konzeptualisierungen, die auf diese weise aufgebrochen werden. die *-form verwendet mit der form trans interveniert in ausschließlich re_produzierte zweigenderungen von trans-konzepten. das sternchen deutet eine multiplizität der möglichen trans-konzepte an und steht dafür, dass sie alle in dieser form enthalten sind – also auch solche trans-konzepte, die zweigenderung in unterschiedlichen formen re_produzieren und auch teilweise naturalisieren. dies wäre also eine generische oder umfassende verwendung der form trans* gegenüber einer konkretisierenden und spezifischen verwendung der form transx.[349]
  - ich wende die *-form an, um konventionalisierte ideen von zweigenderung herauszufordern und zu verändern, wie mit der form trans*. ein stern(chen) macht hier eine infragestellung von exklusiver und naturalisierter, cisgegenderter zweigenderung deutlich. durch und mit dem stern(chen) wird eine multiplizierung unterschiedlicher transpositionierungen, die sich unter anderem auch kritisch zu einer cisgegenderten normalisierung von zweigenderungen verhalten können, zum aus_druck gebracht.[350]

---

349 vgl. die diskussionen zur veränderung eines frauen_lesben sportvereins in einen frauen_lesben_trans* sportverein in kapitel iii. vgl. zur form transx weiter oben in diesem kapitel.

350 an diesem punkt gibt es eine gewisse überschneidung mit verwendungsweisen des stati-

- studier*, les*: die verwendung der *-form mit verben, vergleichbar mit entsprechenden verwendungen der x-form, hat auch vergleichbare effekte beziehungsweise motivationen für ihre anwendung:
  - ich wende die *-form in der kombination mit verben an, um personen und personengruppen in bezug auf ihre eigenschaften, handlungen, bewertungen sprachlich zu benennen, und die gleichzeitige multiplizierung von genderungen über zweigenderung hinaus potentiell zum aus_druck zu bringen.
  - diese verwendungsweise der*-form ist bisher vergleichsweise selten – und hat zudem den nachteil, dass sie sich mit anderen verwendungsweisen der *-form überschneiden kann und dadurch in bezug darauf, was sie an genderistischen diskriminierungen herausfordert, uneindeutig ist.
- student*; studentin*: hier sehe ich unterschiedliche mögliche interpretationen, die abhängig von dem kontext und der konkreten verwendungsweise der *-form sind:
  - eine verwendung der *-form mit personalen appellationsformen, die konventionalisiert zweigenderungen re_produzieren (student*, studentin*, student*innen), kann die normative idee von cisgegenderter zweigenderung produktiv herausfordern und irritieren. in diesen fällen ist die *-form eine intervention in die cisgenderung von zweigenderung. kategorialgenderung würde gleichzeitig re_produziert.
  - eine verwendung der *-form mit personalen appellationsformen, die konventionalisiert zweigenderungen re_produzieren (student*, studentin*, student*innen), kann die normative idee von zweigenderung irritieren, herausfordern und andeuten, dass es mehr als nur die zuordnungs- und wahlmöglichkeit zwischen zwei gendern gibt. kategorialgenderung würde gleichzeitig re_produziert.
- frau*; mann*: eine verbindung einer lexikalisiert zweigendernden form wie frau oder mann mit * irritiert die angenommene cisgenderung, die durch diese formen ohne * konventionalisiert hergestellt wird. ich wende die *-form an, um konventionalisierte ideen von cisgenderung herauszufordern, wie mit der form frauen*. ein stern(chen) impliziert hier eine unterschiedlichkeit einer sozialen positionierung ›frauen‹, die nicht ausschließlich auf einer entnannten cisgenderung beruht, sondern multiple entwürfe von weiblichkeit* umfasst. in der verwendung der *-form in kombination mit konventionalisiert zweigendernden formen wird die implizite und vorausgesetzte cisgenderung der zweigenderung herausgefordert. die *-form verwendet mit konventionalisiert genderspezifizierenden formen interveniert also primär in cisgenderungen.

schen unterstrichs in kombination mit der personalen appellationsform trans (trans_), auf die ich weiter unten eingehen werde.

- die *-form lädt zu kreativen sprachveränderungen ein, macht kreative neue personale appellationsformen möglich und erweitert auf diese weise vorstellungen und möglichkeiten sprachlicher handlungen.

*wann und warum verwende ich die *-form?*

- ich verwende die form in der kombination trans*, um ent_zweigendernd auf trans in form einer multiplizierung von genderungen zu appellieren und damit zweigendernormen in trans*-konzepten kritisch zu reflektieren. dies ist damit keine infragestellung von kategorialgenderung in dieser lesart.
- ich verwende die form in der kombination mit genderspezifizierenden appellationsformen, um ent_cisgendernd in zweigenderungen zu interventieren und cisgendernormen innerhalb von zweigenderungen kritisch zu reflektieren.
- die verwendung eines * macht alphabetsprachlich basiertes schreiben kreativ, indem eine andere form von zeichen hier in das alphabetsprachliche schriftbild eingefügt wird. auf diese weise kann das * zu sprachlicher kreativität anregen und diese im schriftbild deutlich machen.

*wann und warum wende ich die *-form nicht an?*

- wenn ich mich auf zweigenderung und auf eindeutige cisgenderungen beziehen und diese sprachlich re_produzieren will.
- wenn ich dichotome und normalisierte konzeptualisierungen nicht herausfordern und irritieren will.
- ich wende die *-form nicht im singular bei der appellation auf konkrete personen an, da sich sonst die idee einer durch das sternchen explizit gemachten ausnahme von der norm einstellen könnte, wie beispielsweise mit der form studentin*, mit der dann potentiell deutlich gemacht wird, dass die so appellierte person nicht cisgegendert frauisiert sei – und eine normalität einer nicht-*-form auf diese weise gleichzeitig wieder aufgerufen wird. ich würde die form hingegen so anwenden, wenn eine person dies beziehungsweise in einem bestimmten kontext/einer bestimmten situation so benannt werden will.

  ich würde die form studentin* auch in dieser weise anwenden, wenn es sich um eine unspezifische singular-benennung handelt, wie zum beispiel in:

  |eine* studentin* muss zu beginn ihres* studiums viel lernen.|
- ich wende die form nicht an – außer in der kombination trans* –, wenn ich kategorialgenderung herausfordern will. um eine relative und kontextübergreifende eindeutigkeit der lesweisen unterschiedlicher sprachveränderungen zu

schaffen, verwende ich in diesen fällen die x-form. die *-form verwende ich, wenn ich cisgenderungen und_oder zweigenderungen herausfordern, irritieren und eine multiplizierung von genderungen zum ausdruck bringen will, nicht aber eine infragestellung von kategorialgenderung an sich.

*was muss_kann ich sonst noch über die *-form wissen?*

- ein stern(chen) angehängt an ein sprachliches konzept, welches eindeutig, selbsterklärend und normalisiert erscheint, kann zudem auch über personale appellationsformen hinausgehende konzepte infragestellen oder herausfordern und irritieren. in solchen fällen markiert ein stern(chen) in bestimmten fällen auch eine kritische distanz zu dem konventionalisierten, stern(chen) losen konzept, zum beispiel bei:

  |demokratie*, bildung*, liebe*|

  in diesen drei beispielen deutet das sternchen die brüchigkeit und fragilität von konzepten, die gesellschaftlich normiert wenig hinterfragt und herausgefordert werden, an.
- eine variante der verwendung der *-form ist ihre verwendung anstatt eines unterstrichs, das heißt nicht angehängt an ein wort, sondern in wörtern:

  stude*ntin (dynamisches sternchen), student*in (statisches traditionelles sternchen), stud*entin (statisches wortstamm-sternchen).

  in diesen fällen gelten die gleichen ideen und leitsätze, wie sie unter den überschriften ›dynamischer unterstrich‹ und ›statischer unterstrich‹ in diesem kapitel zu finden sind.

c. dynamischer unterstrich

wie sieht der dynamische unterstrich aus?

der dynamische unterstrich wandert durch eine personale appellationsform. das heißt, er hat keinen festen ort, sondern kann an verschiedenen stellen in verschiedenen gebräuchen der personalen appellationsform in der schriftsprachlichen verwendung vorkommen:

|le_serin – lese_rin – leseri_n|

auf diese weise wird personale appellation ganz grundlegend dynamisiert: es gibt keine eindeutige, immer wiederkehrende personale appellationsform, sondern sie verändert sich im gebrauch kontinuierlich. so wird das kreative moment sprachlicher handlungen betont, wie auch das prozessuale, dynamische sprachlicher handlungen, die immer in bewegung sind und selbst immer bewegen, bedeutungen herausfordern, erschüttern und kontinuierlich auch verändern.

der dynamische unterstrich ist zweigenderung dynamisierend. das wandern des unterstrichs durch ein wort macht deutlich, dass es nicht einen festen ort gibt, an dem ein bruch in zweigenderung stattfindet, also nicht, wie bei dem weiter unten vorgestellten statischen unterstrich, zwischen der konventionalisiert ›männlichen‹ und der konventionalisiert ›weiblichen‹ appellationsform (leser_in), sondern dass die infragestellung von zwei- und cisgenderung ein dynamisches, nicht festlegbares unterfangen ist, welches sich kontinuierlich verändert – und genauso wie diese veränderung also auch durch das entsprechende wort wandert.

wann und warum wende ich den dynamischen unterstrich an?

- ich wende den dynamischen unterstrich in personalen appellationsformen an, wenn ich personale appellationsformen transgendern will und dabei unter transgendern ein konzept verstehe, welches zwei- und cisgenderung entnormalisiert, infragestellt, herausfordert, irritiert.
- ich wende den dynamischen unterstrich in personalen appellationsformen an, wenn ich eine anwesenheit von transgender jenseits von zwei- und cisgenderung sprachlich realisieren will.
- ich wende den dynamischen unterstrich in personalen appellationsformen an, wenn ich mich kritisch zu zwei- und cisgenderungen verhalten und diese entnormalisieren und herausfordern will.
- ich wende den dynamischen unterstrich in personalen appellationsformen an, wenn ich die eindeutigkeit und unverbrüchlichkeit konventionalisierter appellationen auf personen herausfordern und verändern will; wenn ich brüche und irritationen, konfusion und unsicherheit, lücken für ungesagtes und unvorhersehbares schriftsprachlich schaffen und schriftlich ausdrücken will.
- ›tra_ns‹: der dynamische unterstrich würde hier irgendwo in dem wort platziert werden, der weiter unten besprochene statische unterstrich nach dem wort (trans_) – mit jeweils unterschiedlichen bedeutungsbelegungen.[351]

wann wende ich den dynamischen unterstrich nicht an?

- ich wende den dynamischen unterstrich nicht an, wenn es mir wichtig ist, auf zweigendernde zusammenhänge explizit bezug zu nehmen, wenn ich also zweigenderung aufrufen will. dies kann beispielsweise in kontexten der fall sein, die stark rechtlich reglementiert sind und nichts anderes als zweigenderung vorstellbar machen. dies ist auf vielen formularen und öffentlichen dokumenten der fall: bei arbeitsverträgen, bankformularen, der buchung von flugtickets und so weiter. in allen diesen formularen wird über anreden, vornamen und weitere fragen nach dem personenstand eine vorannahme von

[351] vgl. jeweils weiter unten.

zweigenderung re_produziert. zu überlegen, ob diese formulare so veränderbar wären, dass der dynamische unterstrich hier benutzt werden könnte, kann damit zugleich eine strategie sein, sich klar zu machen, wie durchgängig bestimmte räume und vorstellungen zweigegendert sind. in solchen fällen einen dynamischen unterstrich zu benutzen, würde die machtvolle herstellung von zweigenderung ent_erwähnen. trotzdem kann über diese fragestellung genauer betrachtet werden, wie durchgängig zweigenderung gesellschaftlich kontinuierlich reinstalliert wird und ich kann mich fragen, wie dies auch sprachlich umfassender herausgefordert werden könnte.

- ich wende den dynamischen unterstrich nicht an, wenn die personen, auf die ich mich so sprachlich handelnd beziehe, sich selbst alle und ausschließlich als cisgegendert frauisiert oder typisiert, als ›frauen‹ oder ›männer‹ verstehen. würde ich den dynamischen unterstrich in diesen fällen anwenden, würde ich die zwei- und cisgenderung, die diese personen für sich selbst postulieren und wahrnehmen, sprachlich nicht wahrnehmen.
- ich wende den dynamischen unterstrich nicht an, wenn ich mich auf eine einzelne person beziehe, die sich selbst als frauisiert oder typisiert versteht, die sich selbst also eine cisgegenderte zweigegenderte identität und positionierung gibt.
- tra_ns: ich wende den dynamischen unterstrich innerhalb der form trans nicht an, wenn ich zweigegenderte vorstellungen von trans – ob naturalisiert oder konstruiert – zum aus_druck bringen will.

wie lässt sich der dynamische unterstrich mit anderen sprachveränderungen kombinieren?

- der dynamische unterstrich lässt sich entsprechend der obigen überlegungen mit unterschiedlichen anderen sprachveränderungen kreativ kombinieren, wobei jeweils zu überlegen ist, wie die konkreten personen sich selbst benennen und verstehen und was ich im sprechen und schreiben wahrnehme und wahrnehmbar machen will.
- der dynamische unterstrich lässt sich nicht nur für die substantivischen formen personaler appellation verwenden, sondern auch für pronomina (si_er), für artikel (di_er, ei_ne) und adjektive (ei_ne schl_aue stud_entin).

was muss_kann ich sonst noch zum dynamischen unterstrich wissen?

- der dynamische unterstrich wird manchmal auch bewegter unterstrich, bewegender unterstrich, dynamisierender unterstrich oder wandernder unterstrich genannt.

- der dynamische unterstrich ist von alyosxa tudor aus einer kritik an dem statischen traditionellen unterstrich heraus entwickelt worden, der zweigenderung und cisgenderung nicht herausfordert, sondern re_produziert. erstmalig angewendet findet er sich in einem von alyosxa tudor 2010 publizierten text zu rassismus und migratismus. in demselben band ist der dynamische unterstrich auch von mir in meinen artikeln übernommen worden.[352] in ›feminismus schreiben lernen‹ des ak feministische sprachpraxis, wo alyosxa eine zentrale person gewesen ist, findet sich der dynamische unterstrich durchgängig angewendet.
- personen, die sich nicht mit cis- und zweigenderung identifizieren und diese politisch herausfordern und kritisieren, erleben den dynamischen unterstrich in personalen appellationsformen häufig als eine möglichkeit einer sprachlichen anwesenheit, die sie bisher so nicht empfunden und wahrgenommen hatten. beim ersten lesen der formen fühlt es sich für viele personen, die bisher cis- und zweigenderung nicht infragegestellt haben, ungewohnt an. viele dieser personengruppe sind zunächst verwirrt und erleben, wenn sie sich auf die sprachform einlassen, die schönheit und herausforderung irritierender entnormalisierender sprachhandlungsmöglichkeiten, die sie vorher für sich selbst vielleicht nicht wahrgenommen hatten.
- der dynamische unterstrich ist nicht nur auf personale appellationsformen anwendbar, sondern auch auf andere wörter, zu denen auf diese weise unterschiedliche assoziationen geschaffen werden können, in denen neue spuren gelegt werden können. ich drücke in diesem buch beispielsweise interdependenzen zwischen strukturellen diskriminierungsverhältnissen durch unterstriche aus (genderismus_rassismus_ableismus). die verwendung des unterstrichs in wörtern oder auch zwischen wörtern – wenn beispielsweise mit unterstrichen verschiedene verbformen aneinander gehängt werden (zum beispiel wie in ›bitte schreibt_malt_assoziiert_formuliert_collagiert, was ihr dazu fühlt_meint_wahrnehmt!‹) –, ermöglicht es, neue konzeptualisierungen zu eröffnen und die brüche, leerstellen aber auch verbindungen zwischen verschiedenen konzepten genauer wahrzunehmen. der dynamische unterstrich lädt zu einer kreativen wiederaneignung eigener sprachmächtigkeit ein, zu einem genauen hinlesen, schreiben und hinhören, zu einer kreativen neuen sprachbesetzung, betont die möglichkeiten eigener sprachhandlungsmächtigkeit und stellt sprachlich verfestigte normen auf die probe, entnormalisiert diese und fordert sie heraus.
- im mündlichen sprachgebrauch kann der unterstrich mit einer ganz kurzen pause vor der neuen silbe oder dem rest des wortes ausgesprochen werden – ähnlich wie sich dies für das binnen-i durchgesetzt hat.

[352] vgl. hornscheidt 2010b.

d. yke/tryke-formen

wie sieht die form aus?

- alleinstehend ist die form eine pronomina-form oder eine allgemeine substantivische personale appellationsform als kurzform zu dyke_trans*: yke hat sich verletzt.

  |hat yke trykes freundykes gesehen?|

  durch die zwei möglichen variationen yke und tryke kann in obigem beispiel deutlich gemacht werden, dass es sich um die appellation auf zwei verschiedene dyke_trans* handelt.
- die form kann mit wortstämmen und verbformen kombiniert werden, um so neue personale appellationsformen zu bilden:

  |studieryke/s, lehryke/s, professoryke/s|
- die variation von yke und tryke soll sowohl kreative sprachschöpfungen als auch die appellation mehrerer ykes/trykes in einem satz ermöglichen.
- ausgesprochen wird die form entweder [üke] oder [aik] bzw. [traik].

wann wende ich die form an?

- ich wende yke/tryke-formen an, um eine antigenderistische sprachhandlung zu vollziehen und um auf personen sprachlich zu appellieren, die zu einer umfassenden form von genderismus (das heißt zu einem zusammenspiel von andro-, zwei-, hetero-, repro-, cis- und kategorialgenderung) kritisch ver_ortet sind. das heißt, dass die form nicht generisch, sondern beispiel für eine umfassende sprachveränderung für den aus_druck einer kritischen ver_ortung (antigenderistisch) ist.
- ich wende die form an, um eine empowernde positive selbstappellation zu verwenden, die durch genderismus konstituiert ist, dies empowernd positiv als kritische ver_ortung in dieser personalen appellationsweise gewendet hat.
- der verwendung der form liegt also eine antigenderistische analyse zugrunde, aus der eine empowernde selbstappellation abgeleitet wird.
- die form wende ich an, wenn ich sprachlich personen appellieren will, die sich in dem moment und kontext der appellation, beziehungsweise wenn ich sie entsprechend einlese und wahr_nehme, nicht frauisiert, zweigegendert, cisgegendert, heterogegendert, reprogegendert verstehen und antigenderismus explizit zum fokus personaler appellation machen wollen.

wann wende ich die form nicht an?

- die formen yke/tryke sind spezifische, konkretisierende formen, die sich auf die oben genannten personen und personengruppen als ausdruck ihrer kritischen ver_ortung zu genderismus beziehen. ich wende die form nicht an, wenn ich mich sprachlich auf in der einen oder anderen form frauisierte, zweigegenderte, typisierte, repro-, hetero-, cisgegenderte personen oder personengruppen und meine wahr_nehmung von personen als solchen beziehen will.
- ich wende die form nicht an, wenn ich in der personalen appellation rassismus und ableismus in form von kritischen ver_ortungen oder sozialen positionierungen zentral setzen will.

was muss_kann ich sonst noch zu der form wissen?

- yke/tryke-formen sind im kontext des buches ›feminismus schreiben lernen‹ (2011) von der ag einleitung, inbesondere von alyosxa tudor, jay keim und mir, entwickelt worden.
- die yke/tryke-formen sind beispiele für eine kreative sprachveränderung auf der grundlage einer differenzierten analyse von genderismus. diese analyse hat versucht, in produktiver und kreativer weise empowernde begrifflichkeiten umzusetzen, die eine sprachliche anwesenheit in welt schaffen. auf diese weise verhelfen diese sprachhandlungen auch zu einer möglichkeit, eigene soziale positionierungen und kritische ver_ortungen differenziert wahr_zunehmen und sich nicht unter eine allgemeinere traditionelle genderismusvorstellung, die gleichzeitig die eigene spezifische und komplexe diskriminierung von dyke_trans* ent_erwähnt, subsummiert zu fühlen.
- die formen sollen nicht allgemein auf jegliche person appellieren, sondern sind als spezifische und explizite positiv selbstempowernde appellationen auf eine komplexe genderistische diskriminierung gedacht.
- eine prozessuale variante der form ist ihre verwendung als verbform, wie ich es weiter vorne in diesem kapitel ausgeführt habe.
- eine stärker interdependente explizite benennung von kritischen verortungen zu genderismus_rassismus_ableismus ist erst noch zu entwickeln.

---

schreibübung

wie könnte eine solche interdependente kritische ver_ortung aussehen? versucht anhand des obigen x-dialogs beispielsweise neue formen zu schreiben_sprechen und auszuprobieren. was gelingt? wie verändern sich inhalte, wenn von einer substantivischen benennung zu verbformen gewechselt wird? wie lassen sich interdependenzen sprachlich aufzeigen?

---

e. statischer unterstrich

wie sieht der statische unterstrich aus?

- ich unterscheide zwei verschiedene varianten des statischen unterstrichs: eine wortstammvariante und eine zweigenderung manifestierende oder traditionelle variante.
- in der *wortstammvariante* des statischen unterstrichs wird der unterstrich nach dem wortstamm oder einem für die aussprache geeigneten teil des wortes eingefügt:

  |stud_entin, lese_rin, arbeit_erin|

  in dieser variante wird der unterstrich auf keinen fall nach einer konventionalisiert ›männlich‹ appellierenden form eingefügt, wie es bei der traditionellen oder zweigenderung manifestierenden variante des statischen unterstrichs der fall ist.
- in der *traditionellen variante* wird der statische unterstrich zwischen der konventionalisiert ›männlich‹ oder androgendernden personalen appellationsform und der konventionalisiert ›weiblich‹ appellierenden appellationsform eingefügt:

  |student_in, student_innen|
- der statische unterstrich kann auch entsprechend in nominalphrasen und mit pronomina verwendet werden:

  |di_e ne_ue stud_entin beginnt ih_r semester interessiert| (wortstammvariante);

  |di_e neu_e student_in beginnt ih_r semester interessiert| (traditionelle variante);

  |di_e neu_en stud_entinnen beginnen i_hr semester interessiert| (wortstammvariante);

  |di_e neue_n student_innen beginnen ih_r semester motiviert| (traditionelle variante).
- wo genau der unterstrich in der wortstammvariante gesetzt wird, ist flexibel. wichtiges kriterium ist es, ihn nicht nach der konventionalisiert ›männlichen‹ appellationsform zu setzen.
- der unterstrich kann auch mit lexikalisiert genderspezifizierenden personalen appellationsformen verwendet werden:

  |fra_u, fra_uen, ma_nn, män_ner|

  in diesem falle wird der unterstrich bei pluralformen nicht vor der jeweiligen pluralendung gesetzt, um so den eindruck zu vermeiden, dass es hier um eine lücke zwischen singular- und pluralformen gehen würde. die übergänge zwischen dynamischem und statischem unterstrich sind hier fließend.

- ausgesprochen werden alle varianten des statischen unterstrichs mit einer sehr kurzen pause als unterstrich. der nachfolgende wortteil wird dadurch fast wie ein einzelnes, aber eng zusammenhängendes wort gesprochen.

wann wende ich den statischen unterstrich an?

- wortstamm- und traditionelle variante: ich wende diese varianten an, wenn ich zweigenderung herausfordern will, ohne sie grundsätzlicher infragezustellen. das heißt, ich wende diese varianten des statischen unterstrichs an, um für personen, die zweigenderung als sprachlichen bezugsrahmen brauchen, anknüpfungspunkte in meinem schreiben und sprechen zu schaffen.
- wortstammvariante: ich wende diese variante an, wenn ich mich auf zweigenderung mit einer brechung beziehen will, ohne diese brechung als eine gleichbleibende lücke zwischen zwischen konventionalisiert ›männlichen‹ androgegenderten und ›weiblichen formen‹ aufrechtzuerhalten.
- wortstammvariante: ich wende die variante an, wenn ich eine gewisse regelmäßigkeit in einen text bringen will, um dadurch den fokus auf andere fragen als die möglichen (ent)genderungen zu richten. adibeli nduka-agwu und ich haben uns in ›rassismus auf gut deutsch‹ in der einleitung für diese variante entschieden, da der unterstrich bis zu diesem zeitpunkt noch eher selten in wissenschaftlichen veröffentlichungen zu finden war und es uns wichtig war, die aufmerksamkeit nicht von rassistischen sprachhandlungen abzulenken, wenn lesxs sich auf die unterstrichformen in xs lesen der texte fokussieren würden.[353]
- ich wende statische unterstriche mit lexikalisiert genderspezifizierenden personalen appellationsformen (fra_u) an, um cisgenderungen herauszufordern, aufzubrechen und zu irritieren.

wann wende ich den statischen unterstrich nicht an?

- in beiden varianten: wenn ich zweigenderungen und darüber hinaus auch kategorialgenderungen herausfordern und irritieren will; denn beide hier vorgestellten varianten re_produzieren immer auch zweigegenderte und damit auch kategorialgegenderte formen.
- in der traditionellen variante: wenn ich mich nicht auch in irgendeiner weise auf zweigenderung beziehen will. der traditionelle statische unterstrich basiert auf der differenzierung in konventionalisiert ›männlich‹ oder androgen-

[353] vgl. hornscheidt/nduka-agwu 2010.

dernd appellierende formen und konventionalisiert ›weiblich‹ appellierende formen. die traditionelle variante des statischen unterstrichs unterstreicht diese zweigegenderte dichotomisierung sogar noch einmal, indem er genau zwischen diesen beiden varianten plaziert ist.

– in der variante mit lexikalisiert genderspezifizierenden formen: wenn ich nicht zweigenderung und damit auch kategorialgenderung re_produzieren will.

was muss_kann ich sonst noch zum statischen unterstrich wissen?

– der statische unterstrich wird auch gender gap genannt, also gender leerstelle.
– es gibt bisher keine perzeptionsuntersuchungen, die die wirkungen des unterstrichs auf konzeptualisierungen von sprechexs untersuchen. umfragen in seminaren zeigen, dass alle unterstrichvarianten zunächst irritationen auslösen, personen dazu bringen, beim lesen innezuhalten und über die unterschiedlichen bestandteile von wörtern nachzudenken. die irritationen werden dabei häufig als konstruktiv und positiv herausfordernd erlebt.
– die veränderung des traditionellen statischen unterstrichs zur wortstammvariante zeigt, dass es möglich ist, auch den statischen unterstrich zu variieren und die kritik, die ich weiter oben daran formuliert habe, auch hier konstruktiv-verändernd sprachhandlungskreativ zu realisieren.
– die wortstammvariante des statischen unterstriches haben adibeli nduka-agwu und ich in ›rassismus auf gut deutsch‹ in der einleitung[354] meines wissens erstmalig in einer öffentlichen publikation verwendet. wir haben den statischen unterstrich jeweils nach dem wortstamm gesetzt. wir haben uns in dieser publikation in der einleitung für diese variante entschieden, um nicht die oben aufgeführten kritiken am traditionellen statischen unterstrich zu re_produzieren, aber gleichzeitig eine relativ gleichbleibende personale appellationsform in der einleitung zu benutzen. dies wollten wir insbesondere deshalb, damit lesxs nicht von der inhaltlichen hauptfokussierung des textes, den rassistischen sprachhandlungen, abgelenkt seien.
– der traditionelle statische unterstrich wird in der regel steffen kitty herrmann und seiner publikation ›performing the gap. queere gestalten und geschlechtliche aneignung‹[355] zugeschrieben. ich glaube allerdings, dass es sich um die erste akademisierte veröffentlichung handelt, in der der gender gap genannt worden ist und es ihn vorher bereits in bestimmten antigenderistischen communities gegeben hat.

[354] vgl. hornscheidt/nduka-agwu 2010.

[355] herrmann, steffen kitty (2003): performing the gap – queere gestalten und geschlechtliche aneignung. in: fels – für eine linke strömung (hrsg.): arranca! nr. 28 aneignung i. berlin. s. 22-26.

- der statische unterstrich kann auch bei personalpronomina der 3. person singular verwendet werden – was ich weiter unten noch ausführlicher besprechen werde – und zieht so die konventionalisiert ›weiblich‹ appellierende form mit der konventionalisiert ›männlich‹ appellierenden form zusammen: |si_er|.
- ausgesprochen werden kann diese form als [si:r].
- dass sich der traditionelle statische unterstrich im verhältnis zum dynamischen unterstrich sehr viel schneller zumindest in bestimmten kontexten durchgesetzt hat, interpretiere ich dahingehend, dass er eben genau zweigenderungen nicht herausfordert, sondern stattdessen noch einmal re_produziert und zementiert – und die form doch gleichzeitig das image hat, fortschrittlich zu sein. auf diese weise wird die aufmerksamkeit von der starken re_produktion von zweigenderung weggelenkt, die sich so machtvoll wieder herstellt. diese beobachtung bestätigt sich auch in der vereinzelt zu findenden kritik, dass der dynamische unterstrich ja ›männlich‹ identifizierte transpersonen diskriminieren würde –in dieser argumentation zeigt sich auch die starke genderistische androgenderung von ›männlichkeit‹ selbst in trans-kontexten.
- unterstriche können darüber hinaus auch nicht nur in personalen appellationsformen verwendet werden, sondern auch in vielen anderen wörtern oder auch, um verschiedene wörter auf diese weise näher zusammenzubringen, miteinander zu verbinden. ein in diesem buch häufig angewendeter unterstrich ist in re_produzieren. durch den unterstrich will ich deutlich machen, dass jedes produzieren auch ein reproduzieren ist und jedes reproduzieren auch ein produzieren, dass es gleichzeitig aber auch keine direkten entsprechungen zwischen beidem gibt, sondern immer auch eine leerstelle, eine unklarheit, einen bruch, eine verschiebung.

  in kritischen contra_ver_ortungen (contra_genderistisch, contra_rassistisch) wende ich den unterstrich an, um deutlich zu machen, dass jede noch so kritische handlung aus einer privilegierten positionierung (die contra_handlungen ja sind) immer auch doch diskriminierungen re_produziert, also auch diskriminierend ist.
- es gibt keine festgelegten unverbrüchlichen und eindeutigen regeln für die verwendung von unterstrichen. unterstriche laden zu sprachlicher genauigkeit, genauem lesen und sprechen, genauem hinhören und schreiben ein und können auf diese weise personen ermächtigen, sich sprachhandlungen anzueignen, sich wiederzufinden und mit diesen neu zu identifizieren. unterstriche schaffen brüche in konventionellen bedeutungsvorstellungen, die manchmal unverbrüchlich und eindeutig erscheinen, können risse, zweifel, fehlende bedeutungsnuancen andeuten, können fragen eröffnen und sprachliche kreativität fördern.

- selbst eine – im rahmen der antigenderistischen überlegungen dieses buches als relativ an herkömmliche gendervorstellungen angepasste – variante wie der traditionelle statische unterstrich löst in vielen medien im moment noch eine große irritation aus und wird vermieden oder distanzierend zwangsweise zitiert, wie beispielsweise in der ›lesbischen‹ illustrierten l-mag in der ausgabe juli/august 2012, wo als disclaimer nach einem artikel folgendes zu lesen ist: »anm. d. red.: der hier und in folgenden zitaten verwandte gender gap (unterstrich) wurde aufgrund des schriftlich geführten interviews in diesem artikel beibehalten, ist jedoch nicht standard der redaktionsschreibweise.«[356] eine solche äußerung analysiere ich als genderistisch, da sie zweigenderung und cisgenderung auf eine grundlegende art als unverbrüchliche norm aufruft und re_produziert, ohne an dieser stelle auch überhaupt weiter argumentativ damit umzugehen. dieses zitat zeigt zugleich auch, dass es eine bestimmte norm von lesbisch-sein und lesben gibt, die zweigenderung in keiner weise herausfordert oder herausgefordert haben will und schon nicht einmal eine offenheit für konzeptualisierungen von personen hat, die über zwei- und cisgenderung hinausgeht, was ich höchst problematisch, gefährlich und kritisch finde.

f. umfassende frauisierung

wie sieht die umfassende frauisierung aus?

- die umfassende feminisierung als personale appellation wird so wie konventionalisiert personale appellationen auf ›frauen‹ gebildet, sowohl im singular als auch im plural. in der umfassenden frauisierung sind mit diesen formen alle menschen gemeint:

  |studentin – studentinnen|

  |arbeiterin – arbeiterinnen|

  |professorin – professorinnen|

wann wende ich die umfassende frauisierung an?

- ich wende die umfassende frauisierung an, wenn ich androgenderung grundlegend herausfordern und irritieren will, indem ich die allgemeinmenschliche norm von ›männern‹ hin zu ›frauen‹ verlagere.
- ich wende die umfassende frauisierung an, um die exklusivgenderung von frauisierten, eine weitere strategie von androgenderung, herauszufordern und

356 vgl. kay, manuela; fertig, gudrun (hrsg.) (2012): l-mag 7/8 2012. berlin: spezial media verlag. s. 33.

zu irritieren. häufig wird propagiert, frauisierte extra zu benennen, was über genderspezifizierend ›weiblich‹ appellierende formen gemacht wird, ohne jedoch gleichzeitig die androgendernden formen ebenfalls exklusivgendernd ›männlich‹ zu benutzen. in diesen fällen führen die verwendungen ›weiblich‹ appellierender formen zu exklusivgenderungen von frauisierten unter beibehaltung einer pseudoneutralen ›männlichen‹ androgendernden sprachform für alle personen. dies scheint mir im moment eine vorherrschende strategie in nahezu allen schriftsprachlichen medien zu sein. auf diese weise werden frauisierte exklusivgegendert. dies kann meines erachtens sehr effektiv durch umfassende frauisierungen herausgefordert werden.

- ich wende die umfassende frauisierung in sprachlichen situationen an, in denen primär androgendernde strategien zu finden sind, das heißt eine verwendung androgendernder maskuliner formen und exklusivgendernder femininer formen. die umfassende frauisierung erscheint mir hier als ein gutes mittel, diese normalisierungen von androgenderung infragezustellen

wann wende ich die umfassende frauisierung nicht an?

- ich wende die umfassende frauisierung nicht an, wenn ich zweigenderung nicht re_produzieren will.
- ich wende die umfassende frauisierung nicht an, wenn ich die entnannte wahrnehmung von heteragenderung herausfordern will
- ich wende die umfassende frauisierung nicht an, wenn ich trans-konzeptionen und -positionierungen explizit benennen und anwesend machen will

was muss_kann ich sonst noch zur umfassenden frauisierung wissen?

- die umfassende frauisierung heißt häufig auch ›umfassende feminisierung‹. ich verwende hier stattdessen den begriff umfassende frauisierung, da feminisierung sich auf die kategorie genus bezieht (formen mit femininem genus) statt auf die genderung der so appellierten person (frauisiert).
- die umfassende frauisierung ist unter dem namen umfassendes femininum vor allem von luise f. pusch[357] entwickelt und propagiert worden.
- die form hat eine gewisse verbreitung in feministischen kontexten gefunden, jedoch nahezu nur dort und nicht über diese hinaus. ich sehe sie als ein effektives mittel, die beiden sprachlichen hauptstrategien von androgenderung in personaler appellation effektiv herauszufordern.

[357] pusch, luise f. (1984): das deutsche als männersprache: aufsätze und glossen zur feministischen linguistik. frankfurt a. m.: suhrkamp.

- widerspruch gegen umfassende frauisierung wird in der regel geäußert als: dass hier ja nur die verhältnisse umgedreht würden; dass eine umfassende frauisierung doch genauso ›diskriminierend‹ wie eine androgenderung wäre. diese argumentation vollziehe ich nicht nach. sie macht eine potentielle symmetrisierung zwischen frauisierung und typisierung, die in und durch strukturelle diskriminierung nicht gegeben ist. dies ist auch einer von vielen gründen, warum frauenquoten in meiner wahrnehmung nicht antidiskriminierend sind. strukturelle diskriminierungen sind nicht umkehrbar, sondern eindirektional. dass intervenieren in strukturelle diskriminierungen häufig selbst als diskriminierung von privilegierten bezeichnet wird, gehört zu den gängigen strategien einer abwehr der auseinandersetzung mit der grundsätzlichkeit struktureller privilegierungen, wie ich auch schon im teilkapitel zu wut argumentiert habe.[358]

g. ent-androgendernde frauisierung

wie sieht die ent-androgendernde frauisierung aus?

- die ent-androgendernde frauisierung wird durch die endung -a realisiert, die alle endungen auf -er ersetzt:

  |bürga| – statt traditionell androgendernd bürger.

  pusch verwendet die form auch für andere, nicht personal appellierende formen auf -er: »rechna, staubsauga, brieföffna, dosenöffna, büstenhalta, geschirrspüla, computa«.[359]
- dies wird auch in komposita realisiert:

  |bürgasteig|
- ausgesprochen wird die ent-androgendernde frauisierung genauso wie bisher die -er-formen als -a-.
- ich habe eine spielart dieser form in der letzten zeile der widmung zu beginn dieses buches verwendet (»und weita«).

wann wende ich die ent-androgendernde frauisierung an?

- ich wende die ent-androgendernde frauisierung an, wenn ich androgenderung grundlegend herausfordern und irritieren will, indem ich die allgemein-

[358] zu der these der nicht-umkehrbarkeit von strukturellen diskriminierungen sowie der infragestellung von symmetrisierungen als antidiskriminierende politiken, vgl. auch hornscheidt/nduka-agwu 2010; ag einleitung 2011; tudor 2011; tudor 2013a.

[359] pusch, luise f. (2011): deutsch auf vorderfrau: sprachkritische glossen. göttingen: wallstein verlag. s. 25.

menschliche norm von dem konventionellen muster der bildung von personalen appellationsformen wegnehme und eine neue generische form einführe, die assoziationen mit frauisierung wecken kann, ohne konventionalisiert frauisierte formen zu verwenden.

- ich wende die ent-androgendernde frauisierung an, um die exklusivgenderung von frauisierten, eine wichtige strategie von androgenderung, herauszufordern und zu irritieren. häufig wird propagiert, frauisierte extra zu benennen, was über genderspezifizierend ›weiblich‹ appellierende formen gemacht wird, ohne jedoch gleichzeitig die androgendernden formen ebenfalls exklusivgendernd ›männlich‹ bzw. typisiert zu benutzen. in diesen fällen führen die verwendungen ›weiblich‹ appellierender formen zu exklusivgenderungen von frauisierten unter beibehaltung einer pseudoneutralen ›männlichen‹ androgendernden sprachform für alle personen. dies scheint mir im moment eine vorherrschende strategie in nahezu allen schriftsprachlichen medien zu sein, die sich einen pseudo-anstrich von zweigender-gleichstellung geben wollen. auf diese weise werden frauisierte exklusivgegendert. dies kann meines erachtens sehr effektiv durch ent-androgendernde frauisierungen herausgefordert werden.
- ich wende die ent-androgendernde frauisierung in sprachlichen situationen an, in denen primär androgendernde strategien zu finden sind, das heißt eine verwendung androgendernder maskuliner formen und exklusivgendernder femininer formen. die ent-androgendernde frauisierung ist hier ein gutes mittel, diese normalisierungen von androgenderung infragezustellen.
- ich wende die ent-androgendernde frauisierung an, wenn ich positiv irritieren will. formen auf -a wie weita (statt weiter), kinda (statt kinder), koffa (statt koffer) signalisieren eine antisexistische kreative wiederaneignung und veränderung von sprachformen und auch den damit sprachhandelnd hergestellten wirklichkeitsvorstellungen.
- die a-endung weckt häufig auch assoziationen zu dem a in autonomen bewegungen.

wann wende ich die ent-androgendernde frauisierung nicht an?

- ich wende die ent-androgendernde frauisierung nicht an, wenn ich zweigenderung nicht re_produzieren will.
- ich wende die ent-androgendernde frauisierung nicht an, wenn ich trans-konzeptionen und -positionierungen explizit benennen und anwesend machen will.
- ich wende die ent-androgendernde frauisierung nicht an, wenn ich cis- und kategorialgenderung sprachhandelnd herausfordern, infragestellen und irritieren will.

was muss_kann ich sonst noch zur ent-androgendernden frauisierung wissen?

- sie ist von luise f. pusch entwickelt und angewendet worden. in ihrem buch ›deutsch auf vorderfrau: sprachkritische glossen‹[360] finden sich auch zahlreiche weitere beispiele zu der form.
- viele variationen der form finden sich in unterschiedlichen autonomen kontexten, angehängt und verändert an unterschiedliche wörter, die dadurch eine autonome assoziation bekommen sollen.

h. binnen-I

wie sieht das binnen-I aus?

- das binnen-I wird mit einem großgeschriebenen I in den ansonsten konventionalisiert genderspezifizierend weiblich appellierenden formen benutzt:

  |studentIn, studentInnen|
- bei formen, in der ›weiblich‹ appellierenden form die umlaute haben, wird das binnen-I mit umlaut benutzt:

  |ärztIn, ärztInnen, bäuerIn, bäuerInnen|
- das binnen-I wird mit einer kurzen pause vor dem I ausgesprochen, einem so genannten ›glottal stop‹.

wann wende ich das binnen-I an?

- ich wende das binnen-I an, wenn ich zweigenderung re_produzierend in androgenderungen intervenieren will.

wann wende ich das binnen-I nicht an?

- ich wende das binnen-I nicht an, wenn ich in zweigenderungen intervenieren will.
- ich wende das binnen-I nicht an, wenn ich in cisgenderungen intervenieren und cisgender-vorstellungen irritieren will.
- ich wende das binnen-I nicht an, wenn ich in heteragenderungen intervenieren und diese irritieren will.
- ich wende das binnen-I nicht an, wenn ich in kategorialgenderung intervenieren will.

---

[360] vgl. pusch 2011.

was muss_kann ich sonst noch zum binnen-I wissen?

- das binnen-I wird vor allem mit luise f. pusch verbunden, die dies in zahlreichen publikationen propagiert hat.[361]
- erstmals in öffentlichen medien konsequent benutzt worden ist das binnen-I von der schweizerischen tageszeitung woz – und wird es dort noch heute. im gegensatz dazu wird die deutsche tageszeitung taz viel mit der verbreitung des binnen-I verbunden, ohne dass sie dies jemals systematisch oder konsequent benutzt hätte.
- in österreich und in der schweiz ist das binnen-I in öffentlichen einrichtungen sehr viel häufiger zu finden als in deutschland und hat dort ein insgesamt positiveres image. so wird es fast durchgängig in allen österreichischen universitäten gebraucht. in deutschland zählt es weiterhin zur absoluten ausnahme und ist hier sehr stark mit feminismus und feministischen vorstellungen verbunden – und dies in einer häufig negativen weise.
- das binnen-I steht in vielen medien als das klassische beispiel feministischer sprachveränderung und wird entsprechend häufig genderistisch-humoristisch verulkt, indem es beispielsweise an die verschiedensten formen willkürlich angehängt wird.
- häufig wird das binnen-I auch einmalig zu beginn eines textes verwendet und danach wieder zu genderistischen, androgendernden formen gewechselt.
- die idee des binnen-Is kann auch auf andere wortarten und formen, unter anderem pronomina, übertragen werden:

  |jedE kann doch jetzt wirklich einmal aufräumen!|

  |einE kann doch jetzt wirklich einmal aufräumen!|

  |keinE hat ihrE tasche vergessen? das kann nicht sein!|
- perzeptionsstudien zeigen, dass das binnen-I – im verhältnis zu androgendernden formen – mehr möglichkeiten bietet, auch frauisierte zu konzeptualisieren, liest oder hört einE diese formen.[362]

---

361 vgl. pusch 1984; pusch, luise f. (1990): alle menschen werden schwestern: feministische sprachkritik. frankfurt a. m.: suhrkamp; pusch 2011. weitere texte von luise f. pusch finden sich auf ihrem webblog unter: http://www.fembio.org/biographie.php/frau/blog (6.9.2012).

362 vgl. kusterle 2011.

i. schrägstrich

wie sieht die schrägstrichvariante aus?

- in der schrägstrichvariante wird ein schräger strich zwischen den konventionalisiert ›männlich‹ appellierenden und ›weiblich‹ appellierenden formen gesetzt:

  |student/in, student/inn/en|

  dies kann auch in nominalphrasen der fall sein:

  |jed/e student/in muss ihre/seine scheine abgeben.|

  bei dem possessivpronomen ist hier beispielsweise eine doppelform gewählt worden.
- in pluralformen müssten, um den grammatikalisch normierten regeln der deutschen standardsprache zu genügen, häufig zwei schrägstriche verwendet werden:

  student/inn/en
- ausgesprochen wird die schrägstrichvariante wie die umfassende frauisierung, das heißt ohne beachtung der schrägstriche.

wann wende ich die schrägstrichvariante an?

- ich wende die schrägstrichvariante an, wenn ich zweigenderung bestätigen will und eine exklusive zweigenderung sprachlich zum ausdruck bringen will.

wann wende ich die schrägstrichvariante nicht an?

- ich wende die schrägstrichvariante nicht an, wenn ich das geschriebene auch mündlich wiederholen können möchte; dafür bietet sich die schrägstrich variante nur an, wenn sie ohne schrägstriche gelesen wird, also wie die umfassende frauisierung.
- die schrägstrichvariante ist nicht geeignet für computergestützte leseprogramme, die die schrägstriche nicht lesen können.
- ich wende die schrägstrichvariante nicht an, wenn ich zweigenderung irritieren und überschreiten will
- ich wende die schrägstrichvariante nicht an, wenn ich cisgenderung herausfordern und irritieren will.
- ich wende die schrägstrichvariante nicht an, wenn ich heteragenderung herausfordern und irritieren will.

- ich wende die schrägstrichvariante nicht an, wenn ich kategorialgenderung herausfordern und irritieren will.

was muss ich sonst noch zur schrägstrichvariante wissen?

- die schrägstrichvariante wird häufig in öffentlichen formularen verwendet, in denen keine wiederaufnahmen durch pronomina stattfinden.
- die schrägstrichvariante zementiert zweigenderungen und macht ein kontinuierliches entweder-oder stark.
- eine ähnliche und noch kompliziertere schreibweise ist die ersetzung der schrägstriche durch klammern:

  student(in), student(inn)en

  diese variante halte ich für noch viel problematischer, da sie in meiner lesart im schriftbild eine exklusivfrauisierung gekoppelt mit einer androgenderung vornimmt: frauisierte sind hier die ausnahme, die in klammern gesetzte option zur ›männlich‹-allgemeinmenschlichen vorstellung.
  diese form ist darüber hinaus wie die gesamte schrägstrich-variante zweigenderung re_produzierend.

j. partizipialformen

wie sieht die partizipialform aus?

- die partizipialform wird aus verbformen gebildet:

  der/die studierende, die studierenden
- bei der verwendung von artikeln wird die partizipialform wie im obigen beispiel in der regel mit schrägstrich-varianten gekoppelt.

wann wende ich partizipialformen nicht an?

- ich wende die partizipialform grundsätzlich nicht an. alle perzeptionsuntersuchungen zur wirkung von partizipialformen[363] zeigen, dass sie genauso eingelesen werden wie androgendernde formen. das heißt, dass sie einen ›männlichen‹ bias herstellen.
- partizipialformen fordern zweigenderung nicht heraus, sondern naturalisieren zweigenderung – sowohl in ihrer wirkung als auch in ihrer verbindung mit artikel mit schrägstrichvarianten.
- partizipialformen bestätigen cis-, hetera- und kategorialgenderung als normen und hinterfragen sie nicht.

---

[363] vgl. kusterle 2011.

was muss ich sonst noch zu partizipialformen wissen?

- partizipialformen haben sich in deutschen universitären kontexten relativ schnell und problemlos durchgesetzt und haben nicht viel widerwillen ausgelöst.
- dies ist nicht erstaunlich, da mit ihnen genderistische konzeptualisierungen in keiner weise herausgefordert werden, sondern sich bestätigen – gleichzeitig aber mit einem duktus, doch reflektiertere formen zu verwenden.
- partizipialformen sind für mich also ein beispiel für eine problematische hegemoniale sprachveränderung. eine sehr schnelle übernahme von sprachveränderungen in hegemoniale gebrauchsweisen ist in bezug auf die vereinnahmungen und ausschlüsse, die durch sie hergestellt werden, in der regel kritisch zu betrachten. das beispiel der partizipialform zeigt deutlich, dass es eine oberflächliche sprachveränderung gibt, die sich nur deshalb hat durchsetzen können, da sie eben gerade nicht genderistische konzeptualisierungen irritiert.

k. neutrumsformen

wie sieht die neutrumsform aus?

- die neutrumsform ist die grammatikalische veränderung von konventionalisiert androgendernden formen in grammatische neutrumsformen:

  das student, das arzt, das teilnehma
- die letzte oben genannte form ist eine weitaentwicklung der neutrumsform, indem auch die endung -er dann jeweils durch ein -a ersetzt wird. eine weitere variante ist es, in diesen fällen auch attribute mit der endung -a zu versehen:

  das schlaua teilnehma

wann wende ich neutrumsformen an?

- die neutrumsform wende ich an, wenn ich mich zweigenderübergreifend auf personen beziehen will. dadurch, dass das grammatische genus dazu genutzt wird, und dies dreigeteilt im standardisierten deutschen ist (neutrum, femininum, maskulinum), wird auch mit den neutrum indirekt zweigenderung über femininum und maskulinum aufgerufen.

wann wende ich neutrumsformen nicht an?

- ich wende die neutrumsformen nicht an, wenn ich zweigenderung infragestellen will.

- ich wende die neutrumsformen nicht an, wenn ich cisgenderung irritieren, herausfordern oder infragestellen will.
- ich wende die neutrumsformen nicht an, wenn ich heteragenderung irritieren, herausfordern oder infragestellen will.
- ich wende die neutrumsformen nicht an, wenn ich kategorialgenderung infragestellen will.

was muss ich sonst noch zu neutrumsformen wissen?

- die traditionelle variante der neutrumsform wurde meines wissens von luise f. pusch (1984) erstmalig in deutschland in publizierter form vorgeschlagen.
- mir sind über einzelne verwendungen hinaus keine übergreifenden regelmäßigen verwendungen dieser form bekannt.
- sie bietet sich an, um in bestimmten kontexten und situationen mit genusmarkierungen zu spielen und diese herauszufordern.
- die neutrumsform ermöglicht eine infragestellung rigider und schwierig zu lernender genuseinteilungen im deutschen.

einzelformen und lexikalisierte sprachveränderungen

sprachhandeln als teil sozialer veränderungen muss sich immer weiter verändern, bewegen. minnie bruce pratt erzählt in einem essay, aus dem das nachfolgende zitat entnommen ist, wie sie über das schreiben einen weg zu einer auffassung von sich selbst als teil eines kollektivs gefunden hat und welche rolle sprachliche appellationen dabei gespielt haben:

> »i had no place to go, three times a week, to hear a lesbian voice. how have we ever found each other? for a long time we fought each other only through the wordless look: searching for the other woman who was also looking, *really looking at you*, and seeing you, the woman who was the other lesbian. for a long time there were no public words for us, no definition for *lesbian* in other than ›sick‹, ›unnatural‹, ›kin to thieves, murderers, and liars‹, and those books usually kept behind locked doors where perverted books belonged. how did we find each other? we made a political movement and a culture; we taught ourselves to speak, to write, to sing; we heard each other and we found each other. […] we couldn't wait for the world to name us writers, we must create ourselves.«[364]

die oben systematisierten möglichen sprachveränderungen müssen also auch immer situativ und kontextuell überlegt werden: wex meine ich genau mit meiner

[364] pratt, minnie bruce (1991): when the words open into some not yet open space. in: warland, betsy (hrsg.): InVersions. writing by dykes, queers & lesbians. vancouver: press gang publishers. s. 30.

äußerung? auf wex beziehe ich mich? welche positionierungen und personengruppen will ich ausdifferenzieren? was macht es, wenn ich formen verwende, die möglichst viele personengruppen meinen sollen, ohne dass diese ausdifferenziert werden? die obigen sprachveränderungen sind kontinuierlich in bewegung und werden sich immer weiter verändern. die form der darstellung soll anregungen dazu bieten, selbst aktiv und kreativ über die eigenen sprachverwendungen nachzudenken und diese immer wieder neu zu verändern und herauszufordern.

über die oberen sprachveränderungen personaler appellationen hinausgehend diskutiere ich im folgenden weitere, antigenderistisch veränderte einzelformen, die sich vor allem auf lexikalisiert gegenderte konventionalisierte sprachformen beziehen. darüber hinaus gibt es viele weitere spannende und wichtige personale appellationsformen, die verändert werden könnten, wie beispielsweise verwandtschaftsbezeichnungen, die im deutschen fast durchgängig zweigegendert sind. dazu habe ich ausführlich in hornscheidt (2006) geschrieben, ideen für re_signifizierungen dieser formen finden sich in hornscheidt (2008).

a. frauisiert/e

die im letzten kapitel unter dem abschnitt ›frau‹ angeführte kritik von butler an der vorgängigsetzung der kategorie ›frau‹ wird durch ak feministische sprachpraxis (2011) durch eine appellationsform umgesetzt, die die konstruktion der kategorisierung betont: frauisierte. durch diese benennungsform wird deutlich, dass die sprachliche benennung nicht auf eine außerhalb dieser benennung vorhandene kategorie, person oder personengruppe ›referiert‹, sondern dass die benennung die kategorisierung in ebendiesem moment herstellt. die benennungsform frauisierte (oder auch das adjektiv frauisiert) betont also den konstruktionscharakter der sprachlichen benennung und macht diese ebene der kategorisierung damit einfach zugänglich und in der kommunikation wahrnehmbar.

die form frauisiert ist damit gleichzeitig auch eine sprachhandelnd umgesetzte kritik an der naturalisierung, die die form ›frau‹ häufig in ihrer konzeptualisierung erfährt. die benennung ›frau‹ als exklusivbenennung für eine soziale positionierung, die durch genderismus diskriminiert sei, ist in meiner analyse und wahrnehmung genderistisch, da sie zweigenderung re_produziert und naturalisiert, diskriminierungen durch cisgenderung und heteragenderung entnennt. eine exklusivverwendung der form ›frau‹ als dichotomer gegenpol zu ›mann‹ ist damit für mich eine genderistisch diskriminierende sprach_handlung.

die veränderung dieser form in die prozessuale form |frauisiert| fordert diese sprachliche vorgängigsetzung und naturalisierung effektiv und in einer einfachen form heraus. frauisiert drückt daher für mich auch die herstellung von zweigenderung über und in dem konzept ›frau‹/frauisiert aus.

b. typen/typisierte

die benennungsform typen oder typisierte ist in ›feminismus schreiben lernen‹ (2011) eingeführt worden, um eine konventionalisierte benennung mit ›mann‹ zu ersetzen. zum einen wird auf diese weise der kritik an der androgendernden verwendung der form ›mann‹ rechnung getragen, zum anderen wird auf diese weise eine pseudo-neutrale symmetrie zwischen den konventionalisierten appellationsformen ›frau‹ und ›mann‹ aufgelöst und ihr ein potentielles wortpaar gegenübergestellt (|frauisiert| versus |typisiert|), mit dem zum einen der konstruktionscharakter dieser sozialen positionierungen explizit gemacht wird und zum anderen die durch genderismus konstituierte hierachie zwischen diesen positionierungen durch die asymmetrisierenden formen zum aus_druck gebracht wird. ausgehend von einer antigenderistischen analyse, handelt es sich bei ›frau‹ und ›mann‹ um unterschiedliche soziale positionierungen, die durch genderismus konstruiert sind. eine parallel anmutende begrifflichkeit, wie es mit ›frau‹ und ›mann‹ oder ›frauen und männer‹ der fall ist, nennt diese soziale asymmetrie weg, ent_erwähnt den immer in den anrufungen enthaltenen und mitre_produzierten genderismus. eine ersetzung der konventionalisierten form ›mann‹ durch typ macht die machtdifferenz in den konventionalisierten appellationspraktiken zu zweigenderung explizit.

die form typisiert geht noch einen schritt weiter und macht den konstruktionscharakter auch dieser sozialen positionierung, vergleichbar mit der oben besprochenen form frauisiert, konventionalisiert einfacher wahrnehmbar. auch diese form kann als adjektiv (typisiert) verwendet werden.

auf diese weise würden auch konzepte wie ›frauenquote‹ alleine schon durch die begriffsbildung kritisch reflektiert werden können: frauisierte quote macht deutlich, dass es nicht zunächst eine feststehende natürlich kategorie ›frauen‹ gibt, für die dann eine quote angewendet wird, sondern dass die soziale positionierung genau über solche begriffsverwendungen als natürlich und vorgängig immer wieder auch geschaffen wird.

ansprachen

für ansprachen wie für jegliche formen personaler appellationen ist es eine grundlegende herangehensweise einer antidiskriminierenden sprachhandlungspraxis, sich zu fragen:

- wie will die betreffende person angesprochen werden? welche hinweise habe ich darauf, wie sie sich selbst ver_ortet und sozial positioniert?

habe ich keine expliziten hinweise oder gehörten selbstappellationen von der betreffenden person, ist es wichtig, die person so anzusprechen, dass sie sich möglichst nicht auf eine betimmte genderistische form von gender hin zu_geschrieben fühlen muss. dazu sind in meiner wahrnehmung die unten aufgeführten antigenderistischen und die dynamisierend gendernden ansprachеformen geeignet.

– *antigenderistische anspracheformen*:

|dear|; |hallo|; |guten tag|.

handelt es sich um die ansprache einer einzelnen person, so bietet es sich an, die oben aufgeführten formen zusammen mit vor- und nachnamen – oder je nach bekanntschaftsgrad – nur mit vornamen zu verwenden. auf keinen fall aber zusammen mit den genderistisch diskriminierenden formen ›frau‹ und ›mann‹, dies wäre dann doch wieder zweigendernd.

beispiele sind:

|dear lann|; |guten tag lann hornscheidt|; |hallo lann hornscheidt|

oder einfach:

|lann!|

– *dynamisierend gendernde ansprachefornen – der dynamische unterstrich:*

sehr geeh_rte (…); li_ebe (…)

empfehlenswert ist die verbindung dieser ansprachen mit kollektivbezeichnungen, die dann ebenfalls mit dem dynamischen unterstrich verwendet werden sollten:

lie_be freu_ndinnen; sehr gee_hrte kolle_ginnen

– in der mündlichen aussprache wird mit dem jeweiligen unterstrich eine ganz kurze pause eingelegt und danach dann der zweite teil des wortes wie ein neues wort gesprochen, jedoch dicht am ersten dran.

– handelt es sich um die ansprache einer einzelnen person, so bietet es sich an, die oben aufgeführten formen zusammen mit vor- und nachnamen – oder je nach bekanntheitsgrad nur mit vornamen – zu verwenden, auf keinen fall aber zusammen mit den an sich schon genderistischen formen ›frau‹ und ›mann‹. dies wäre dann doch wieder zweigendernd. statt einer zweigendernden form in der ansprache wäre hier die verwendung einer x-form oder a-form möglich.

beispiele sind:

|lie_bx lann hornscheidt; lie_ba lann|

– eine ansprache mit zweigendernden ansprachefornen würde ich nur wählen, wenn ich mir sicher bin, dass die angesprochenen personen sich mit zweigenderung identifizieren. bei zweigendernden ansprachen ist es empfehlenswert, die frauisierte form zuerst zu nennen, um eine mögliche konzeptualisierung von frauisierten zu schaffen.

– *zweigendernde ansprachen – binnen-I; doppelformen; schrägstrichformen:*

liebE; sehr geehrtE; liebe und lieber; sehr geehrte und sehr geehrter; liebe/r; sehr geehrte/r bei personen, die sich nicht innerhalb einer vorstellung von zweigenderung ver_orten, sind binnen-I, doppelformen oder schrägstrichformen ebensowenig mögliche alternativen, wie eindeutig genderspezifizierende frauisierte oder typisierende formen.

– das heißt, bei der ansprache an eine gruppe, zu der ich gehöre, würde ich die folgenden formen als diskriminierend wahrnehmen:

  liebE kollegInnen; liebe frauen

antigenderistische veränderungen von pronominaformen

einige pronominaformen habe ich bereits im obigen teil unter den verschiedenen möglichkeiten, zum beispiel bei der x-form, angesprochen. hier stelle ich nun noch weitergehende mögliche sprachveränderungen und -überlegungen zu einzelnen pronominaformen vor.

antigenderistisch intervenierende veränderung von indefinitpronomina

das im deutschen verwendete indefinitpronomen ›man‹ wird schon lange von femininistinnen für seine androgendernde konzeptualisierungen kritisiert. mit dem in diesem buch vertretenen erweiterten verständnis von genderistischer sprachhandlungsdiskriminierung verändern sich folglich auch die vorschläge für veränderte sprachhandlungen.

– *antigenderistisches indefinitpronomen:*

  |x|.

  zu dieser form habe ich weiter oben unter der x-form schon etwas geschrieben. das x als einzeln stehende form bietet sich auch als pronomen an, da es – in dem vorgeschlagenen modell – eine sprachhandlung, die personen benennt, signalisiert. das x interveniert gleichzeitig in festgelegte bedeutungsvorstellungen, durchkreuzt diese wortwörtlich. es ist einfach auszusprechen, bisher nicht anders belegt und hätte das potential, über personale benennungen kontinuierlich geschaffene genderungen herauszufordern. gleichzeitig ist aber immer auch kritisch zu überdenken, inwiefern durch die x-form prototypisierende genderistische, rassistische und ableistische konzeptualisierungen einfach nur ent_erwähnt und sie auf diese weise machtvoll normalisiert werden. der gebrauch von x-formen ist also keine gesamtlösung, die immer und überall eingesetzt werden kann, sondern muss jeweils genau überlegt werden.

– *weitere antigenderistische pronominaformen:*

  |*|; |es|.

  zu beiden formen habe ich auch schon weiter oben geschrieben. das sternchen ist im schreiben einfach, im aussprechen vielleicht auch schwieriger und zusätzlich auch mit einer genus-einteilung verbunden. dieses argument gilt in noch stärkerem maß wie die neutrums-form |es|, die häufig auch abgelehnt wird, da sie als benennung ent-menschlichen würde. die form |es| wird zudem auch als pronominale wiederaufnahme für andere neutrums-substantive verwendet und kann auch dadurch doppeldeutig sein.

in manchen kontexten wird auch die form ›mensch‹ propagiert, die aber meines erachtens starke androgendernde konzeptualisierungen unterstützt.

– *genderdynamisierendes indefinitpronomen:*

  |ein_e; eine*|

  wie oben dargestellt, re_produzieren genderdynamisierende indefinitpronomina zugleich auch wieder zweigenderung. ich würde sie also mit denselben einschränkungen und überlegungen anwenden, die ich weiter oben im teilkapitel zu dynamisierenden unterstrichen bereits angeführt habe.

  |ein_yke|

  die form ein_yke ist eine dyke_transende spezifizierende und keine generische form. ich würde sie ebenso wie die weiter oben besprochenen formen yke/tryke anwenden, wenn ich mich spezifisch auf eine person sprachlich beziehe, die umfassend antigenderistisch ver_ortet ist.

– *zweigenderndes indefinitpronomen:*

  frau/man

  mit dieser verwendung wird die androgenderung von ›man‹ zwar irritiert, zweigenderung aber weiterhin re_produziert. ich würde die form nur verwenden, wenn ich zweigenderung als exklusiv darstellen und wiederherstellen will.

  frau

  mit dieser form wird die androgenderung von ›man‹ irritiert und die exklusivgenderung von ›weiblichkeit‹ herausgefordert, das heißt die beiden strategien von androgenderung herausgefordert. trotzdem aber wird mit der form zweigenderung re_produziert, cisgenderung und kategorialgenderung auch nicht herausgefordert. entsprechend würde ich sie nur in kontexten anwenden, wenn ich zweigenderung nicht infragestellen, sondern bestätigen will.

– *weitere dimensionen des indefinitpronomens und seiner veränderung:*

  das indefinitpronomen lässt sich auch häufig in direkte ansprachen (du) oder selbstaussagen (ich) umwandeln. bei dem versuch dies auszuprobieren, merken personen schnell, dass sie das indefinitpronomen auch verwenden, um in texten und mündlichen ansprachen weniger direkt anwesend zu sein. viele probieren dann auch die verwendung von passivformen als alternativen (statt: ›man muss immer einmal ein gedicht lesen‹, umformulierung: ›es muss immer einmal ein gedicht gelesen werden‹).

---

schreibübung

probiere aus, wie sich ein und derselbe satz mit unterschiedlichen ausdrucksformen anfühlt:
man muss immer einmal ein gedicht lesen.
ich muss immer einmal ein gedicht lesen.
du solltest immer einmal ein gedicht lesen (in meiner wahrnehmung).
es muss immer einmal ein gedicht gelesen werden.
frage dich, was du wem eigentlich sagen willst, wie sich die unterschiedlichen formen anfühlen, was es mit dir in bezug auf deine interaktion mit anderen macht.

›man‹-formen sind in meiner wahrnehmung häufig versuche, sich in kommunikationsformen zu schützen, allgemeingültigkeiten zu postulieren, in den eigenen äußerungen weniger präsent oder anwesend zu sein – weder in bezug auf aussagen über sich selbst (ich-formen) noch in bezug auf andere (du-anreden). ›man‹-formen entsprechen traditionellen vorstellungen zu wissenschaftlichkeit und finden deshalb häufig auch in wissenschaftlichen texten und gesprächen anwendung.

was passiert, wenn ich das umfassende ›man‹ auflöse, konkretisiere, wenn ich selbst beginne, in meinen äußerungen präsent zu sein, mich sprachlich explizit und anwesend mache und meinen anspruch auf allgemeingültigkeit aufgebe?

personalpronomina

im folgenden stelle ich ideen für eine veränderung von personalpronomina vor, die zweigenderungen herausfordern. eine veränderung von proniminalen formen halte ich für ganz grundlegend, um genderismus, insbesondere um zweigenderistische diskriminierungen herauszufordern. transxte personen werden kontinuierlich durch zweigendernde pronomen diskriminiert: transxt ver_ortete personen stellen zweigenderung infrage und stoßen dadurch häufig an die grenzen öffentlicher wahrnehmungen, die sich gerade auch über pronominaformen zeigen. eddie gesso schreibt:

> »every day i (re)construct myself, put on my binder, pack if i feel safe enough andenter the world. through the use of gendered pronouns i am continually confronted with an image of myself that i do not claim or own. i restructure myself with each outing, denial, and dismissal. it is particularly confounding to repeatedly experience this within the academic environment.«[365]

---

[365] gesso, eddie (2010): pronouns not of my own making: language and gender miscrecogni-

im deutschen kontext wird von personen immer mal wieder betont, dass es ja so schwierig sei, dass es keine anderen formen außer ›sie‹ und ›er‹ gäbe und dass x deshalb ja keine wahl zu weitergehenden veränderungen habe. in dieser argumentation wird die idee eines ausgesetztseins einer sprache, die nicht selbst aneigenbar und veränderbar sei, immer auch wieder bestätigt. die nachfolgenden ideen sollen inspirationen dafür geben, sich sprachliche handlungen – auch auf der ebene von pronomina – selbst aneignen zu können.[366] personalpronomina der dritten person im singular sind drittbenennungen und drittpositionierungen. sie treffen aussagen über andere – dritte – personen und teilen ihnen, wenn konventionalisiert traditionelle pronominaformen im deutschen gebraucht werden, eine möglichkeit von zwei gendern zu. zweigenderung wird auf diese weise naturalisiert und kontinuierlich re_produziert.

um dies zu brechen, fordere ich studierxs in meinen seminaren auf, keine pronominaformen zu verwenden, wenn sie über mich reden, sondern stattdessen immer wieder meinen namen zu verwenden (zum beispiel: ›wie lann vorhin gesagt hat.‹). dies ist also eine möglichkeit der veränderung genderistischer pronominaformen in sprach_handlungen. diese möglichkeit bietet sich zudem auch an, wenn ich nicht weiß, ob die andere person sich im rahmen einer zweigenderung identifiziert – ich vermeide so also auch eine potentiell genderistische benennung. eddie gesso schreibt: »i am only visible for a moment. the ›i‹ that i carefully construct gendered language erases.«[367] aus diesem grund also ist es wichtig, sich neue formen entgendernden sprechens zu überlegen, eigene anwesenheiten so zu wollen, dass ich es auch sprachlich umsetze.

auch die nachfolgenden ideen der englischen form they als singularpronomen ver_sucht genau diese zweigenderungsforcierung aufzubrechen.

call me they

sehr inspirierend ist die englischsprachige internetseite ›call me they‹ der künstxs elisha lim und coco riot.[368] diese seite wird kontinuierlich verändert und ergänzt und bringt viele inspirationen zu der pronominalen form they als benennung für einzelne personen im englischen. sie verweist auch auf ablehnungen dieser form, kritische auseinandersetzungen mit ihr usw. motivation für die verwendung der form ist es für die künstxs gewesen, dass sie sich nicht als getransxt in regimes von zweigenderung, die durch die formen ›she‹ und ›he‹, in welcher kombination

---

tion in the academy. s. 3. http://www.eddiegesso.com/files/pronounsnotofmyownmaking.pdf (27.8.2012).

366 für eine ausführliche analytische darstellung zur veränderung von pronominaformen im französischen und englischen aus queerer perspektive, vgl. livia, anna (2001): pronoun envy. literary uses of linguistic gender. new york: oxford university press.

367 gesso 2010: 2.

368 webseite von elisha lim und coc riot: http://callmethey.tumblr.com (8.10.2012).

auch immer, immer wieder geschaffen und re_produziert werden, einordnen lassen wollen.[369]

eine gruppe von studierxs hat als sprachliche interventionshandlung angefangen, gedichte zu schreiben – und damit also auch eine genreveränderung wissenschaftlicher wissensproduktion durchgeführt. in zwei gedichten spielt auch die phrase ›call me they‹ eine rolle, von der ich eines hier zitiere:

»›call me they‹, they said
looking boldly into the cyclops‹ eye
that can't see what their eyes have seen:
life stories erased and written anew
in many different colours
trans_gressing the lines
colouring outside binary expectations
›we are not afraid of taking up space‹, they said,
›of existing despite our impossibility‹«[370]

---

schreibübung

wie ist die form they ins deutsche über_setzbar? welche ideen fallen dir dazu ein? versuche mit verschiedenen möglichkeiten zu spielen, sie auszuprobieren, auszusprechen anzuwenden. was macht das suchen alleine schon mit dir? und mit deiner kommunikation mit anderen?

---

nin

percy baumgartinger zitiert das ergebnis eines workshops, welcher zu einem neuen transpronomen geführt habe – nin –, welches auch weiter durchdekliniert worden ist. dieses pronomen ist den zweigendernden formen ›er‹ und ›sie‹ an die seite gestellt, als dritte pronominaform, die transpersonen appelliert.[371] auf diese weise wird in meiner wahrnehmung zweigenderung stehengelassen, nicht herausgefordert, sondern um eine dritte form, die ein drittes geschlecht oder nicht-geschlecht signalisieren kann, ergänzt.

die unterschiedlichen formen der form nin, je nachdem ob es im nominativ, genitiv, dativ oder akkusativ, singular oder plural, gebraucht wird, imitiert zudem in

---

[369] eine eher traditionelle seite mit einigen argumentationen, warum they ein singular-pronomen ist, ist hier: http://motivatedgrammar.wordpress.com/2009/09/10/singular-they-and-the-many-reasons-why-its-correct/ (27. 9.2012)

[370] webseite der studierxs-gruppe bestehend aus maja spee, laura chelebet, judith nahrwold, magdalena augustyniak, emma vikström, anja trittelvitz: http://turbulente-w-orte.tumblr.com (8.10.2012).

[371] vgl. baumgartinger 2008.

meiner lesart eine standardisierte variante des deutschen, die selbst nicht unproblematisch ist, sondern auch ausschlüsse schafft. ich würde stattdessen eine form über alle kasusverwendungen hinweg als zugänglicher und gebräuchlicher empfinden.[372]

x

wie auch als indefinitpronomen, verwende ich x auch als personalpronomen dritte person singular, wenn ich es angemessen finde, das heißt, wenn ich zweigenderung und darüber hinaus auch kategorialgenderung herausfordern will. in der verwendung der x-form als personalpronomen dritte person singular für eine konkrete person würde ich die form also verwenden, wenn diese person sich als getransxt ver_ortet.

wenn eine person sich als trans mit einer re_produktion von zweigenderung ver_ortet beispielsweise, würde ich auch entsprechende pronominaformen verwenden:

sie, er oder eventuell si_er

die meisten trans-ver_orteten personen machen in der regel deutlich, mit welcher pronominalen form sie auch als drittpositionierung benannt werden wollen.

ivan e. coyote beispielsweise beschreibt auf ihrem blog, wie sie sich für die pronominaform ›sie‹ entschieden hat:

> »i have come to an uneasy truce with the fact that there are not really enough gender pronouns, boxes on government forms or safe bathroom stalls for people like myself. i have the finely honed spidey senses and street smarts necessary for survival of all gender transgressors. […] for years i have secretly yawned and answered the ubiquitous gender pronoun preference question with a noncommittal shrug, thanking the asker for asking and then answering that they could basically call it like they saw it, that i didn't really have a preference. and for years this was mostly true. mostly. […] for years i told teachers to call me she, because it seemed simpler. it seemed like this would let the kids focus on the stuff i really wanted to talk to them about. i wanted to talk about how to make schools safer for everyone, not my gender identity. i convinced myself that who i was and how i identified was not all that important to the discussion. then just recently, i started to to tell the teacher to call me she for a whole different bunch of reasons. somewhere along the line i realized that who i am and what i call myself might matter a whole lot to them. because i want to stand up in front of a whole bunch of bodies coursing with newly minted hormones and prove to them that female bodies can look like just about anything their owners

[372] eine weitere problematik dieses textes – aber nicht nur dieses, sondern vieler *weißer* transargumentationen – ist die parallelsetzung von rassismuskonstituierungen und transkonstituierungen durch zitate Schwarzer personen, deren diskriminierungszurichtungen als parallel mit trans-diskriminierungen interpretiert werden. auf diese weise werden Schwarze transpositionen ent_erwähnt und eine *weiße* transnorm implizit und machtvoll universalisiert. solche argumentationen, die diskriminierungsverhältnisse entdependieren, sind rassistisch. vgl. kapitel iii.

want them to. […] because for me, right now, in this body, on this planet, this feels like the most revolutionary thing i can do, and the most hardcore fuck-the-binary creature i can be.«[373]

in diesem zitat wird zugleich auch deutlich, wie stark eine aussage zur benennungspraxis mit einem pronomen dritte person singular als ein ›bekenntnis‹ zu einer selbstgenderung/selbstgenderwahrnehmung verbunden ist: eine aussage dazu, welches (von zwei) pronomen andere für mich benutzen sollen, lässt sich in meine rolle und mein genderverständnis einlesen. sprachliche benennungen spielen hier eine zentrale rolle für die frage, wie personen sich zu genderismus verhalten. genau an diesem punkt der sprachlichen benennung entzünden sich dann, in bezug auf unterschiedliche trans-vorstellungen, auch diskussionen und kämpfe.

eine weitere gruppe von pronominalen veränderungen im anschluss an die ausdifferenzierung von genderismus in diesem buch sind unterschiedliche formen von genderdynamisierenden personalpronomina in der dritten person singular:

genderdynamisierende personalpronomina

unterstrichvarianten wieder aufnehmend und variierend sind die folgenden formen:

sie_er; si_er; er_sie; sier; sier*

wie mit allen unterstrichvarianten wird auch hier in meiner lesart zweigenderung nicht grundsätzlich infragegestellt, sondern dynamisiert, die konstituierung von zweigenderung als einzige möglichkeit irritiert. der unterstrich in den personalpronominaformen weist auf mögliche lücken und brüche in zweigenderung hin. in allen diesen formen sind die konventionalisierten ›weiblichen‹ und ›männlichen‹ pronomina stark herauszulesen und zu hören. auf diese weise wird nicht nur zweigenderung re_produziert, sondern auch cisgenderung.

eine form, die eine umfassend antigenderistische ver_ortung vornimmt, ist die pronominaform:

yke/tryke

sie ist in anlehnung an die weiter oben diskutierten substantivformen gebildet und wird dort besprochen.

die schwedische form hen als genderneutralisierendes pronomen dritte person singular

im schwedischen wird seit ende 2011 die form hen diskutiert, um den formen ›hon‹ und ›han‹ (›sie‹ und ›er‹) eine genderunspezifizierende form an die seite zu stellen. diese form soll und wird in kontexten verwendet, in denen die genderzuschreibung innerhalb einer zweigegenderten vorstellung keine rolle spielen soll oder für die sprachprodu_zentinnen keine rolle spielt, in der intendierten lesart. zu fragen ist

[373] coyote, ivan e. (2010): a word's worth. http://www.xtra.ca/public/national/a_words_worth-8870.aspx (8.10.2012).

hier meines erachtens tatsächlich, ob es momentan situationen und kontexte gibt, in denen, wenn es um personen geht, genderung irrelevant und nicht zumindest implizit und prototypisierend mitkonzeptualisiert wird – ob es sich hier also nicht eigentlich um ein ideal handelt, welches gleichzeitig die starke präsenz und öffentliche konstituierung von genderismus wegnennend funktioniert und auf diese weise gegenteilige effekte zu der vorgeblichen, gender als irrelevant zu setzen, hat.

im moment gibt es meines erachtens im schwedischen öffentlichen diskurs zwei konkurrierende gebrauchsweisen der form hen (als ersetzung der genderspezifizierenden formen ›hon‹ (›sie‹) und ›han‹ (›er‹):

eine variante, in der die form hen explizit neben cisgegenderten personen auch transgender mitmeinen oder ansprechen soll;

eine variante, in der genderungen vorgeblich keine rolle mehr spielen.

interessant an der öffentlichen diskussion, die 2012 über ein paar monate erhitzt geführt worden ist, ist unter anderem, dass es nur sehr peripher um die frage eines pronomens, mit dem trans-positionierungen explizit gemacht würden, gegangen ist. stattdessen ist diese frage – in der oben genannten ersten variante – recht direkt unter eine allgemeine, für alle gültige benennungsform subsumiert worden. auf diese weise wird meines erachtens eine ausdifferenzierung unterschiedlicher positionierungen von personen und personengruppen, die durch genderismus diskriminiert werden, verunmöglicht – gleichzeitig aber in der öffentlichkeit der eindruck einer aktiven auseinandersetzung mit cisgenderismus gegeben.

die relativ schnelle und weitreichende einführung dieser neuen form in die standardisierte variante des schwedischen zeigt gleichzeitig aber auch die großen möglichkeiten sprachkreativer veränderungen. wie mit allen sozialen interventionen in interdependente diskriminierungen ist es immer kritisch-reflektiert zu betrachten, wenn änderungen sehr schnell von einer großen öffentlichkeit angenommen oder übernommen werden. an diesen punkten kann x sich immer auch die frage stellen, inwiefern es hier inhaltliche reflektionen und auseinandersetzungen gibt oder gegeben hat oder inwiefern es hier beispielsweise zu hegemonialen vereinnahmungen kritischer positionen kommt, die auf diese weise nicht weiter gehört und umgesetzt werden müssen.

intervenieren in genre-normierungen und genre-normalisierungen – reflexion konventionalisierter genreformen und schaffung neuer genres

die bis hierher diskutierten ideen und umsetzungen in intervenierende sprachhandlungen beziehen sich vor allem auf die ebene einzelner wörter, insbesondere für personale benennungen. intervenierende antigenderistische sprachhandlungen können aber sehr viel mehr ebenen und dimensionen von sprachgebrauch betreffen, wie auch die oben vorgestellten veränderungen konkreter einzelner formen auch im kontext umfassenderer sprachveränderungen wahrgenommen werden können müssen. eine wichtige ebene einer antigenderistischen sprachveränderung, die über veränderungen einzelner sprachformen hinausgeht, ist die reflexion und neugestaltung von genrekonventionen.

genres sind text- und sprachmuster, die sich in einer gesellschaft machtvoll herausgebildet haben und die häufig unveränderbar, selbstverständlich erscheinen und deren ›regeln‹ und arten des verfassens ein_e in verschiedenen sozialisationsstufen erlernen kann. warum bestimmte textmuster und -vorstellungen ein genre bilden, steht dabei häufig nicht zur debatte, sondern wird im erlernen und im gebrauch vorausgesetzt. ein immer noch verbreitetes und immer wieder propagiertes genremittel wissenschaftlichen schreibens ist beispielsweise die vermeidung von ich-formen. an diesem beispiel zeigt sich zugleich auch gut, wie die verwendung beziehungsweise nicht-verwendung einzelner formen mit größeren genrevorstellungen und in diesem falle vorstellungen dazu, was wissenschaftlichkeit sei, zusammenhängt. ich-formen sollen im wissenschaftlichen schreiben vermieden werden, so die argumentation, da es bei wissenschaftlichkeit ja gerade darum gehen würde, über das individuum hinaus zu allgemeineren erkenntnissen zu gelangen. aus antigenderistischer perspektive ist jedes wissen situiert, nie neutral. aus diesem grund ist es mit einem antigenderistischen wissenschaftsverständnis wichtig, die situierung der eigenen wissensproduktion zu reflektieren und explizit zu machen. eine ich-form ist dabei nur ein hilfsmittel, denn in feministischen wissensproduktionen geht es vor allem darum, zu reflektieren und explizit zu machen, welche strukturellen interdependenten positionierungen bestimmte aussagen ermöglichen und andere verunmöglichen.

genres als rassistische normalisierungen

chrystos fragt »how much does colonization shape my writing?«[374] und stellt diese frage aus einer durch kolonialismus diskriminierten positionierung. sie ist meines erachtens genauso – wenn auch anders durch die unterschiedliche soziale positionierung – für durch kolonialismus privilegierte personen wie mich relevant. oder anders herum ausgedrückt: wenn ich als durch kolonialrassismus privilegierte person das, was ich als sprache erlebe, als neutrales medium wahrnehme, welches mehr oder weniger problemlos geeignet ist, das zum ausdruck zu bringen, was ich ausdrücken will, kann ich in dem moment davon ausgehen, dass ich bestimmte normalisierungen, die in diesem konzept von sprache enthalten sind, selbst re_produziere und von ihnen profitiere und mir über die grundlegenden, subtilen und umfassenden mechanismen der diskriminierung in und durch ›sprache‹ nicht bewusst bin.

eine reflexion von genremustern, die ich als gegeben und vorgängig ansehe, ist damit also wichtiger bestandteil einer reflexion einer umfassenderen sprachmäch-

---

[374] chrystos 1991: 242.

tigkeit, die sich unter anderem auch in genau diesen konventionalisierten mustern zeigt, die bei ihrer re_produktion im gebrauch auch wiederum diskriminierend und ausschließend wirken können.

chrystos reflektiert über die genrekonventionen literarischen schreibens und die motivationen ihrer eigenen schreibproduktion:

> »i write because i want to change how we relate to one another. i understand that this makes my work less literary, because my goal is not only to create interesting patterns with words or to evoke beautiful images. the definition of ›good writing‹ is to some extent limited to these qualities which seem superficial to me. i'm running too hard, even when i have time to write, to be able to indulge myself in that way. i'm angry about that too. why can't i write 13 sonnets to blackbirds? because i don't live in that world of safety, of speculation, of distance (i'm busy noticing that two of the birds have deformed feet from traps & can't eat properly). i want to blow up every ivory tower in the world. this makes me very difficult to get along with; makes me mean / not sensitive. this means i'm most often referred to as an ›angry‹ writer. isn't it interesting that no one is referred to as a ›passive‹ writer?« (chrystos 1991: 245)

---

schreibübung

fragen, die ich aus chrystos' überlegungen – die sich nicht durch schreiben allein finanzieren kann – für mein eigenes handeln – die ich mich über wissenschaftliches arbeiten, das heißt vor allem auch schreiben, finanzieren kann – mitnehme, sind die folgenden. wenn die fragen dir sinnvoll erscheinen, um deine eigene schreibpraxis zu reflektieren, dann schreibe zu ihnen jeweils einen text:

- was ist meine motivation zu schreiben?

  > »i use writing, quite consciously, to survive. i let off steam, i celebrate, i feel less invisbile when i write.« (chrystos 1991: 245)

- was sind die privilegien, die mir mein schreiben ermöglichen und wie kann ich sie politisch sinnvoll nutzen? wie verhalte ich mich schreibend zu einer sozialen situation, in der ich bestimmte privilegien habe, auch die, texte von rassistisch diskriminierten zu diesen diskriminierungen zu lesen und für mich verarbeiten zu können?

  > »what can i do with these psychic wounds that are not my own, but become part of me through listening? [...] most writers fictionalize actual life, but given the intent of feminism (which i interpret to mean giving equal voice to all), do i have the right to only my version of events? literature, as we know it, was created with the deliberate exclusion of many classes of people – so the concept of the ›neutral third person voice‹ is a sham, given that for thousands of years that voice was defined exclusively by the privileged.« (chrystos 1991: 241f.)

- was macht meine soziale positionierung mit meinem schreiben und wie kann ich das thematisieren und dadurch nachvollziehbar, anschlussfähig für andere machen?

  »a writer can no longer, in good conscience, ›take over‹ the experience of those whose own voice is fighting to be heard. i'm still angry when a man publishes a book supposedly written from the female point of view (even when i enjoy the writing), as well as when work by caucasians is purportedly written from the viewpoint of People of Color. this is a disgustingly prevalent trend concerning Indigenous People.« (chrystos 1991: 241)

- warum benutze ich welche genrekonventionen, wie kann ich sie weiterspinnen, irritieren, verändern und wie kann ich auf diese weise in diskriminierende sprachhandlungen intervenieren?

---

die verwendung einer sprachnorm und -konvention, die kolonialistisch ist, ist damit gleichzeitig auch immer ein schwieriges und ambivalentes unterfangen, wie luz maría umpierre über ihre arbeit als lesbische PoC-dich_terin in den usa in den 1980er jahren zusammenfasst.

> »my poetry makes use of the two weapons of the colonizers – english and spanish. but after using these weapons my poetry breaks them because i learned early on the ›the master's tools will never destroy the master's house.‹ (lorde). my poetry is free; my poetry is ›i‹ as a loving warrior woman; my poetry is a homeland for the future.« (umpierre 1991: 121)

neue genres, sprech- und schreibweisen als intervenierende sprachhandlungen

die herausforderung von genres ist schon lange in interdependent antigenderistischem schreiben ein weg, interdependente genderistische normen herauszufordern und vor allem neue eigene sprechgewohnheiten und ausdrucksmöglichkeiten zu entwickeln. »this subversive revolt takes the form of texts where fiction and theory overlap.«[375] mary meigs kommentiert dies weiter:

> »the ›space-in-between theory and fiction‹ is the space of the ›imaginaire‹, a word coined by the lesbian/feminist translator, susanne de lotbinière-harwood, to convey ›the sense of an inner landscape, a territory of possibilities‹. (cotnoir: 16) lesbian writers have found freedom by enlarging *spaces-in-between*, including the space between the cracks. i have found my own freedom in the territory where theory and autobiography overlap, in defiance of patriarchal rules that a piece of writing be one thing or the other. and i've come to think that defiance is the only answer a lesbian

[375] cotnoir, louise (1988): quebec women's writing. translated by susanne de lotbinière-harwood. trivia 13/3. s. 13-16: 14.

writer can make to the exigencies of *all* expectations, and that each of us must learn to free-fall in our almost unlimited space of possibilities.« (meigs 1991: 114)

die wahrnehmung und anwesenheit von stimmen, die für sich selbst sprechen können, ist eine wichtige genreveränderung in einer interdependent genderistischen wissensproduktion.

ausgehend von dieser idee formuliere ich neue fragen in und für antigenderistisches wissenschaftliches arbeiten:

- was kann ich von konventionalisiert akademisierten wissensproduktionspraktiken für welche politischen interventionen anwenden?
- welche konventionalisierten akademisierten setzungen will ich – auch genremäßig – herausfordern?
- wie kann ich neue formen einer anwesenheit von stimmen in meinem schreiben finden, die unterschiedliche positionen nicht vereinnahmt, nicht weg_nennt?
- wie kann ich in meinem schreiben zuhören als eine wichtige interventionsform einbauen?
- welche texte verwende ich als ›forschungsstand‹, welche als ›theoretischen hintergrund‹, welche als ›material‹, welches ich analysiere? wie richte ich auf diese weise unterschiedliche stimmen und wissensproduktionen zu?

schreibübung

wie wäre es, wenn ich mein zu analysierendes material in einer forschungsarbeit nicht als material, sondern als theoretischen hintergrund einlesen würde? wie kann ich mich nicht ›über‹ mein ›material‹ stellen, sondern in interaktion mit anderen stimmen treten? versuche teile einer alten hausarbeit neu- und umzuschreiben!

stimmen zuhören als genreveränderung

im anschluss an kilomba (2008a) verstehe ich das zuhören von stimmen als genreveränderung, als eine epistemologische setzung und eine veränderung eines diskriminierenden wissenschaftsverständnisses, in dem unterschiedlichen ebenen von erfahrung, erleben und wahrnehmen raum gegeben wird. in der traditionell wissenschaftlichen setzung von objektivität und unpersönlichem schreiben ist eine universalisierte *weiße* ableisierte typisierte norm re_produziert, die als nicht-stimme wahrgenommen wird – und dabei nicht mehr ist als eine umfassend privilegierte stimme.

»i therefore call for an epistemology that includes the personal and the subjective as part of academic discourse, for we all speak from a specific time and place, for a specific history and reality – there are no neutral discourses. when *white* scholars claim to have a neutral and objective discourse, they are not acknowledging the fact theat they too write from a specific place, which, of course, is neither neutral nor objective or universal, but dominant. it is a place of power. so, if these essays seem preoccupied with narrating emotions and subjectivity as part of theoretical discourse, it is worth remembering that theory is always placed somewhere and always written by someone. my writings might be embedded in emotion and subjectivity as, contrary to traditional scholarshop, Black scholars name themselves as well as the place from where they are writing, creating a new discourse with a new language.« (kilomba 2008a: 31f.)

pamela d. bridgewater reflektiert, wie ihr unterrichten an der universität und ihr zugang zu dem thema ›reproduktive rechte‹ sich dadurch verändert hat, dass sie ihre eigene konstituierung mit und in diesem thema auch im hochschulunterricht zugelassen hat, nachdem sie in einem ersten schritt die stimmen anderer personen zu dieser thema zu gehör gebracht hat. diese erfahrung, eigenes persönliches wissen und erleben zum teil politischer themen zu machen und nicht als zu analysierendes material anzusehen, hat ihren zugang zu dem thema verändert – es sind nicht einfach zusätzlich hinzuzunehmende wortungen, sondern die wertschätzung persönlicher erfahrungen verändert auch das thema.

»sharing personal experiences while also teaching has helped me and my students understand how pervasive the law is. [...] we all learned that speaking one's truth, whether attorneys, clients, students, or teachers, creates the potential for empowerment and understanding.« (bridgewater 2003: 155)

margaret price macht deutlich, wie die konventionalisierte idee von autobiografie entnannt ableisiert ist und auf diese weise ableisierung als norm herstellt – und disablisierte gleichzeitig sogar weitgehend aus dem genre autobiografie ausschließt bzw. herausschreibt.

»when speaking as a mentally disabled subject, it is generally denied what Prendergast calls ›rhetoricability‹ (rhetorics 56), that is, the ability to be received and respected as a valid subject. importantly, prendergast does not regard ability as stable or inherent; rather, she explains rhetoricability as something that is constructed based upon the rhetor's social context. just as one's body is more and less abled by the built context that surrounds one, so too with one's mind.« (price 2009: 12)

price untersucht in ihrem artikel drei autobiografien, die mit antiableistischen ver_ ortungen geschrieben sind und beschäftigt sich zentral mit der verwendung von personalpronomen in diesen texten, da diese

»operate as a rich feature in disability discourses: that is, they offer a significant window onto the ways that power dynamics of disability are maintained. [...] beyond this, pronouns can take on extraordinary meanings when used by psychosocial disabilities. what we mean by i is not necessarily normative; neither is what we mean by you, she, or we. as antonetta writes of her friend n'lili, who has multiple personalities and identifies variously as i, they and we, like the moon her pronouns wax and wane.« (price 2009: 15).

price macht in ihrer lesart der autobiografischen erzählung von wendy marie thompson[376] auch die sich in pronominalen formen äußernde spannung der wahrnehmung interdependenter diskriminierungen durch rassismus und ableismus deutlich:

»thompson acknowledges the painful conflicts that occur within communities, and focuses specifically on the intersection of postcoloniality with psychosocial disability. she notes that, despite early recognition of her many minoritized identities, she did not recognize her ›mental affliction‹ as a site for collective understanding until later in life. this lack of recognition, she points out, is not a personal failing, but was governed by cultural imperatives as to who may and may not claim mental illness. thompson's proliferate selves are portrayed as having been split by a racist and classist culture. [....] situating herself as a ›young, queer, black-chinese, working-class female‹, thompson explores the ways this experience has impacted her ability to narrate her experiences of psychosocial disability. her present situation, she reports, is marked by a sense of ›passing for normal, performing the gestures of a composed, competent, young, female academic of color‹. this vision of we emphasizes the struggle of coalition, its pain and betrayals, as well as its opportunities.« (price 2009: 22)

in diesem zitat wird mehreres im kontext der themenstellung dieses kapitels für mich deutlich:

- die idee, was eine autobiografie ist, ist auch stark von genderistisch_rassistisch_ableistischen normen geprägt – was zu unterschiedlichen möglichkeiten von öffentlicher wahrnehmung führt. in einer setzung dazu, was eine autobiografie ist, was als autobiografie veröffentlicht wird, werden damit gleichzeitig also auch genderisch_ableistisch_rassistische diskriminierungen grundlegend re_produziert.
- pronomina können sehr verschieden angewendet werden. eine konventionalisierte verwendung von pronomina kann, indem sie mit einer unkonventionalisierten gegengelesen wird, selbst noch einmal grundlegend herausgefordert werden: gibt es beispielsweise ein klares und klar umgrenztes ›ich‹?

[376] thompson, wendy marie (2007): her reckoning. a young interdisciplinary academic dissects the exact nature of hter disease. in: myers, kimberly r (hrsg.): illness in the academy: a collection of pathographies by academics. west lafayette: purdue university press. s. 373-380.

inwiefern wird in ableisierten autobiografien dies gesetzt und welche ausschlüsse und ent_erwähnungen finden dadurch statt?

– nicht nur eine betrachtung von pronomina der dritten person, wie ich es weiter oben ausgeführt habe, spielt also eine wichtige rolle für ein intervenieren in interdependente diskriminierungen, sondern auch eine infragestellung der normen, was ›ich‹ ist und wexs unter ›wir‹ fallen oder gemeint sind.

---

schreibübung

eine übung, die ich häufig in seminaren anwende: wenn du eine wir-form verwendest, mache immer jeweils explizit wexs zu diesem ›wir‹ gehören. formuliere also hinter jedem wir, das du benutzt: ›wir, das heißt konkret...‹ reflektiere, ob dies anstrengend ist – und wenn ja, warum. reflektiere, wexs in deinen wirs eingeschlossen waren, inwiefern diese universalisierend waren. reflektiere, welche funktionen die wirs in deinem reden hatten (mich zu verstecken, mir die sicherheit eines unbenannten kollektivs zu geben oder anderes).

---

literarische texte als aktivistisches intervenieren in diskriminierung

literarische texte, gedichte, fiktive autobiografien sind wichtige stimmen für politische veränderungen und fordern setzungen wissenschaftlich akademisierter texte sowohl inhaltlich als auch genremäßig heraus.[377] in diesem buch habe ich viele literarische stimmen auch ausführlich zitiert. dies ist ein versuch, literarischen stimmen eine anwesenheit in meiner wissensproduktion zu geben. wo genau laufen die grenzen zwischen unterschiedlichen formen von wissensproduktionen? was sehe ich als relevant an? welches wissen inspiriert mich? ich habe mich davon verabschiedet, akademisierte normen zu wissensproduktion nachzuvollziehen. ich überlege: was macht sinn für mein kritisches ver_ortetsein? ich verstehe mehr und mehr, wie ich auch durch die akademisierten normen dazu, was wissensproduktion ist, mich zugerichtet habe und so stimmen enthört oder entwertet habe, indem ich sie als zu analysierendes material genommen habe, indem ich mich über sie gestellt habe. viel inspiration habe ich zu diesen fragen auch von ja'n sammla (2011) gelernt, die in ihrem arbeiten stimmen anderer collageartig zusammengebracht und zu gehör gebracht hat und auf diese weise in dem an_sprechen von anderen das, was ihr thema war – community-building von dyke_trans –, sowohl selbst initiiert hat als auch in dem moment des stimmen-hörens und stimmen-initiierens dies be-

---

[377] ein roman, der auch die interdependenzen von genderismus_rassismus_ableismus und die konsequenzen für die eigene wahrnehmung dix protagonistx literarisch verhandelt, ist truong, monique (2011): bitter in the mouth. new york: random house.

reits gemacht hat. ihre arbeit ist also keine nachträgliche analyse, sondern ist selbst ein politisches intervenieren, welches sich in dem moment des machens realisiert – und von da aus weiterwirkt. mit dieser form von arbeiten werden wissenschaftliche normen herausgefordert und verändert – oder, anders gewendet, die möglichkeiten, die akademisiertes arbeiten bietet, fokussiert für aktivistische handlungen genutzt. der fokus geht also weg von einer infragestellung und veränderung akademischer wissensproduktionen und richtet sich darauf, wie wissenschaftliche traditionen und kompetenzen für antidiskriminierende politiken angewendet werden können.

eine gruppe von studierxs hat als interventionsform eine webseite entwickelt, auf der sie fragen zu den verschiedenen realisierungsformen von genderismus sammeln. drei beispiele für fragen von ihrer webseite:

> »warum wird von meiner familie seitdem ich denken kann mein körper_gewicht kommentiert? warum glauben *weiße* typisierte, alle menschen seien gleich und dass sie durch quoten diskriminiert werden würden? wieso schaffen es heten, dass in queer-feministischen räumen hetenfeindlichkeit bzw. hetendiskrimnierung thematisiert wird? wieso werden für diese vermeintlichen ausschlüsse worte wie ›feindlichkeit‹ und ›diskriminierung‹ gewählt?«[378]

die studierxs sehen diese form der wissensproduktion – fragen zu stellen statt antworten zu geben – als produktive mittel der herausforderung von normen an, die auch wissenschaftliches arbeiten betreffen. fragen zu stellen statt antworten zu geben, ist in ›feminismus schreiben lernen‹ ein wichtiges instrument einer veränderung von wissensproduktion gewesen und ich habe es in dem vorliegenden buch fortgeführt. fragen öffnen und machen involviert, während antworten häufig schließen und ausschließen. fragen zeigen auf, dass es keine klaren und fertigen antworten gibt, keine abgeschlossenen prozesse, sondern dass es notwendig ist, immer wieder und immer wieder neu zu überlegen und zu reflektieren.

gedichte als antidiskriminierende (über)lebensnotwendigkeit

audre lorde hat in vielen ihrer essayistischen texte deutlich gemacht, dass gedichte kein luxus sind, sondern ein wichtiges politisches instrument sozialer veränderung – dass gedichte soziale veränderungen sind.[379] sie sind es auch deswegen, weil sie verschiedene seiten menschlicher existenz zusammenbringen und versuchen würden auszudrücken: nicht nur verstand, sondern auch emotion. »the poem finds the word that finds the feeling«, schreibt jeanette winterson in ihrer autobiografisierten

---

[378] webseite der studierxs-gruppe bestehend aus leah britz, gloria goldner, christine görn: http://infragenstellen.wordpress.com (9.10.2012).

[379] neben dem weiter unten zitierten text geht es um die rolle von gedichten unter anderem auch in: lorde 2009e; lorde, audre (2009g): poet as teacher – human as poet – teacher as human. in: byrd, rodolph p.; cole, johnnetta betsch; guy-sheftall, beverly (hrsg.): i am your sister. collected and unpublished writings of audre lorde. new york: oxford university press. s. 182f.

erzählung.[380] gedichte würden es ermöglichen, verstandesmäßig getrennt gehaltene vorstellungen wieder zusammenzubringen, dadurch mitgefühl nicht nur mit sich selbst, sondern auch mit anderen zu empfinden, die erfahrungen anderer als einen wichtigen teil der eigenen welt und verantwortung wahrzunehmen:

> »poetry makes something happen, indeed. it makes you happen. […] the experience of poetry is intimate, and it is crucial. for that reason, of course, it is often resented or resisted. the pursuit of one's own poetry is basically a subversive activity, because the pursuit of one's feelings colors one's total existence, and we are paid well for refusing to feel ourselves. […] we are paid very well to refuse to feel. we are paid in poisonous creature comforts, we are paid in false securities, in the spurious belief that tenure might mean survival, that the knock at midnight will always be on somebody else's door. […] how many of us feel these tragedies as our own? yet we are intimately and vitally involved with them. how many of us recognize that they will continue to re-occur until we act, until we use our power, whoever and wherever we are, against these horrors? there is no separate survival.
> the teaching of poetry then is teaching the recognition of feeling, is the teaching of survival. it is neither easy nor casual, but it is necessary and fruitful. the role of the poet as teacher is to encourage the intimacy of scrutiny. as we learn to bear that intimacy, those fears which rule our lives and form our silences begin to lose their power over us. we will probably always be afraid, because we have been socialized to fear; fear of being revealed, of being ridiculed, of being different, of being hurt. but as our poetry becomes stronger, being afraid becomes less important. […] poetry is the way we help give name to the nameless so it can be thought.«[381]

eine gruppe von studierxs hat als intervention eine webseite gestaltet,[382] auf der sie gedichte, die sie im anschluss an das lesen von audre lordes text formuliert haben, fortlaufend abdrucken, um sich mit ihren eigenen interdependenten sozialen positionierungen auseinanderzusetzen und strukturelle diskriminierungen zu w_orten. viele der gedichte sind aus antimigratistischer antigenderistischer ver_ortung intervenierende handlungen in die normalisierung einer typisiert-statisierten normalvorstellung von alltagshandlungen.

weitere genreveränderungen im akademisierten arbeiten

zwei weitere gruppen von studierxs in berlin haben versucht, traditionelle märchen umzuschreiben, mit dem anspruch, dass diese dann nicht mehr genderistisch_rassistisch_ableistisch seien. beide gruppen sind dann relativ schnell zu der wahrneh-

---

380 winterson, jeanette (2012): why be happy when you could be normal? london: vintage. s. 187.

381 lorde, audre (2009f): poetry makes something happen. in: byrd, rodolph p.; cole, johnnetta betsch; guy-sheftall, beverly (hrsg.): i am your sister. collected and unpublished writings of audre lorde. new york: oxford university press. s. 185f.

382 vgl. http://turbulente-w-orte.tumblr.com (8.10.2012).

mung gekommen, dass die märchen nicht umschreibbar sind, sondern nur ein ganz neues märchen geschrieben werden kann, was beide gruppen dann auch gemacht haben. interessanterweise sind beide märchen gleichzeitig auch visionen einer antidiskriminierenden gesellschaft geworden. ein_e stud_entin in innsbruck hat als contra_rassistische intervention ein traditionelles extrem rassistisches kinderbuch über zehn kinder umgeschrieben und dabei unter anderem die geschichte auch so verändert, dass die kinder nicht bestraft werden und immer weitere verschwinden, sondern dass es immer mehr kinder werden. alle drei interventionsformen (die märchen und das kinderbuch) sind kindern vorgelesen worden und haben dort positive und häufig auch empowernde diskussionen und spiele initiiert. diese interventionen in sprachliche handlungen, mit denen zugleich auch genrekonventionen herausgefordert und hinterfragt werden, sind beispiele dafür, wie grundlegend sprachliche intervention nicht nur eine veränderung einzelner wortformen ist, sondern auch genrevorstellungen und -erwartungen herausfordert, genres neu belegt und dadurch zu neuen aus_drucksformen finden kann.

im unterrichten begegnet mir häufig die auffassung von stu_dentinnen, dass sie es mutig finden, in der universtität texte zu schreiben, in denen sie präsent sind. die normalerwartung sind texte, hinter denen einyke sich verstecken kann, wo einyke nicht anwesend ist, implizit also die aufnahme eines wissenschaftlichen ideals einer neutralen fors_cherinnenposition, die eigentlich gar nicht ›da‹ ist, sondern die forschung unabhängig von der forschungsposition bestehen würde. was macht es mutig, anwesend zu sein? ich überlege, ob ich es mutig finde, sich anwesenheit zu verweigern, anwesenheit zu ver_suchen zu um_gehen im schreiben. und sind die texte, die vorgeblich ohne anwesenheit verfasst sind, anwesenheitslos? oder welche form von anwesenheit wäre in ihnen zu lesen, welche selbstbilder, welche selbstvorstellungen? ist anwesenheit immer persönlich, intim, offenlegend, verletzbarmachend? und ist nicht-anwesenheit auch persönlich, auch verletzend und legt viel fundamentaler die angst vor anwesenheit offen? wovor schütze ich mich in nicht-anwesenden texten? wovor und vor welchen re_aktionen und welche rolle hat schützen für mich, welche relevanz und was macht schützen mit mir?

ich schütze mich davor, etwas zu spüren, ich schütze mich vor dem ausgesetztsein von anwesenheit, ich schütze mich vor raumeinnehmen, indem ich mich vorgeblich nicht hinter kulissen perfekten, distanzierten stils anwesend mache. warum schreibe ich? was macht mich leben? wieviel leben halte ich aus, wieviel leben will ich? wann und wie begegne ich anderen und wieviel begegnen will ich?

antidiskriminierende sprachhandlungen und ökonomische zwänge

ein weiterer wichtiger aspekt der infragestellung von genrekonventionen liegt in einer reflexion von publikationspraktiken. widerständige, kritisch intervenierende texte in hegemoniale normalisierungen von diskriminierungen können gar nicht allgemeiner populär werden, da sie die normvorstellungen einer hegemonialen gesellschaft herausfordern. gleichzeitig aber gibt es eine notwendigkeit für politische aut_orinnen, von und durch ihr schreiben zu (über)leben, auch in finanzieller hinsicht. und es gibt einen paradoxen wunsch nach größerer öffentlicher anerkennung und respekt. auch wenn es gleichzeitig ein wissen darum gibt, dass ein allgemeinerer öffentlicher respekt zwar geld einbringt, aber letztendlich ein indiz dafür sein könnte, dass die kritische wissensproduktion nicht als kritische eingelesen wird – oder als kritik in der hegemonialen vorstellung vereinnahmt wird –, gibt es trotzdem immer wieder den wunsch, nicht marginalisiert, nicht ignoriert zu sein, sondern von einer breiteren gesellschaftlichen gruppe verstanden zu werden. in vielen texten des sammelbandes ›InVersions‹[383] wird genau diese paradoxe und schwierige situation zum thema gemacht. marg yeo schreibt:

> »in my twenties, i thought that one really good poem might change the world. now i'm not so naive, and i know what a terrible, intractable place the world is, but i guess you can't keep an idealist down. i know one poem won't do it, but you'll never convince me that we won't do it together, even though I know very well the obstacles we face, not least of which are the barriers which threaten to divide us as lesbians and as women. [...] i take strength from criticsm that has heart and head clear about motives and meanings. the world that men own will not support us, and so it is even more important that we support each other. we can help each other find the way beyond rhetoric and polemic to a language that belongs to women, a language we can all speak. we can give each other strength to stand up to the publishers and the critics who will always want to rewrite us according to some man's ethics, some man's voice. we can ask each other the questions that must be asked about the language we have grown up with, taken for granted, and the version of it in which we must now choose to speak. we can create that language together; we can make it our own.«[384]

> »the whole nature of publishing is colonial & patronizing – even when the publishing is controlled by feminists or by Native people – because it posits that ›i‹ (or another writer) have words that are more important than another's or than everyone else's. how can we use these tools of colonization to clear our paths to a better life?« (chrystos 1991: 242)

hegemoniale lesarten können aus einer kritischen widerständigen perspektive auch als indizien dafür, dass die wortungen wirken, dass sie nicht egal sind, dass sie effekte haben, gelesen werden. »my words are perceived as ›dangerous‹ by the

[383] warland, betsy (hrsg.) (1991a): InVersions. writing by dykes, queers & lesbians. vancouver: press gang publishers.

[384] yeo, marg (1991): the freedom to explore. in: warland, betsy (hrsg.): InVersions. writing by dykes, queers & lesbians. vancouver: press gang publishers. s. 61.

whites and by those members of my latina group who find themselves living a life of conformity and playing the game of the ›american dream‹«, schreibt luz maría umpierre über ihre arbeit als lesbische PoC-dich_terin in den usa in den 1980er jahren.[385] adichie (2009) thematisiert in xs erzählung ›jumping monkey hill‹, wie antirassistische literarische produktionen immer auch von einer *weißen* akademisierten norm bewertet werden und wie *weiße* eurozentrisierende einlesungen unterschiedlicher afrikanischer stimmen in dieser konkreten erzählung zu einer ent_wahrnehmung von rassismus_genderismus führen – gleichzeitig aber eine starke ökonomische abhängigkeit für die antigenderistisch-antirassistisch ver_orteten literarykes von eben diesem rassistisch_genderistischen regimes besteht, um überhaupt literarisch-aktivistisch tätig sein zu können.

vielstimmiges schreiben als genreveränderung

chrystos spricht eine weitere möglichkeit einer genreveränderung sowohl im wissenschaftlichen als auch im literarischen schreiben an, welches jeweils suggeriert oder so konstruiert ist, als würde nur eine stimme sprechen, die höchstens durch zitate in ihrer perspektive noch einmal verstärkt wird. eine genreveränderung, die dieses dem meisten westlichen schreiben zugrundeliegende modell irritieren und herausfordern könnte, wäre eine form des vielstimmigen schreibens. gleichzeitig formuliert chrystos auch einige problematiken, die entstehen können, wenn es zu einem interaktiven literarischen schreiben zwischen zwei personen kommt.

> »i imagine that a dialogue is a more appropriate ›voice‹ for our writing future, but i'm still unclear about the form. my lover & i keep a joint journal, answering back & forth, which might work as a possibility. in the past, i haven't used her name when writing about us, at her request. i've asked her permission to write about events between us which she has given. but what happens if i want to write about something that she doesn't want to reveal?« (chrystos 1991: 242)

in dem beitrag ›dyke_trans schreiben lernen‹ habe ich 2011 ›dialogisches schreiben‹ als eine mögliche herausforderung für wissenschaftliches schreiben als eine gegenüber konventionalisierten genrevorstellungen wissenschaftlichen schreibens veränderte antigenderistische schriftsprachliche wissensvermittlungsform formuliert,[386] die zugleich auch die interaktivität wissenschaftlicher wissensproduktionen deutlicher macht. dialogisches schreiben zwischen und mit zwei personen verstehe ich als dialogisches schreiben. dialogisches schreiben ist eine möglichkeit vielstimmigen schreibens. im vielstimmigen schreiben gibt es keine klar festlegbare, eindeutige form für ein schriftliches interaktives kommunizieren. sprechxs und schreibxs überlegen im einlassen auf ein vielstimmiges schreiben

---

385 umpierre 1991: 121.

386 hornscheidt 2011b.

immer wieder kontext- und themenbezogen, was dies konkret für xs bedeuten kann und wie dies in schriftsprachlichen medien, falls diese gewählt wurden, umgesetzt werden kann. antigenderistisches vielstimmiges schreiben als eine form interaktiven arbeitens bedeutet für mich, dass immer mindestens zwei personen kenntlich zusammen an einem text arbeiten, das heißt als stimmen in diesem text erkennbar sind. und diese personen sind jeweils klar kritisch ver_ortet und dadurch in ihrer differenzierung für lesxs wahrnehmbar. dies allein kann schon eine irritation der konventionen wissenschaftlicher textproduktion sein – und eine reflexion dieses veränderten genres kann mir zugleich helfen, zu be_greifen, was ich, wenn ich meine wissenschaftlichen texte allein schreibe, im monologisierenden schreiben mache. inwiefern sind die normsetzungen eines monologisierenden schreibens aber vielleicht bereits durch das ent_merken von ableismus und rassismus konstituiert und geprägt? der weiter oben zitierte text von price (2009) beispielsweise macht deutlich, dass auch die idee unterschiedlicher ›ichs‹, die in texten disableisierter dialogisch miteinander sprechen, hinterfragbar gemacht sein können – und die frage eines einstimmigen subjekts hier zur disposition stehen würde. collins (2000) macht deutlich, dass in antirassistischen_antigenderistischen wissensproduktionen die idee einer vielfältigkeit von stimmen immer schon als voraussetzung da sei – und nicht erst, wie ich es jetzt hier aus *weiß* und ableisiert privilegierter positionierung formuliere, eine konstruktive veränderung darstellen würde. dies macht für mich noch einmal klar und reflektierbar, wie ich auch kontinuierlich die normsetzungen von intervenierenden praktiken auf ihre entnannten und re_produzierten diskriminierungsnormen hin hinterfragen will.

vielstimmiges schreiben und das explizitmachen des vielstimmigen in meiner *weiß* ableisierten lesart macht zugleich auch deutlich, dass es verschiedene stimmen zu einem thema gibt, verschiedene perspektiven, und dass diese nicht ineinander aufgehen müssen, sondern nebeneinander stehenbleiben können. vielstimmiges schreiben ent_spricht damit dem weiter oben von audre lorde zitierten verständnis von differenzen in und durch soziale positionierungen, die nicht ineinander aufgehen, sondern wahrgenommen und respektiert werden müssen. ein pseudo-neutrales wissenschaftsverständnis kann auf diese weise irritiert und ihm ein mehrstimmiges verständnis gegenübergestellt werden. diese überlegungen gehen zugleich auch weit über ein bestimmtes verständnis wissenschaftlichen schreibens hinaus, welches auf eindeutigkeit und einstimmigkeit – oder sogar auf stimmlosigkeit –, auf die aufgabe einer expliziten kritischen ver_ortung angelegt ist. durch ein explizites vielstimmiges schreiben wird die mehrdeutigkeit von problemstellungen selbst zum thema, ohne in eindeutigkeit aufgelöst zu werden. solche vielstimmigen texte können lesxs dann auch stärker zu eigenen überlegungen anregen, können eine größere offenheit signalisieren, als es monlogisierendes schreiben vermag.

marlatt spricht noch weitere wichtige elemente eines vielstimmigen wortens an. in ihrem text, den sie in form eines interviews geschrieben hat, reagiert sie mit dem nachfolgenden zitat auf die frage, ob es wirklich gut ist, immer differenzen zu betonen:

> »yes, there's a crucial need for the dialogic and the non-exclusive, as she [eine heterosexuelle femi_nistin, die marlatt vorgeworfen hat, zu lesbisch präskriptiv in einem ihrer romane zu sein; anm. l. h.] says. but that doesn't mean erasing difference. i don't feel we can have a real dialogue without her recognition of my difference as a lesbian. to assume there is no significant difference in the ways we read the world is to assume a false unity. but, and again but, recognizing difference doesn't have to equate with reinforcing opposition. i'm not interested in having lesbian women opposed to straight woman, though i *am* interested in our differences as well as in what we share.« (marlatt 1991: 128)

auch wenn sie das dialogisieren hier als ein allgemeineres phänomen des miteinander-umgehens und -kommunizierens formuliert, ist es auf vielstimmiges schreiben als methode der sprachlichen wissensproduktion anwendbar.

> vielstimmiges schreiben betont das stehenlassen von unterschiedlichkeiten: in standpunkten, positionierungen und meinungen, ohne damit und dadurch oppositionen und gegensätze heraufzubeschwören. doch, und das ist ein zentraler punkt des vielstimmigen, nur durch eine gegenseitige respektvolle anerkennung von unterschiedlichkeiten und die möglichkeit, diese zu benennen, kann eine kommunikation stattfinden. die subsumierung von unterschiedlichen auffassungen und sozialen positionierungen unter eine stimme oder in eine pseudowissenschaftliche, umfassend diskriminierende stimmlosigkeit hat immer die konsequenz, diskriminierungen zu ent_erwähnen.

die ausdifferenzierung des genderismus-modells, wie es im beitrag der ag einleitung (2011) vorgestellt und in kapitel iii dieses buches zusammengefasst ist, ermöglicht eine differenzierte benennung eigener sprech- und schreibpositionen und ist damit die voraussetzung für ein politisch sinnvolles in kontakt gehen. entscheidend ist die haltung und die bereitschaft, sich mit der komplexität eigener diskriminierungen und privilegierungen auseinanderzusetzen, um dem gegenüber respektvoll begegnen zu können und dadurch in einen dialog zu kommen. marlatt kommentiert dies in einer fußnote weiter:

> »it seems to me that our difference is not so much a personal conflict as it is a symptom of a much larger area of silence and fear between many heterosexual and lesbian women. misreadings of each other will continue to fracture the feminist movement unless we can begin to speak into the silence, probing our differences as well as what we have in common.« (marlatt 1991: 128)

diese überlegungen sind zugleich auch deutlich von unterschiedlichen formen von zitierungen, die zu einer gängigen praxis wissenschaftlicher texte gehören, abzugrenzen. mit und durch zitierungen wird lediglich ein pseudo-dialogisieren erreicht, da die auswahl der zitate der person obliegt, die den text schreibt. nichtsdestotrotz kann es unterschiedliche formen von zitierungen geben, die gleichzeitig auch konventionalisierte genrevorstellungen wissenschaftlicher texte herausfordern können.[387]

veränderungen in der wahrnehmung sprachlicher handlungen

eine zentrale frage für die veränderung in der wahrnehmung sprachlicher handlungen ist die fähigkeit zuzuhören und hinzuhören. wann höre ich überhaupt was? wie muss etwas formuliert sein, damit ich zu- und hinhöre?

> »the ususal argument can be made that all poems are specific, deal with particulars and contain a universal element. or i could beg the question. i could say, ›i don't give a damn whether my work is of any interest to heterosexuals or not.‹ but perhaps i do give a damn. it depends on the extent to which i have to compromise with their assumptions in order to be heard.« (namjoshi 1991: 51)

zur frage des zu- und hinhören-könnens gehört auch die frage, welche wortungen wo les- und hörbar sind – und was mit den stimmen, die sich äußern im sozialen kontext weiter geschieht: welche konsequenzen ziehe ich als *weiß* positionierte person aus den kritiken Schwarzer feminist_innen?

eine wichtige frage in diesem kontext ist auch, was publiziert wird und wo und für wen zugänglich, nach welchen kriterien literatur, wissenschaftliche texte usw. für publikationen (auch preise und rezensionen – diese frage lässt sich endlos verlängern) von wem bewertet und wie ausgewählt werden. in vielen verschiedenen artikeln in dem von betsy warland 1991 herausgegebenen band ›InVersions. writing by dyke, queer, and lesbians‹ wird genau diese frage von den aut_orinnen immer wieder aufgegriffen und das enge zusammenspiel zwischen möglichkeiten zu wortungen, mut zu wortungen, sozialer anerkennung von wortungen und der möglichkeit, gehört zu werden, betont. so schreibt unter anderem judith grahn: »my motivation for writing […] was my feeling of exclusion from american society, both as a lesbian and as a working-class woman. i was invisible, my content unpublishable.«[388]

in dem zitat zeigt sich zugleich auch die interdependenz unterschiedlicher, nur analytisch trennbarer diskriminierungsstrukturen, wie in diesem fall genderismus und klassismus – wobei beide hier bereits benennbar sind, was häufig auch gar nicht der fall ist.

---

387 vgl. hierzu auch hornscheidt 2011b; hayn 2011.

388 grahn, judith (1991): the common woman. a map of seven poems. in: warland, betsy (hrsg.): InVersions. writing by dykes, queers & lesbians. vacouver: press gang publishers. s. 78.

jane rule bringt die partikularisierung von lesbischen positionen in bezug auf eine gesamtgesellschaftliche situation wie folgt auf den punkt: »i am a lesbian, therefore somehow mysteriously disqualified from presenting a vision of central value.«[389]

während lesben, wenn sie sich als solche zu verstehen geben, abgesprochen wird, in ihren romanen und gedichten allgemeinmenschliche themen, emotionen, befindlichkeiten aufgreifen und angemessen bearbeiten zu können,[390] wird diese fähigkeit *weißen* typen nie in gleicher weise abgesprochen oder für sie infragegestellt. dies kann hier analytisch als eine strategie äußerst machtvoller androgenderung gefasst werden, die auswirkungen auf vielen verschiedenen ebenen hat, von denen auch sprachhandlungsfragen zentral betroffen sind.

zu- und hinhören betrifft auch alltagssituationen. wie bin ich positioniert und wie ist die andere person, mit der ich spreche, positioniert, ist auch hier eine grundlegende frage. was kann ich, wenn ich privilegiert bin, machen, um andere personen, die diskriminiert sind und diskriminierungshandlungen konkret ausgesetzt sind, zu unterstützen? in dem leitfaden ›was tun gegen diskriminierung! ein ratgeber für lbst*i menschen‹ (2010) werden, immer ausgehend von einer differenzierung in unterschiedliche soziale positionierungen, unterschiedliche hinweise auf ein unterstützendes verhalten von privilegierten zu diskriminierten gegeben. zu- und hinhören ist hier ein wichtiges mittel:

> »***zuhören und mitfühlen ist wichtig,*** für die betroffene person da sein und vielleicht auch bei ganz alltäglichen dingen unterstützung anbieten und, wenn sie es möchte, auch bei der organisierung der weiteren schritte helfen. nach einem gewalttätigen angriff oder wenn eine situation erinnerungen an frühere gewalterfahrungen wachgerufen hat, können so alltägliche dinge wie einkaufen und arbeiten gehen, rechnungen bezahlen, ärztliche untersuchungen etc. große schwierigkeiten machen.
> manchmal haben menschen, die diskriminierungen erleben, das gefühl, sie müssten besser mit der situation klarkommen, schneller wieder ›funktionsfähig‹ sein oder sie sollten sich nicht dermaßen darüber aufregen. erschreckenderweise meinen das auch häufig menschen aus ihrem umfeld. aber so funktioniert das nicht!
> ***über verletzungen und gewalterfahrungen zu reden, ist verdammt schwierig.***

[389] rule, jane (1991): lesbian and writer. in: warland, betsy (hrsg.): InVersions. writing by dykes, queers & lesbians. vacouver: press gang publishers. s. 92.

[390] in dem bereits zitierten sammelband, aus dem auch das zitat von rule stammt (warland 1991), gibt es zahlreiche entsprechende äußerungen in fast jedem der hier gesammelten artikel. siehe zum beispiel auch: »for just as books by feminists are considered both by many men and by certain women to be propaganda, so books by avowed lesbians are seen as not worthy of attention or belief because they are based on false premises (that women can really love other women, and, above all, that they do not need men.« (meigs 1991: 110)

wenn jemand dich für so vertrauenswürdig hält, diese mit dir zu teilen, kannst du dich freuen!« (gladt e.v. 2010: 10)

der letzte aspekt – das fehlen von anerkennung, der wunsch von privilegierten, dass es doch jetzt einmal gut sein müsse, dass es doch nicht so schlimm sei, findet sich auch in einem essay-gedicht von elisha lim wieder:

»i wanted to erase the gender binary.

but not like this. in montréal, the hostility accumulates. people are impatient for me to get out of the way at the store. they frown at me on the metro. they ask me where i'm from. they're condescending, or they pity me. they talk about me audibly. they don't smile back. they ask me where i'm from. my peers are embarrassed by these testimonies, and move on to other things. they ask me where i'm from. they seize my friendship, but easily drop it. they organize justice workshops but listen exclusively to each other. they ask me where i'm from. they fight for freedom and equality in a sea of whiteness.

i stopped working on butch appeal. i stopped working on sissy flair. i stopped leaving the house. i wanted to erase the gender binary, but not like this.
where to be racialized is to be genderless.«[391]

zuhören bedeutet in einer privilegierten positionierung also auch stehen lassen, wirken lassen, annehmen und die offenheit, zu lernen – nicht die wahrnehmungen von diskriminierten infragezustellen, sondern die eigene abwehr dagegen.

zuhören bedeutet auch, dem hören raum zu geben. nachzudenken und still zu sein, zu überlegen, was ich vielleicht neu und anders hören könnte, wo ich dissonanzen wahrnehmen könnte, vielstimmigkeiten, wo ich hinter dem schreien und der musik flüstern und schweigen hören könnte. zuhören bedeutet dann vielleicht auch, neue formen von aufmerksamkeit im umgang zu entwickeln.

was habe ich nicht zu gehör gebracht? wann mache ich beim lesen und beim sprechen mit anderen zu? wie kann ich das für mich selbst kritisch reflektieren und es nicht zu einem problem meines gegenübers machen?

wie kann ich in und mit sprach_handlungen offen sein, wie kann ich unabgeschlossenes, unabschließbares, prozesshaftes stehen, sich bewegen lassen – so wie auch diese ausführungen, die nicht abgeschlossen sind, die keine vollständige liste von möglichen interventionsideen in interdependent genderistische sprach_handlungen bieten, sondern ideen und vorschläge, wege und fragen, möglichkeiten zu kontakt und zum weitagehen.

---

[391] lim, elisha (2012): i wanted to erase the gender binary. http://callmethey.tumblr.com/post/23672624249/i-wanted-to-erase-the-gender-binary-but-not-like (9.10.2012).

kapitel vii

ausblick: und jetzt?

und jetzt?

wird interdependenter genderismus aufhören, ist die interdependenz der umfassenden diskriminierung in und durch und mit genderismus_rassismus_ableismus beendbar, wird es rassismus nicht mehr geben und ableismus auch nicht, können sprachveränderungen, interdependent antigenderistische sprachhandlungen einen unterschied machen, werden personen sich ohne hierarchisierungen benennen und aufeinander beziehen können und sich trotzdem mit unterschiedlichen sozialen positionierungen und kritischen ver_ortungen ausdifferenzieren, können sprachliche kategorisierungen machtfrei gestaltet werden, können personen miteinander kommunizieren, ohne dabei und damit gleichzeitig auch immer wieder diskriminierungen zu re_produzieren, privilegierungen auszuspielen und zu bestätigen, gibt es eine nicht diskriminierende, diskriminierungsfreie sprache, kann sprache, sprechen ganz neu erfunden werden, geht es, neu anzufangen, ganz neu und wie würde das dann aussehen und sich anfühlen, gibt es ein sprechen, dass nicht im moment des sprechens auch wieder differenz in hierarchisierender, ausschließender, bewertender und zu_richtender form herstellt und ist differenz machtfrei, diskriminierungsfrei, hierarchiefrei, denk- und sag- und wort- und sprechbar, hör- und spürbar, möglich? kann es sein, dass das buch dazu beiträgt, interdependente diskriminierende sprachhandlungen nur noch subtiler zu gestalten, argumentationen von privilegierter seite noch besser zu verstehen und in eigene privilegierte immunisierungen umzusetzen?

warum schreibe ich bücher, artikel, warum halte ich vorträge, gebe ich seminare? gibt es nicht schon so viele wichtige wütende überzeugende literatur, theorie, argumentation dazu, dass interdependente diskriminierung alle beschädigt, dass es lebensverneinend ist, dass privilegien genutzt werden können und müssen, dass die privilegien, die ich habe, durch die aufrechterhaltung, verstetigung und bestätigung der diskriminierungen anderer bedingt sind, dass ich durch diskriminierungen und privilegierungen ganz grundlegend konstituiert bin, wie dann – also jetzt – kann soziale veränderung aussehen, glaube ich an soziale veränderung, glaube ich, dass mit dem buch etwas besser werden kann und wenn ja, was wäre das und wie würde dies spürbar sein – oder ist es alleine schon im äußern und nachdenken und weitagehen besser, im schreiben und ringen um formulieren? und für wex ist es besser – und was ist besser? machen meine worte einen unterschied, erreiche ich andere mit meinen wortungen und was machen sie mit xs und was mit mir und was mit welt? wann und wie werden worte zu orten, von kurzer fragiler prekärer und doch-anwesenheit, vom weitamachen, weitabewegen, vom atmen und überlegen und überleben.

> »truth for anyone is a very complex thing. for a writer, what you leave out says as much as those things you include. what lies beyond the margin of the text? [...] what i had left out was the story's silent twin. there are so many things that we can't say, because they are too painful. we hope that the things we can say will soothe the rest, or appease it in some way. stories are compensatory. the world is unfair, unjust, unknowable, out of control. when we tell a story we exercise control, but in such a way as to leave a gap, an opening. it is a version, but never the final one. and perhaps we hope that the silences will be heard by someone else, and the story can continue, can be retold. when we write we offer the silence as much as the story. words are the part of silence that can be spoken.« (winterson 2012: 8)

manchmal weiß ich es alles nicht.

manchmal weiß ich nicht, wie es geht, leben, überleben.

manchmal habe ich das gefühl, dass das leben mit soviel verstehen und soviel spüren von meinen indirekten und direkten diskriminierungen anderer, mit soviel spüren der grundsätzlichkeit von meinen eigenen konstituierungen durch diskriminierung schwerer geworden ist. manchmal weiß ich nicht, wie es geht, dieses spannungsverhältnis, meiner interdependent privilegierten_diskriminierten positionierung einzunehmen, zu verstehen, und daraus anwesende handlungen zu gewinnen, zu versuchen.

manchmal erscheint es mir zu schwierig, manchmal denke ich, dass ich es nicht kann, es nicht können werde, mich immer wieder zu zweigenderung werde verhalten müssen, immer wieder neu und sie damit auch immer wieder re_produziere, mitlache, mithöre, weghöre, weglache, meine ent_anwesenheit in romanen und theorien, sprachformen, musikstücken, kinofilmen, fragebogenuntersuchungen, umkleiden, beziehungsratgebe_rinnen, modekatalogen, kunstausstellungen, titeln, familienbezugsherstellungen, therapiesitzungen, schwimmbädern.

und gleichzeitig und damit verbunden und nicht trennbar: mein verstehen meiner *weißen* und ableisierten privilegierungen, die mir den raum eröffnen, sprachraum einzunehmen, mir die grundlage geben, w_ortungen zu suchen, die ich für meinen wunsch nach weltsein, in-welt-sein nutzen kann.

»beim erwachen dieses intensive gefühl: mir drohte gefahr von mir. früh lief ich ans telefon und gab nach berlin durch: mein körper entfernt sich von mir«, schreibt christa wolf in ›stadt der engel‹ in einer phase einer verzweiflung, in der sie glaubt, das leben vielleicht nicht aushalten zu können.[392] ist leben immer überleben, immer nur ein nicht hinspüren und hinhören, um überleben zu können? und wie häufig höre und spüre ich das in seminaren – in dem ankommen in einem verstehen interdependenter privilegierungen und diskriminierungen und dem wunsch, dann weg-

392 wolf 2010: 269.

zulaufen, nicht die verantwortung zu übernehmen, nicht das, was ich verstanden habe, für eine weltgestaltung zu nutzen.

warum also dieses buch? als erstes damit ich überlebe, damit ich mich ver_orten kann, um meinem suchen nach anwesenheit aus_druck zu verleihen, mich wortend zu orten, zu ver_orten. christa wolf hat eine nacht lang alle ihr bekannten lieder gesungen, um nicht den faden zum leben zu verlieren und dies in einem für mich bewegenden kapitel in diesem roman verarbeitet. lieder, die in ihrer heteranormativen zweigendernormativen, rassistischen und ableisitischen normalisierung keine verbindung zu einem überlebbaren leben für mich herstellen würden und doch kann ich mit dieser verzweiflung, sich an bestimmten worten und melodien festzuhalten, mit dem suchen von etwas von sich in etwas, was einyke bekannt ist, anfangen, finde mich in dieser suchbewegung wieder, auch wenn mir die worte und melodien sehr viel mehr ausfallen und keine eigenen und passenden ein_fallen. das suchen aber kenne ich, das suchen nach w_orten suche ich, auch mit diesem buch.

wie habe ich also meine privilegierungskonstituierung bisher wahrgenommen, reflektiert und in contra_diskriminierende handlungen gegen rasssismus und ableismus umgesetzt. wie habe ich meine gleichzeitige diskriminierungskonstituierung durch genderismus überlebt und was wäre leben? wie lebe ich meine privilegierungen und überleben andere sie? such_bewegungen. solange ich schreibe, überlebe ich noch. schreiben als ver_suche der kontaktaufnahme, der anwesenheit von mir, ohne mich zu fokussieren, ver_suche der gestaltung von welt, der gestaltung meines seins, als unabschließbar, als prozess als weitadenken und weitaversuchen und weitagehen. ich lese literatur, verzweifelt_besessen auf der suche nach räumen, in denen ich anwesenheit spüre. worte sind mir am ehesten anwesenheit, romane, essays und gedichte meine ver_ortung in vielen momenten, ein festhalten und nicht-aufgeben und kurz mich spüren und sowas wie atmen. wut ist anwesenheit, wut, die ich bei mir nicht wahrnehmen kann und bei anderen nicht aushalte. maßlos und unverschämt, schreibt may ayim, und meint nicht mich, sondern durch rassismus und androgenderung diskriminierte und trotzdem kann ich mich an dem lesen, dem über_setzenden lesen ihrer worte festhalten. may ayim hat gewählt, irgendwann nicht mehr zu leben, hier und so. literatur gibt mir bilder für unaussprechlichkeiten von nicht-anwesenheit. das verschwinden in wänden, die sprachlosigkeit hinter und in *weiß* ableisiert typisierten stimmen, die sich als ›neutral‹ herstellen und eingelesen werden, das schweigen von nicht-literatur, denn auch literaturveröffentlichung unterliegt normen von popularität und lesbarkeit, die mich nicht meinen, in denen ich mich kontinuierlich hinein über_setze – und mich trotzdem vielleicht als *weiß* ableisierte person mehr meinen als Schwarze disableisierte transxs. und trotzdem bin ich wie besessen damit, mich zu finden, mich zu suchen in literatur, wenigstens dort, in fiktiven vorstellungen von realitäten, die so nicht sind, die so nicht aushaltbar sind, worte zu finden und zu lesen von anderen, die mich mir erklären, meine verzweiflung, meine gefahr, die mir von mir drohte, eine verinnerlichung der zurichtung, die mich w_ortlos macht, w_ortsuchend, warum nur glaube ich, mich in w_orten zu finden, finden zu wollen, was macht mir immer noch hoffnung, utopie, wie ja'n es nennen würde, vision, wie audre lorde es nennt, fantasie, wie judith butler es ausdrückt.

warum dieses buch? als zweites um mich anwesend zu machen, um mich zu kommunizieren, um mit anderen in kontakt zu gehen, um raum einzunehmen, welt zu sein, um mir eine stimme zu geben,

»morgens aufwachen
immer noch da sein
so«

schreibt ulla hahn in ihrem gedicht ›so‹. um das zu schreiben, was ich heute denke gebraucht zu haben, als ich angefangen habe zu studieren, ohne es auch nur mehr als vage habe spüren zu können, um trotzdem zu sein und dennoch zu sein, um an mich zu glauben, an soziale veränderungen, an die schönheit von worten, die schönheit von kontakt, an ver_ortungen; um nicht zu schweigen, nicht zu ignorieren, nicht zu resignieren, um nicht aufzugeben, um nicht bitter und sarkastisch zu werden, um mich daran festzuhalten, aufzurichten, zu erinnern, wahrzunehmen, weitazugehen, kurz mich wortend zu spüren und auszuatmen, um meine liebe zur schönheit von wortungen suchend aus_druck zu geben, um fragen und re_aktionen von anderen zu bekommen. genreveränderungen sind für soziale veränderung wichtig. ich ver_suche mich in w_ortender selbstermächtigung, mich schreibend zu suchen, immer neu, immer anders und dadurch, hoffentlich, berührungen mit und zu anderen herzustellen, gegenseitige wahrnehmungen, begegnungen. leben in interdependent genderistisch_rassistisch_ableistischen gesellschaften ist immer ein dennoch_leben für die diskriminierten, eine gratwanderung zwischen der selbstwahrnehmung und dem nicht-aushalten gesellschaftlicher zu_richtungen.

warum dieses buch? als drittes, weil ich etwas sagen will, weil ich raum einnehmen, welt gestalten, hoffnung und vision leben will. weil ich neugierig bin auf begegnungen mit gedyke_transten und getransxt verorteten anderen, auf xs strategien, ideen visionen, weil ich meine privilegierungen als *weiße* ableisierte transxte person als verant_w_ortung wahrnehme, weil ich in meiner anwesenheit im w_orten nichts zu verlieren habe, weil ich das privileg habe, schreiben und publizieren zu können und weil ich dies als eine politische verantw_ortung wahrnehme, weil ich mich so verstehe, weil ich meine privilegien und meine privilegierungen nutzen will, als herausforderung und vor allem als chance zur gestaltung von welt erlebe, weil ich mich mit ihnen auseinandersetzen und sie produktiv nutzen will, immer wieder anders, immer wieder neu.

warum dieses buch? als viertes, weil ich es so liebe, gedyk_transte und transxte w_ortungen zu lesen, sehrsehrsehr! und viel zu selten, weil ich begierig danach bin, ein begehren danach habe, nach anwesenheiten, nach suchen und nach ringen um anwesenheiten, um die schönheit von w_ortungen, um gewortete bilder und bilder und farben und stimmungen, die ich spüre und nur vage würde benennen können.

»i believe in fiction and the power of stories because that way we speak in tongues. we are not silenced. all of us, when in deep trauma, find we hesitate, we stammer; there are long pauses in our speech. the thing is stuck. we get our language back through the language of others. we can turn to the poem. we can open the book. somebody has been there for us and deep-dived the words. i needed words because unhappy families are conspiracies of silence. the one who breaks the silence is never forgiven. [they] has to learn to forgive [them]self.« (winterson 2012: 9)

weil gedyk_transte und transxte w_ortungen mich glücklich machen, weil ich immer noch neu wieder aufwache und neugierig bin und verliebt auf begegnungen und anwesenheiten und wahrnehmungen und welt einnehmen, weil ich visionen spüre und will und begegnungen und lachen und kontakt und fließen.

letzte w_orte für dieses buch zum neuen losbewegen und weitafragen_denken_handeln.

may ayim: ›vision‹

»irgendwann
irgendwo
eines tages
ein gemeinsames lied
gesungen tanzend

irgendwo
irgendwann
eines tages
ein gedicht empfunden
weitergetragen
nachgeklungen

irgendwann
irgendwo
eines tages
hände in hände geklatscht
lippen auf münder geküsst
ineinander gefaltet
augen in augen gesehen
lauschend
verstehen verstanden«[393]

[393] ayim, may (2005d): vision. in: ayim, may (hrsg.): blues in Schwarz weiss. berlin: orlanda. s. 55. mit freundlicher genehmigung des orlanda verlags.

audre lorde: auszug aus ›leben mit krebs‹

»für mich sind leben und die anwendung dieses lebens unzertrennlich, und ich trage die verantwortung, dieses privileg und diese lebenserfahrung zur verfügung zu stellen.

für mich bedeutet erfüllt zu leben, größtmöglichen zugang zu meiner erfahrung und meiner macht zu haben, zu lieben und die arbeit zu tun, an die ich glaube. es bedeutet, gedichte zu schreiben, meine geschichten zu erzählen und meine dringlichsten interessen für die zukunft und gegen die vielen formen von anti-leben, die uns umgeben, auszusprechen.« (lorde 1988: 108)

glossar

ableismus: ist das strukturelle diskriminierungsverhältnis, das dis/ableisierung konstruiert. ableisierung ist die normalvorstellung und normalisierte konzeptualisierung, die die privilegierung zu jeglichen formen von behinderung bildet. behinderung kann verschieden verwendet werden und sowohl eine zustandsbeschreibung zu einer person sein (›ich bin behindert‹) oder deutlich machen, dass eine bestimmte gesellschaftliche situation eine konkrete person oder personengruppe in ihrer entfaltung, bewegung und ihren möglichkeiten behindert. dies ist beispielsweise der fall, wenn fernsehsendungen nur sprechsprachlich und nicht auch gebärdensprachlich kommuniziert werden, wenn texte nur konventionalisiert schriftsprachlich und nicht auch in braille verschriftlicht sind, wenn seminarräume an der uni nur für personen, die ohne hilfe treppen steigen können, und nicht auch für rollstuhlfahrxs zugänglich sind. ich verwende den englischsprachigen begriff ableismus hier, da dieser parallel zu genderismus und rassismus gebildet wird und die strukturelle diskriminierung, die über eine normalsetzung von nicht-behindert in einer konkreten situation hergestellt wird, benennbar macht. die forschungs- und studienrichtung, die sich mit strukturellen diskriminierungen über behinderung und der privilegierung über nicht-behinderung befasst, heißt häufig disability studies. disableisierungen sind in meiner lesart keine eigenschaften oder gar ›identitäten‹ von personen, sondern machtvolle hegemoniale herstellungsmechanismen, mit denen personen in gesellschaftlichen situationen konstruiert und platziert werden. die zuschreibung von disableisierung losgelöst von einer strukturellen analyse ist damit selbst ableistisch.

androgenderndes maskulinum: ersetzt als begriff den traditionellen begriff ›generisches maskulinum‹. durch die neue begrifflichkeit wird die antisexistische kritik an androgenderung auch terminologisch explizit gemacht, während der begriff ›generisches maskulinum‹ die mit diesen formen realisierte diskriminierung ent_erwähnt.

anti- und contra_: anti- und contra_ verwende ich als vorsilben zu kritischen ver_ortungen, das heißt zu politischen kämpfen. diese unterscheiden sich für mich danach, ob ich durch eine strukturelle diskriminierungsform diskriminiert oder privilegiert bin. bin ich diskriminiert, so sind meine kämpfe anti-, bin ich privilegiert, sind sie contra_. der unterstrich macht hier deutlich, dass ich, auch wenn ich als *weiße* person gegen rassismus in konkreten situationen angehe, trotzdem doch immer auch rassistisch bin. das konzept kritische ver_ortung und die hier verwendete schreibweise ist von alyosxa tudor entwickelt worden (tudor 2011). eine ausführlichere erklärung findet sich in dem eintrag ›kritische ver_ortung‹ in diesem glossar.[394]

antigenderistisch: antigenderistisch sind sprachliche interventionen und vorschläge, die alle formen von genderungen, auch kategorialgenderungen, infragestellen beziehungsweise ganz grundlegend herausfordern. antigenderistische handlungen antworten so auf einen umfassenden genderismus. die unterschiedlichen, in diesem band vorgestellten und diskutierten

[394] ausführlicher hierzu: tudor 2013b.

x-formen können also beispielsweise in konkreten sprachhandlungen als antigenderistische strategien verstanden werden. ob sie antigenderistisch sind oder genderismus als strukturelle diskriminierungsform ent_erwähnen, hängt dabei von der äußerungssituation und der gebrauchsweise der jeweiligen begrifflichkeit ab. eine x-form allein macht ohne eine entsprechende kontextanalyse daher keine aussage dazu, ob es sich um eine antigenderistische intervention oder um eine vermeidung, genderismus als diskriminierung explizit zu machen, handelt. folglich ist es keine pauschallösung, immer antigenderistische formen zu verwenden, sondern ich muss jeweils genau überlegen, worauf ich mich in einer konkreten äußerungssituation beziehe und was ich explizit machen will.

ausdrucksgenderung: ist die argumentationsform, die genderung an unterschiedlichen formen individuellen oder gruppenbezogenen ausdrucks festmacht und darüber gender verselbstständlicht. ausdrucksgenderung ist die argumentationsweise, die auf die frage antwortet, wie sich genderung ausdrückt. diese ausdrucksformen können sowohl verhaltens- und kommunikationsweisen als auch weitere realisierungen wie kleidung, stimme und andere formen nonverbaler kommunikation sein. zu letzterem gehört beispielsweise auch raumaufteilung. ausdrucksgenderung ist eine argumentationsweise für die verschiedenen realisierungsformen von genderismus: ausdruckszweigenderung ist beispielsweise das zweigegenderte zuschreiben unterschiedlicher kommunikationsstile und -formen, die sowohl in ratgebexliteratur als auch in witzen und sprichwörtern re_produziert werden. ausdruckscisgenderungen sind die diskursivierungen, die personen als auf jeden fall als eindeutig und über zeit hinweg konstant als ›frau‹ oder ›mann‹ einlesen und gewaltvoll herstellen. dazu gehören auch zweigegenderte umkleiden und krankenhauszimmer, die beides ebenen nonverbaler kommunikation sind, über die cis- und zweigenderung als ausdrucksgenderung sekundär hergestellt wird. ausdrucksreprogenderung ist die diskursive zuschreibung und (selbst)annahme spezifisch mütterlicher verhaltensweisen, wie zum beispiel sorge und selbstaufopferung. ausdruckskategorialgenderung zeigt sich im unvermögen, sich unterschiedlichste soziale kommunikationsformen, zu denen ich alle bis hierhin genannten rechnen würde, jenseits von genderungen vorzustellen oder zu realisieren.

diskurs: ist die sprach- und wortbare möglichkeit einer verständigung über selbst, andere, welt. diskurse sind die interaktiven bezugnahmen von personen und personengruppen aufeinander, das verständlichsein von sozialen codes, riten, regelungen und zeichen sowie die summe unterschiedlicher ausdrucksmöglichkeiten. alles dies ist sozial geprägt, sozial konstituiert und sozial intelligibel, findet in sozial geschaffenen rahmenbedingungen statt und zeigt sich nicht nur in konkreten einzelnen sprachhandlungen, sondern auch in genres, kommunikationsregeln, bildmedien, autorisierungsebenen von diskursen, wie beispielsweise ›wissenschaft‹, ›predigten‹, ›gesetzen‹, ›medizinische diagnosen‹. zu diskursen gehört nicht nur das, was geäußert wird, sondern alles, was äußerbar wäre, also auch das, was entnannt und ent_erwähnt ist. eine diskursanalyse ist immer zugleich auch eine sozialanalyse.[395]

dispositiv: dispositiv ist ein analytisches konstrukt zur benennung dessen, was in einer bestimmten gesellschaftlichen situation und konstellation nicht verständlich ist. das diskriminierungsdispositiv bildet den rahmen dessen, was verständlich ist und also geäußert werden

395 grundlegende einführungen: mills 1997; loomba 1998; winther jørgensen/phillips 2002.

kann oder könnte. das, was gar nicht als hypothetische diskursivierung vorstellbar ist, was also ent_intelligibilisiert ist, bildet das dispositiv als machtvollen rahmen der verstetigung, verselbstständigung und unangreifbarkeit von interdependenten strukturellen diskriminierungen. eine dispositivanalyse ist immer auch historisch, kann nur nachträglich feststellen, was in einer bestimmten gesellschaftlichen situation nicht vorstellbar war. transxen als kritische ver_ortung ist die diskursivierung einer bis zu diesem punkt nicht vorstellbaren sozialen positionierung. transxen als subjekte konstituierende handlungsform war also bis zu diesem moment im abjekt, war aus dem diskurs ›verworfen‹.[396]

entdependierend/entdependierbar: strukturelle diskriminierungen sind interdependent und nur theoretisch und analytisch trennbar. genderismus_rassismus_ableismus bilden zusammen eine interdependente strukturelle diskriminierungsform. ausgehend von diesen annahmen ist der versuch einer getrennten wahr_nehmung dieser strukturellen diskriminierungsformen ihre entdependierung, das heißt ihre trennung aus analytischen, theoretischen und_oder ideologischen erwägungen. der begriff entdependierung macht die frage, etwas nicht als interdependent wahrzunehmen, zu einer aktiven handlung. interdependenzen, so eine hypothese dieses buches, sind im momentanen diskriminierungsdispositiv.[397]

ent-: ent- als vorsilbe wird vor unterschiedlichste wörter gesetzt; diese formen ersetzen häufig konventionalisierte formen, die mit ›nicht‹ ausgedrückt werden oder die mit ›un-‹ beginnen, wie beispielsweise entmerken statt ›nicht merken‹, entwahrnehmbar statt ›unwahrnehmbar‹. durch die vorsilbe ent- werden die entsprechenden begriffe als aktive handlungen konzeptualisiert, was mit den negativ-formulierungen über ›nicht‹ und ›un-‹ nicht der fall ist: etwas zu entnennen, ist eine aktive handlung einer nicht-benennung. nicht-benennung ist eine viel stärker statisch einlesbare konzeptualisierung, die dem konstruktivistischen prozesshaften konzeptualisierungen dieses buches widerspricht.

ent_erwähnen: ist die sprachliche nicht-benennung einer diskriminierten positionierung; der unterstrich deutet an, dass die positionierung, aus der die ent_erwähnung vollzogen wird, wichtig ist. aus diskriminierter positionierung vollzogene ent_erwähnungen können politische strategien sein. der begriff ist von alanna lockward (2010) geprägt worden.

entgenderung: ist die ent_wahrnehmung von genderung. dies vollzieht sich unter anderem über androgenderung, eine verallgemeinmenschlichende norm, die *weiß* ableisiert typisiert ist, dies aber entnennt.

ent_genderung: meint die aktive herstellung einer vorstellung, die nicht genderungen kontinuierlich explizit oder implizit wieder aufruft und herstellt. genderung wird dabei hier in einem umfassenden sinne verstanden, das heißt umfasst sowohl strategien von andro-, hetera-, repro-, zweigenderung als auch kategorialgenderung. ent_genderung ist der ver_such, diese verschiedenen ebenen sprachhandelnd herauszufordern. die x-form für personale appellati-

---

[396] sehr viel ausführlicher dazu kapitel v mit konkreten analysen. in kapitel vi stelle ich dar, wie in das diskriminierungsdispositiv interveniert werden kann.

[397] ausführlicher dazu in kapitel v.

onen ist ein beispiel dafür. der unterstrich macht deutlich, dass ent_genderungen doch auch immer wieder genderungen aufrufen und sich immer auch brüche oder leerstellen in diesem versuch der antigenderistischen strategien finden.

entintelligibilisiert: ist die konstruktivistische konzeptualisierung für das, was aktiv als nicht verständlich hergestellt wird, für eine nicht-intelligibilität. etwas ist intelligibel, wenn es verständlich ist, wenn es in hegemoniale soziale normen eingelesen oder im rahmen derer verstanden werden kann. soziale normen sind machtvolle instrumente zur schaffung von wirklichkeitsvorstellungen. zur intelligibilität von sozialen normen gehört auch das ›zulassen‹ oder anerkennen von abweichungen. diese können nur als abweichungen wahrgenommen werden, weil sie zugleich eine norm aufrufen. alles, was aber nicht einmal als abweichung einer solchen norm verstanden werden kann, was gar nicht wahrgenommen werden kann, ist damit entintelligibilisiert. die aktive, prozessuale begrifflichkeit betont, dass die aufrechterhaltung sozialer normen zugleich auch ein machtvolles instrument zur sicherung struktureller interdependenter privilegierungen ist. dinge und personen ›sind‹ nicht einfach nicht einlesbar, nicht verständlich, aus dem rahmen der vorstellung von menschlichkeit ausgeschlossen, sondern werden so immer wieder hergestellt und eingelesen durch das verweigern von erkennen und anerkennen (›recognition‹ im englischen).[398]

entnennen: ist die sprachliche nicht-benennung einer privilegierten positionierung.[399]

ent_sprachbarkeit: ist eine bestimmung, dass die grenze des sagbaren ein dispositiv ausmacht. geht davon aus, dass ›etwas‹ nicht auch nur theoretisch für eine bestimmte situation und damit für eine bestimmte diskursivierung versprachlichbar sei, sondern sich stattdessen auf der ebene des dispositivs befindet. in einer bestimmten situation zu einem bestimmten zeitpunkt nicht versprachlichbar zu sein, ist die undenkbarkeit, die unmöglichkeit von anwesenheit, was butler (1990) als fehlende intelligibilität bezeichnet. während mittlerweile im deutschen kontext eine androgendernde diskriminierung vorstellbar und benennbar ist, wird genau darüber auch die diskriminierung über zweigenderung und cisgenderung entfokussiert. eine grundlegende diskriminierung, die über kategorialgenderung hergestellt wird, ist nicht verständlich – ebensowenig, wie eine grundsätzliche interdependenz zwischen genderismus, rassismus und ableismus. diskriminierungen werden stattdessen als einzelne phänomene und nicht als immer auch interdependent wahrgenommen. interdependenzen sind damit ent_sprachlicht.

frauisierte ausschließlich- oder exklusivgenderung: eine sprachliche teilstrategie von androgenderung. die exklusivgenderung frauisierter über so genannte ›weibliche‹ formen bei beibehaltung einer allgemeinen androgenderung über ›männliche‹ formen ist genderistisch und re_produziert die vorstellung von frauisierten als gender und typisierten als genderlos, als allgemeinmenschlich. eine sprachhandelnde genderung frauisierter positionierungen macht also innerhalb eines modells von zweigenderung nur sinn, wenn gleichzeitig auch typisierte gegendert werden.[400]

---

398 vgl. butler 1990; butler 2004, kapitel: beside oneself.

399 vgl. hornscheidt 2005; hornscheidt/nduka-agwu 2010.

400 ausführlicher hierzu kapitel iii und v.

gefühlsgenderung: ist eine von mehreren diskursiven argumentationsformen oder -figuren, über die genderismus in seinen unterschiedlichen realisierungsformen re_produziert wird. gefühlsgenderung antwortet auf die fragen: wie fühlt sich genderung an? wie wird genderung in öffentlichen und individuellen wahrnehmungen mit gefühlen verknüpft? wie werden genderungen der gefühlsebene zugeschrieben? gefühlszweigenderung ist beispielsweise sowohl die deutlich zweigegenderte und rassifizierte einlesung desselben verhaltens als unterschiedlich in bezug auf die ausgedrückten gefühle, je nachdem, ob es sich um eine frauisierte oder typisierte *weiße* oder Schwarze ableisierte person handelt (dasselbe verhalten wird für einen *weißen* ableisierten ›mann‹ häufig als durchsetzungsstark, für eine Schwarze ableisierte ›frau‹ als hysterisch, aggressiv, besserwisserisch eingelesen). gefühlscisgenderung ist die diskursiv hergestellte annahme, dass eine person sich als ›frau‹ oder ›mann‹ fühlen würde und dies damit also so sei – ›frau- und mann-sein‹. die ebene des gefühls ist in westlichen konzeptualisierungen für invididuelle wahrnehmungen viel weniger infragestellbar als andere ebenen und vorstellungen. das richtig oder falsch-fühlen als ›frau‹ oder ›mann‹ ist gleichzeitig auch grundlage vieler transdiskurse, die zweigenderung re_produzieren (sich im falschen körper fühlen: vgl. auch körpergenderung). gefühlsreprogenderung ist die gefühlsmäßige hegemoniale belegung von entnannt *weißer* ableisierter mutterschaft und auch schwangerschaft als unvergleichliche gefühlsmäßige erfahrungen, die alle anderen erfahrungen zu körperlichkeit und ›liebe‹ übertreffen würden und die insbesondere auf der gefühlsebene so massiv und unvergleichlich seien. diese herstellung führt zu einer idealisierung und überhöhung von *weißer* ableisierter reproduktion. gefühlskategorialgenderung ist die argumentation, dass x sich nicht vorstellen könne, dass es gender nicht gäbe, ist die gefühlsmäßige bestätigung und bekräftigung, dass etwas jenseits von gender nicht vorstellbar ist.[401]

genderdynamisierend: diese begrifflichkeit verwende ich, wenn konventionalisierte vorstellungen zu genderungen durch beispielsweise sprachliche handlungen herausgefordert werden, ohne damit genderungen an sich infragezustellen. das heißt, in genderdynamisierenden sprachveränderungsideen bleibt kategorialgenderung unangetastet und wird genderung – in welcher form auch immer – als bezugsrahmen und -punkt genommen und so re_produziert. der dynamische unterstrich ist beispielsweise genderdynamisierend, da er konventionalisierte vorstellungen von zwei- und auch cisgenderungen herausfordern und irritieren kann; er bezieht sich aber weiterhin in der form, wie er verwendet wird, als mittel einer intervention in konventionalisiert frauisierte und typisierte formen, genau dieser beiden bezugsgrößen, die so auch immer wieder aufgerufen werden.

genderismus: von alyosxa tudor, jay keim und mir in ag einleitung (2011) vorgeschlagener und in diesem band weiter ausgeführter begriff, der ein herkömmliches verständnis von sexismus ersetzt; genderismus ist die strukturelle diskriminierungsform, die gender als kategorisierung schafft und über diese kategorisierungen diskriminierungen, hierarchisierungen, bewertungen und gewalt herstellt und re_produziert. genderismus basiert auf unterschiedlichen genderistischen realisierungsformen, wie sie in ›feminismus schreiben lernen‹ (2011) eingeführt und in kapitel iii in diesem band erläutert werden. genderismus schafft gender als kategorie; ohne genderismus als struktureller diskriminierungsform gäbe es keine einteilung in gender, gäbe es keine ›frauen‹ und ›männer‹, keine frauenquoten, keine tagesmüt-

401 ausführlicher hierzu kapitel iii.

ter, keine genderspezifizierung, kein gender-mainstreaming. gender ist nicht die folie, auf der genderismus wirksam wird, sondern ein massiver und häufig naturalisierter effekt von genderismus. frauisierte exklusivgenderung führt zu häufig zu einer hegemonialen annahme von strategien, die frauisierte betreffen und so als gesellschaftlich zu lösendes ›problem‹ herstellen. dies schafft und verstärkt genderistische diskriminierungen statt privilegierungen anzugehen, das heißt statt die entnannte *weiße* ableisierte typisierte normalvorstellung als problem wahrzunehmen.

generisches maskulinum: siehe androgenderndes maskulinum.

implikation/impliziert: implikationen sind die konventionalisierten bedeutungen, die in einer äußerung beispielsweise mitschwingen, die aus einer äußerung indirekt herausgelesen werden können. dadurch, dass diese vorstellungen so etwas wie die konventionalisierten konsequenzen aus einer äußerung sind, die aber nicht explizit gemacht worden sind, können sie sehr wirkmächtig sein. ihre entnennung macht sie unangreifbarer, sie wirken subtil, sind schwerer zu hinterfragen und rufen häufig konventionalisierte normalvorstellungen auf und manifestieren diese.

intelligibel/intelligibilität: siehe den eintrag zu entintelligibilisiert.

interdependenz: interdependenz ist ein analytisches modell, mit dem die verwobenheit von nur analytisch trennbaren strukturellen diskriminierungsformen und sozialen machtverhältnissen explizit gemacht wird. strukturelle diskriminierung wird mit einem interdependenzansatz als ein komplexes gesellschaftliches normverhältnis verstanden, welches nur nachträglich und analytisch in unterschiedliche formen differenziert werden kann, die aber als gesellschaftskonstitutiv und -konstituierend immer eine diskriminierungseinheit bilden.[402] in intersektionalitätsansätzen wird im gegensatz dazu davon ausgegangen, dass diskriminierungsformen einzeln bestehen und dann analytisch additiv zusammengedacht werden können. beide ansätze haben also viel gemeinsam, ihre ausgangspunkte sind jedoch konträr, was seinerseits auch wiederum unterschiedliche konsequenzen für politiken hat. mit einem interdependenzansatz ist es selbstverständlich, in genderistischen analysen immer auch rassismus und ableismus mit zu reflektieren und antigenderistische handlungen nicht ohne ein vorgehen gegen rassismus und ableismus zu verstehen. in intersektionalitätsanalysen sind dies optionen. in einem interdependenzansatz gibt es keinen genderismus, der nicht auch zugleich ableisierend und rassistisch ist.[403]

intersektionalität: geht von der verwobenheit oder überkreuzung unterschiedlicher machtverhältnisse und struktureller diskriminierungsformen aus, die mit einem intersektionalitätsansatz zusammen betrachtet und analysiert werden können. zentrale trias für viele intersektionalitätsansätze sind ›race, class, gender‹, die mittlerweile um weitere kategorisierungen ergänzt worden sind. intersektionalitäts- und interdependenzansätze fokussieren die vielschichtigkeit struktureller diskriminierungen und sozialer machtverhältnisse, auch wenn sie

---

[402] ausführlicher hierzu combahee river collective 1995; walgenbach et al 2012.

[403] ausführlicher hierzu kapitel iii.

dies mit unterschiedlichen ausgangsfragen und konzeptualisierungen machen. vgl. auch den eintrag zu ›interdependenz‹.

körpergenderungen: meint die genderungen, die differenziert für verschiedene realisierungsformen von gender, über körperbilder und -vorstellungen hergestellt werden. für körperzweigenderung wäre dies beispielsweise die konventionalisierte idee, genderung an bestimmten so genannten körpermerkmalen ableisierter eindeutig ablesen zu können. körperreprogenderung wäre die spezifische einlesung körperlichen aussehens schwangerer ›frauen‹, auch beispielsweise im kontrast zur einlesung von ›männern‹ mit entsprechenden bierbäuchen; körpercisgenderung wäre die annahme einer eindeutig zweigegenderten körperlichkeit und die nur sehr sanktionierte möglichkeit, dies zu verändern. körperkategorialgenderung ist die vorstellung, dass körper ›sind‹, vorgegeben, natürlich, und dass sich an diesem naturalisierten körper genderung auf verschiedene weisen zeigt – und es keine intelligible möglichkeit einer vorstellung eines entgenderten körpers gibt.[404]

konventionalisiert/konventionalisierung: unter konventionalisiert fasse ich die vorstellungen, bedeutungsbelegungen und konzepte, die innerhalb einer bestimmten sozialen gruppe normalisiert sind, die normal erscheinen, unhinterfragbar, nicht bewusst und explizit verhandelt werden, sondern ›einfach da‹ zu sein scheinen. konventionalisierungen sind die starken sozialen normierungen und normalisierungen von bestimmten vorstellungen, tradierungen, die unter anderem auch über sprachliche handlungen hergestellt und getragen werden: bedeutungen zu bestimmten begriffen oder sätzen, auf die sich eine gesellschaft geeinigt hat (dies ist kein individueller und bewusster prozess), die in einer gesellschaft als gesetzt und gegeben gelten. konventionalisiert bedeutet, dass bestimmte vorstellungen im wissensvorrat einer gesellschaft so stark normalisiert sind, dass sie nur schwierig herauszufordern und zu verändern sind. konventionalisierungen sind häufig entmerkt, sind so stark normalisiert, dass sie gar nicht mehr explizit gemacht werden können. genderistische vorstellungen sind häufig konventionalisiert, sodass sie einzelnen personen gar nicht auffallen, sondern erst durch antigenderistische analysen bewusst gemacht werden können: dass die appellation ›student‹ androgendernd ist und damit nicht entgendert, dass ›frauen‹ als mütter eingelesen werden, dass personen, sehen sie zwei erwachsene, unbewusst versuchen, diese als heterogegendertes paar wahrzunehmen, dies alles sind beispiele für konventionalisierte genderismen.[405]

kritische ver_ortung: ist als konzept und begriff von alyosxa tudor (2011) geprägt worden. kritische ver_ortungen sind die reflektierten kritischen auseinandersetzungen und handlungen gegen strukturelle diskriminierungen. strukturelle diskriminierungen bringen soziale positionierungen hervor, die handelnd in kritische ver_ortungen über_setzt werden können. mit der einnahme einer kritischen ver_ortung reflektiere ich meine soziale positionierung und versuche, diese in interdependent anti- oder contra_diskriminierende handlungen umzusetzen. kritische ver_ortungen basieren also auf sozialen positionierungen und gehen gleichzeitig über sie hinaus, da sie aus den sozialen positionierungen politische kämpfe und selbstkritische kontinuierliche reflexionen ableiten. kritische ver_ortungen sind damit nichts

[404] ausführlicher hierzu kapitel iii.

[405] ausführlicher hierzu kapitel iv.

statisches und eindeutig gegebenes, sondern können immer nur situativ bestimmt werden: verhalte ich mich kritisch-reflektierend zu einer bestimmten diskriminierungsform in einer konkreten situation? überlege ich, welche sprachformen ich benutze, wex ich anrede und wie ich das mache? dies wären beispielfragen, die ich mir zu einer konkreten situation stellen kann, um zu bestimmen, ob ich kritisch ver_ortet handele. entsprechend dieser idee drücken sich kritische ver_ortungen über handlungen aus, im sinne von beispielsweise: ›ich handle contra_rassistisch in dieser konkreten situation, indem ich reflektierte sprachhandlungen vollziehe und den fokus meiner aufmerksamkeit auf rassistische diskriminierungen richte.‹ kritische ver_ortungen sind demnach keine seins-äußerungen, sondern handlungsäußerungen und als solche immer nur für einzelne handlungen bestimm- und benennbar. soziale positionierungen sind ein wichtiger bestandteil kritischer ver_ortungen und bilden die basis, auf der ich meine handlungen in bezug auf strukturelle diskriminierungsformen reflektiere und entsprechende handlungen ableiten kann. entsprechend dieser vorstellung bin ich *weiß* positioniert und kann daraus die kritische ver_ortung, contra_rassistisch zu handeln, für konkrete situationen und handlungen ableiten – nicht als zeit- und situationsübergreifende ›identität‹ jedoch. eine analyse von mir selbst als *weiß* positioniert ist noch keine kritisch ver_ortete handlung, sondern wird dies nur, wenn ich handlungen daraus ableite. antidiskriminierende ver_ortungen sind in diesem begrifflichen modell personen vorbehalten, die durch die entsprechenden diskriminierungsformen diskriminiert sind, contra_diskriminierende ver_ortungen dexjenigex, dix durch die diskriminierungsform privilegiert sind. kritische ver_ortungen sind also damit immer auch abhängig von sozialen positionierungen; soziale positionierungen konstituieren kritische ver_ortungen. dies kann auch zu unterschiedlichen communities, kämpfen und allianzen führen. die differenzierung zwischen sozialer positionierung und kritischer ver_ortung wird von tudor (2011) ausführlich hergeleitet, argumentiert und mit beispielen erläutert.[406]

migratisiert/migratismus: migratismus ist eine strukturelle diskriminierungsform, die von alyosxa tudor (2010) ausformuliert worden ist. sie ist gleichzeitig – als migratisierung – auch eine realisierungsform von rassismus, im sinne des konzepts realisierungsformen, wie ich es in kapitel iii erläutere. die gleichzeitigkeit von migratismus/migratisierung – der herstellung von personen und personengruppen als nicht ›ursprünglich‹ zugehörig zu einem bestimmten, meist national und supranational bestimmten territorium und die damit verbundene abwertung, diskriminierung, entziehung von rechten und sozialen möglichkeiten – als strukturelle diskriminierungsform migratismus und als realisierungsform von rassismus (in form von migratisierungsherstellungen) führt zu überschneidungen und ineinssetzungen von rassismus und migratismus in der öffentlichen wahrnehmung, die selbst wiederum dazu führen können, dass rassismus auf migratismus in öffentlichen diskursen engführend reduziert wird. migratisierung ist ein wichtiger bestandteil der privilegierten sozialen positionierung ›statisierung‹, die sich zugleich aus staatsbürgerInnenschaftsherstellung als ›deutsch‹, androgenderung, ableisierung, christlicher pseudosäkularisierung und *weißs*ein zusammensetzt.[407]

---

[406] ausführlicher dazu kapitel iv, v und vi.

[407] vgl. hornscheidt 2010b; hornscheidt 2011c. ausführlicher zu der spannung von migratismus als diskriminierungsform und migratisierung als realisierungsform von rassismus: kapitel v.

norm, soziale norm: soziale normen schaffen normalisierungen innerhalb eines bestimmten sozialen feldes, zum beispiel einer gesellschaft. soziale normen sind der implizite standard einer normalisierung und nicht identisch mit gesetzen und anderen regulierungen. soziale normen sind in der regel implizite, gesellschaftliche machtvolle übereinkünfte. soziale normen schaffen integibillität. alles was ›anormal‹ ist, bezieht sich damit gleichzeitig auf diese norm, die so auch wieder aufgerufen wird. ›anormales‹ ist über soziale normen als ›anormales‹ verständlich. soziale normen befinden sich damit auf der diskursiven ebene.[408]

paarnormativ/paarnormativität: ist ein teilaspekt von heteragenderung und auch von reprogenderung; die idee eines paares bildet die grundlage für konventionelle familienkonzepte als auch für die idee und das ideal eines glücklichen, erstrebenswerten entnannt *weiß* ableisiert normalisierten soziallebens. paarverhältnisse sind der gesellschaftlich gewünschte normalzustand, abweichungen davon werden sowohl extra benannt (single; alleinerziehend; polyamourös) als auch als übergänge oder formen des verlassenseins auch problematisiert dargestellt.[409] paarnormativität ist ein wichtiger teil kapitalistischer logiken und einer kapitalisierung von gefühlen.

pathogenderung: pathogenderungen sind die diskursiven argumentationen, in denen genderung über unterschiedliche formen von pathologisierung re_produziert wird und die jenseits von vor allem visuellen vorstellungen zu körpern liegen, die ich als körpergenderungen bezeichne. pathozweigenderungen realisieren sich beispielsweise über die vorstellung von eindeutig unterschiedlichen ›weiblichen‹ und ›männlichen‹ entnannt *weißen* ableisierten gehirnen, genen, hormonen usw. pathoreprogenderung ist die annahme, dass es ja ›frauen‹ und ›,männer‹ geben muss, damit fortpflanzung möglich sei, dass ›frauen‹ eine andere ausstrahlung haben würden, wenn sie ›fruchtbar‹ seien, und auf diese weise ›männer anlocken‹ würden. pathokategorialgenderung ist die prinzipielle und fortwährende suche nach genderunterschieden auf allen vor allem westlich-schulmedizinisch legitimierten gebieten und ihre wissenschaftliche validitätserklärung.

präsupposition/präsupponiert: präsuppositionen sind die vorannahmen, die als wahr oder gültig angenommen werden müssen, um eine äußerung überhaupt verstehen zu können. präsuppositionen sind häufig gesellschaftliche normalvorstellungen, die so selbstverständlich wirken und sind, dass sie nicht explizit gemacht werden oder werden müssen. auf diese weise re_produzieren sie sich zugleich machtvoll.

privilegierungen/privilegien: privilegierungen sind über eine aktivistische analyse sozialer positionierungen benennbar (vgl. eintrag soziale positionierung). soziale positionierungen sind der in personen, personengruppen, institutionen und normen realisierte effekt von diskriminierungsverhältnissen. diese können zu bevorteilten, sozial normalisierten und gesellschaftlich privilegierten positionierungen führen oder zu diskriminierungen. aus einem interdependenten verständnis ergibt sich die notwendigkeit, die eigene soziale positionierung differenziert für die komplexe verbindung von potentiell mehreren privilegierungen und

---

[408] ausführlicher hierzu: butler 2004, kapitel: gender regulations.

[409] vgl. ausführlicher dazu kapitel iii unter heteragenderung.

diskriminierungen zu betrachten und daraus eine umfassendere und differenzierte soziale positionierung abzuleiten. privilegierungen führen zu privilegien in gesellschaftlichen situationen und unterschiedlichen kontexten. diese realisieren sich häufig gerade auch über ihre ent_wahrnehmung und normalisierung. privilegien ›tun nicht weh‹, sondern ermöglichen handlungsräume und -möglichkeiten, die für kritische politiken nutzbar sind. privilegien sind dementsprechend eine ressource für gesellschaftliche veränderungen und teilhabe möglichst vieler sozialer gruppen. privilegierungen und diskriminierungen fasse ich unter dem oberbegriff diskriminierungen zusammen. über privilegierungen von personen und personengruppen realisieren sich diskriminierungen anderer personen und personengruppen. die über privilegierungen erworbenen und wahrgenommenen privilegien kann ich für contra_diskriminierende politiken machtvoll anwenden. eine erste zielsetzung ist nicht das auflösen von privilegien, sondern die veränderung von privilegierungsstrukturen in einer gesellschaft. eine erste zielsetzung ist es, privilegien nicht zu ignorieren, nicht zu entmerken, sondern sie aktiv politisch verantwortungsvoll anzuwenden. dies ist ein nicht abschließbarer prozess politischen arbeitens und kritisch-sozialer selbstreflexion.

rassismus: verstehe ich als strukturelle diskriminierungsform über rassifizierungen. rassismus ist ein konstitutiver bestandteil des diskriminierungsdispositivs momentaner deutscher selbstvergewisserung. unter rassismus verstehe ich hier primär kolonialrassismus und schließe mich an die definitionen von wright (2004), el-tayeb (2011), collins (2000), lorde (1984), kilomba (2008a) und hornscheidt/nduka-agwu (2010) an. neben kolonialrassismus verstehe ich auch antisemitismus, antiziganismus und antimuslimischen rassismus als wichtige formen von rassismus, die ebenfalls interdependent mit genderismus funktionieren und im öffentlichen diskurs unterschiedliche positionen einnehmen, unterschiedlich argumentiert, gegeneinander ausgespielt und unterschiedlich normalisiert werden.[410]

sexismus: traditioneller begriff, der die strukturelle diskriminierung über genderungen meint. wird im vorliegenden band als vor allem über androgenderung realisiert aufgefasst. der in diesem band damit ausgeführte begriff genderismus geht somit gleichzeitig auch weit über herkömmliche vorstellungen von sexismus heraus. sexismus im sinne von androgenderung meint hier die gleichsetzung von ›männlichkeit‹ mit allgemeinmenschlichkeit und die stigmatisierung, hervorhebung und extranennung von ›frauen‹ als vergeschlechtlicht, als geschlecht. die idee von androgenderung basiert auf der annahme von zweigenderung, die in androgenderung zugleich re_produziert wird.

Schwarz: bezeichnet personen und personengruppen, die durch kolonialrassismus diskriminiert sind, sich über diese diskriminierung bewusst sind und politisch gegen rassismus in unterschiedlichen formen kämpfen. Schwarz ist großgeschrieben und eine kritische ver_ortung von antirassistisch arbeitenden, denkenden und handelnden personen und personengruppen und findet sich beispielsweise auch in institutionalisierten benennungen, wie zum beispiel dem initiative Schwarze menschen in deutschland e.v., ISD.

soziale positionierung: ist die gesellschaftliche positionierung in und durch interdependierende strukturelle diskriminierungsverhältnisse. strukturelle diskriminierungsverhältnisse

[410] vgl. ag einleitung 2011.

positionieren personen und personengruppen innerhalb sozialer gefüge und normen. sie drücken sie häufig über ›ich bin [*weiß*, ableisiert, dyke_trans]‹-sätze aus. soziale positionierungen sind analytische und aktivistische zugriffe und zu_schreibungen an personen und personengruppen, die aus analysen generiert werden und die ihre interdependenten privilegierungen und diskriminierungen explizit benennen und dadurch aussagen und handlungen sozial situieren. eine kritische und politisch relevante analyse sozialer positionierungen bildet zugleich die grundlage für kritische ver_ortungen, die sich aus diesen ableiten (siehe eintrag kritische ver_ortung). die differenzierung von sozialer positionierung und kritischer ver_ortung wird in tudor (2011) herausgearbeitet und ausführlich motiviert.

statisiert/statisierung: ist die privilegierte normsetzung in momentanen deutschen kontexten und setzt sich aus den interdependenten sozialen positionierungen *weiß*, ableisiert, verstaatsbürgerInt, deutsch, ent_migratisiert, christlich pseudo-säkularisiert, typisiert zusammen. der begriff statisiert ist der versuch einer interdependenten benennungsform.[411]

transxen: kritische ver_ortung, die als verbform handlungsbetont ist und genderismus umfassend und in seiner interdependenz mit rassismus und ableismus herausfordert. trans steht für den kontinuierlich prozesshaften charakter kritischer ver_ortungen, die unabschließbar in ihrer herausforderung und reflexion interdependenter diskriminierungen sind. x zeigt das durchkreuzen von normalitäten und quer zu normalisierenden vorstellungen liegende konzeptualisierungen an. transxen ist keine identität, sondern eine handlungsform, die also immer nur konkret für einzelne situationen und handlungsweisen bestimmt werden kann.[412]

typisierte entgenderung: eine sprachliche teilstrategie von androgenderung; die nichtwahrnehmung ›männlicher‹ positionen als ›männlich‹, sondern als menschlich, als entgendert; typisierte entgenderung ist komplementär mit frauisierter exklusivgenderung – die sprachliche herstellung und konzeptuelle wahrnehmung von frauisierten als gegendert beziehungsweise ausschließlich gegendert gegenüber einer entgenderten ›männlichen‹ allgemeinmenschlich-vorstellung.[413]

***weiß*:** der begriff *weiß* ist in diesem buch durchgängig klein geschrieben und kursiv gesetzt, da es sich um eine analytische kategorisierung von über kolonialrassismus privilegierten personen und entsprechenden sozialen positionierungen handelt. *weiß* ist also in dieser lesart keine identitätskategorie und auch keine mögliche kritische ver_ortung, sondern resultat einer rassismuskritischen analyse. diese verwendung von *weiß* steht damit in opposition zu Schwarz, welches in diesem buch verwendet wird, um empowernde kritische ver_ortungen von personen, die über kolonialrassismus diskriminiert sind, explizit zu machen. diese verwendung des begriffs Schwarz schließt an die selbstbenennungspraktiken rassistisch diskriminierter an und findet sich so beispielsweise institutionalisiert in dem initiative Schwarzer Menschen in deutschland e.v., ISD.[414]

---

411 vgl. kapitel vi. ausführlicher dazu hornscheidt 2010b; hornscheidt 2011c.

412 vgl. ausführlicher hierzu kapitel vi.

413 vgl. ausführlicher hierzu kapitel iii.

414 ausführlicher zu der klein- und kursivschreibung von weiß, vgl. eggers et al 2005.

x: pronominale und substantivische form, die unter anderem das androgendernde indefinitpronomen ›man‹ ersetzt, ebenso auch die frauisierte form ›eine‹. x macht in jeglicher verwendung deutlich, dass es sich um eine appellation auf eine person handelt, egal, ob es als pronomen oder als endung verwendet wird. x ist antigenderistisch, fordert jegliche formen von genderungen heraus. x lässt sich flexibel auch als possessivpronomen, artikel usw. verwenden. ausgesprochen wird x [iks]. es gibt keine genusdifferenzierungen, keine flexionen und deklination von x-formen – lediglich ein angehängtes plural-s – und der spracherwerb des deutschen wird auf diese weise zusätzlich entscheidend erleichtert.

quellen- und bezugsverzeichnis

adefra e. v.: http://www.adefra.de (4.9.2012).

adichie, chimamanda ngozi (2009): *the thing around your neck.* london: fourth estate.

afrotak (2011): *bundesregierung verweigert entschuldigung für völkermord an den herero und nama.* http://afrotak.wordpress.com/2011/10/08/charite-namibia-berlin-bundes-regierung-verweigert-entschuldigung-fur-volkermord-press-statement-afrikanische-diaspora-deutschland-global-african-congress-afrotak-tv-cybernomads-oury-jalloh-isd-human-r (19.9.2012).

ag einleitung (2011): feminismus. in: ak feministische sprachpraxis (hrsg.): *feminismus schreiben lernen.* frankfurt a. m.: brandes & apsel. s. 12-56.

ahmed, sarah (2004): *the cultural politics of emotion.* edinburgh: edinburgh university press.

ak feministische sprachpraxis (hrsg.) (2011): *feminismus schreiben lernen.* frankfurt a. m.: brandes & apsel.

anchimbe, eric a.; mforteh, steven (hrsg.) (2011): *postcolonial linguistic voices. identity choices and representations.* berlin: de gruyter.

arndt, susan; hornscheidt, antje (hrsg.) (2009 [2004]): *afrika und die deutsche sprache. ein kritisches nachschlagewerk.* 2. auflage. münster: unrast.

ashcroft, bill; griffiths, gareth; tiffin, helen (hrsg.) (2002): *the empire writes back.* london: routledge 2002.

asher (2010): *not your mom's trans 101.* http://tranarchism.com/2010/11/26/not-your-moms-trans-101 (20.9.2012).

auga, ulrike; bruns, claudia; dornhof, dorothea; jähnert, gabriele (hrsg.) (2011): *dämonen, vamps und hysterikerinnen. geschlechter- und rassenfigurationen in wissen, medien und alltag um 1900.* bielefeld: transcript.

ausländer, rose (1988): *einst war ich scheherezade. gesammelte gedichte.* frankfurt a.m.: fischer.

ausstellung *to dyke trans | dis_visualizing re_locating de_silencing* | (2012): http://transformingpolitics.blogsport.de/exhibition/ (04.10.2012).

ayim, may (1995): grenzenlos und unverschämt. in: ayim, may (hrsg.): *blues in Schwarz weiss.* berlin: orlanda. s. 61.

ayim, may (2001): die afro-deutsche minderheit. in: arndt, susan (hrsg.): *afrikabilder. studien zu rassismus in deutschland.* münster: unrast. s. 71-86.

ayim, may (2005a): *blues in Schwarz weiss.* berlin: orlanda.

ayim, may (2005b): afro-deutsch i. in: ayim, may (hrsg.): *blues in Schwarz weiss.* berlin: orlanda. s. 18f.

ayim, may (2005c): afro-deutsch ii. in: ayim, may (hrsg.): *blues in Schwarz weiss.* berlin: orlanda. s. 25.

ayim, may (2005d): vision. in: ayim, may (hrsg.): *blues in Schwarz weiss.* berlin: orlanda. s. 55.

bachmann, ingeborg (2005): *sämtliche gedichte.* 3. auflage. münchen: pieper.

baer, susanne (1998): inexcitable speech. zum verständnis von ›recht‹ im postmodernen feminismus am beispiel von judith butlers ›excitable speech‹. in: hornscheidt, antje; jähnert, gabriele; schlichter, annette (hrsg.): *kritische differenzen - geteilte perspektiven.* opladen: westdeutscher verlag. s. 229-252.
baumgartinger, persson perry (2007): geschlechtergerechte sprache? über queere widerständige strategien gegen diskriminierenden sprachalltag. in: *stimme von und für minderheiten* 62. wien. s. 16f. http://minderheiten.at//index.php?option=com_content&task=view&id =29&Itemid =33#baumgartinger (27.8.2012).
baumgartinger, persson perry (2008): lieb[schtean] les[schtean], [schtean] du das gerade liest… von emanzipation und pathologisierung, ermächtigung und sprachveränderungen. in: *liminalis. zeitschrift für geschlechtliche emanzipation 02.* s. 24-39. http://liminalis.de/ 2008_02/liminalis-2008-baumgartinger.pdf (27.8.2012).
baumgartinger, persson perry (2011): sprache und gesellschaft verändern. in: büro trafo.k; frauenabteilung der stadt wien (hrsg.): *und weiter. feministische perspektiven für wien. 20 jahre ma 57.* wien. s. 179-186.
braun, christina von (1985): *nicht ich: logik, liebe, libido.* frankfurt a. m.: neue kritik.
braun, friederike (1995): making men out of people: the man principle in translating genderless forms. in: *working papers on language, gender and sexism 5.* s. 5-38.
braun, friederike; gottburgsen, anja; sczesny, sabine; stahlberg, dagmar. (1998): können geophysiker frauen sein? generische personenbezeichnungen im deutschen. in: *zeitschrift für germanistische linguistik* 26. s. 177-195.
braun, friederike; geyer, klaus; gottburgsen, anja; oelkers, susanne: (2000): auf dem richtigen weg? die weibliche standardorientierung als mythos. in: *muttersprache 110.* s. 196-213.
braun, friederike; sczensny, sabine; stahlberg, dagmar. (2002): das generische maskulinum und die alternativen. empirische studien zur wirkung generischer personenbezeichnungen im deutschen. in: *germanistische linguistik 167-168.* s. 77-87.
braun, friederike; oelkers, susanne; rogalski, karin.; bosak, janine; sczesny, sabine. (2007): ›aus gründen der verständlichkeit …‹ der einfluss generisch maskuliner und alternativer personenbezeichnungen auf die kognitive verarbeitung von texten. in: *psychologische rundschau 58.* s. 183-189.
braun, friederike; haig, geoffrey. (2010): when are german ›girls‹ feminine? how the semantics of age influences the grammar of gender agreement. in: bieswanger, m. et al. (hrsg.): *language in its socio-cultural context. new explorations in gendered, global and media uses.* frankfurt a. m.: lang. s. 69-84.
bridgewater, pamela d. (2003): transforming silence. the personal, political, and pedagogical prism of abortion narrative. in: wing, adrien k. (hrsg.): *critical race feminism. a reader.* new york: new york university press. s. 149-156.
brossard green, nicole (1991): night of labyrinth park. in: warland, betsy (hrsg.): *InVersions. writing by dykes, queers & lesbians.* vancouver: press gang publishers. s. 193-204.
brown, wendy (1995): *states of injury: power and freedom in late modernity.* princeton: princeton university press.
brunner, claudia (2011): *wissensobjekt selbstmordattentat: epistemische gewalt und okzidentalistische selbstvergewisserung in der terrorismusforschung.* wiesbaden: vs verlag für sozialwissenschaft.

brylla, charlotta (2003): *die schwedische rezeption zentraler begriffe der deutschen frühromantik. schlüsselwortanalysen zu den zeitschriften athenäum und phosphoros.* stockholmer germanistische forschungen 62. acta universitatis stockholmiensis. stockholm: almqvist och wiksell international.

bührmann, andrea (1997): geschlecht als dispositiv. in: disselnkötter, andreas; jäger, siegfried; kellershohn, helmut; slobodzian, susanne (hrsg.): *evidenzen im fluss. demokratieverluste in deutschland. modell d – geschlechter – rassismus – pc.* duisburg: diss. s. 135-152.

bührmann, andrea; schneider, werner (2010): die dispositivanalyse als forschungsperspektive. in: angermüller, johannes; von dyk, silke (hrsg): *diskursanalyse meets gouvernementalitätsforschung.* frankfurt a. m.: campus. s. 261-288.

bunch, charlotte (2000 [1972]): lesbians in revolt. in: crow, barbara (hrsg.): *radical feminism: a documentary reader.* new york: new york university press. s. 332-336.

bußmann, hadumod; hof, renate (1995): *genus. zur geschlechterdifferenz in den kulturwissenschaften.* stuttgart: kröner.

butler, judith (1990): *gender trouble: feminism and the subversion of identity.* new york, london: routledge.

butler, judith (1991): *das unbehagen der geschlechter.* berlin: suhrkamp.

butler, judith (1993): *bodies that matter: on the discursive limits of sex.* new york, london: routledge.

butler, judith (1997): *excitable speech. a politics of the performative.* new york, london: routledge.

butler, judith (2004): *undoing gender.* new york, london: routledge.

butler, judith (2005): *giving an account of oneself.* new york: fordham university press.

butler, judith (2012): ich bin tief verletzt. in: *zeit.* 30.8.2012. s. 53.

call me they: http://callmethey.tumblr.com/ (8.10.2012).

cameron, deborah (1992 [1985]): *feminism and linguistic theory.* 2. auflage. london: macmillan.

cameron, deborah (1995): *verbal hygiene.* new york, london: routledge.

cameron, deborah (1998a): lost in translation. non-sexist language. in: cameron, deborah (hrsg.): *the feminist critique of language. a reader.* new york, london: routledge. s. 155-163.

cameron, deborah (1998b): introduction: why is language a feminist issue? in: cameron, deborah (hrsg.): *the feminist critique of language. a reader.* new york, london: routledge. s. 1-21.

cameron, deborah; kulick, don (2003): *language and sexuality.* cambridge: cambridge university press.

camillix; toni; constant_in; rebix (2011, unveröffentlicht): *dialoge zur x-form.* berlin.

chen, mel (2007): racialized toxins and sovereign fantasies. in: mizuta lippit, akira (hrsg.): *discourse: journal for theoretical studies in media and culture. spezial issue: race, environment, and representation 29/2.* berkeley: wayne state university press. s. 367-383.

chen, mel (2011): toxic animacies, inanimate affections. in: freeman, elizabeth; shah, nayan (hrsg.): *glq: a journal of lesbian and gay studies 17/2.* durham: duke university press. s. 265-286.

christie, christine (2000): *gender and language. towards a feminist pragmatics.* edinburgh: edinburgh university press.
chrystos (1991): askenet. meaning ›raw‹ in my language. in: warland, betsy (hrsg.): *InVersions. writing by dykes, queers & lesbians.* vancouver: press gang publishers. s. 237-247.
chrystos (1995a): they're always telling me i'm too angry. in: *fugitive colors.* cleveland: cleveland state university poetry center. s. 44-49.
chrystos (1995b): contemplating racism. in: chrystos (hrsg.): *fugitive colors.* cleveland: cleveland state university poetry center. s. 52f.
chrystos (1997): *wilder reis.* berlin: orlanda.
cis privilege checklist: http://takesupspace.wordpress.com/cis-privilege-checklist (21.9.2012).
clarke, cheryl (1981): lesbianism: an act of resistance. in: moraga, cherríe; anzaldúa, gloria (hrsg.): *this bridge called my back. writings by radical women of color.* new york: kitchen table: women of color press. s. 128-137.
clarke, cheryl (2002): ›lesbianism‹, 2000. in: anzaldúa, gloria e.; keating, analouise (hrsg.): *this bridge we call home. radical visions for transformation.* new york, london: routledge. s. 232-239.
collins, patricia hill (1998): *fighting words. Black women and the search for justice.* minneapolis, london: university of minnesota press.
collins, patricia hill (2000): *Black feminist thought. knowledge, consciousness, and the politics of empowerment.* new york, london: routledge.
combahee river collective (1995 [1977]): a Black feminist statement. in: guy-sheftall, beverly (hrsg.): *words of fire. an anthology of african-american feminist thought.* new york: the new press. s. 231-240.
cooper, t (2006): *lipshitz. ein roman.* hamburg: marebuchverlag.
cotnoir, louise (1988): quebec women's writing. translated by susanne de lotbinière-harwood. in: *trivia 13/3.* s. 13-16.
cotton, trystan (hrsg.) (2012): *transgender migrations. the bodies, borders, and politics of transition.* new york, london: routledge.
coyote, ivan e. (2010): *a word's worth.* http://www.xtra.ca/public/national/a_words_worth-8870.aspx (8.10.2012).
crenshaw, kimberlé w. (1991): mapping the margins: intersectionality, identity politics, and violence against women of color. stanford law review 43(6), s. 1241-1299.
crenshaw, kimberlé w. (2012): critical race theory beyond post-racialism. in: *symposium zu critical race theory europe.* mündl. diskussionsbeitrag am 16. juni 2012. humboldt-universität zu berlin.
daviswiki: *pronouns.* http://daviswiki.org/wiki_community/pronouns (10.10.2012).
daviswiki: *ucd may 1, 2007: day of action*: http://daviswiki.org/ucd_may_1%2c_2007:_day_of_action?action=diff&version2=49&version1=48 (10.10.2012).
della, tahir; nduka-agwu, adibeli (2010): afrodeutsch/afrodeutsch_e. in: nduka-agwu, adibeli; hornscheidt, antje lann (hrsg.): *rassismus auf gut deutsch: ein kritisches nachschlagewerk zu rassistischen sprachhandlungen.* frankfurt a. m.: brandes & apsel. s. 53-55.
deutsche unesco-kommission (hrsg.) (1993): *eine sprache für beide geschlechter. richtlinien für einen nicht-sexistischen sprachgebrauch.* http://www.psychologie.uni-heidelberg.de/personen/frauenbeauftragte/deunesco.pdf (28.8.2012).

domin, hilde (1987): *gesammelte gedichte.* frankfurt a. m.: s. fischer.
dykewomon, elana (1991): the ex-patriot and her name. in: warland, betsy (hrsg.): *InVersions. writing by dykes, queers & lesbians.* vancouver: press gang publishers. s. 155-164.
eckert, penelope; mcconell-ginet, sally (2003). *language and gender.* cambridge: cambridge university press.
eggers, maureen maisha; kilomba, grada; piesche, peggy; arndt, susan (hrsg.) (2005): *mythen, masken und subjekte: kritische weißseinsforschung in deutschland.* münster: unrast.
el-tayeb, fatima (2011): *european others. queering ethnicity in postnational europe.* minneapolis: university of minnesota press.
erevelles, nirmala (2011): the color of violence. reflecting on gender, race, and disability in wartime. in: hall, kim q. (hrsg.): *feminist disability studies.* bloomington: indiana university press. s. 117-135.
ergün, mutlu (2010): *kara günlük: die geheimen tagebücher des sesperado.* münster: unrast.
evaluieren.de: http://www.evaluieren.de/infos/links/gender.htm (28.8.2012).
fanon, frantz (2008): *Black skin white masks.* new york: grove press.
fauconnier, gilles (1985): *mental spaces.* cambridge: cambridge university press.
frank, karsta (1992): *sprachgewalt. die sprachliche reproduktion der geschlechterhierarchie.* tübingen: niemeyer.
foucault, michel (1978): ein spiel um die psychoanalyse. gespräch mit angehörigen des departement de psychanalyse der universität paris/vincennes. in: foucault, michel (hrsg.): *dispositive der macht. michel foucault über sexualität, wissen und wahrheit.* berlin. s. 118-175.
fütty, jules tamàs (2010): challenges posed by transgender – passing within ambiguities and interrelations. in: gjss (hrsg.): *transgender. studies & theories: building up the field in a nordic context* 7/2. s. 57-65. http://www.gjss.org/index.php?/volume-7-issue-2-december-2010-transgender-studies.html (21.9.2012).
genderkompetenz.info: http://www.genderkompetenz.info/genderkompetenz-2003-2010/handlungsfelder/sprache/aspekte (28.8.2012).
gesso, eddie (2007): *myself as the same or the transsemiotics of ›basihelm‹ identity: kathy acker, michel foucault, and jorge borges take on the problematics of static (gendered) language.* http://www.eddiegesso.com/files/myselfasthesame.pdf (27.8.2012).
gesso, eddie (2010): *pronouns not of my own making: language and gender miscrecognition in the academy.* http://www.eddiegesso.com/files/pronounsnotofmyownmaking.pdf (27.8.2012).
gilmore, angela d. (2000): it is better to speak. in: wing, adrien katherine (hrsg.): *critical race feminism. a reader.* new york, london: new york university press. s. 114-119.
gladt e.v. (2010): *was tun gegen diskriminierung! ein ratgeber für lbst*i menschen.* berlin. http://diskriminierungsfreieszenenfueralle.files.wordpress.com/2012/05/broschuc-c88re_was_tun_gegen_diskriminierung_onlineversion.pdf (7.10.2012).
gottburgsen, anja (2000): *stereotype muster des sprachlichen doing gender.* opladen: westdeutscher verlag.
grahn, judith (1991): the common woman. a map of seven poems. in: warland, betsy (hrsg.): *InVersions. writing by dykes, queers & lesbians.* vancouver: press gang publishers. s. 75f.
grjasnowa, olga (2012): *der russe ist einer, der birken liebt.* münchen: carl hanser verlag.

ha, kien nghi; al-samarai, nicola lauré; mysorekar, sheila (hrsg.) (2007): *re/visionen. postkoloniale perspektiven von People of Color auf rassismus, kulturpolitik und widerstand in deutschland.* münster: unrast.
ha, kien nghi (hrsg.) (2012): *asiatische deutsche. vietnamesische diaspora and beyond.* berlin: assoziation a.
hahn, ulla (2008): so. in: hahn, ulla (hrsg.): *stechäpfel. gedichte von frauen aus drei jahrtausenden.* stuttgart: reclam. s. 177f.
haraway, donna (1996): situated knowledges: the science question in feminism and the privilege of partial perspective. in: agnew, john; livingstone, david; rogers, alisdair (hrsg.): *human geography: an essential anthology.* oxford: blackwell. s. 108-128.
haritaworn, jin (2012): colorful bodies in the multikulti metropolis: trans vitality, victimology and the berlin hate crime debate, in: cotton, trystan (hrgs.): *transgender migrations. the bodies, borders, and politics of transition.* new york, london: routledge. s. 11-31.
hausherr-mälzer, michael (1990): *die sprache des patriarchats.* frankfurt a. m.: lang.
hayn, evelyn (2010): ›political correctness‹. machtvolle sprachaushandlungen und sprachliche mythen in diskussionen um ›politische korrektheit‹. in: nduka-agwu, adibeli; hornscheidt, antje lann (hrsg.): *rassismus auf gut deutsch: ein kritisches nachschlagewerk zu rassistischen sprachhandlungen.* frankfurt a. m.: brandes & apsel. s. 337-343.
hayn, evelyn; hornscheidt, antje lann (2010): ›exotisch‹. in: nduka-agwu, adibeli; hornscheidt, antje lann (hrsg.): *rassismus auf gut deutsch: ein kritisches nachschlagewerk zu rassistischen sprachhandlungen.* frankfurt a. m.: brandes & apsel. s. 122-126.
hayn, evelyn (2011a): structures we live by – die re_produktion einer grammatik der ›politisch korrekten‹ ›integration‹. in: hornscheidt, antje lann; jana, ines; acke, hanna (hrsg.): *schimpfwörter – beschimpfungen – pejorisierungen. wie in sprache macht und identitäten verhandelt werden.* frankfurt a. m.: brandes & apsel. s. 46-68.
hayn, evelyn (2011b): wissen feministisch re_produzieren lernen. in: ak feministische sprachpraxis (hrsg.): *feminismus schreiben lernen.* frankfurt a. m.: brandes & apsel. s. 139-161.
hayn, evelyn (im erscheinen): *what's in a name, again?!* dissertation. (arbeitstitel).
heitmeyer, wilhelm (2010): krisen – gesellschaftliche auswirkungen, individuelle verarbeitungen und folgen für die gruppenbezogene menschenfeindlichkeit. in: heitmeyer, wilhelm (hrsg.). d*eutsche zustände, folge 8*. berlin: suhrkamp. s. 13-46.
hellinger, marlis (1990): *kontrastive feministische linguistik. mechanismen sprachlicher diskriminierung im englischen und deutschen.* ismaning: hueber.
hellinger, marlis; bußmann, hadumod (hrsg.) (2001): *gender across languages. the linguistic representation of women and men.* vol. 1. amsterdam: benjamins.
hellinger, marlis; bußmann, hadumod (hrsg.) (2002): *gender across languages. the linguistic representation of women and men.* vol. 2. amsterdam: benjamins.
hellinger, marlis; bußmann, hadumod (hrsg.) (2003): *gender across languages. the linguistic representation of women and men.* vol. 3. amsterdam: benjamins.
herrmann, steffen kitty (2003): performing the gap – queere gestalten und geschlechtliche aneignung. in: fels – für eine linke strömung (hrsg.): *arranca! 28 aneignung i.* berlin. s. 22-26.
hooks, bell (1981): *ain't i a woman. Black women and feminism.* cambridge: south end press.

hooks, bell (1995 [1984]): Black women: shaping feminist theory. in: guy-sheftall, beverly (hrsg.): *words of fire. an anthology of african-american feminist thought.* new york: the new press. s. 270-282.
hornscheidt, antje (2005): (nicht)benennungen: critical *white*ness studies und linguistik. in: eggers, maureen maisha; kilomba, grada; piesche, peggy; arndt, susan (hrsg.): *mythen, masken und subjekte: kritische weißseinsforschung in deutschland.* münster: unrast. s. 464-478.
hornscheidt, antje (2006): *die sprachliche benennung von personen aus konstruktivistischer sicht. genderspezifizierung und ihre diskursive verhandlung im heutigen schwedisch.* berlin, new york: de gruyter.
hornscheidt, antje (2008a): *gender resignifiziert. schwedische aushandlungen in und um sprache.* berlin: berliner beiträge zur skandinavistik.
hornscheidt, antje lann (2008b): an agenda for critical lexicographic research within critical discourse studies – an investigation on racism/colonialism in monolingual danish, german and swedish dictionaries. in: *critical discourse studies critical discourse studies 5/2*. s. 107-132.
hornscheidt, lann (2008c): sweden – the world's most feminist society. an analysis of current swedish media debates and person appellation forms as a tool within cda. in: mitsikopoulou, bessie (hrsg.): *branding political entities in a globalised world.* special issue of journal of language and politics. s. 391-412.
hornscheidt, antje lann (2010a): was ist post- und contrakoloniale diskursanalyse? in: nduka-agwu, adibeli; hornscheidt, antje lann (hrsg.): *rassismus auf gut deutsch: ein kritisches nachschlagewerk zu rassistischen sprachhandlungen.* frankfurt a. m.: brandes & apsel. s. 448-455.
hornscheidt, antje lann (2010b): statisierungskritik: überlegungen zu einem dekonstruierenden analysekonzept deutscher statisierter normalisierungen im kontext von rassismus und migratismus. in: nduka-agwu, adibeli; hornscheidt, antje lann (hrsg.): *rassismus auf gut deutsch: ein kritisches nachschlagewerk zu rassistischen sprachhandlungen.* frankfurt a. m.: brandes & apsel. s. 421-447.
hornscheidt, antje lann (2010c): zum rassismus in einsprachigen wörterbüchern – ein analyseleitfaden zur kritischen reflexion rassistischer sprachhandlungen. in: nduka-agwu, adibeli; hornscheidt, antje lann (hrsg.): *rassismus auf gut deutsch: ein kritisches nachschlagewerk zu rassistischen sprachhandlungen.* frankfurt a.m.: brandes & apsel. s. 456-477.
hornscheidt, lann (2011a): pejorisierung – ein konstruktivistisches konzept zur analyse von beschimpfungspraktiken. in: hornscheidt, antje lann; jana, ines; acke, hanna (hrsg.): *schimpfwörter – beschimpfungen – pejorisierungen. wie in sprache macht und identitäten verhandelt werden.* frankfurt a. m.: brandes & apsel. s. 15-45.
hornscheidt, lann (2011b): dyke_trans schreiben lernen. schreiben als feministische praxis. in: ak feministische sprachpraxis (hrsg.*): feminismus schreiben lernen.* frankfurt a. m.: brandes & apsel. s. 100-138.
hornscheidt, lann (2011c): anmerkungen zu aktuellen konzeptualisierungen von deutscher statisierung über religiosisierungen, genderungen und feministischen vereinnahmungen. in: auga, ulrike; bruns, claudia; dornhof, dorothea; jähnert, gabriele (hrsg.): *dämonen, vamps und hysterikerinnen. geschlechter- und rassenfigurationen in wissen, medien und alltag um 1900. festschrift für christina von braun.* bielefeld: transcript. s. 145-160.

hornscheidt, lann (2011d): postcolonial continuities in danish monolingual dictionaries: towards a critical postcolonial linguistics. in: anchimbe, eric a.; mforteh, steven a. (hrsg.): *postcolonial linguistic voices. identity choices and representations*. berlin: de gruyter mouton. s. 265-298.

hornscheidt, lann (2012a [2007]): sprachliche kategorisierung als grundlage und problem des redens über interdependenzen. aspekte sprachlicher normalisierung und privilegierung. in: walgenbach, katharina; dietze, gabriele; hornscheidt, lann; palm, kerstin (hrsg.): *gender als interdependente kategorie. neue perspektiven auf intersektionalität, diversität und heterogenität.* 2. auflage. leverkusen: budrich. s. 65-106.

hornscheidt, lann (2012b): postkoloniale gender-forschung. ansätze feministischer postkolonialer studien. in: reuter, julia; karentzos, alexandra (hrsg.): *schlüsselwerke der postcolonial studies.* wiesbaden: springer vs. s. 215-228.

hornscheidt, lann (2012c): der hate speech-diskurs als hate speech: pejorisierung als konstruktivistisches modell zur analyse diskriminierender sprach_handlungen. in: meibauer, jörg (hrsg.): *hate speech/hassrede. interdisziplinäre beiträge des gleichnamigen workshops, mainz 2009.* linguistische untersuchungen gießener elektronische bibliothek. s. 29-58.

hornscheidt, antje lann; nduka-agwu, adibeli (2010): der zusammenhang zwischen rassismus und sprache. in: nduka-agwu, adibeli; hornscheidt, antje lann (hrsg.): *rassismus auf gut deutsch: ein kritisches nachschlagewerk zu rassistischen sprachhandlungen.* frankfurt a. m.: brandes & apsel. s. 11-49.

husmann, jana (2010): *schwarz-weiß-symbolik. dualistische denktraditionen und die imagination von ›rasse‹. religion – wissenschaft – anthroposophie*. bielefeld: transcript.

infragenstellen: http://infragenstellen.wordpress.com (9.10.2012).

kafer, alison (2011): debating feminist futures. slippery slopes, cultural anxiety, and the case of the deaf lesbians. in: hall, kim q. (hrsg.): *feminist disability studies.* bloomington: indiana university press. s. 218-242.

kalverkämper, hartwig (1979): die frauen und die sprache. in: *linguistische berichte* 62. s. 55-71.

kaufmann, jean-claude (1994): *schmutzige wäsche. zur ehelichen konstruktion von alltag.* konstanz: uvk.

kay, manuela; fertig, gudrun (hrsg.) (2012): *l-mag 7/8.* berlin: spezial media verlag.

keim, jay (2011, unveröffentlicht): *diskriminierende metaphorisierungen ent_sprechen lernen – feministische reflexionen über ent_normalisierende wahrnehmungen.*

keim, jay (2009, unveröffentlicht): *spuren von subalternisierung. eine dekonstruktive lektüre interdependenter ansätze.* magistraarbeit. berlin.

kelly, natasha a. (im erscheinen): *afrokultur als wissenskultur. die ent_wahrnehmung von Schwarzen wissensre_produktionen in deutschland.* dissertation. (arbeitstitel)

kilomba, grada (2008a): *plantation memories. episodes of everyday racism.* münster: unrast.

kilomba, grada (2008b): ›wo kommst du her?‹ das spektakel des Schwarzen körpers. in: golly, nadine; cohrs, stephan (hrsg.): *deplatziert!: interventionen postkolonialer kritik.* berlin: wvb. s. 148-152.

klann-delius, gisela (2005): *sprache und geschlecht.* stuttgart: metzler.

knobloch, charlotte (2008): ansprache anlässlich der zentralen gedenkveranstaltung zum 70. jahrestag der reichspogromnacht am 9.11.2008. http://www.zentralratdjuden.de/de/article/2069.html? sstr=Bundestag|Antisemitismus (21.9.2012).
kramarae, cheris; treichler, paula a. (1985): *a feminist dictionary.* boston, london, henley: pandora press.
krämer, sybille (1999): gibt es eine sprache hinter dem sprechen? in: wiegand, herbert ernst (hrsg.): *sprache und sprachen in den wissenschaften. geschichte und gegenwart. festschrift für walter de gruyter & co annlässlich einer 250jährigen verlagstradition.* berlin, new york: de gruyter. s. 372-403.
krämer, sybille; könig, ekkehard (2002): *gibt es eine sprache hinter dem sprechen?* frankfurt a.m.: suhrkamp.
kuch, hannes; herrmann, steffen k.; krämer, sybille (2007): *verletzende worte. die grammatik sprachlicher missachtung,* bielefeld: transcript.
kuria, emily ngubia (2010): ›afrika!‹ – seine verkörperung in einem deutschen kontext. in: nduka-agwu, adibeli; hornscheidt, antje lann (hrsg.): *rassismus auf gut deutsch: ein kritisches nachschlagewerk zu rassistischen sprachhandlungen.* frankfurt a. m.: brandes & apsel. s. 223-237.
kusterle, karin (2011): *die macht von sprachformen. der zusammenhang von sprache, denken und genderwahrnehmung.* frankfurt a. m.: brandes & apsel.
lemberg, anne; hamann, ulrike (2010): ›ethnizität‹ – zwischen differenz und identifikationen. in: nduka-agwu, adibeli; hornscheidt, antje lann (hrsg.): *rassismus auf gut deutsch: ein kritisches nachschlagewerk zu rassistischen sprachhandlungen.* frankfurt a. m.: brandes & apsel. s. 291-298.
liebsch, burkhard (2007): *subtile gewalt. spielräume sprachlicher verletzbarkeit.* weilerswist: velbrück.
lim, elisha (2012): *i wanted to erase the gender binary.* http://callmethey.tumblr.com/post/23672 624249/i-wanted-to-erase-the-gender-binary-but-not-like (9.10.2012).
lindemann, gesa (1993): *das paradoxe geschlecht. transsexualität im spannungsfeld von körper, leib und gefühl.* frankfurt a. m.: fischer.
livia, anna (2001): *pronoun envy. literary uses of linguistic gender.* new york: oxford university press.
lockward, alanna (2010): diaspora. in: nduka-agwu, adibeli; hornscheidt, antje lann (hrsg.): *rassismus auf gut deutsch: ein kritisches nachschlagewerk zu rassistischen sprachhandlungen.* frankfurt a. m.: brandes & apsel. s. 56-71.
loomba, ania (1998): *colonialism/postcolonialism.* new york, london: routledge.
lorde, audre (1984a): *sister outsider. essays and speeches by audre lorde.* berkeley: the cross press.
lorde, audre (1984b): the transformation of silence into language and action. in: lorde, audre (hrsg.): *sister outsider. essays and speeches by audre lorde.* berkeley: the cross press. s. 40-44.
lorde, audre (1984c): the uses of anger: woman responding to racism. in: lorde, audre (hrsg.): *sister outsider. essays and speeches by audre lorde.* berkeley: the cross press. s. 124-133.
lorde, audre (1984d): age, race, class, and sex: women redefining difference. in: lorde, audre (hrsg.): *sister outsider. essays and speeches by audre lorde.* berkeley: the cross press. s. 114-123.

lorde, audre (1988): *lichtflut. neue texte.* berlin: orlanda.
lorde, audre (2009a): difference and survival: an address at hunter college. in: byrd, rodolph p.; cole, johnnetta betsch; guy-sheftall, beverly (hrsg.): *i am your sister. collected and unpublished writings of audre lorde.* new york: oxford university press. s. 201-204.
lorde, audre (2009b): commencement address: oberlin college, may 29, 1989. in: byrd, rodolph p.; cole, johnnetta betsch; guy-sheftall, beverly (hrsg.): *i am your sister. collected and unpublished writings of audre lorde.* new york: oxford university press. s. 213-218.
lorde, audre (2009c): preface to a new edition of need: a chorale for Black woman voices. in: byrd, rodolph p.; cole, johnnetta betsch; guy-sheftall, beverly (hrsg.): *i am your sister. collected and unpublished writings of audre lorde.* new york: oxford university press. s. 177-181.
lorde, audre (2009d): when will the ignorance end? keynote speech at the national third world gay and lesbian conference, october 13, 1979. in: byrd, rodolph p.; cole, johnnetta betsch; guy-sheftall, beverly (hrsg.): *i am your sister. collected and unpublished writings of audre lorde.* new york: oxford university press. s. 207-211.
lorde, audre (2009e): my words will be there. in: byrd, rodolph p.; cole, johnnetta betsch; guy-sheftall, beverly (hrsg.): *i am your sister. collected and unpublished writings of audre lorde.* new york: oxford university press. s. 160-168.
lorde, audre (2009f): poetry makes something happen. in: byrd, rodolph p.; cole, johnnetta betsch; guy-sheftall, beverly (hrsg.): *i am your sister. collected and unpublished writings of audre lorde.* new york: oxford university press. s. 184-187.
lorde, audre (2009g): poet as teacher – human as poet – teacher as human. in: byrd, rodolph p.; cole, johnnetta betsch; guy-sheftall, beverly (hrsg.): *i am your sister. collected and unpublished writings of audre lorde.* new york: oxford university press. s. 182f.
marlatt, daphne (1991): changing the focus. in: warland, betsy (hrsg.): *InVersions. writing by dykes, queers & lesbians.* vancouver: press gang publishers. s. 127-134.
marmaridou, sophia (2000): *pragmatic meaning and cognition.* amsterdam: benjamins.
mcconnell-ginet, sally (1998 [1989]): the sexual (re)production of meaning: a discourse-based theory. in: cameron, deborah (hrsg.): *the feminist critique of language. a reader.* new york, london: routledge. s. 198-210.
mcclintock, anne (1995): *imperial leather. race, gender and sexuality in the colonial context.* new york, london: routledge.
meigs, mary (1991): falling between the cracks. in: warland, betsy (hrsg.): *InVersions. writing by dykes, queers & lesbians.* vancouver: press gang publishers. s. 105-116.
mills, sara (1997): *discourse. the new critical idiom.* london, new york: routledge.
mills, sarah (2008): *language and sexism.* cambridge: cambridge university press.
ministerium für justiz, frauen, jugend und familie des landes schleswig-holstein (hrsg.) (2000): *mehr frauen in der sprache. leitfaden zur geschlechtergerechten formulierung.* http://www.berlin.de/imperia/md/content/sen-frauen/sprache.pdf (28.8.2012).
mitchell, ned (2011): sexual ethnic, disabled and national identities in the ›borderlands‹ of latino/a america and african america. in: bell, christopher m. (hrsg.): *Blackness and disability. critical examinations and cultural interventions.* berlin: lit verlag. s. 113-125.
mohanty, chandra talpade (2003): *feminism without borders: decolonizing theory, practicing solidarity.* durham: duke university press books.

motivated grammar (2009): *singular ›they‹ and the many reasons why it's correct.* http://motivatedgrammar.wordpress.com/2009/09/10/singular-they-and-the-many-reasons-why-its-correct/ (27. 9.2012).
mums: http://www.mums.cl/sitio/teatro/ (10.10.2012).
namaste, viviane k. (2000): *invisible lives. the erasure of transsexual and transgendered persons.* chicago, london: university of chicago press.
namjoshi, suniti (1991): rose green alone. in: warland, betsy (hrsg.): *InVersions. writing by dykes, queers & lesbians.* vancouver: press gang publishers. s. 45-55.
nduka-agwu, adibeli; hornscheidt, antje lann (hrsg.) (2010): *rassismus auf gut deutsch: ein kritisches nachschlagewerk zu rassistischen sprachhandlungen.* frankfurt a. m.: brandes & apsel.
nduka-agwu, adibeli; sutherland, wendy (2010): Schwarze, Schwarze deutsche. in: nduka-agwu, adibeli; hornscheidt, antje lann (hrsg.): *rassismus auf gut deutsch: ein kritisches nachschlagewerk zu rassistischen sprachhandlungen.* frankfurt a.m.: brandes & apsel. s. 85-90.
oelkers, susanne (2003): *naming gender. empirische untersuchungen zur phonologischen struktur von vornamen im deutschen.* frankfurt a.m.: lang.
oguntoye, katharina; opitz, may; schultz, dagmar (1992): *farbe bekennen. afrodeutsche frauen auf den spuren ihrer geschichte.* frankfurt a. m.: fischer.
parker, pat (1985): *jonestown & other madness. poetry by pat parker.* ithaca, new york: firebrand books.
parker, pat (1999): *movement in Black (expanded edition).* ithaca, new york: firebrand books.
pauwels, anne (1998): *women changing language.* harlow: longman.
pennycook, alistair (1998): *english and the discourses of colonialism.* new york, london: routledge.
personenstandsgesetz (pstg): http://www.gesetze-im-internet.de/pstg/bjnr012210007.html (04.9.2012).
phillipson, robert (1992): *linguistic imperialism.* oxford: oxford university press.
posch, claudia (2009): *from aktieninhaberin to freakin. the german suffix ›-in‹ in context.* dissertation. leopold-franzens-universität innsbruck. http://www.uibk.ac.at/sprachen-literaturen/sprawi/pdf/aktieninhaberin.pdf (25.9.2012).
pratt, minnie bruce (1991): when the words open into some not yet open space. in: warland, betsy (hrsg.): *InVersions. writing by dykes, queers & lesbians.* vancouver: press gang publishers. s. 25-35.
price, margaret (2009): ›her pronouns wax and wane‹. psychosocial disability, autobiography, and counter-diagnoses. in: bolt, david (hrsg.): *journal of literary & cultural disability studies.* volume 3/1. liverpool: liverpool university press. s. 11-33.
projektgruppe ›who is missing? and why?‹ (2011): *who is missing? and why? normierungen, ausschlüsse und weglassungen in der selbstdarstellung der humboldt-universität.* https://docs.google.com/open?id=0b5ww3cpvl3mgbvg3S196z0fbzvu (12.9.2012).
pusch, luise f. (webblog): http://www.fembio.org/biographie.php/frau/blog (6.9.2012).
pusch, luise f. (1979): der mensch ist ein gewohnheitstier, doch weiter kommt man ohne ihr*. eine antwort auf kalverkämpers kritik an trömel-plötz' artikel über ›linguistik und frauensprache‹. in: *linguistische berichte 63.* s. 84-102.

pusch, luise f. (1984): *das deutsche als männersprache: aufsätze und glossen zur feministischen linguistik.* frankfurt a. m.: suhrkamp.
pusch, luise f. (1990): *alle menschen werden schwestern: feministische sprachkritik.* frankfurt a. m.: suhrkamp.
pusch, luise f. (1993): *ladies first: ein gespräch über feminismus, sprache und sexualität.* bamberg: palette-verlag.
pusch, luise f. (1999): *die frau ist nicht der rede wert: aufsätze, reden und glossen.* frankfurt a. m.: suhrkamp.
pusch, luise f. (2011): *deutsch auf vorderfrau: sprachkritische glossen.* göttingen: wallstein verlag.
queen emily (2011): *when am i trans?.* http://www.questioningtransphobia.com/?p=3865 (19.9.2012).
rich, adrienne (1980): compulsory heterosexuality and lesbian existence. in: university of chicago press (hrsg.): *signs: journal of women in culture and society 5/4.* chicago: university of chicago press. s. 631-663.
romaine, suzanne (2001): a corpus-based view of gender in british and american english. in: hellinger, marlis; bußmann, hadumod (hrsg.): *gender across languages. the linguistic representation of women and men.* vol. 1. amsterdam: benjamins. s. 153-175.
römer, ruth (1985): *sprachwissenschaft und rassenideologie.* münchen: fink.
rule, jane (1991): lesbian and writer. in: warland, betsy (hrsg.): *InVersions. writing by dykes, queers & lesbians.* vacouver: press gang publishers. s. 91-95.
runte, annette (1996): *biographische operationen. diskurse der transsexualität.* münchen: fink.
rushin, donna kate (1981): the bridge poem. in: moraga, cherríe; anzaldúa, gloria (hrsg.): *this bridge called my back. writings by radical women of color.* new york: kitchen table: women of color press. xxi-xxii.
samel, ingrid (2000): *eine einführung in die feministische sprachwissenschaft.* berlin: erich schmidt.
sammla, ja'n (2011, unveröffentlicht): *verbünden – verorten – verändern. dyke_trans_feministische derivas zu utopischem handeln und community.* ma-abschlussarbeit der gender studies. humboldt-universität zu berlin.
sammla, ja'n; hornscheidt, lann (2012): *to dyke_trans. | dis_visualizing re_locating de_silencing |.* berlin.
schissler, silke (2011): *formen postkolonialer und postnationalsozialistischer verhältnisbestimmungen im deutschen kontext: kolonial-rassismen, antisemitismen und kategorisierungen von nation.* ma-abschlussarbeit. berlin.
schoenthal, gisela (hrsg.) (1998): *feministische linguistik - linguistische geschlechterforschung. ergebnisse, konsequenzen, perspektiven.* hildesheim; zürich; new york: olms.
schultz, patricia (2010): ›negrid/negroid‹ – gibt es ein leben nach dem n-wort? in: ndukaagwu, adibeli; hornscheidt, antje lann (hrsg.): *rassismus auf gut deutsch: ein kritisches nachschlagewerk zu rassistischen sprachhandlungen.* frankfurt a. m.: brandes & apsel. s. 167-173.
serano, julia (2007): *whipping girl. a transsexual woman on sexism and the scapegoating of femininity.* emeryville: seal press.

serano, julia (2009): *whipping girl faq on cissexual, cisgender, and cis privilege.* http://julia-serano. livejournal.com/14700.html?nojs=1 (19.9.2012).
simone, nina (1966): four women. in: simone, nina (hrsg.): *wild is the wind.* new york: philips records.
smith, barbara (1982): toward a Black feminist criticsm. in: hull, gloria t.; scott, patricia bell; smith, barabara (hrsg.): *but some of us are brave.* old westbury, new york: feminist press. s. 157-175.
smith, barbara (1990): the nea is the least of it. in: *i ms*. nov-dec. 1990. s. 65-67.
smith, barbara (1995): some home truths on the comtemporary Black feminist movement. in: guy-sheftall, beverly (hrsg.): *words of fire. an anthology of african-american feminist thought.* new york: the new press. s. 254-267.
spade, dean (2006): *for lovers and fighters.* http://www.makezine.enoughenough.org/newpoly2.html (13.9.2012).
spade, dean (2011): *normal life: administrative violence, critical trans politics and the limits of law.* cambridge: south end press.
spivak, gayatri chakravorty (1988): can the subaltern speak? in: nelson, cary; grossberg, lawrence (hrsg.): *marxism and the interpretation of culture.* chicago: illinois university press. s. 271-313.
stryker, susan; currah, paisley; moore, lisa jean (2008): introduction: trans-, trans, or transgender? in: *women's studies quarterly* 36 3/4. s. 11-22.
taylor, jocelyn maria (1995): testimony of a naked women,. in: mckinley, catherine e.; delaney, l. joyce (hrsg.): *afrekete. an anthology of Black lesbian writing.* new york: anchor books. s. 29-47.
thompson, wendy marie (2007): her reckoning. a young interdisciplinary academic dissects the exact nature of hter disease. in: myers, kimberly r (hrsg.): *illness in the academy: a collection of pathographies by academics.* west lafayette: purdue university press. s. 373-380.
topçu, özlem; bota, alice; pham, khuê (2012): *wir neuen deutschen.* reinbek: rowohlt.
transinterqueer e.v.: http://www.transinterqueer.org (12.9.2012).
transsexuellengesetz (tsg): http://www.gesetze-im-internet.de/tsg/bjnr016540980.html (4.9.2012).
trömel-plötz, senta (1978): linguistik und frauensprache. in: *linguistische berichte 57*. s. 49-68.
truong, monique (2003): *the book of salt. a novel.* boston, new york: houghton mifflin harcourt.
truong, monique (2011): *bitter in the mouth*. new york: random house.
tudor, alyosxa (2010): rassismus und migratismus: die relevanz einer kritischen differenzierung. in: nduka-agwu, adibeli; hornscheidt, antje lann (hrsg.): *rassismus auf gut deutsch: ein kritisches nachschlagewerk zu rassistischen sprachhandlungen.* frankfurt a. m.: brandes & apsel. s. 396-420.
tudor, alyosxa (2011): feminismus w_orten lernen. praktiken kritischer ver_ortung in feministischen wissensproduktionen. in: ak feministische sprachpraxis (hrsg.): *feminismus schreiben lernen.* frankfurt a. m.: brandes & apsel. s. 57-99.
tudor, alyosxa (2013a, im erscheinen): konstruktionsprozesse intelligibler europäisierung: interdependenzen von rassismus, migratismus und sexismus. in: diehm, isabell; messerschmidt, astrid (hrsg.): *das geschlecht der migration. jahrbuch band 9 (frauen-und geschlechterforschung in der erziehungswissenschaft 2013).* leverkusen: budrich.

tudor, alyosxa (2013b, im erscheinen): *verhandlungen von verortung in künstlerischen_aktivistischen_akademisierten wissensbildungen zu sexismus-rassismus-migratismus.* (arbeitstitel) dissertation. frankfurt a. m.: brandes & apsel.
turbulente w-orte: http://turbulente-w-orte.tumblr.com (10.10.2012).
umpierre, luz maría (1991): the double ›l‹. latina and lesbian: a testimony. in: warland, betsy (hrsg.): *InVersions. writing by dykes, queers & lesbians.* vancouver: press gang publishers. s. 117-125.
universität potsdam (2010): *leitfaden zur anwendung einer gendergerechten sprache.* http://www.uni-potsdam.de/fileadmin/projects/gleichstellung/assets/oeffentlichkeitsarbeit/publikationen/leitfaden.pdf (28.8.2012).
verein intersexueller menschen e.v.: http://www.intersexuelle-menschen.net (12.9.2012).
verschueren, jef (1999): the pragmatic perspective. in: verschueren, jef; östman, jan ola; blommaert, jan (hrsg.): *handbook of pragmatics.* amsterdam: benjamins. s. 1-19.
vestring, bettina (2012): ›jeder herero wird erschossen‹. *frankfurter rundschau.* 1. märz 2012. http://www.fr-online.de/politik/deutsche-kolonialverbrechen-bundestag-befasst-sich-mit-voelkermord-an-den-hereros,1472596,11740870.html (19.9.2012).
walgenbach, katharina (2007): gender als interdependente kategorie. in: walgenbach, katharina; dietze, gabriele; hornscheidt, lann; palm, kerstin (hrsg.): *gender als interdependente kategorie. neue perspektiven auf intersektionalität, diversität und heterogenität.* leverkusen: budrich. s. 23-65.
walgenbach, katharina; dietze, gabriele; hornscheidt, lann; palm, kerstin (hrsg.) (2012 [2007]): *gender als interdependente kategorie. neue perspektiven auf intersektionalität, diversität und heterogenität.* 2. auflage. leverkusen: budrich.
warland, betsy (hrsg.) (1991a): *InVersions. writing by dykes, queers & lesbians.* vancouver: press gang publishers.
warland, betsy (1991b): moving parts †. in: warland, betsy (hrsg.): *InVersions. writing by dykes, queers & lesbians.* vancouver: press gang publishers. s. 175-186.
warnke, ingo h. (hrsg.) (2009): *deutsche sprache und kolonialismus. aspekte der nationalen kommunikation 1884-1919.* berlin, new york: de gruyter.
weber, anne (2002): *erste person.* frankfurt a. m.: suhrkamp.
weller, tom (2012): *recht absurd.* videoloop mit digitalen bleistiftzeichnungen im splitscreen, 16 minuten, englisch/deutsch, berlin.
wikipedia: *ernst levy.* http://de.wikipedia.org/wiki/ernst_levy (7.10.2012).
winkelmann, andreas (2012): (medizin)geschichte: zeugen zweier geschichten. in: *deutsches ärzteblatt* 109/15. http://www.aerzteblatt.de/archiv/124896/%28medizin%29geschichte-zeugen-zweier-geschichten (19.9.2012).
winther jørgensen, marianne; phillips, louise (2002): *discourse analysis as theory and method.* london: sage.
winterson, jeanette (2012): *why be happy when you could be normal?* london: vintage.
wolf, christa (2010): *stadt der engel. oder: the overcoat of dr. freud.* frankfurt a. m.: suhrkamp.
wright, michelle m. (2004): *becoming Black. creating identity in the african diaspora.* durham: duke university press books.
yeo, marg (1991): the freedom to explore. in: warland, betsy (hrsg.): *InVersions. writing by dykes, queers & lesbians.* vancouver: press gang publishers. s. 57-65.
zentrale frauenbeauftragte der humboldt-universität zu berlin: http://gremien.hu-berlin.de/frb/erfolgreich (19.9.2012).

AK Feministische Sprachpraxis (Hrsg.)
Feminismus
schreiben lernen
Transdisziplinäre Genderstudien 3
Brandes
&Apsel

Adibeli Nduka-Agwu/Antje Lann Hornscheidt (Hrsg.)
Rassismus
auf gut Deutsch
Ein kritisches Nachschlagewerk
zu rassistischen Sprachhandlungen
Sprache und Diskriminierung
Transdisziplinäre Genderstudien 1
Brandes
&Apsel

Bd. 4, 220 S., Pb., € 19,90
ISBN 978-3-86099-883-0

Kusterle, Karin

Die Macht von Sprachformen

Der Zusammenhang von Sprache, Denken und Genderwahrnehmung

In vielen Texten werden mittlerweile männliche und weibliche Formen miteinander kombiniert (Binnen-I, Schrägstrich, usw.), dennoch werden diese häufig kritisiert bzw. nicht akzeptiert. Da Sprache Wirklichkeit aber mitprägt, stellt sich die Frage, ob und wie weit das »geschlechter gerechte Formulieren« Einfluss auf die Wahrnehmung und die Vorstellungen von Gender hat.

Kusterles Forschung zeigt, dass tatsächlich erst die Verwendung von alternativen Formen dazu führt, dass gedanklich mehr Frauen einbezogen werden. Der Einfluss von Sprachformen ist demnach nicht zu unterschätzen.

Bd. 2, 252 S., Pb. mit CD, € 24,90
ISBN 978-3-86099-684-3

Antje Lann Hornscheidt/Hanna Acke/ Ines Jana (Hrsg.)

Schimpfwörter – Beschimpfungen – Pejorisierungen

Wie in Sprache Macht und Identitäten verhandelt werden

Beiträge v. A. H. Acke, E. Hayn, A. L. Hornscheidt, I. Jana, M. Landqvist, G. Marehn, U. Zimmer

Verbale Beschimpfungen sind keine zufällig stattfindenden Sprachhandlungen. Sie basieren auf gesellschaftlichen Vorstellungen von Normalität und Abweichung. Durch die Abwertung der Beschimpften als anders und nicht der »richtigen« Norm entsprechend üben sie eine Macht aus, die aus dem Zusammenspiel der verschiedenen Positionen der Beteiligten entsteht und den Beschimpfenden gegenüber dem Opfer stärkt.